石油教材出版基金资助项目

石油高等院校特色规划教材

石油天然气会计

李志学　杨惠贤　王　岚　编著

石油工业出版社

内 容 提 要

本书以石油天然气勘探开发活动为对象,在叙述国内石油天然气发展历史的基础上,介绍了美国石油天然气会计准则的演变过程,对中外石油天然气会计准则进行了系统性对比,内容涉及矿业权取得与勘探开发投资会计、油气资产折旧折耗与摊销(DDA)、油气生产成本与销售收入会计、油气联合经营会计以及矿业权流转会计等。阐述了特殊行业会计与企业通用会计制度的关系,对油气储量价值评估方法进行了介绍。

本书适合于石油高等院校会计学专业本科生和研究生作为选修课程的教材,也可供油气田企业财会人员参考使用。

图书在版编目(CIP)数据

石油天然气会计 / 李志学,杨惠贤,王岚编著. —北京:
石油工业出版社,2018.9
石油高等院校特色规划教材
ISBN 978–7–5183–2860–4

Ⅰ. ①石… Ⅱ. ①李… ②杨… ③王… Ⅲ. ①石油工业—工业会计—高等学校—教材②天然气工业—工业会计—高等学校—教材 Ⅳ. ①F407.226.72

中国版本图书馆 CIP 数据核字(2018)第 204554 号

出版发行:石油工业出版社
   (北京市朝阳区安华里2区1号楼 100011)
   网 址:www.petropub.com
   编辑部:(010)64250091 图书营销中心:(010)64523633
经 销:全国新华书店
排 版:北京密东文创科技有限公司
印 刷:北京中石油彩色印刷有限责任公司

2018 年 9 月第 1 版 2018 年 9 月第 1 次印刷
787 毫米×1092 毫米 开本:1/16 印张:17.75
字数:450 千字

定价:38.00 元
(如发现印装质量问题,我社图书营销中心负责调换)
版权所有,翻印必究

前　言

　　石油天然气会计属特殊行业会计，是财务会计学和成本会计学的发展与延伸，主要介绍油气矿业权取得、油气勘探开发投资、油气资产折耗、油气生产成本与销售、油气田联合经营和油气矿业权流转等特殊行业会计应用知识，阐述特殊行业会计与企业会计制度的差异和联系，以及石油天然气上游活动会计核算实务和油气资产价值评估基本方法。美国自20世纪30年代开始研究石油天然气会计理论问题，于20世纪70年代颁布了第19号财务会计准则和证券交易委员会第257号、258号公告，提出了石油天然气会计核算的成果法和全部成本法理论及实施规则。20世纪末至2000年前后，中国石油、中国石化等石油公司先后在纽约和香港上市，当时石油企业应用我国财政部发布的《企业会计制度》开展会计核算，其会计核算程序和方法与境外上市公司监管要求有较大差距，年度财务报告都需要经过国际会计公司重新编报方能满足证券市场要求。在上述背景下，为了发挥我校会计专业优势，突出石油行业特色，1999年西安石油大学决定编写石油天然气会计教材，并在石油高校中首次开设石油天然气会计课程，由笔者主导，联合长庆油田公司一起编写了《油气矿业会计》教材，这是石油天然气会计课程的第一本本科教材。2006年，我国财政部颁布了38项具体会计准则，其中包括《企业会计准则第27号——石油天然气开采》，形成了我国较为完备的会计准则体系，并实现了我国企业会计准则国际趋同。为了借鉴美国第19号财务会计准则，学习和应用我国第27号企业会计准则，西安石油大学决定重新编写石油天然气会计课程的教材，由西安石油大学组织编写，并在2010年出版了《石油天然气会计教程》教材，在西安石油大学会计学本科专业使用。

　　近年来，我国石油天然气行业的经营环境发生了很大的变化，陆上油气田合作开发转化为海外并购模式，矿业权转让活动成为油气资产交易的主要内容，同时，我国油气资源税征收办法也发生较大变化，天然气管输价格形成机制正在进行改革等。上述环境变化，给石油天然气会计实务提出了新的问题。本次教材修订工作针对以上出现的问题，结合我们调查的案例，对教材进一步进行充实和修订。本书第一章、第二章、第三章、第四章、第八章、第九章由李志学老师执笔，第七章、第十章由杨惠贤老师执笔，第五章、第六章由王岚老师执笔，全书由李志学总纂。

　　由于笔者缺乏石油天然气会计实务工作经验，对我国石油天然气行业会计核算实务的了解还不充分，在教材编写过程中难免出现错误和不足，敬请读者批评指正。

李志学

2018年4月23日

目 录

第一章 总论 ... 1
- 第一节 世界油气工业的发展历史 ... 1
- 第二节 油气工业管理体制及技术流程 ... 4
- 第三节 可持续发展与油气环境会计 ... 13
- 第四节 稳健原则与油气风险会计 ... 20
- 案 例 康菲漏油与墨西哥湾漏油事件的对比与反思
  ——基于环境会计信息披露的分析 ... 23

第二章 油气会计的基本理论 ... 28
- 第一节 油气会计的发展历史 ... 28
- 第二节 油气会计准则的国际比较 ... 32
- 第三节 历史成本原则的应用及成果法和全部成本法的论争 ... 36
- 第四节 相关性原则的应用与储量认可法的困惑 ... 43
- 案 例 蒙特卡洛模拟在油气储量价值评估中的应用 ... 48

第三章 油气矿业权的取得与勘探开发投资会计 ... 54
- 第一节 油气会计的基本概念和核算框架 ... 54
- 第二节 未探明矿区取得成本的核算 ... 63
- 第三节 非钻井勘探成本的核算 ... 74
- 第四节 钻井与开发成本核算 ... 78
- 案 例 长庆油田地面建设投资控制方法 ... 87

第四章 油气资产的折旧、折耗与摊销 ... 91
- 第一节 成果法下油气资产的折旧、折耗与摊销 ... 91
- 第二节 全部成本法下油气资产的折旧、折耗与摊销 ... 101
- 第三节 成果法和全部成本法的折旧、折耗与摊销 ... 106
- 案 例 国际与中国会计准则油气资产计价及折旧折耗计提差异比较与分析 ... 112

第五章 油气生产成本会计 ... 118
- 第一节 油气生产成本的内容、分类及核算 ... 118
- 第二节 油气生产成本核算举例 ... 125

第三节　油气生产成本信息及其应用 ………………………………………… 131
　　案　例　成本对标管理 ……………………………………………………… 136

第六章　油气销售收入会计
　　第一节　油气销售收入的分配 ……………………………………………… 142
　　第二节　油气销售收入核算方法 …………………………………………… 146
　　第三节　油气销售收入核算的其他问题 …………………………………… 151
　　案　例　西气东输照付不议购销合同 ……………………………………… 157

第七章　油气所得税会计
　　第一节　油气所得税会计概述 ……………………………………………… 162
　　第二节　美国油气所得税会计 ……………………………………………… 165
　　第三节　中国油气所得税会计 ……………………………………………… 176
　　案　例　尼日利亚油气合作中的典型涉税类型 …………………………… 181

第八章　油气矿业联合经营会计
　　第一节　油气矿业联合经营的概念和性质 ………………………………… 185
　　第二节　油气联合(联营)经营权益的核算 ………………………………… 190
　　第三节　国际石油合作的产品分成合同及其联合账簿的核算 …………… 198
　　案　例　长北联合经营合同 ………………………………………………… 209

第九章　油气矿业权转让会计
　　第一节　油气矿业权转让的概念及分类 …………………………………… 213
　　第二节　油气矿业权非货币性转让的核算 ………………………………… 216
　　第三节　油气矿业权货币性转让的核算 …………………………………… 221
　　第四节　油气矿业权的产品支付协议式转让的核算 ……………………… 227
　　案　例　中国矿业权流转制度 ……………………………………………… 234

第十章　油气生产公司财务报告
　　第一节　油气财务报告概述 ………………………………………………… 239
　　第二节　油气财务报告的披露内容 ………………………………………… 241
　　第三节　油气公司财务分析 ………………………………………………… 266
　　案　例　中油股份 XBRL 财务报告 ………………………………………… 274

参考文献 …………………………………………………………………………… 277

第一章 总 论

本章首先对100多年来世界石油工业的发展历史进行了叙述;对美国、英国和中国的石油工业管理体制进行了描述;进而讨论了可持续发展理论及其环境会计思想的演变,分析了油气环境会计问题;同时讨论了谨慎性原则在石油勘探开发会计中的应用,以体现石油天然气行业在会计中的特殊性。

第一节 世界油气工业的发展历史

世界油气工业于1859年诞生,至今经历了100多年的发展历程,其发展也带动了世界天然气工业的发展。本书将世界油气工业发展划分为4个阶段:第一阶段是1859年至20世纪20年代;第二阶段是20世纪20年代至第二次世界大战结束(1945年);第三阶段是第二次世界大战结束至20世纪70年代后期;第四阶段是20世纪70年代至今。

一、世界油气工业发展第一阶段(1859年至20世纪20年代)

这个阶段石油工业处于煤油时期,石油工业刚在世界上兴起,全球只有少数国家生产石油,起主导作用的只有2~3个国家。随着一些国家陆续发现和开采石油,全球石油总产量逐步上升,但速度不快。直到1921年,全世界石油产量才突破1亿吨,总共用了62年。这一时期石油工业在一些国家逐步形成完整的工业体系,也形成了一批规模比较大的石油公司,甚至出现了石油垄断现象。

最早形成石油工业垄断局面的是美国,最早从法律上提出反垄断的也是美国。与此同时,诺贝尔兄弟石油公司和四家其他公司在俄罗斯的阿塞拜疆形成了寡头垄断。1909年,在波斯(今伊朗)发现并开发石油的英波石油公司在中东兴旺起来,并得到了英国政府的参与。这样在世界石油市场上,形成了美国新泽西标准石油公司、纽约标准石油公司、英荷壳牌集团、英波石油公司和诺贝尔兄弟石油公司、罗斯柴维尔德家族的寡头垄断。他们控制了世界石油贸易量的绝大部分。

二、世界油气工业发展第二阶段(20世纪20年代至1945年)

这一时期是石油工业在世界范围内蓬勃发展的时期。汽车工业的迅速发展和汽油进入千家万户,使得汽油的需求急剧增加,这也促使石油工业进入了"汽油时代"。于是世界上石油生产的范围和规模迅速扩大,除了20世纪前10年在古巴、哥伦比亚、委内瑞拉、捷克斯洛伐克、阿巴尼亚、摩洛哥、埃及、巴基斯坦先后发现油田外,20世纪20—40年代期间,又有一批国家迈入产油国行列,其中最主要的是相继发现大型和巨型油田的中东阿拉伯国家。这一时期,委内瑞拉迅速上升为第二大产油国。随后发生的第二次世界大战虽然对世界石油工业发展造成了一定程度的破坏,但也带来了巨大的机遇。

三、世界油气工业发展第三阶段(1945—1973年)

从第二次世界大战结束到70年代中期,是世界石油工业急速成长的"黄金时期",世界石油产量和探明可采储量以高速度增长。之所以高速增长,一方面是由于在中东、苏联以及其他地方,陆续发现和投产一大批大的,甚至是特大型油田;另一方面是由于战后美国通过马歇尔计划,推动欧洲主要工业国家实现了能源结构的大调整,实现了从以煤为主到以油为主的大转变。

此时,油气在一次能源中的比重:美国1950年已达58.8%;苏联1966年达到51.3%。1973年美国石油总产量被苏联超过,从70多年以来一贯高居世界第一的宝座上跌落下来,屈居第二。同时,石油在世界能源消费中的比重达40.4%,超过煤炭(38.8%),成为第一能源。因此,石油消费急剧增加,石油需求增长很快。同时,这也是世界天然气储量和产量大增长的时期。

四、世界油气工业发展第四阶段(1973年以后)

20世纪70年代以来的整个世界石油工业是在动荡中大分化、大改组的。1978年中国走上改革开放的道路;80年代,东欧转变社会制度;1991年苏联解体。原来世界上另一半"社会主义大家庭"计划经济的石油工业不复存在,世界形成统一的油气大市场。值得注意的是,七八十年代,世界许多主要产油国的产量先后达到高峰,但不再是少数国家起"擎天柱"作用,而是由于更多地区发现了石油,更多的国家加入到产油国的行列,90年代有小的起伏,呈现缓慢增长。

20世纪70年代世界民族解放运动高涨,原来处于殖民地、半殖民地状态的石油生产国为维护本国的石油权益和主权开展了艰苦的斗争,在提高石油标价、提高矿区石油费和所得税上取得了节节胜利。70年代中期,通过接管与参股,完成了对本国石油工业的国有化。20世纪80年代后,这些国家的国家石油公司得到了进一步发展,对本国经济发展和社会进步作出了重大贡献。

20世纪80年代以来,由于非OPEC国家石油产量的大幅度上升,OPEC国家油价控制力有所下降。1973年发生的第四次中东战争,引发了阿拉伯产油国拿起石油武器搞禁运,爆发了第一次石油危机,引发了石油大涨价。1979年伊朗革命爆发了价格大战,形成了第一次石油大落价。接着是1980—1988年长达8年之久两个产油大国伊拉克与伊朗的战争。然后是1990年伊拉克入侵另一个产油国科威特,引发了美国等介入的海湾战争。

五、跨入21世纪时的油气工业

跨入21世纪的时候,世界石油天然气的情况如表1-1和表1-2,图1-1和图1-2所示。

表1-1 2015年世界天然气产量地区构成情况

地区	产量,亿立方米	同比增长,%	占世界的比例,%
美洲	12098	5.3	33.8
西欧	2315	0.2	6.5
东欧及苏联	8843	-1.7	24.7
非洲	1687	8.7	4.7
中东	5807	0.2	16.2
亚太	5078	0.2	14.2
世界	35828	1.7	100.0
OPEC国家	6688	1.3	18.7
北海地区	1740	4.4	4.9

表1-2 2015年世界石油产量地区构成情况

地区	产量,万吨	同比增长,%	占世界比例,%
美洲	112535	3.6	28.9
西欧	14580	4.4	3.7
东欧及苏联	65410	-1.9	16.8
非洲	36400	-1.9	9.3
中东	122705	5.5	31.5
亚太	38090	1.5	9.8
世界	389715	2.5	100.0
OPEC国家	156750	3.6	40.2
北海地区	13400	5.2	3.4

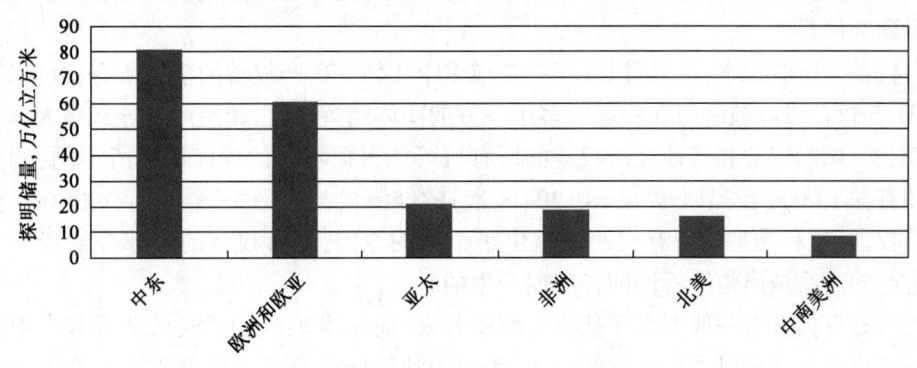

图1-1 2015年全球各地区天然气探明储量分布图

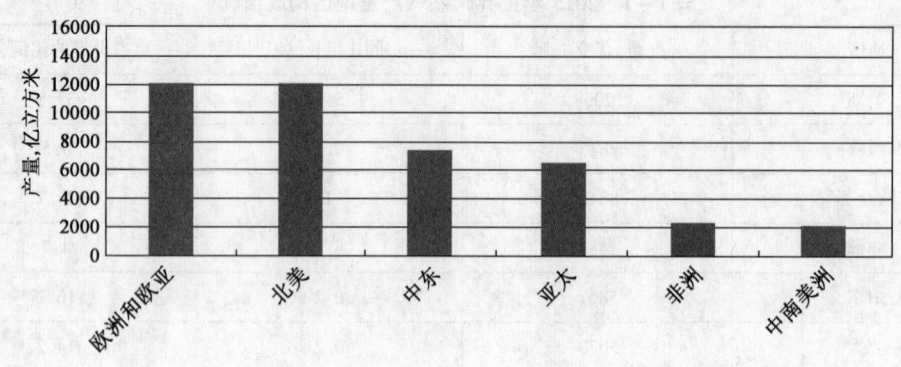

图1-2 2015年全球各地区天然气产量分布图

随着各国政府对环境保护的持续关注,石油天然气消费面临二氧化碳减排压力,各国政府积极致力于可再生能源利用,风力发电、光伏发电和核电等可再生能源有了迅速增长。同时,各国政府还在页岩气、页岩油的开发技术上有了长足进步,改变了能源需求对常规能源的依赖。

第二节　油气工业管理体制及技术流程

一、美国油气工业的管理体制

(一)油气资源所有权和经营权

在美国,地下矿产的所有权(mineral interest,MI)可能归联邦政府、州政府或个人私有,这种矿产所有权可以与土地地表所有权一致,也可以与土地地表所有权分离。第一种情况下的矿产所有权称为收费权益。

在很多情况下,地表(耕作的深度)的所有权和矿产的所有权属于两个不同的实体。但是地下矿产的所有者或所有者的受托人有权进入地面地区对其拥有的矿产进行勘探、开发和生产。如果地表表面被破坏,地表所有者有权因此而得到补偿。另外,地表所有者有权因地表的使用而得到补偿。

矿产权益的所有权本身也可以属于一个或多个实体。矿产权益的多个所有权可以有多种方式,如矿产权益可以被组织在一起的多于一方的团体购买,死亡和遗产将导致多人分享同一项矿产权益。矿产权益和其他经济权益的所有权可能根据不同的深度而有所不同,例如一个人可能拥有深10 000英尺(1英尺=0.304 8米)的经济权益,而另一个人拥有10 000英尺以下的经济权益(这种类型的所有权通常是由于金钱的原因,经营权益的一部分或者从一口特定油井生产的产品被出售给不同的各方而产生的)。

矿产所有权拥有者一般不直接从事资源的开发,而是将矿产经营权从其所有权中以租赁的方式分离出去。之所以采用租赁的方式,是因为油气储量及其开发价值都带有很大的风险性。作为所有权在经济上的实现,矿产所有者将保留矿区使用费权益,从未来经营产出中获得一部分。而受让方得到的是一种矿产使用权或经营权,他将承担全部勘探开发投资和生产费用,并获得经营产出的其余部分。

1. 矿区使用费权益(royalty interest,RI)

当矿产权益的所有者把矿区租赁给另一方时,他仍然保留的权益。拥有矿区使用费权益能得到采出矿产的规定的部分,不负担任何开发和作业成本,只交纳州政府的生产税或产品税(油气采出后发生的成本,诸如运输成本和天然气的压缩成本,可以按比例在矿区使用费权益和经营权益之间进行分配)。矿区使用费权益是一项非作业或非经营权益(non WI)。

2. 经营权益或作业权益(working interest or operating interest,WI)

除了所有非经营权益,如矿区使用费权益、附加矿区使用费权益和产品支付权益以外的权益。经营权益所有者必须承担矿产开发和生产的全部成本。

(二)政府对油气生产的管理

在20世纪30年代开始出现经济萧条时,石油工业由于一个独立的勘探公司发现了东得克萨斯油田而进入生产发展时期。这个油田是北美的第三大油田,只有阿拉斯加北坡的普鲁德霍湾油田(Prudhoe Bay field)和最近在墨西哥发现的一个油田规模在其之上。东得克萨斯油田石油储量丰富,加上经济萧条,使当时的油价降到了每桶10美分。1933年,得克萨斯州立法机关认识到应避免石油浪费,采取保护措施的必要性。因此,把这种工业管理工作交给了现在的得克萨斯铁路委员会。此后,其他一些生产石油的州也相继建立了各种机构或委员会,以管理石油和天然气的开发与生产。

州的两个一般规定是关于井距和钻井许可权。联邦的一般规定也是关于井距和钻井许可权,此外还有污染控制和开采许可。联邦规定和州规定基本相似,但是联邦规定包括对海上区域钻井的严格的污染控制要求。

很多州要求油井必须保持一个最小限度的距离以防止浪费和减少对油层的破坏。资源浪费的发生是由于在一个油藏钻了太多的油井,而所钻的油井数量的增加并没有增加石油和天然气开采。而且如果在一个地区钻探的油井多于在另一个地区钻探的油井,会引起水或气的过早侵入,油层的自然能源就会遭到破坏。一般要求油井井距40英亩(1英亩=0.404686公顷),气井井距640英亩。

开始钻井过程之前,无论是在私人土地上还是在公共土地上,都要向州政府申请钻井许可权;如果在联邦土地或水域上,则向联邦政府申请钻井许可权。向指定的管理机构申请钻井许可权,要概述油井的位置和深度等。总而言之,直到满足了井距要求或属例外情况得到认可时,才能被授予钻井许可权。除了要得到钻井许可权外,还必须填制各种报告,如含水层的保护、各种完井报告、关井和弃井报告。对海上租赁来说,取得钻井许可权的过程更为复杂和耗时。可以从州政府和联邦政府两家取得许可权。申请联邦海上钻井许可权要求提供的资料比申请陆上钻井许可权的更多。要求提供的资料包括船舶、平台和要求的其他建筑物的描述,每一口油井的目的层位置和防止环境污染的方式的说明。

另一个重要的州政府的规定是产量限制。如果需求旺盛,州政府将要象征性地允许所有的油井和矿区以最大效率(MER,是指在没有破坏油层自然能源的情况下,能产出油或气的最大比率)进行生产。在对油和气的需求不足时,州政府经常以配定产量的方法来限制产量。州的一个机构(管理委员会)决定一定时间内(通常是一个月)本州生产石油和天然气的数量,然后在州的生产油田(批准的油田)之间按以上生产的数量配定产量给批准的油田内的不同矿区和油井。这些矿区和油井的产量每月将有一个允许的范围,例如本月从矿区和油井中产出的最大限度的原油桶数或气的最大立方英尺数。

联营或一体化包括合并两个或多个矿区作为一个矿区进行作业,其基本目的是以最可行和最经济的方式尽可能最大限度地开采油和气。州和联邦政府鼓励联营和一体化,一些州强行命令联营和一体化。强制联营必须经州的相应管理机构专门批准,如果是联邦土地则要经联邦政府批准。

(三)政府对油气价格的管理

20世纪50年代和60年代,美国石油生产充分,价格保持稳定,平均每桶石油约3美元。但也应看到这20年里依靠进口原油和成品油的趋势有了发展。1951年进口原油和成品油仅占美国供应量的11%,而到了1971年已上升到26%之多。

20世纪60年代和70年代初期,曾有人警告石油短缺问题,但是在1973年阿拉伯石油生产国实行石油禁运之前,这种警告并未被人重视。由于当时美国大部分进口石油中断了几个月,使人们面临着汽油和其他石油产品的短缺,面临着价格的不断上涨。1973年联邦政府成立了联邦能源署(federal energy agency),授权管理原油和天然气的价格。当时的价格条例十分复杂,即使石油公司的人和联邦能源署的官员磋商之后,也并非总是可以明确地确定。当时主要制定了一种双重价格体制,即"老油"(old)或"低等油"(lower-tier-oil)低价,"新油"(new)或"上等油"(upper-tier-oil)高价。低等油一般产自1973年1月1日之前开发的油田,而上等油一般产自1973年之后开发的油田。生产者可能拥有两种石油,因而他可能以一桶同样质量的石油的一半或低于一半的价格去销售另一桶石油。此外,本国内生产的石油的价格比进口石油的价格低得多。

尽管石油的需求有了增加,但是对石油价格的控制使得各个石油公司不愿意增加他们的勘探和钻井活动。因此,美国继续进口国外石油(价格超过国内石油)以满足国内需求的不断增长。1977年美国石油需求量约47%是由进口石油满足的。1979年卡特总统政府计划逐步解除对石油价格的控制,到1981年10月解除全部价格控制。1981年1月里根就职典礼后不久就宣布对原油立即解除全部价格控制,天然气价格继续按照《1978年天然气政策条例》的要求进行控制。

卡特总统的分步解除石油价格控制的计划是和1980年的"暴利税"(windfall profit tax)的规定相结合的。这种税抵消了石油工业从解除原油价格控制中所得的部分利润。"暴利税"规定对石油售价高于"调整基价"(adjusted base price)部分征收30%~70%的税。1979年年末,因通货膨胀进行调整的某种石油"等级"的实际平均价格就是这种石油"等级"的调整基价。

二、英国油气工业的管理体制

围绕上述政策目标,英国设置了相应的油气矿业权出让体系。通过竞争性招标环节,由油气监督局选择并确定矿业权竞得人,并颁发相应的许可证。许可证具有三重性质,首先是营业执照,油气开发者持证进行油气勘查与开发;其次是经济权利证明,持证开发所获的油气资源收益归竞得人所有;最后是政府与竞得人签署的契约,竞得人应当遵守中标承诺和《矿业权出让的格式合同》。在获得许可证后,油气矿业权出让管理也并未结束,相关机构仍会通过严格的执法检查和抽查对勘查开发活动进行持续监管。

(一)出让流程

从总体看,根据海上油气开发地质资料情况和施工难度,英国将海上油气区块分为了一般性招标和成熟区(awards in predefined areas)招标两类。招标流程一般为提名和公布候选人、通过电子系统(license application repository)受理申请、由专家评审委员会评估候选人、通过多方协商与会谈和保密评标确定竞得人,并最终授予许可证。

(二)竞得的标准体系

为了实现最大化海上油气资源采收率的目标、吸引投资,英国鼓励不同国籍和不同类型的公司共同竞标,促成企业间共同合作承担开发任务。油气监督局在招标文件中申明"当难以抉择中标人时,应将竞标区块进行拆分分别授予竞争者;鼓励竞争者联合共同承担指定区块的地质工作"。联合投标和联合开发的模式分散了资金压力,同时也通过鼓励行业大型企业与拥有自主技术或特殊能力的中小型企业合作,广泛吸收了各方的技术、人力和设备等优势。这一特性使得英国的海上油气矿业权一般由多个企业共同持有。在进入出让竞标环节后,英国政府将采取综合的竞得标准权重体系,对竞标者的工作计划成熟度、技术能力、财务能力、历史行为、申请人国籍等进行持续地记录和考察(表1-3)。油气监督局将基于相关的技术、资金和管理等要求进行综合考虑,并给出百分制的评分,再进行相应排序。

表1-3 衡量竞得与否的标准体系

考察项目	主要内容
工作计划	工作计划成熟度,公司管理架构和财务管理的完备程度
技术能力	海上开采的相关资质,设备和人员的情况,安全生产的能力和记录
财务能力	根据2015年的《海上安全指令》,中标公司必须具备相应的勘查和开发所需要的财务能力,例如是否有足够的公司注册资本额和合理的公司管理架构等;油气监督局还特别出台了《财务引导守则》要求 中标企业通过保函、保险等方式分担风险;在决策过程中,海上油气监督局还会与英国议会的收入和客户部(HM Revenue & Customs)磋商,并在部分案件中听取其建议,审查企业的税务情况
历史行为记录	全面考察公司以往的海上开发的安全和环境记录,包括有无发生过意外事件、不执行相关规范、刑事和民事诉讼、相关判决等情况
国籍	申请许可证的公司在英国注册;在外国注册但在英国有相应的营业所或分支机构

(三)监管体系

英国油气矿业权招标出让过程中的评估并不限于前期招标和评标阶段,而是贯穿于油气开发的全过程。在海上油气矿业权出让后,政府仍会密切关注矿业权的运营情况。由相应的监管机构对勘查开发活动进行跟踪与检查,并依法奖惩,酌情对许可证进行调整。例如,英国健康和安全执行委员会(the health and safety executive)和其海上安全能力监督局(offshore safety division)将根据《油气安全和环境议题证书和运营管理附则》等规范(表1-4),实时对开发活动进行督促和检查,如果发现严重违法情形,将发出整改通知,并采取发出执行令、处以罚金、剔除从业资格、发布禁令、撤回许可等行动。

表1-4 油气开发过程中政府持续监管的内容

出让后的监管制度	主要监督内容
许可证交易	在许可证颁发前后,相关机构将根据《海上安全指令》多次检查和抽查企业的安全与环保生产能力
项目运营能力	严格审查矿业权勘探和开发技术方案,检查项目是否以优良的生产和成本效率在进行、是否达到了油气开发最大化经济采收率的目标、是否按照开发合同的要求进行了足额的资金投入、是否采用了先进的技术工艺等
安全和环境能力	海上安全能力监督局负责在招标和后续的开发过程中评判公司的安全与环保生产能力,负责废弃设施的安全处置等工作;负责监督油气企业根据《海上安全指令》聘用第三方的海上钻井运行员和监督员;并通过日常监察、审计和事后审查等方式管理勘查开采的相关事务 在开展海上作业之前,油气企业需要提交内部的安全与环境政策文件及社会承诺,展示的内部安全和环境管理体系;需要表明自身完全了解英国现行的安全和环境法规;需要确认自身完全了解许可证相关的环境和安全责任
环境敏感测试	竞买人需要编制项目《环境影响报告书》(EIS)明确提出避免或减少环境负面影响的方案;新的许可证颁发之前必须接受环境敏感测试,检验项目对海洋和海岸生态系统的影响与风险,确认项目符合英国和欧盟的生物多样性、环境安全等法律规范
安全和环境表现	监管机构会收集并考虑竞买人或许可证持有人在英国或其他国家、陆上或海上的所有安全生产记录;5年内在英国或其他国家的法律执行记录;5年内公司相关的刑事和民事诉讼;5年内对公司做出的司法裁判等
责任承担安排	许可证持有人需要为公司或公司员工造成的潜在或实际的环境损害承担经济赔偿责任;油气监督局要求许可证持有人加入英国海上污染责任承担协会有限公司(offshore pollution liability association limited),购买保险,分摊赔偿责任

三、中国油气工业的管理体制

随着中国积极推进能源革命发展战略,具有巨大开发潜力的海上油气应成为重点突破方向。针对中国当前油气领域勘探开发主体较少、风险勘探积极性小、勘探投入不足、技术和管理经验不足等问题,中国可以参考英国的经验,以矿业权出让制度改革为突破口,建立完善的海上油气矿业权管理体系。

(一)中国油气矿业权出让制度概况

2011年中国进行了首轮海上油气探矿权的公开招标;2015年进行了新疆油气区块招标出让试点工作;2017年出台《矿业权出让制度改革方案》,确认未来油气矿业权非竞争性出让是例外,竞争性的招标、拍卖和挂牌出让将越来越多地被采用;《石油发展"十三五"规划》和《天然气发展"十三五"规划》也明确将打破油气产业的行政垄断,实施勘查区块竞争性出让,公平公开地向符合条件的各类市场主体出让矿业权,并允许油气企业间以市场化方式进行矿业权转让,鼓励多元投资,逐步形成大型国有油气公司为主导,多种经济成分共同参与的勘查开采体系。

(二)中国海上油气矿业权出让制度未来改革及发展

1. 油气矿业权出让体系改革

自 2012 年出让两个南黄海区块油气探矿权以来,中国的海上油气矿业权出让制度不断发展,但在体系建设的过程中,还需从以下四个方面进行改革:(1)完善油气矿业权出让的顶层制度设计,特别是应当尽快出台油气区块出让方面的基本法律,为油气矿业权出让确定基本原则、规则和流程,让出让工作有法可依。(2)建立油气区块的信息库制度,并在区块信息明确的基础上,制定出让的短、中、长期规划,向社会公布,便于竞买人进行勘探开发的准备。(3)完善现行出让制度中的程序设计,降低市场准入条件,明确出让标准。例如,中国可以借鉴英国的经验,适当延长矿业权竞争性出让的公示期。更宽裕的公示期可以使得潜在的竞买人更充分地准备并参与竞标,更理性地筹措资金、商定出价计划、拟定合作和工作方案。其次,在非暗标评标程序中增加出让方和竞买方的会谈与答辩,评标委员会与竞买者的会谈与提问能够帮助出让人更好地了解投标者的技术资质和地质工作经历,答辩程序也有利于竞买者们共同学习和交流行业经验及最新技术。通过会谈和评标程序,相关管理部门也可以增加矿业权出让的透明度,将矿业权规范、规划、标准、权属和地质资料等信息予以全面披露,减少竞买投资人的投资风险,便于其在充分认知风险的基础上进行理性决策,从而保障其权利,间接地减少政府风险。(4)完善出让程序中的评委资质管理,增加透明度和社会监督。针对实际情况中,评委评标能力欠缺、实际工作经验不丰富、评标过程不规范、评标个人裁量权过大、标准主观化和存在人为排斥潜在投标人等情况,中国可以通过公示监督和淘汰等方式增强评委的资质管理。

2. 推广联合投标,鼓励多方合作

目前,中国油气行业主要以特大型国有企业为主,行业市场化还不够充分。相关部门可考虑放宽海上油气矿业权的勘查开发门槛,鼓励多种主体、国际、资本与技术间的联合开发与联合投标:(1)鼓励公私合作和合营项目,能够促进资本与技术的结合,提升竞买人的资源整合能力和风险承担能力,提高运营能力和效率,发挥多方优势,保证竞标成功率和项目执行力。(2)技术与资本的合作模式也有助于中国油气企业增加合作经验和技术水平,从而增强全球竞争力。2006 年发布的《国务院关于加强地质工作的决定》中提出,应当在油气勘探开发行业积极实施和完善对外开放的法律政策,鼓励外商来华投资,特别是鼓励外商投资勘探开发海上油气资源。深入执行这一规定,逐步开放国内市场,有机会获取国际对等的市场优惠,有利于中国企业"走出去"。(3)尤其是在中国的南海区域,推动和实施深海水域的油气共同开发与合作,有助于相邻国家间消除争议,增强互信,共享发展成果。

3. 设置海上油气开发的监管机构

由于海上油气开发涉及敏感的海洋环境,在勘探开发的过程中需要重点关注 HSE 方面的问题。因此建议在招标环节就设立专门的监管机构,在矿业权运行的全过程持续监管。在实际实施过程中,可借鉴英国经验,设置矿业权的专管官员,针对擅自变更开采利用方案、改变勘察设计、越界开采,和以承包、参股、股权转让之名非法转让矿业权等违法行为及时地进行查处和惩罚;对开采中资源储量和矿业权价值的变更、项目执行的变化及时地进行处置与应对。同

时，发挥专管官员的行政协调能力，帮助竞得人在指定的时间内集中精力完成矿业勘查开发，协助竞得人取得道路地役权、水使用权、矿地使用权、空间利用权和废弃物排放许可。由于政府部门的监管有其局限性，因此需要进一步通过信息公开，鼓励公众参与监督，例如公开矿业权归属信息和矿业权督察信息、畅通公众和管理部门的沟通渠道。

4. 设置跨部门的企业信用积分体系

在矿业权出让环节中，中国可建设并使用竞买人信用积分体系。当前，多个省市区的公共资源招投标平台均设有信用监督系统。矿业权出让可以在此基础上，进一步充实评价体系的内容，与其他的企业信用管理、环境执法监察、矿业权管理等系统联网对接，全方位地评估企业的从业状况。在丰富信用积分体系的同时，也要进一步确认记录在评标议标中的作用，将积分作为竞争性出让的重要评价依据，甚至形成严重违规行为的一票否决制度。透明的信用积分体系有利于鼓励企业诚信从业，采用高环保标准进行矿业开发，也能帮助具备技术优势、注重环保、有社会责任感的企业保持和形成竞争优势。

四、油气工业的技术流程

（一）勘探过程

要查明含有石油资源的地区，通常要进行地质和地球物理勘探研究（G&G）。地质和地球物理勘探包括采集和评价可能含有石油储量的地质构造的数据。典型的地质和地球物理研究有以下两种：地表勘查，是对地表岩层的研究和评价；地下勘查，是对地下岩层的研究和评价。

地表地质和地球物理勘探研究包括航摄照片、卫星图像（从陆地卫星系统）、成像雷达和地形、地质测绘，有时能推断出地下地层。地下勘查包括汇总和研究确定地下构造性质的数据，诸如地下岩层构造的重力牵引、磁场和对声波的反应。这些研究可以表明地表下面在特定深度是什么类型的构造。使用重力仪、磁力仪和地震仪等地球物理设备可以确定构造的性质。对地下进行勘查最常用的设备是地震仪，它通过记录地下声波的反射提供地下构造的详细资料。地震勘查通常是开始钻井前勘探阶段的最后一个步骤。

通过分析收集到的所有地质和地球物理研究数据，可以绘制出一张地图，标明石油聚集的有利构造和准备进一步勘查的有利区域。普查是对大面积或广阔区域的地质和地球物理研究。详查是对小面积的区域，即有利区域进行详细的地质和地球物理研究。如果经详查证实是有利区域，可能的话，可以把这个区域租下来。

即使最好的地质和地球物理技术也不能保证石油和天然气一定大量存在，而且能被开采出来并带来收益。确定是否存在商业性油气藏的唯一方法是在这个构造上钻一口井。通常，在未探明区域（不知有无油气藏的区域）钻井的成功率低于15%，在探明区域（已知有油气藏的区域）钻井的成功率超过75%。尽管有时一口井被认为是成功的，但仍然可能是无收益的。

（二）钻井作业

陆上钻井作业包括修建通往井场的道路，为钻机准备场地，把钻机运往井场和钻井。美国大部分钻井作业是由钻井承包商完成的。钻井合同是由承租人（作业者）和一个钻井承包商之间签订的协议。合同详细阐明了承租人和承包商的权利与义务。钻井合同一般规定以日租金(以实际钻井天数为支付基础)、按进尺(以实际钻井进尺数为支付基础),或交钥匙(钻井到一定的深度或者完井到一定阶段时支付一个固定数额的款项)进行支付。

钻凿石油和天然气井的第一步是选择实际井位。通常要做地震研究,审查地震研究结果以决定最佳井位。一旦选择了钻井井位,签订了钻井合同,就要开始做井场准备。通常需要对井场进行勘查和定位,然后修路,将场地分层次平整好,储罐、废水池和供水系统也要准备好。

井位确定后,钻井开始的 20~100 英尺经常要用一个小型车载钻机钻探,紧接着钻机和其他有关设备要运进井场进行安装,这个过程称为安装钻机,然后准备开钻。开钻日期是旋转钻机钻头接触地面的日子。

常规钻井包括钻头旋转穿过地层钻入目的层深度,切割下来的地层碎末称为岩屑。钻井过程中,钻井液不断地循环进入井筒。钻井液有多种目的,如把岩屑带到地面、润滑钻头、防止地层流体进入井筒等。

下套管时必须起出钻具。套管是下到井筒里的钢管,其作用是防止井筒坍塌,保护淡水砂层,使水远离生产层,把石油和天然气封存在井筒中并控制地层压力。

大部分井筒是垂直钻入的,但有一些井是以一定角度钻入的,这些井或者是定向井或者是水平井。定向井通常是垂直钻入预定深度,然后弯曲或倾斜以便井身的底部在预定的位置上。水平井一开始也是垂直钻入的,然后逐渐弯曲一直到井身呈与地表平行状,钻探实际上是以水平方向穿过地层。

当钻机不能安置在已选择的井位之上,垂直的井身已经离开了储层,围绕着落鱼(落入井内的物体)侧钻,或者从同一个海上钻井平台钻探多层完成的井时,为避免沿着一条断层线钻井,有必要使用定向钻井。当油和气蕴藏在一些垂直的、狭窄的岩石或储层中,使用常规垂直钻探将远离储层时,使用水平钻探是有利的。在提高采收率项目上,也经常使用水平井作为侧向注入井。

钻井作业期间,石油工程师或地质师要检查岩屑和其他数据以确定是否有丰富的石油和天然气而进行完井。对已钻探过的油井的岩屑进行分析可以确定流体的含量和岩石结构。定期在钻柱的底部放置一个取心筒,从地层切下一个圆柱岩心,可以得到大块地层岩石,这块地层岩石称为岩心样。对岩心进行分析,可以确定地层岩石的特征、地下岩层的层序和地层的流体含量。

钻完全部深度后,要进行测井。将一台测井仪器下放到井的底部,然后再拉回到地面,当仪器向上经过井眼时,可以测量和记录地层以及存留其中的流体的特征。在上述分析和试验方法以及其他评价方法的基础上,可以作出是否完井的决定。如果判定井没有能力提供商业数量的油或气,则要关井和放弃;如果判定井有能力提供商业数量的油或气,则要进行完井。

随着完井和投入生产而来的活动包括购买和安装生产套管(下到井筒中的钢管)、安装油管(悬挂在油井中的钢管,石油和天然气从油管中产出)、射孔(在套管和水泥中射孔,使地层流体能从地层流向井筒)、安装采油树(在井口装阀门和安装控制采油装置)、安装生产设备(分离器、热处理器和油罐等)和安装出油管。如果要关井和弃井,则要向井眼灌注泥浆和水泥密封井筒。

如果一些井穿透一个以上包含商业储量的石油和天然气区域,则这些井可以完井,或者仅仅在一个区域或者在多层区域投入生产。在多层完井中,井能在包含石油和天然气的多层区域同步进行生产。

决定是否完井需要对完井的增量成本与从该油井生产的原油销售中期望得到的净现金流量进行比较。如果期望净收益超过完井成本,则可以判定该油井有能力进行商业性开采。在决定封井和弃井或完井时,发生在完井前的钻井过程中的成本(过期成本或沉没成本)不予考虑。

海上钻机的钻井作业和陆上钻机的钻井作业相似,不同的是为对付恶劣的海上环境采用了特殊的技术。另外,在海上经常采用定向钻井,因为其设备能到达远离平台几千英尺的地方,这样可以从同一个开发平台钻探多口井(40口或更多)。

在海上区域,有关环境问题特别重要,其中防止原油泄漏是首要的问题。为防止井喷和泄漏,常要使用昂贵的安全设备。

(三)开采过程

使石油从储油层流入油井的生产过程通常有三种形式:一次采油、二次采油和三次采油。油气最初的开采或一次采油靠油层压力自然驱动或靠油泵驱动。自然驱动是当储油层中存在丰富的高压水或气时,高压产生的能量驱动石油流入井筒。当自然驱动不足时,可以使用一种游梁式抽油机把石油抽到地面。

当通过一次采油方法已经开采出最大限度的石油和天然气,油层压力已经严重衰竭时,可以进行二次采油。二次采油包括对地层实行人工驱动来代替自然驱动,最常用的方法是注水。注水是用压力将水注入地层以驱动石油流入井筒。

开采石油的第二个尝试完成之后,可以进行第三个尝试,即三次采油。三次采油包括使用强化采油方法生产原油,可将化学药剂、气或热量注入油井,以改变流体性质,加强石油通过地层的流动。热量通常以蒸汽的方式注入。三次采油的另一个适用的新方式是使用微波技术,如在北部气候地带将微波射入油层以使石油升温。现在正在研究采用微生物提高采收率法采油(MEOR)。微生物提高采收率法采油是将细菌注入地层,将石油分解成洗涤剂和新的细胞,以提高未来的原油产量。三次采油方法所需费用昂贵,许多方法仍处于开发阶段。即使是最好的开采方法,仍有大量的石油封存在地层中。一些专家已经估计到,以现在的技术至少还有50%的石油不能被开采出来,将来从老井中开采出来的石油和天然气的数量部分取决于石油和天然气的价格。当石油生产价格使开采石油经济可行时,将会采用更多的二次采油和三次采油方案。

(四)生产和销售

从油井产出的流体通常包括石油、天然气和水。在销售石油和天然气之前,井产流体必须经过分离、加工和计量。井产流体通过出油管从每个单井流入集输点,在集输点分离器把流体分解成液体(石油和水)和气体,然后经热处理器把水和其他杂质从石油中除掉。

石油通常从集输点输入油罐储存直到交给购买商。因为石油要从储罐转运到油罐车上或者转运到一条输油管线中,所以石油出售时要计量。天然气在矿区中不储存,在集输、加工和转移到气管线时进行计量。

第三节 可持续发展与油气环境会计

石油和天然气企业勘探、开发与生产活动的对象是油气资源,它是目前与人类社会生存和经济发展最为密切的不可再生资源。人类进入 21 世纪,资源耗减与经济增长的矛盾日益突出,会计核算在这一矛盾中的平衡作用也将日益显现出来。

一、可持续发展

进入 20 世纪 80 年代以后,世界范围内的人口增长、资源危机和环境恶化呼唤了人类理性的回归,人们感到掠夺性开发自然资源所带来后果的严重性,不得不重新认识人与自然的关系,重新寻找人类活动的经济目标、生态目标和社会目标的统一性与协调性。于是人们认识到,我们已经进入了一个应该而且能够理性地认识世界并改造世界的阶段。人类活动的本质在于求得他们所追求的各种目标协调稳定和持续发展。

所谓可持续发展(sustainable development),一般指能生产非递减的人类惠益的努力,其核心问题是如何最合理、最有效地开发利用自然资源,满足人类发展的总体目标。换句话说,可持续发展是指在人类意义的时间和空间范围内,自然资源对人类福利追求的可承受压力。

第一个有影响的研究是 20 世纪 60 年代末美国鲍尔丁的"宇宙飞船经济理论"。它的简单含义是:人类赖以生存的最大的生态系统就是地球,而地球只不过是茫茫无垠的太空中的一艘小小的宇宙飞船。人口和经济的不断增长,最终将使这艘小小的飞船舱内完全被污染。到那时,整个人类社会就会崩溃。鲍尔丁的理论发表后,在世界上引起了巨大的反响,它使人们认识到:

(1) 必须改变过去那种"增长型经济"而采取"储备型经济"。

(2) 要改变传统的"消耗型经济",而代之以休养生息的"生态型经济"。

(3) 应实行"福利量"的经济,而不能像以往那样只注重"生产量"的经济。

(4) 必须建立能重复使用各种物质资源的"循环式经济",以替代传统的"单程式经济"。

20 世纪 70 年代初,以人口、资源、环境为主要内容,以讨论人类前途为中心议题的"罗马俱乐部"成立,随后发表了震惊西方世界的著作《增长的极限》。它的主要论点是:人类社会的增长由五种相互影响、相互制约的发展趋势构成。这五种趋势是:加速发展的工业化、人口剧增、粮食私有制、不可再生资源枯竭以及生态环境日益恶化。它们都以指数的形式增长。由于地球的有限性,这五种趋势的增长都是有极限的。如果超过这一极限,后果很可能是人类社会突然地、不可控制地瓦解。科学技术只能推迟"危机点"。《增长的极限》的结论是:人类社会经济的无限增长是不现实的,而等待自然极限来迫使增长停止又是社会难以接受的。出路何在,人类可以自我限制增长,或者说协调发展,这是最可取的方法。

进入 20 世纪 80 年代,可持续发展这一观点得到了有关国际组织、政府首脑、科研机构以及企事业单位等的广泛关注。1987 年,联合国世界环境与发展委员会发表了题为《我们共同的未来》的长篇报告,呼吁世界各国维护资源,保护环境,开辟可持续发展的道路,并在报告中把"可持续发展"定义为"在不危及后代人需要的前提下,寻求只满足我们当代人需要的发展的途径"。联合国环境规划署在总结各国的经验后提出:"不同时保护环境和促进资源的合理利用,就不会有持续的和稳定的增长。"1984 年 5 月召开的"地球未来"会议号召:"人类的活动必须自始至终贯穿着可持续发展的思想,即经济、社会的发展必须同资源和环境的保护相协调,在满足当代人需要的同时,不危及后代人满足其需要的能力。"

进入20世纪90年代,1992年,世界各国政府首脑参加了在巴西里约热内卢召开的"世界环境与发展大会"。会议强调了资源与环境核算和可持续发展问题,在本届会议纲领性文件《21世纪议程》中明确指出:"将可持续能力纳入经济管理的第一步……"可以说,可持续发展不仅是一个国家、地区社会进步的指导思想,而且已成为一个影响全球战略的国际性问题,同时,参加这次会议的国家首脑人数是历史上最多的一次。1997年,作为对《联合国气候变化框架公约》的补充,日本京都召开第三次缔约方大会并通过《京都议定书》,其目标是"将大气中的温室气体含量稳定在一个适当的水平,进而防止剧烈的气候改变对人类造成伤害。"对此,中国政府高度重视,相继出台了《气候变化国家评估报告》《应对气候变化国家方案》《应对气候变化科技专项行动》等规章制度,力争在2020年实现中国在哥本哈根大会上主动提出的减排承诺:到2020年CO_2排放强度比2005年降低40%~45%。为实现二氧化碳减排的政策目标,减弱碳税本身的负面效应,《京都议定书》中同步实施了其他的一些政策举措:发达国家可以通过提供资金和技术的方式,与发展中国家开展项目合作,在发展中国家进行既符合可持续发展发展政策要求,又产生温室气体减排效果的项目投资,由此换取投资项目所产生的部分或全部减排额度。可以说,《京都议定书》是第一个以条约形式要求全人类共同承担保护地球气候义务的执行性文件,被公认为国家环境外交的里程碑,开启了"自上而下"的气候治理方式。但自上而下模式往往法律约束力强,伴有较为严格的遵约机制,核算规则统一,且设有严格的测量、汇报、核证规则以确保透明度,所以在实施过程中各方达成行动共识的难度大、进度慢。再加上受制于主要谈判缔约方(主要是发达国家)国内政治的制约,尤其是伴随着全球政治经济与排放格局的发展,受到全球金融危机的影响,2009年的哥本哈根大会并未达成既定成果,自上而下模式的发展遭遇重大挫折。最终美国国会从未核准该议定书,加拿大也于2011年宣布退出。在上述国际背景之下,国际气候制度的构建方式已经呈现出明显变化,逐渐演进为以国家自主决定贡献(INDCs)为特征的"自下而上"模式。

进入21世纪以来,《联合国气候变化框架公约》下的谈判屡屡受挫,联合国主导气候治理的权威受到质疑。一些西方发达国家主张抛开联合国现有的机制,另起炉灶。于是2015年12月12日,巴黎气候变化大会上通过了《巴黎协定》,该协定设定全球气温在2100年前平均升幅不得超过2℃的控温目标,并写入了1.5℃的努力方向,明确21世纪下半叶实现温室气体净零排放。该协议第一次明确了发达国家不仅要"减缓",也要为"适应"提供资金,帮助发展中国家应对气候变化,实现可持续发展。自其实施以来一些国家领导人和国际机构高官也发表讲话或声明,对这一协定的诞生表示欢迎。由此可见,环境与可持续发展已经日益成为全世界共同关注的话题。

在新的文明观念下,面对人类更多的物质要求,资源与环境问题是当今人类面临的重大且紧迫的全球性问题。

二、可持续发展战略下传统会计的局限性

人类社会的发展归根结底是人类与其所处自然环境和社会环境对立统一、协调共进的动态过程。在这种动态过程中,传统会计功不可没。只是传统会计理论一般侧重于从人类经济

活动的角度,着眼于对自然资源的开发利用,来反映和监督企业资本及其运动,并建立在历史成本计价、权责发生制和复式记账三大支柱之上。但传统会计没有将环境所带来的经济问题很好地纳入会计理论与实践加以研究和解决,以至于联系可持续发展战略来看传统会计理论与实践,不能不说传统会计尚存在着一定的局限性,并集中表现在以下三个方面。

(一)会计循环过程及内容不完整

在会计确认上,传统会计没能将整个社会生产、消费和相应的生态循环价值都反映至会计图像上,因而会计循环过程及内容暴露出一定的不完整性。具体而言,缺乏将涉及环境的经济业务作为会计要素加以正式确认。例如,没将环境资源按资产要素确认;没将企业应承担的环保社会责任按负债要素确认;对环境利润更是缺少必要的确认、计量、记录与报告。从会计实践来看,在现行的会计制度中,还没有与环保相配套的会计核算体系,仅在企业管理费用中包含了排污费和绿化费项目。所有这些表明,传统会计侧重核算与企业直接有关的信息、资金和物质商品,而对与企业有关的资源、环境、废弃物及生态环境的关系等进行反映和监督不够,致使会计循环过程及内容呈现出一定的不完整性。

(二)狭义循环成本概念不适应可持续发展战略对自然资源消耗的成本补偿要求

成本的经济实质应是价值耗费与补偿的有机统一体。为此,人类的劳动消耗需要补偿,自然资源的消耗同样需要补偿。在某种意义上,成本充当了消耗补偿的价值尺度。传统会计(包括现代会计)所依赖的成本观念是狭义循环成本概念(或称小循环成本概念),它从属于狭义费用概念。

狭义循环成本概念立足于企业微观本身来处置成本补偿,讲究企业资本运行的循环与周转的畅通性、安全性及增值性,会计所提供的信息侧重于披露经济性信息,而缺乏有效的环境社会性信息的充分披露,未能真正建立起"微观—宏观共振型"的会计模式和运行机制,使得国民生产总值和企业生产成本的正确量化计算缺乏科学依据。例如,传统会计核算方法未将环境资源列入资产核算,其经济增长指标不能如实地反映社会经济发展速度,虚增了国家财富;企业成本只量化计算人造成本,而对自然资本忽视不计,其结果是造成企业对自然资源的无偿占用和污染破坏,以牺牲环境质量为代价虚增盈利。正确的做法应是:在宏观上计算国民生产总值时扣除环保支出,而在微观上企业生产成本应反映当期环保支出。面对当前世界范围内日趋严重的生态环境问题,人们应当意识到生态环境问题长期得不到科学解决的重要原因之一是现行的成本理论缺少从自然资源和人类活动两方面复合认识成本补偿问题。从可持续发展战略对自然资源消耗的成本补偿要求的实际出发,我们应倡导广义循环成本观(或称大循环成本观),并将广义循环成本理论有效地应用于会计实践。

从广义循环成本构成来看,它应当是自然资源成本、物化劳动和活劳动消耗的总和,其中资源成本可具体包括生成成本、再生成本、恢复成本、替代成本和服务成本等。一般地,生成成本是指自然资源本身的有用性所表现出来的价值形式;再生成本是指自然资源从它被消耗,再生成原来规模和水平应计量的成本或应补偿的价值;恢复成本是指人们开发利用某项资源的同时污染、破坏或消耗了另一项资源,用来恢复被污染、破坏的资源本来面目的成本;替代成本是指不可再生资源在开发利用时,人们以其他资源替代它所需支付的相关费用;服务成本是指某些资源的存在对人类的生存环境提供了某种服务所发生的成本,具体包括由于资源服务所带来的收益增加及失去服务造成自然灾害而发生的损失。

(三)对环境成本与收益计量的弱化制约着对环境信息的有效披露

会计计量构成会计循环的重要内容之一。从理论上讲,会计计量工作应贯穿于会计核算系统从数据输入到信息输出的全过程,包括选择计量客体的计量属性、选择会计计量单位和确定会计计量模式三个计量要素。从实践来看,由于传统会计未能将环境带来的经济问题很好地纳入会计核算体系。因此,在会计计量方面缺乏对环境会计对象的有效计量,集中反映在没能用会计计量反映和控制环境资源及其耗费与补偿问题。必须指出,当资源与环境具有价值时,应视为资本性质,这种资本的价值能向人造资本转换。为此,会计实践上要计量两种资本的转换过程,并确定适度的转换比,以利于满足可持续发展的内在要求。

传统会计计量是建立在历史成本计价原则基础之上的,并以交易价格为前提。由于环境成本与收益一般不能通过市场交易来确认其市场交易价格的高低,这给会计上对其进行有效计量带来了一定的困难,但也正因为如此,才需要对会计计量方法予以开发与创新,大胆采用一切可采用的方法。

传统会计在会计计量上缺少必要的突破,尤其对环境成本与收益计量上不无弱化,反过来制约着对环境信息的有效披露以及现代会计职能的能动发挥。可以预见,今后一个主要的社会问题将是确定由谁支付外部问题的成本和怎样对其定量估价,哪些成本应由生产它们的团体负担,哪些成本应由整个社会承担。由此可见,对环境成本和环境收益进行计量尽管困难但必须有较大突破,否则会计很难满足社会各方面对环境问题提出的信息披露的客观要求。

三、环境会计与油气环境会计

(一)环境会计的产生和发展

环境会计又称绿色会计,是在环境资源恶化和修正传统会计的基础上产生的。从世界范围来看,会计绿化成为一种时尚,但环境会计由来已久。具体可追溯到20世纪70年代,以《会计学月刊》(Journal of Accounting)中1971年比蒙斯(F. A. Beams)的《控制污染的社会成本转换研究》和1973年第2期马林(J. T. Marlin)的《污染的会计问题》两篇论文为代表,揭开了绿色会计研究的序幕。1983年以来,世界银行积极鼓励修订现行的会计体系,增加环境项目,并提出了建立一套与联合国国民会计体系相配套的环境辅助账户的建议。

1989年1月,联合国国民会计体系专家小组接受了该提案。经过修订的国民会计蓝皮书已于1993年发表,包括的内容有对绿色会计的讨论,对提出的辅助账户作了肯定,并批准收益计量时应考虑计算环境成本问题。联合国国际会计和报告标准政府间专家工作组1995年召开的第13届会议,其主题就是环境会计。1998年2月,联合国国际会计和报告标准政府间专家工作组第15次工作会议提出了环境会计和报告的第一份指南,至此,环境会计从理论研究步入实践应用。2003年,这份由联合国贸易与发展会议形成的国际会计与报告标准《环境成本和负债的会计与财务报告》被翻译成中文,成为中国会计理论研究的重要内容之一。

从本质上看,环境会计是环境科学与会计学科交叉渗透而形成的应用性学科。具体而言,它以货币为主要计量尺度,以有关环保法规为依据,研究经济、社会发展与环境之间的关系,计量、记录环境污染、环境防治及开发、利用的成本费用,是评估环境绩效及环境活动对企业财务成本影响的一门新兴会计分支。

(二)环境会计的基本理论

环境会计不仅是一个会计问题,而且也是一个环境问题和社会问题。迄今为止,还没有形成一整套环境会计的理论体系。这里将最新的研究观点综述如下:

(1)企业经营与管理受到自然环境与社会环境问题的影响,其中自然环境问题的影响包括:资源衰竭、环境污染、气候改变、废弃物处理、产品安全与卫生等;社会环境问题的影响主要包括:消费者主义盛行、城市环境引起关注、人力资源管理水平低劣及全球经济南北划分等。面对环境问题所带来的经济问题,会计上应适当予以确认、计量、记录和报告。

(2)承认资源与环境有价值,并具有资本性质,主张将整个社会生产消费和相应的生态环境都反映到会计图像上。

(3)吸纳广义循环成本观,将环境带来的经济问题纳入会计并适度处理,构建"微观—宏观共振型"的会计模式与运行机制。

(4)两层次会计目标:一是基本目标——在促使企业注重经济效益的同时,高度重视生态环境和物质循环规律,合理开发和利用环境资源,努力提高社会效益和环境效益;二是具体目标——组织相应的绿色会计核算,应考虑环境信息的充分披露。

(5)双重核算体系:微观核算体系要最大限度地考察企业与环境资源的密切联系,并对环境资源损耗、环境保护支出、环境资源收益、环境资源效益作出相应的会计确认、计量、记录与报告;宏观核算体系要从宏观角度出发,在国家和社会范围内建立环境成本核算体系。从环保资金合理回笼与合理运用等方面强化宏观核算体系的功用。

(三)油气环境会计的研究

当油气会计理论正在为成果法和全部成本法争论不休时,世界已进入以环境保护和可持续发展为特征的21世纪,作为直接开采和利用自然资源的油气工业,面临着资源递减和环境保护的双重挑战,油气环境会计将大有可为。下面根据联合国国际会计和报告标准政府间专家工作组第15次会议提出的环境会计和报告指南,对油气环境会计的基本要素做些说明。

1. 定义

第一,环境的定义。环境是指我们周围的自然物质存在,包括空气、水、陆地、植物、动物和非再生资源(如石油、矿物)。

第二,环境成本的定义。环境成本是指本着对环境负责的原则,为管理企业活动对环境造成的影响而采取或被要求采取的措施的成本,以及因企业执行环境目标和要求所付出的其他成本。比如,避免和处置废物、保持和提高空气质量、清除泄漏油料、去除建筑物中的石棉、开发更有利于环境的产品、开展环境审计和检查等方面的成本。罚款、罚金、赔偿等将视为与环境相关的成本,不属于这一环境成本的定义范围,但应予以披露。

第三,环境资产的定义。环境资产是指由于符合资产的确认标准而被资本化的环境成本。

第四,环境负债的定义。环境负债是指企业发生的、符合负债的确认标准并与环境成本相关的义务。在履行义务的支出金额和时间不确定的情况下,在某些国家,"环境负债"被称为"环境负债准备"。

第五,资本化的定义。资本化是指将环境成本作为一项相关资产的组成部分或一项单独的资产加以恰当地记录。

第六,义务的定义。义务是指在特定事项发生时或应他人要求,需要在将来某一日期或可确定日期,以转移或运用资产、提供服务或其他放弃经济利益的方式来履行的对他人的责任或职责。法定义务是指法律规定的或监管机构规定的或合同规定的义务。推定义务是指由特定情形下某一事实所导致的或据其推断或分析所产生的义务,而不是基于法律规定或出于道德或道义上的考虑,企业难以避免或不能避免的义务。例如,也许企业没有法定义务去消除某一特定区域的石油泄漏,但企业如果不这样做,其声誉及以后在这一区域开展经营活动的能力将受到很大影响,出于这一考虑而产生的义务,即推定义务。推定义务有时被称为"公平义务"。

2. 环境成本的确认

环境成本应在其首次得以识别的期间加以确认。如果符合资产的确认标准,就应将环境成本资本化,并在当期及以后各受益期间进行摊销;否则,应作为费用记入当期损益。

与环境成本有关的会计问题,其关键在于成本是在一个还是几个期间确认,是资本化还是记入损益。如果环境成本直接或间接地与将通过以下方式流入企业的经济利益有关,则应当将其资本化:(1)提高企业所拥有的其他资产的能力,改进其安全性或提高其效率;(2)减少或防止今后经营活动所造成的环境污染;(3)保护环境。

资产的定义表明,如果企业发生的一项成本将在未来带来经济利益,则应该将其资本化并在利益实现时记入当期损益。因而,符合上述标准的环境成本应予以资本化。此外,将由于安全或环境因素发生的成本以及减小或防止潜在的污染从而保护未来环境而发生的成本予以资本化也是恰当的。尽管这些成本可能不会直接产生经济利益,但是企业为了从其他资产中获取或持续获取经济利益,发生上述成本也是必要的。

许多环境成本并不会在未来带来经济利益,或者与未来收益没有足够密切的联系,因而不能将其资本化。这些成本包括:废物处理成本、与本期经营活动有关的清理成本、清除前期活动引起的损害成本、持续的环境管理成本以及环境审计成本等。因不遵守环境法规而导致的罚款以及因环境损害而给予第三方的赔偿等,均视为与环境相关的成本,这些成本并不产生未来收益,因而应作为费用记入损益。

如果一项可以确认为资产的成本与另一项资产有关,所发生的环境成本本身并不带来特定的或单独的未来利益,而且这些成本的未来利益存在于企业经营所使用的另一项生产性资产上,则应将其作为其他资产的组成部分而不予以单独确认。例如,清除建筑物上的石棉,这项工作本身并不产生未来经济利益或环境利益,受益的是建筑物,因而将清除石棉的成本确认为一项独立的资产是不合适的。而一台能够清除大气或水污染的机器,它是能够产生特定或单独的未来利益的,因此可以将其作为资产单独确认。

3. 环境负债的确认

如果企业有支付环境成本的义务,则应将其确认为负债。正如定义所表明的,确认环境负债时,不一定要有法律上的强制性义务。有可能出现这样的情况:在不存在法律义务时企业负有推定义务,或有在法律义务基础上的推定义务。例如,企业可能将按超出法律规定的标准清除污染作为其既定政策,这样做基于两点考虑:一是如果不作出这项承诺,企业的商业信誉将受到影响;二是这样做是正确的、恰当的。在这种情况下确认环境负债,企业管理部门必须作出负担有关环境成本的承诺(例如,这项承诺可以是董事会决议,企业可以从公开的会议记录或公告中获知)。同样,不能仅仅因为企业管理部门日后不能履行承诺就不确认负债。如果确实发生了不能履行承诺的情况,企业应在财务报表附注中披露这一事实及其原因。在少数情况下,根本无法全部或部分地估计环境负债的金额,这时应在财务报表附注中披露无法作出估计这一事实及理由。

对于长期拆撤成本,企业可能选择在其可靠的经营期间内提取准备。与将来恢复场地、关闭或移走长期资产有关的义务是在对环境开始发生损害时产生的,所以应在当时确认环境负债,而不是推迟到完成活动或关闭设施的时候。企业可能会在整个相关经营期间内确认拆撤成本,即提取准备,因而,为在将来恢复场地、关闭或移走长期资产而发生的成本提取准备,应当是可行的。

4. 补偿的确认

(1)除非法律规定可以抵消,否则,预期从第三方获得的补偿不应从环境负债中扣除,而应单独记录为一项资产。如果按法律规定进行了抵消,则应披露环境负债和所获补偿的各自总额。

(2)在多数情况下,企业将对有争议的环境负债负主要责任。这是因为,如果第三方因某种原因不能进行赔偿,企业将不得不负担全部成本。如果企业对第三方的拖欠部分不负责任,则只将本企业负担的部分记为环境负债。

(3)因出售有关财产而预期得到的收入以及修复资产的变卖收入不应从环境负债中扣除。对于使用期有限的资产,在计算摊销额时通常应考虑变卖收入和残余价值,否则就重复计算了。

5. 环境负债的计量

当准确估计一项环境负债有困难时,应作出最近似的估计。在财务报表附注中,应详细说明是如何得出该估计值的。

在某些情况下,由于存在大量不确定因素而难以估计环境负债。这些因素包括场地有害物质的危害程度和类型、可采用的技术以及修复标准的不断变化。尽管对实际负债作出估计是不可行的,但通常可以估计"损失的范围"。在这种情况下,应给出这一范围内最近似的估计。在不可能得出"最近似估计"的情况下,至少应按最低金额确认。无法作出估计的情况很少,如果确实存在无法作出估计的情况,应在附注中披露这一事实并说明理由。

对与今后恢复场地、关闭或移走设施成本相关的负债,以及在相当长一段时间内不用清偿的负债,有以下三种计量方法:(1)现值法;(2)现行成本法;(3)在相关经营期间内为预期支出计提准备的方法。

现值法和现行成本法都需要估计在目前按现有条件和法律恢复场地、关闭或移走设施所需的成本,即估计现行成本。按现行成本法,这一金额应确认为负债。在现值法下,对环境负债的计量是以为了履行上述义务所需的预计未来现金流出的现值为基础的。在相关经营期间内为预期支出计提准备这种方法,则以最终所需的现金流出的估计金额为基础,而非当期所需现金流出金额。

现值法需要货币时间价值信息,也需要影响为履行义务所需的预计现金流量时间和金额的因素等信息。后面这些因素涉及未来事项结果的估计,因而增加了这种方法的不确定性。因此,有人认为,以现值法确认财务报表中的负债,其可靠性是不够的。而现行成本法不存在未来事项的不确定性,因此比现值法可靠。还有人认为,随着负债的初始确认与最终偿还之间的期限的延长,现行成本法的决策有用性降低,因而现值法的相关性比现行成本法的可靠性更突出。

在石油行业中,在相关的经营期内为长期拆撤成本计提准备是一种可行的做法,如钻井平台的拆撤。采取这种做法的理由是"符合实际",因为它能避免一些人为的报告收益和财务状况时的随意性,这种随意性是由对上述成本的估计会发生变更而导致的。对于将在近期内偿还的环境负债,通常应当采用现行成本法计量。除以上情况外,应当尽量采用现值法。在采用现值法计量环境负债时,所使用的折现率通常是无风险利率,如期限相同的政府债券的利率。对于近期内可望取得的技术进步应加以考虑,但对于经过长时间才能取得的技术进步则不予考虑。对影响成本的预期通货膨胀也应加以考虑,并且应每年对环境负债的金额进行审查,并根据估计未来支出的假设因素的变化加以调整。新发生的或新增加的负债,应依据义务产生期间的相关因素进行计量。

第四节 稳健原则与油气风险会计

油气勘探开发投资是一种巨额的风险投资,围绕着勘探开发投资的资本化或费用化问题,形成了油气会计理论的核心,即成果法与全部成本法的理论分歧。这种分歧的实质是稳健原则在不确定性状态中的适度应用问题。下面对稳健原则及风险会计的一般理论进行分析,为下一章油气会计的基本理论研究打下基础。

一、稳健原则及其产生和发展的历史过程

稳健原则(conservatism principle),也称保守原则或谨慎原则,人们一般给出其"实用主义的"(pragmatic)定义:会计人员要低估资产和收益,高估负债和损失。其实稳健原则首先是一种内在的精神和意识——人们从事经济活动(包括会计活动)时,面对种种不确定性因素,要采取"稳妥小心""过犹不及"的态度;其次才是植根于现实经济土壤的、一系列外在的会计处理方式,目的是减少不确定性会计信息对人们决策的误导及其造成的损失。二者结合起来构成稳健原则的内涵,并且前者对后者有很强的影响,甚至有某种意义的决定性作用。

稳健原则的起源可以追溯到中世纪财产托管人对其受托责任(accountability)解脱所采取的策略——不预计托管财产的增值是托管人减轻责任的自我保护方式。这种减轻责任的考虑逐渐为随后的会计职业界所认可。美国会计学家谢菲尔德注意到,19世纪后期,英格兰的一些审计人员在企业破产后常受到投资者的起诉,大部分诉讼的原因是审计人员对高估资产和收益的财务报告提供了无保留意见的审计报告。鉴于类似的原因,美国的会计职业界在20世纪初开始讨论稳健原则,但对稳健原则的普遍关注是在20世纪30年代的大危机之后。人们在反思中认识到,大危机之前浮夸利润和粉饰经营前景的会计报告的泛滥,导致了各方面对经济的盲目乐观,这是引发大危机的一个重要原因,由此,稳健思想的地位得到了最终确立。

考察稳健原则的产生过程,能够得出这样的结论:稳健原则是经理人员、审计人员、投资者和会计人员共同的"价值取向"。尽管在如何具体运用稳健原则的问题上还存在分歧,但稳健原则的普遍接受已成为无可置疑的事实。在美国、英国、加拿大和澳大利亚等国家的会计准则中,稳健原则都有所体现。法国和德国由于企业的资本主要由银行等信贷机构提供,更强调稳健原则的运用。值得一提的是,国际会计准则委员会(IASC)在第1号国际会计准则(IAS No.1, 1975)中把稳健原则作为选择会计政策的三要素(稳健性、实质重于形式和重要性)之一,这可以进一步说明稳健原则在国际会计准则建立过程中较早地得到了各国会计界的认可。

稳健原则在世界各国得到如此广泛的认可,是否意味着其存在有着客观必然性呢?答案是肯定的,只要会计中存在不确定性(uncertainty),就必然有稳健原则的一席之地。

二、稳健原则存在的前提是会计中的不确定性

回顾历史,不难发现,随着经济的发展,会计所处环境的不确定性程度逐步提高。一般较为公认的对不确定性的理解是:对导致一系列可能结果的一种或多种备选方案的认识状态,但这些特定结果的可能性要么无法知道,要么无实际意义。或者将它理解为:由于缺乏充分的数据而不可能客观地计算投资风险的概率。需要特别指出的是,以往论及不确定性时,常常借用西方经济学的概念。其实,西方经济学所讲的不确定性的含义比较宽泛,它通常从决策者的视角出发,所讲的不确定性产生的原因既包括对未来信息的不可知,又包括因为信息不对称分布而造成的个别决策者对历史信息的缺乏。可以讲,这是一种"决策意义上的"不确定性。而论述稳健原则时,直接关心的应是"披露意义上的"不确定性,所涉及的不确定性产生的原因一般只包括对未来信息的不可知。会计中所讲的主要是后一种意义上的不确定性。

下面考察会计中存在着的不确定性。美国会计学家亨得里克森(Henderikson)认为,一方面,经济活动中的不确定性因素会导致会计"跨期摊配"(allocation)具有不确定性(如固定资产折旧会因固定资产有形、无形损耗和企业未来存续状况中的不确定性因素的存在而具有不确定性);另一方面,经济活动在时间上的延伸和会计信息的当期披露要求会计处理中要对经济活动的未来结果进行"估计"(estimation),这种"权宜性的"(tentative)估计势必导致会计"计量"具有不确定性(如应收账款的计量会因为未来坏账发生的不确定性而具有不确定性)。会计中的不确定性可分为外生性不确定性和内生性不确定性两种。外生性不确定性主要是指会计信息系统之外的不确定性,即财务会计环境的不确定性,主要有会计对象的不确定性(经济活动的不确定性)、会计假设的不确定性和会计政策的不确定性等;内生性不确定性主要是指会计作为一个人造信息系统在信息加工过程(如确认、计量、记录和报告)中存在的不确定性。可以看出,外生性不确定性带有较强的客观色彩,现代产权经济学、信息经济学认为,只要人类从事经济活动,不确定性就必然存在于人们所面临的环境之中;而带有主观色彩的内生性不确定性,在特定时期人们的认识水平、技术水平等因素一定的情况下也必然存在。

稳健原则是人们对会计中不确定性的自然反应。这一点可以由前述的稳健原则产生过程得到佐证:面对会计中的不确定性,财产托管人、审计人员、会计人员和投资者出于减轻受托责任、减轻审计责任和会计责任,以及避免或减轻资本风险和进行合理决策等不同目的,都要求会计信息的披露采用稳健原则。换句话说,稳健原则是人们对会计中不确定性的共同的自然反应。之所以在反应之前加上"自然"二字,是因为这种反应不仅停留在意识层,而且更存在

于下意识层。"低估资产和收益,高估负债和损失"等具体会计操作是稳健原则在人们意识层的体现;而按现代心理学的研究,人类从婴儿时期起就对诸如黑暗等不确定性事物有天生的恐惧和厌恶,因此人类对风险和不确定性"本能地"规避是稳健原则存在于人们下意识层的理由。之所以要强调后者,是为了说明人们面对不确定性时,选择稳健原则的倾向是多么的强烈和深刻,这种倾向或反应首先是心理的(既有理性成分,又有感性成分),进而是经济行为的,最终也必然作用到会计领域。

三、会计中的不确定性是考察稳健原则的根据

人们对稳健原则的争论,很少系统地从会计中不确定性的角度出发,如前文所述,稳健原则同会计中的不确定性有着内在的逻辑关系。因此,对稳健原则的讨论必须结合会计中的不确定性来进行。具体来说,结合会计中的不确定性,稳健原则的讨论应按如下思路进行,要分析两个方面的问题。第一,要研究不确定性的存在状况和人们对它的认识。具体又可考察两个方面:(1)经济环境中不确定性因素的多寡和强弱。在不同时间、空间和社会制度、经济体制条件下,经济环境中不确定性因素的多寡和强弱是不一样的。一般来说,商品经济下的不确定性因素多于自然经济下的;资本市场发达、创新金融工具使用较广的环境下的不确定性因素多于资本市场不发达环境下的;漠视商业信誉环境下的不确定性因素多于重视商业信誉环境下的。(2)人们对不确定性的认识及承受能力。心理学和经济学的研究成果表明,不同的人或不同时期和场合的同一人对风险与不确定性的认识及承受能力是不一样的。在经济学上一般用风险—收益曲线来刻画这种承受能力。一定时期经济环境下不确定性的存在状况和人们对它的认识,决定了不确定性在人们思考经济问题时所占的分量,具体到会计上就决定了人们对披露不确定性会计信息的重视程度。那么如何将这种重视的注意力转移到稳健原则上呢?这就是人们应该考虑的第二点,即运用稳健原则能多大程度地降低决策的风险和不确定性及其带来的损失。体现稳健原则的典型会计处理有:(1)存货计价的"成本与市价孰低"法;(2)对应收账款计提坏账准备;(3)运用加速折旧法计提折旧;(4)对"或有负债"的揭示。分析一下上述的会计处理,不难发现稳健原则的运用确实"有助于抵消(offset)管理人员和所有者的乐观主义情绪,以利于投资者和债权人能够更有利地评价风险"。某一项体现稳健原则的会计处理方式,越能降低决策的风险和不确定性,就越容易被人们采纳,尽管其有可能一定程度地影响会计信息的可靠性、相关性。总体来看,稳健原则的运用取决于若干因素的共同作用。毋庸置疑,会计中的不确定性应当是"若干因素"的重要组成部分。

四、油气会计中的不确定性因素与稳健原则的应用

油气工业是探寻、开发和利用油气资源的经济活动。作为反映和监督这一经济活动的油气会计,其面临的最大的不确定性因素就是油气储量的不确定性。这一不确定性存在于整个勘探、开发和生产的全过程,并随着人们对地下认识的不断深化而减弱,但最终也不能达到确定的状态。这是由于两个因素的作用,一是人们所掌握的科学技术手段的有限性,二是节约投资、减少损失的需要,使得这种经济活动必须采取循序渐进的投资方式。随着投资的加深,认识不断深化。反过来,认识的深化是投资加深的前提条件,从而使油气经济活动成为一个在不确定状态中不断探寻确定性结果的循环过程。

油气会计面临的这种不确定性首先带来的会计问题是油气资产的确认和计量的困难。这种困难表现为两个层次：第一，地质勘探投资的资本化和费用化问题。成果法认为，没有找到储量的投资或者与探明储量没有直接关系的投资应列入费用；而全部成本法认为，失败的投资是以后成功的基础，从而产生了理论上的纷争。第二，油气资产是按历史成本来计量还是按储量所能带来的未来收益的现值来计量，因为勘探成果的价值与勘探成本无关。按照现行油气会计理论（无论是成果法还是全部成本法），油气资产按取得时的历史成本计量不能真实地反映油气资产所代表的真正价值。在强调稳健原则的同时，不能忘记会计信息的可靠性和相关性要求。

至于油气资产折旧的不确定性，油气会计中采用了最为恰当且稳健的处理，即按产量和油气资产所代表的储量关系进行折耗。折耗的处理技术使折旧问题上的不确定性消灭于不确定性产生的过程之中，这是最稳健且最可靠的会计方法。

当然，油气会计中还存在其他不确定性问题，如上一节所讨论的未来拆除成本的估计等，这是普遍存在的，不是油气会计所特有的不确定性会计问题。

油气矿业权转让会计是油气风险会计的另一重要领域。由于矿业权的价值取决于矿区储量的可能性及其数量和质量，而储量估计及未来生产流量的判断都存在着大量的不确定性，使得油气矿业权的转让在大多数情况下导致联合经营而很少形成买断性的储量交易，从而使油气矿业权转让中的损益成为油气风险会计的另一焦点。

案例　康菲漏油与墨西哥湾漏油事件的对比与反思
——基于环境会计信息披露的分析

一、墨西哥漏油事件和康菲漏油事件回顾

2010年4月20日美国路易斯安那州沿岸的一座石油钻井平台爆炸起火，造成11人死亡，17人受伤。24日，墨西哥湾底部油井开始漏油，漏油量从每天5000桶，到后来达2万5千至3万桶，持续87天，约漏油410万桶，污染波及附近5个州。

然而，墨西哥湾漏油事件余音未了，2011年6月4日，中国海油与美国康菲石油公司合作项目蓬莱19-3油田连续发生溢油事故，但是至今为止最核心的数据溢油总量依然扑朔迷离。截止到2011年9月，康菲公司单方面宣布溢油量为3200桶，即约500吨。但是有环境专家依据现有公开数据计算出，认为溢油总量要远远超出该公开数据。并且由于康菲作业公司的违规操作，溢油量仍在增加，到2011年12月止，海洋污染面积达到6200平方千米。

从以上数字看虽然渤海湾漏油总量不及墨西哥湾，但是由于墨西哥湾面积154.3万平方千米，平均水深1000米，而渤海仅有7.7万平方千米，水深最深处也只有85米，墨西哥湾总容积是23万立方千米，渤海总容积1730立方千米，且渤海是内海，海水自净能力差，因此，渤海溢油的污染强度不比墨西哥湾小。

二、影响及处理方式的对比

(一) 对股价及公司信用的影响

从墨西哥湾漏油事件爆发至同年 6 月 4 日，英国石油公司股价已累计下跌 34%，市值从近 1823 亿美元跌至 1150 亿美元，蒸发约 700 亿美元，国际评级机构标准普尔公司将英国石油公司的长期信用评级由 AA 下调至 AA -，并将其置入负面信用观察之列，其中惠誉国际也将其评级从 AA + 级调低为 AA 级，几日后进一步降至 BBB，并且列入继续观察名单。

康菲溢油事件发生后，中国海油公司的股价在不到一个月的时间下降 1.81%，但其股价总体却稳步上升，虽然也有上上下下的大幅度波动，但主要原因是由大盘的走势和油价的上升导致的，漏油事件对其股价的影响甚微。而且，康菲石油公司于 2011 年 12 月 16 日表示，基本没有证据显示溢油事故对环境造成影响，这与其在 2011 年 9 月 6 日的表示"将设立渤海湾基金，将根据中国相关法律承担公司应尽的责任并有益于渤海湾的整体环境"这一言论大相径庭。康菲石油公司的屡次失信与跨国公司的形象相距甚远。但是这也并没有影响到康菲在国际上的信用及业绩。2011 年全球 500 强企业中康菲排名依旧处在 12 名的前列。

(二) 处理方式的对比

漏油事件发生后，英国石油公司面临着巨额的海洋污染清理费用和诉讼赔偿费用，为了缓解财务危机和挽救其公众形象，英国石油公司采取了多种有效措施：第一，英国石油公司同意为墨西哥湾漏油事故设立 200 亿美元为期三年半的信托基金。英国石油公司预计总损失金额将高达 400 亿美元。将出售 300 亿美元的资产及暂停派发股息来筹集这笔资金。第二，支付 1.38 亿美元用于墨西哥湾附近居民的健康计划；5 亿美元用以资助对墨西哥湾生态系统的影响；1 亿美元支持对由于钻井暂停而失业的工人的补助。第三，更换董事长，首席执行官海沃德于 2010 年 10 月离职，由美国人鲍勃·达德利（Bob Dudley）出任，而此前鲍勃·达德利一直在负责墨西哥湾漏油事件的处理。第四，英国石油公司成立专门的海湾海岸恢复组织（Gulf Coast Restoration Organization，GCRO）负责清理行动及整治活动、与政府官员协调等事项。另外，在 2011 年 4 月 21 日，英国石油公司公布将支付 10 亿美元，用来资助受墨西哥湾漏油影响的沿海地区的生态恢复。

相对于英国石油公司的处理方式，康菲中国公司在事故发生不到一个月的时间，漏油事件对康菲的生产没有产生太大影响，清理支出也没给公司带来压力。事故发生后康菲石油公司承诺建立赔偿基金和环境基金，但直到 2012 年 1 月 25 日，康菲石油公司才提出对于渤海湾漏油事故 10 亿元的具体赔偿金额，用于解决河北省、辽宁省部分区县养殖生物和渤海天然渔业资源损害赔偿与补偿问题，但是环境基金一直没有到位。

三、事故发生年度财务报表的对比分析

(一) 相关财务指标对比

通过相关财务指标的对比分析我们可以从表 1 中看出：

(1) 2010 年英国石油公司累计实现归属母公司净利润为 - 37.19 亿美元，同比下降

122.43%,息税前利润同比下降114.01%,如果剔除墨西哥漏油事件的影响,息税前利润同比增长40.6%。

(2)资产负债率上涨8.1个百分比,表示英国石油公司债务受墨西哥事件影响增长较快。

(3)经营现金流入减少141亿美元,其中涉及墨西哥湾漏油事件的现金流流出为177亿美元。如果剔除上述因素,经营活动现金流呈现上升态势,也显示出英国石油公司较强的盈利能力。

(4)股利支付额相比同年下降75.24%,是由于墨西哥漏油事件影响前三季度公司未分派股利,公司第三、四季度开始盈利,因此决定恢复四季度的股利分配即26亿美元。

表1 相关财务指标的对比分析   单位:百万美元

项目	英国石油公司		康菲石油公司	
	2010年12月31日	2009年12月31日	2011年12月31日	2010年12月31日
总资产	272 262	235 968	153 230	156 314
负债总额	177 275	134 355	88 086	87 752
权益总额	94 987	101 613	65 224	68 562
资产负债率	65.11%	56.94%	57.49%	56.14%
销售收入	297 107	239 272	244 813	189 441
净利润	-3 324	16 759	12 502	11 417
归属于母公司净利润	-3 719	16 578	12 436	11 358
息税前利润	-3 702	26 426	23 973	20 937
股利支付额	2 600	10 500	—	—
经营现金净收入	13 616	27 716	19 646	17 045

2011年度康菲公司归属于母公司的净利润增长9.49%,经营现金净流入增加26.01亿美元,显示较强的盈利能力,并且财务状况良好,负债率略有上升。表明公司2011年经营状况几乎未受到溢油事故的影响。

(二)环境会计信息披露对比

在2010年度报表中,英国石油公司首席执行官致信股东详细介绍了墨西哥湾漏油事故,并且有关于漏油事故的详细概述,从发生到英国石油公司的应对、处理、赔偿等情况。并以此为教训,全面加强公司的安全操作及风险控制能力。在财务报表附注中,作为2010年重大事件详细披露了墨西哥湾漏油事件对英国石油公司各财务报表的影响。

在康菲石油公司2011年的年度报告中,没有关于渤海湾漏油事件的相关信息概述。财务报表中未确认相关的环境成本、诉讼及赔偿金额。附注中也没有披露或有负债及可能的诉讼等相关信息。

四、两次事故影响及结果不同的原因

(1)中国相关法律不完善。相对于墨西哥湾漏油后英国石油公司的积极赔偿,康菲十分淡定的主要原因是英国石油公司慑于美国治污法规的天价赔偿,而中国的环境保护法律相对滞后。依据《中华人民共和国海洋环境保护法》,国家海洋局职能对康菲公司施以最高20万元的行政处罚,对于石油巨头公司来说,罚款数额几乎可以忽略不计。另外,由于生态立法不完善,一直未进入诉讼程序,这都导致康菲公司对漏油事件不予重视,所支出的清理成本、赔偿费用、环境维护费很低,使漏油事件对康菲公司的财务状况基本没有什么影响。

(2)政府监管机制缺失,反应不及时。相对于美国政府漏油事件的重视以及采取的强制措施,中国政府各监管部门除了责成康菲公司尽快控制溢油外,也缺乏进一步的行动控制生态危机,折射出政府监管机制的现实缺位。

(3)相关的环境会计制度的空白。在一系列环境成本、环境资产减值的确认及计量,以及企业制止污染行为、赔偿、恢复环境治理行为等众多会计信息的确认、计量和报告问题上,中国属于空白领域。这使得政府主管部门很难获得一手的资料,使漏油事件的具体情况及善后处理等问题一直处在迷雾之中。

(4)环境审计制度缺失。英国石油公司在事发后能够迅速投入到清理、封堵过程中,康菲公司在漏油的3个多月里坚持边漏油边生产,置中国的生态环境于不顾。主要原因就是未对康菲公司出具明确的环境审计评估报告,未对产生的环境污染加以信息披露。

五、对中国的启示

(1)尽快出台相关法律,建立科学的海洋生态损害损失评估机制。借鉴美国的立法经验,对环境污染不仅实行"谁污染谁治理"的原则,而且实行"可追溯的、严格的和连带多方的"责任。

(2)建立有效的行政监管机制。加强政府公开服务领域的执行力,对于突发事件给予及时、有效的反应,建立政府部门之间的协调机制,并明确各部门的权责范围。强化立法监督与司法监督,加强政府部门的政务公开。

(3)针对环境污染高危行业,需要通过立法建立环境信息披露的规章制度,并对企业的信息披露行为进行强制性审核。加快对环境会计确认计量的研究,使企业对环境污染、环境防治、环境开发等成本费用,及环境维护开发成本后形成的效益能报告,能够促进经济发展和环境保护的融合。

(4)对高污染企业实施环境审计监管制度,在项目中进行"事前事中事后"的跟踪环境效益审计并出具相应的审计报告,才能将可能的突发事件造成的环境危害减少到最低。

短期看,加强政府监管,让海上钻井和石油生产更加安全是当务之急。而从长远看,减少对石油的依赖才能让我们走向正确的道路,走向可持续发展——清洁能源的未来。但鉴于石油天然气仍是目前人类消费的主要能源,所以石油工业有责任进行环境保护,以阻止海上区域原油泄漏造成的污染。同时,环境问题仍将是石油工业未来面临的最主要的问题之一。

[本文出处]罗敏.康菲漏油与墨西哥湾漏油事件的对比与反思——基于环境会计信息披露的分析[J].中国证券期货,2013(05):326-327.

思考题

1. 通过对油气会计发展历史的考察,说明推动油气会计理论进步的主要因素有哪些?
2. 运用环境保护的思想,说明传统会计理论存在的局限性。
3. 石油天然气勘探开发的主要风险有哪些?如何在会计政策中运用谨慎原则对这些风险加以防范?

第二章 油气会计的基本理论

本章首先介绍了美国油气会计发展的三个阶段以及中国石油天然气会计准则产生的背景，进而对中外油气会计准则做了对比分析，较为详细地阐述了成果法、全部成本法和储量认可法的理论特点，以体现历史成本原则和相关性原则在石油天然气行业的应用。

第一节 油气会计的发展历史

油气会计产生于20世纪初的美国。对美国油气会计准则的历史进行考察，可以发现今天的油气会计准则的形成经历了以下几个明显的发展阶段。

一、第一阶段：油气会计方法的混乱时期

在20世纪50年代中期之前，几乎所有的石油和天然气生产公司都采用了可能被人们一致称为"成果法"的会计原则。虽然成果法的概念在应用中有所不同，但是其基本点都是：假如寻找、取得和开发石油与天然气储量的费用支出结果是直接找到储量，那么这些寻找、取得和开发石油与天然气储量发生的费用支出就应该资本化；反之，假如这些活动的费用支出结果是没有找到一定的储量，那么它们就应该作为费用核销。

各油气生产公司在成果法概念的运用上出现过许多差别，例如，应该如何确定哪些地质和地球物理勘探费用代表的是勘探成功的费用？有的成果法支持者主张把一个勘探项目发生的全部地质和地球物理勘探费用都作为取得矿区的费用资本化；有的成果法支持者主张区分取得矿区和未取得矿区的地质和地球物理勘探费用，前者作为一种资产成本处理，后者作为费用处理；还有的成果法支持者主张把全部勘探费用都作为费用。

对于干井的钻井费用也出现了类似的争论。有的公司把全部干井费用都作为费用核销；有的公司则把全部干井费用作为在一个地质构造中发现石油和天然气全部费用中的一部分而予以资本化；还有的公司把在勘探石油和天然气中打的干井（勘探干井）的支出作为费用核销，而把在生产探明储量中打的干井（开发干井）的费用资本化。

同样，对于未开发矿区的费用支出，有的石油生产公司只有在未开发矿区废弃或归还时，才把这些支出作为费用核销；有的石油生产公司根据一个单独的矿区的租赁基本期限分摊未开发矿区的费用；还有一些石油生产公司根据一些预定的费用比例，采用"估价备抵"（valuation allowances）的方法来减少未开发矿区的账面价值。

在1959年之前，虽然几乎所有的石油和天然气公司都采用成果法，但是他们并不遵循相同的会计原则，因此各公司之间完全缺乏可比性。

在20世纪50年代中期，对石油和天然气作业的会计核算出现了一种全新的方法，这种方

法就是"全部成本法"。在全部成本法中,把一个成本中心的勘探、取得和开发石油与天然气储量发生的所有费用支出全都资本化,而无论这些活动的结果成功与否。因此,在取得采矿权(mineral rights)的钻井和勘探作业中发生的全部费用和该成本中心发生的全部非生产性矿区的账面费用一起,被作为该成本中心的储量成本处理。例如,把一个成本中心的全部费用,诸如勘探部门的上级管理费、未发现权益区(areas of interest)的勘探费用、干井的钻井费用、废弃矿区的费用、递延矿区地租(delay rentals)及非生产性石油和天然气矿区的财产税(property taxes),都作为这个成本中心的公司矿物资产成本。在成果法中,这些支出几乎全都是作为费用核销的。当一个成本中心的石油和天然气储量采出后,随即对这个成本中心的资本化费用进行摊销并记入费用。

目前,采用全部成本计算已发展成多种方法。例如,在最广义的全部成本计算概念中,把一个公司全球范围内的石油和天然气生产作业都作为一个成本中心处理。因此,全部取得、勘探和开发费用都作为一个总金额予以资本化,并认为这适用于公司所有的石油和天然气储量。不管何时、何地发生这些费用支出,也不管何时、何地所发现的储量,只要生产任何储量,那么就要按照相应的比例摊销这些资本化的费用。

另外一种全部成本的计算方法是把一个洲或一个单独的国家作为一个成本中心。例如,在这种方法中可以把北美洲发生的全部费用以一个单独的数字在一个成本中心内资本化,并按照北美洲开采的储量进行摊销。

通常,在全部成本计算中,采用某种与一个成本中心的石油和天然气矿物资产价值有关的"上限"(ceiling)做法,以防一个成本中心资产成本的累计值超过它们所代表的资产价值。于是,很快出现了一些不同的计算"价值"的方法。

小型的、新成立的石油和天然气公司基本上都采用全部成本法。截止到1970年,大约有一半股份公开交易的石油和天然气生产公司采用全部成本法,甚至有少数大型石油公司已经放弃了成果法。

二、第二阶段:油气会计方法的规范时期

到20世纪60年代中期,已有许多会计师和财务分析人员开始关心石油与天然气生产公司采用的各种会计方法。因为各个石油公司不仅遵循的全部成本法和成果法有所不同,而且如上所述,在应用这两种基本的会计方法时还逐渐出现了许多差别,结果使人们难以比较不同的石油和天然气生产公司的财务报表。1964年,美国职业会计师协会(AICPA)制定会计原则的机构会计原则委员会(APB)十分关心美国石油工业使用的各种会计方法,委托普赖斯·沃特豪斯公司(Price Waterhouse Company)的会计师事务所(accounting firm)合伙人罗伯特·E.菲尔德(Robert E. Field)对石油工业的财务会计和报告进行调查研究。1969年,他完成了调查研究报告,由会计原则委员会(APB)将其刊登在第11期《会计研究论文集》(Accounting Research Study No.11,ARS11)上。菲尔德建议,应该实际取消全部成本法,只有成果法才是可以接受的。1969年,会计原则委员会指派了一个委员会审查第11期《会计研究论文集》(ARS11),并负责向会计原则委员会权威性的《意见书》推荐石油和天然气生产工业财务会计和报告的规则。这个委员会工作的结果是有争议的,而且也是失败的。1973年,当会计原则委员会撤销,成立财务会计准则委员会(FASB)取代会计原则委员会作为民间制定会计规则的

机构时,会计原则委员会仍然没有发布一份关于石油和天然气生产公司会计和报告原则的意见书。财务会计准则委员会最初的议事日程项目并没有包括为石油和天然气生产工业制定专门的会计和报告准则。显然,当时财务会计准则委员会觉得还有其他更为紧迫的问题需要解决,但财务会计准则委员会在进行这种决策时,也考虑了在石油工业会计中发生的这种争论。

1973 年的阿拉伯石油禁运使美国公众和国会变得十分关心石油与天然气生产工业。这种关心在《1975 年能源政策和保护法案》(Energy Policy and Conservation Act of 1975)中达到了顶点。该法案要求建立一个全国性的能源数据库(data base),有关能源工业的财务和统计资料都要收入这个数据库。因此,该法案要求制定全部石油天然气生产公司向能源部递交报告时都能使用的会计准则。该法案规定,这些会计准则应该由证券交易委员会(Securities and Exchange Commission)负责制定。但是,假如证券交易委员会认为财务会计准则委员会制定的会计准则是可以接受的,那么允许证券交易委员会依靠财务会计准则委员会制定这些会计准则。1975 年末,在能源政策和保护法案(EPCA)通过之前,财务会计准则委员会在其议事日程上增加了"石油工业的财务会计和报告"这一项目。1977 年 12 月题为《石油天然气生产企业的财务会计与报告》的第 19 号财务会计准则文件(Statement of Financial Accounting Standards No. 19)发布后,这个项目的讨论达到了高潮。这一文件规定了在确定哪些费用应该资本化时应遵循成果法,制定了采矿权益转让(conveyances of mineral interests)的会计原则,要求全面递延所得税的分摊,并要求专门揭示石油和天然气的探明储量以及与采矿作业有关的某些费用。

由于第 19 号财务会计准则文件(FAS19)遭到了许多有关人士的反对,所以证券交易委员会决定,在采纳该文件作为石油及天然气生产公司向证券交易委员会及能源部(DOE)递交报告时使用的公认会计和报告准则之前,召开公众意见听取会。证券交易委员会在 1978 年 3 月和 4 月召开了意见听取会。在意见听取会上,几乎所有的发言者都反对采纳第 19 号财务会计准则文件。

1978 年 8 月,证券交易委员会在《第 253 号会计论文集》(Accounting Series Release No. 253,ASR253)中宣布了它对这个问题的结论:无论是成果法还是全部成本法都未能有效地表达石油和天然气生产公司的经营成果或财务状况,因为它们既没有描述石油和天然气勘探与生产公司的主要活动成果(发现石油和天然气探明储量),又没有充分反映石油和天然气生产公司的主要资产(石油和天然气储量)。证券交易委员会还宣布,它将力求通过制定一种称为"储量认可法"(reserve recognition accounting,RRA)的会计核算方法,来消除全部成本法和成果法的局限。这种会计核算方法将赋予石油和天然气探明储量一种"价值"(通过计算,而不是任意的规定),并将在收入中按照实际发生的变化情况反映石油和天然气探明储量价值的变化。此外,证券交易委员会陈述了它的一个打算,为了帮助财务报表的使用者评价石油和天然气生产公司的财务状况及获利能力,需要大量揭示有关石油和天然气作业的资料。证券交易委员会(SEC)最终的结论是,由于目前在制定石油和天然气储量价值中缺乏财务会计的准则和经验,所以不能马上在主要财务报表上实行这种储量认可法(RRA)。因此,证券交易委员会规定,对石油工业会计准则未明确期间的财务报告,各石油公司可以遵循财务会计准则委员会在第 19 号财务会计准则文件中规定的成果法,也可以遵循证券交易委员会规定的全部成本法。虽然允许一个石油公司采用这两种以历史成本为基础的方法中的任何一种方法编制主要财务报表(primary financial statements),但是还要求公司有以储量认可法(RRA)编制的财务报表作为补充资料。证券交易委员会进行这种陈述的目的是为了储量认可法制定出令人满意的程序和方法,以确保其最终成为石油生产公司编制主要财务报表的准则。1978年12月,证券交易委员会在《第258号会计论文集》(ASR258)中发布了对全部成本法的终审规则(final rules),在《第257号会计论文集》(ASR257)中发布了对成果法的终审规则。对遵循成果法的公司规定的规则基本上与第19号财务会计准则文件(FAS19)规定的那些规则相同。

遵循证券交易委员会允许股份公开交易的石油公司采用成果法或者采用全部成本法的精神,财务会计准则委员会(FASB)于1979年2月发布了第25号财务会计准则文件(Statement of Financial Accounting Standards No.25)。该文件规定,在石油工业会计准则未明确期间停止实行第19号财务会计准则文件中的大部分会计核算规定。然而,第19号财务会计准则文件中与全部成本法和成果法争论无关的一些规定,特别是那些和递延所得税、矿物资产的转让(mineral property conveyances)以及和揭示要求有关的规定仍然予以保留,并且开始生效。因此,在证券交易委员会管辖之下的石油公司可以遵循证券交易委员会规定的全部成本法,也可以遵循第19号财务会计准则文件规定的成果法。但是,没有对不属于证券交易委员会管辖的石油公司规定其石油和天然气勘探发生费用的核算方法和资本化成本的摊销方法。负责石油和天然气生产公司审计的大多数执业会计师(certified public accountants)要求他们的当事人按照证券交易委员会的规定,或者采用全部成本法,或者采用成果法。

三、第三阶段:油气会计方法的稳定时期

1981年,证券交易委员会认为储量认可法并不是很好的核算方法,再次请求财务会计准则委员会提出解决石油和天然气核算这个难题的办法。经过多次讨论,颁布了第69号财务会计准则文件,规定了石油和天然气生产公司的揭示要求。第69号文件公开要求,有重大石油和天然气生产活动的股票上市公司,在他们的年度财务报表中揭示有关下列项目的补充资料:

历史基础:
(1)探明储量数量资料。
(2)有关石油和天然气生产活动的资本化成本。
(3)发生在矿区取得、勘探和开发活动时的成本。
(4)石油和天然气生产活动的经营成果。
(5)有关探明石油和天然气储量数量的未来净现金流量贴现的标准化测定。
(6)有关探明石油和天然气储量的现金流量贴现的标准化测定变化。

要求公开上市的或者非公开上市的公司揭示两个项目的资料:
(1)用于核算石油和天然气生产活动的核算方法。
(2)资本化成本的处理方式。

石油和天然气核算的现状是根据第257号会计系列文件或者第19号财务会计准则文件采用的成果法,根据第258号会计系列文件采用的全部成本法,这两种方法是被财务会计准则委员会和证券交易委员会都接受的核算方法。目前,财务会计准则委员会和证券交易委员会都没有改变这两种方法可接受性的计划。此外,根据第69号财务会计准则委员会文件规定的揭示,在财务报表中作为补充资料展示出来。

石油和天然气业务的核算受美国石油会计师学会委员会(COPAS)的影响很大。美国石油会计师学会委员会成立于1961年,最初的活动和项目主要是联合经营会计核算。从那时起石油会计师学会委员会为了涉足处理石油和天然气工业的财务报告、收入核算和税收会计等各种问题,逐步扩展了它的领域。

第二节 油气会计准则的国际比较

尽管国际财务报告准则委员会和美国财务会计准则委员会先后颁布了与石油天然气相关的会计准则,中国也于2006年颁布了《企业会计准则第27号——石油天然气开采》,但是这些准则在诸多方面都存在着差异。本节试图通过对三者进行比较,为中国油气会计准则的不断完善提供借鉴。

一、中外油气会计准则制定基础的比较

会计准则的制定基础或导向是决定会计准则制定模式的一个重要因素。当前在国际上占主导地位的会计准则制定导向主要有两种:一种是以规则为导向,其代表国家是美国。按此导向制定的会计准则的特点是,准则内容详细具体、可操作性较强。SFAS19详细列示了石油天然气生产企业清晰的界限门槛、示例、范围限制、例外和连续性的惯例,还包括对各种会计处理方法选用或摒弃理由的讨论以及详细的专业术语的定义。另一种是以原则为导向所制定的会计准则,熟悉的有国际会计准则(IAS)和国际财务报告准则(IFRS)。它们只规定了各有关交易事项适用的会计处理原则,不需要太详细的会计处理方法,但使用此类准则需要有较高的职业判断力。在IFRS6中,没有过多的定义、解释及示例等规则要素,例如,对勘探和评价资产减值的确认和计量,仅提出按《国际会计准则第36号——资产减值》来处理。这体现了以原则为导向的会计准则的主要特征:有一个全面完整、内涵一致的概念框架,对经济事项的确认和计量加以引导,从而在运用具体会计准则时,更多地依赖相关人员运用合理的、与准则体系相一致的职业判断来处理交易,而非通过大量的解释和实施指南来进行指导。这要求准则的使用者有较高的会计执业水平,能够全面了解整个国际会计准则和国际财务报告准则体系。

由于中国会计准则开始制定时就与国际会计准则委员会(IASC)保持了密切的合作,中国会计准则的主要参考依据也是国际会计准则,因此,中国会计准则在制定基础和结构上都与国际会计准则相似。中国的第27号会计准则也力求符合全面完整、内涵一致的概念框架。考虑到以规则为导向的准则制定模式会使准则缺乏灵活性,难以适应市场未来的发展,因此中国采用了以原则为导向的准则制定模式。SFAS19是全球第一部最为完整的油气会计准则,且受美国资本市场所支持,同时也是各国会计准则制定者借鉴的样板。中国第27号会计准则在内容上更多地借鉴了SFAS19,而且其框架结构、相关术语的定义及会计处理方法均与SFAS19相同或相似。在中国会计准则的实施上,有相关的美国财务会计准则及其指南作为示例和范本加以借鉴,这样既可使中国油气企业在进入美国资本市场时减少报表调整的力度和成本,也为国外油气企业进入中国市场规避了财务上的"水土不服"。

二、中外油气会计准则内容的比较

(一)关于会计准则制定的目标和范围

IFRS6 的主要内容是采掘业勘探和评价支出的资本化问题,其中不仅包括石油天然气行业,也包括其他不可再生资源勘探开采行业。IASB 认为,采掘业是开采不可再生资源的企业,对矿产的储量和价值的反映来说,采矿业和石油天然气行业有着共同的要求,即在财务报告中应体现其相关矿产储量的数量和金额。很多采矿业的会计处理方法采用的都是石油天然气行业中常用的一种方法,即成果法。制定统一的采掘业会计准则,可以减少准则的制定和实施成本,同时也可以提高采掘行业间报表信息的可比性。

美国财务会计准则委员会则认为,如果石油天然气企业与其他采掘业采用同一会计准则,则可能会模糊二者之间的重要区别。矿藏行业与石油天然气行业之间存在大量差异,矿藏经营涉及实质上较低的勘探及取得成本和实质上较高的开发及生产成本,而石油天然气行业是以高发现成本和高比例不成功搜寻活动为特征的。另外,二者在发现(勘探)活动中产生的风险也是有重要区别的,发现是导致石油天然气生产的关键事件,而开发和开采是多数其他矿藏企业活动的关键环节。在制定 SFAS19 时,美国矿藏行业的会计实务比石油天然气行业有更多的一致性,现有的公认会计原则对于矿藏行业已经足够,不能将其与石油天然气行业的会计准则的制定混为一谈。

对于全部矿产资源开采活动所适用的会计准则,中国没有发布具体的会计准则,第 27 号会计准则也只是针对石油天然气企业开采活动,并不适用于其他采掘活动。有的学者认为,资源开发行业必须建立一个统一的会计准则,因其主要资产都是储量资产,生产过程相似,这就为建立统一的资源开发行业会计准则提供了基础。但中国在制定会计准则时,其目标是为了规范石油天然气开采这一特殊的经济活动的会计处理,而其他采掘活动可以由现有会计准则体系来规范。这样,准则实施的针对性强、成本低。

(二)关于油气资产会计处理方法的选择

在石油天然气矿业会计实践中,关于油气资产中勘探支出的资本化问题有两种相互对立的思想和方法,即成果法和全部成本法。成果法认为,资产是收益能力的象征,因此与探明储量没有直接联系的地质与地球物理勘探费用(G&G)、勘探干井等都不应资本化,而只有勘探成功井由于其有助于以后的开采活动而应该被资本化;全部成本法则认为,所有勘探投资都应予以资本化,因为勘探活动的各个阶段是不可分割的整体,每个阶段的目标都是为了取得探明储量,因而无论是哪个阶段的支出都具有同样的性质,应全部资本化。与全部成本法相比,成果法更加符合会计谨慎性原则和相关性原则。

SFAS19 明确要求使用成果法核算勘探资产,这使得成果法下的资产与整体会计框架相一致,因为在目前接受的框架里,资产是期望提供未来利益的一项经济资源,并且非货币性资产通常按取得或者建造时的成本进行会计处理。不能带来未来收益的勘探支出在成果法下均按费用处理。由于全部成本法有改善报表财务状况、提高企业融资能力的作用,美国政府受到全部成本法支持者(主要是中小型石油天然气企业)的游说,随后出台的 SFAS25 中止了仅采用成果法而允许二者同时并存。

尽管 IASC 在问题报告中强调，财务会计准则委员会更倾向于采用成果法来计量勘探和评估资产，但最终成稿的 IFRS6 并没有明确要求企业采用何种会计处理方法，而是要求一致应用会计政策，在要求考虑支出与发现矿产资源相关性的前提下，认为勘探和评价资产应以成本计量，默许了两种方法的共存。这正是由对相关性的理解不同所造成的。哪种方法更能体现企业的价值，这一直是有争议的问题。中国会计准则很少允许选择多种会计处理方法，第 27 号准则就体现了这一特点。准则从各项支出的定义到采用的会计处理方法均与 SFAS19 保持一致。在会计方法的选用上，在遵循了历史成本原则的前提下，将钻井勘探支出中发现探明经济可采储量的支出结转为资产；对于未发现探明经济可采储量的勘探支出，扣除净残值后记入当期损益；对于在国际会计准则中可被认定为无形资产的非钻井勘探支出（主要是地质与地球物理勘探支出），于发生时记入当期损益。在国际上成果法和全部成本法并存的情况下，中国上市石油天然气公司只能采用成果法，这是否会降低其在国际上的竞争力，还有待于实践检验。

（三）关于油气资产减值

对于油气资产减值的确认，IFRS6 要求当适合情况表明勘探和评价资产的账面金额可能超过其可收回金额时，应对其进行减值评估，减值的确认应符合《国际会计准则第 36 号（IAS36）——资产减值》的条件，即如果资产的账面价值超过其可收回价值，则资产已经减值。可收回价值是指资产的销售净价与其使用价值二者之中的较高者。对于未探明矿区资产可能不存在销售价值，因此减值的确认还应符合以下条件：(1) 主体在特定区域拥有的勘探权在本期已失效；(2) 在特定区域对矿产资源进行进一步勘探和评价所需要的重大支出既未列入预算也未列入计划；(3) 没有发现具备商业价值的矿产资源数量，且主体已决定终止在该区域的此类活动；(4) 有充分数据显示，尽管可能在特定区域继续进行开发，但勘探和评价资产的账面金额不能通过该特定区域的成功开发或出售而全部收回。资产减值评估在符合整体会计框架的前提下，结合油气资产勘探风险的特点，增加了判断条件。由于对未探明矿区来说，不存在探明储量来确保其资产未减值，而且储量的不确定性决定了其可能没有明晰的市场售价，因此，资产减值用惯用的可收回价值来判断，但它们并不完全相关。SFAS19 要求对未探明矿区定期进行评估，以确定是否已经发生减值。减值判断的主要依据是企业没有明确的继续勘探计划或即将失去在该区域的勘探权或租赁权，而未采用可收回金额作为判断标准。

中国《企业会计准则第 27 号——石油天然气开采》中对探明矿区资产减值和未探明矿区权益采用了不同的方式。对于探明矿区资产减值，按《企业会计准则第 8 号——资产减值》处理，当可收回价值低于资产账面价值时，确认资产减值。而对于未探明矿区权益，如果其公允价值低于账面价值，其差额应当确认为减值损失，计入当期损失，而且该损失一经确认，不得转回。由于油气矿业资产（无论是成果法还是全部成本法）是以历史成本为计量基础的，其历史成本价值与其可实现的价值是相互分离的，历史成本价值只是石油天然气矿业资产的价值符号，其真正的价值取决于该石油天然气矿业资产所代表的油气储量规模和开采的难易程度。未探明矿区在确定探明经济储量之前，可能不会带来未来现金流入，因此不仅要求每年至少进行一次减值测试，而且要求减值损失不得转回。后者是与 IFRS6 和 SFAS19 不同的地方，具有中国会计处理的特色,如果前期确认减值,后期在未探明矿区发现可开采经济储量,则在转为探明矿区资产时,其账面价值有可能远低于发现成本,从而造成减值后期的利润非经营性增加。

(四)关于报表披露的内容

IFRS6 要求披露以下内容:(1)勘探和评价支出的会计政策,包括勘探和评价资产的确认;(2)勘探和评价矿产资源所产生的资产、负债、收益和费用,以及经营和投资活动的现金流量的金额。对于矿产资源的储量信息,并未像美国那样采用储量认可法等现值会计方法,对已证实的石油和天然气储备所产生的未来现金流量的现值作出估计和披露。同时,由于矿产资源储量是一个国家重要的资源信息,涉及国家的经济、政治及军事领域,储量披露的方法和内容在世界范围内仍未达成共识。另外,Mageliolo(1986)对储量认可法解释石油和天然气储备的市场价值的能力进行了实证研究,但结论相反,它并没有像理论预测的那样可以计量石油和天然气储备的市场价值。即使采用 SFAS69 的规定,按储量认可法进行披露的公司,对储量认可法也持保留和怀疑的态度。埃克森石油公司管理当局在 1993 年年报中指出,标准计量毫无意义,而且误导信息使用者。

中国第 27 号会计准则要求披露油气储量数据与当期发生的各种油气勘探、开发等各项支出的总额以及各项资产的账面原值,累计折耗和减值准备累计金额及其计提方法;没有要求披露储量价值信息,更没有采用储量认可法来估计和披露探明储量所产生的未来现金流量的现值。这尽管损失了储量价值信息所反映的未来现金流的现值等相关信息,但却更好地符合了会计谨慎性原则,增强了报表的可靠性。

三、油气会计准则的借鉴与启示

通过比较国际油气会计准则的差异,可以得到以下启示:

第一,国际会计准则是国家博弈的结果,国家制定会计准则有其自身的政治和经济考虑。会计准则除了具有专业性和技术性要求之外,还具有经济后果,关系到资源的配置和财富的分配。因此,制定会计准则不仅仅是一个技术过程,而且还是一种政治程序。应结合中国石油天然气勘探、开采活动的特点,制定既符合中国国情,又能被国际资本市场所接受的油气会计准则,提高财务报告的信息含量和质量。

第二,中国油气会计准则还有许多方面需要完善。由于油气开采活动是特殊的生产活动,所以在会计实务中,应在坚持历史成本原则的基础上考虑油气储量资产的特殊性,通过披露油气资产及其相关收入费用的现值来体现油气储量的发现成本和发现价值的统一。因此,诸如油气权益的租赁、递延所得税的反映、石油天然气期货价格对财务报表数据的影响等问题,在中国第 27 号会计准则中还没有进行揭示。

第三,油气会计准则的制定成本和实施成本应综合考虑,通过制定类似 SFASB 的较为详细的实施指南,用以解释与原有油气会计制度不相一致的会计处理。同时,应加强对该准则的学习和理论研究,对新会计准则实施前后的财务报告进行对比分析,进一步研究准则实施过程中出现的问题。

此外,执行严格遵循历史成本原则的第 27 号会计准则能否帮助投资者预测公司未来的盈利能力,能否为报表使用者提供有用的财务信息和非财务信息,还有待于实践的检验。

中国作为一个经济转轨国家,在会计准则实施环境上还与发达国家存在着较大的差距,而国际财务报告准则主要是以发达的市场经济国家为基础制定的,SFASB 的财务报告准则也适用于美国健全的资本市场。我们应在吸取双方各自优势的基础上,建立健全的适合中国国情的油气会计准则实施战略。

第三节 历史成本原则的应用及成果法和全部成本法的论争

一、历史成本原则在油气会计应用中的两种形式及其对比

(一)油气生产活动的费用分类

区分成果法和全部成本法特征的关键在于资本化的是哪些费用,以及随后摊销这些费用的方法。在 SX4 – 10 条例中,把石油和天然气生产作业发生的费用分为五种:矿区取得费用、勘探费用、开发费用、生产费用、辅助设施和设备费用。

1. 矿区取得费用

矿区取得费用包括因购买、租赁或以其他途径取得一个矿区而发生的各项费用,主要是租赁定金(lease bonuses),选择购买或租赁矿区的费用,购买土地和采矿权时属于采矿权的费用,为取得采矿权而发生的佣金、手续费(recording fees)、法律费用和其他费用。

2. 勘探费用

勘探费用是指下列各项作业发生的费用:(1)确定可能值得调查的区域;(2)调查可能含有石油和天然气储量的特定区域,包括打探井和勘探参数井。勘探费用可能发生在取得有关矿区之前(有时取得矿区之前发生的一部分费用作为勘探费用),也可能发生在取得有关矿区之后。勘探费用包括地貌和地球物理调查的费用,地质人员、地球物理人员和进行这些调查的其他人员的薪金及其他费用。勘探费用还包括结转和留存的未开发矿区的费用,如递延的矿区地租和矿区的从价税(ad valorem taxes)等。探井和勘探参数井的钻井和装备发生的全部费用以及干井捐款(dry-hole contributions)和井底捐款(bottom hole contributions)也都包括在勘探费用之中。如果钻井结果发现了石油和天然气探明储量,即使把打探井发生的费用归入勘探费用,那么在会计处理上也要把这些费用作为开发费用。

3. 开发费用

开发费用是指为获得石油和天然气探明储量以及为开采、处理、集输和储存石油和天然气提供设施而发生的各项费用。开发费用包括称为"无形钻井和开发费用"(intangible drilling and development costs)的费用以及诸如矿区输油管线、油气分离器、处理器、加热炉、储存油罐、天然气循环处理工厂等生产设施的费用和改进开采系统的费用。

4. 生产费用

生产是指把石油和天然气提升到地面,并在油田对之进行集输、处理、加工和储存。生产

费用是指操作和维护油气井以及有关的设备和设施所发生的各项费用。生产费用通常包括劳务(操作油气井及有关设备和设施)费用、修理和维护费用、消耗的材料和供应品、财产税和财产保险费用、单位生产税(severance taxes)和暴利税(windfall profit tax)。

5. 辅助设施和设备费用

辅助设施和设备是指各种卡车、油田服务网点、仓库、宿营设施以及为上述四种职能中一种以上职能服务的其他设施和设备。因此,与这些资产有关的各项费用,包括折旧和操作费用都将分摊于上述四种职能中。

(二)历史成本原则应用的两种形式

一般用于核算四种基本成本的公认的历史成本法有以下两种:成果法(SE)和全部成本法(FC)。把四种基本成本联系起来,基本的核算结果是发生成本的资本化或者费用化。如果发生的成本资本化,成本可以作为发生的已耗成本或者作为废弃成本(只是在成果法下)或减损成本(只是在成果法下),或者作为生产成本,例如折耗成本(在成果法和全部成本法下)计入费用。如果发生的成本费用化,则可以作为当期费用在本期冲抵收入。成果法和全部成本法的主要区别是当成本发生时是资本化还是费用化。另外,两种方法的重要区别是冲抵收入的费用或亏损的时间选择。

两种核算方法的另一个基本区别是反映成本归集和摊销的成本中心或范围。在成果法下,成本中心是一个租赁矿区、一个油田或者一个油藏。相比之下,在全部成本法下,成本中心是一个国家。定义成本中心范围是为了计算折旧、折耗和摊销(DDA)以及记录限额(见第四章)。

在第19号财务会计准则文件中定义的成果法核算一般是与财务会计理论一致的。第19号财务会计准则文件第143段说明:在目前接受的财务会计结构中,一项资产是一项期望提供未来收益的经济资源。非货币资产一般是按照获得或建造它们的成本来记账的。与具有可以认为是相同的未来收益的特定资产没有直接关系的成本一般不被资本化——不管那些成本对企业正在发展中的经营多么重要。如果成本没有导致一项资产具有可认为是相同的未来收益,则成本将被作为费用或者被认为是一项亏损。

在成果法下,发生的成本和发现的储量之间有直接关系,其结果必然是:只有直接导致探明储量发现的成功勘探成本被认为是发现石油和天然气成本的一部分,并且被资本化,而没有导致一项资产具有未来经济收益的非成功勘探成本将被费用化。

相比之下,由于没有已知方法来避免勘探石油和天然气过程中的非成功成本,全部成本法认为发生在这个勘探过程中的成功成本和非成功成本与发现的储量之间没必要有直接的关系。因此,在全部成本法下,成功成本和非成功成本都被资本化,即使非成功成本没有未来经济收益。

在成果法下,将没有直接发现石油或天然气的勘探支出作为当期费用,成功勘探成本作为资本性支出。在全部成本法下,所有的勘探支出都被资本化。在两种方法下,取得成本和开发成本都被资本化,生产成本都被费用化。在成果法下,尽管开发成本可能包括一口未成功开发井,但是所有的开发成本都被资本化,因为开发活动的目的被认为是建造一个油井、装备和设备的生产系统,而不是寻找石油和天然气。表 2-1 说明了这些成本在成果法和全部成本法下的会计处理。

表 2-1 成果法和全部成本法对比

项目	成果法	全部成本法
地质和地球物理勘探成本	费用	资本
取得成本	资本	资本
勘探干井	费用	资本
成功的勘探井	资本	资本
开发干井	资本	资本
成功的开发井	资本	资本
生产成本	费用	费用
摊销到成本中心	矿区、油田或储层	国家

在项目成果法和全部成本法下,地质和地球物理勘探成本、取得成本、勘探干井费用、成功的勘探井成本、开发干井成本、成功的开发井成本、生产成本费用,其费用需摊销到成本中心矿区、油田、储层或者国家。

(三)成果法和全部成本法对会计报告的影响

相比之下,成果法与全部成本法对未成功勘探钻井成本财务处理不同,这对石油公司的损益表有实质性的影响。具有大型勘探钻井方案和正常钻井成功率的公司,在成果法下有一个很大数额的干井费用,这些干井成本将对公司的净收入数额产生不利的影响。另外,采用全部成本法核算的公司把勘探干井成本资本化,因此这些成本除了通过摊销之外对净收入没有影响。作为费用列支的干井成本对一些较小的公司的不利影响特别大。

下面的示例说明了全部成本法和成果法核算对公司财务报表的影响。

【例 2-1】 (财务报表)H 石油公司于 2018 年 3 月 3 日开始对在得克萨斯州取得的一个矿区进行作业,第一年里发生了下列成本,提取了折旧、折耗与摊销,并取得了销售收入(表 2-2)。H 石油公司 2018 年的损益表及部分资产负债表见表 2-3 和表 2-4。

表 2-2 H 石油公司 2018 年经营资料

地质和地球物理勘探成本	$30 000
取得成本	$50 000
勘探干井	$1 200 000
成功的勘探井	$400 000
开发成本	$200 000
生产成本	$25 000
折旧、折耗与摊销	$40 000(成果法下) $90 000(全部成本法下)
收入	$2 000 000

表2-3　H石油公司2018年损益表

	成果法	全部成本法
收入	$2 000 000	$2 000 000
费用		
地质和地球物理勘探成本	$30 000	$0
勘探干井	$1 200 000	$0
生产成本	$25 000	$25 000
折旧、折耗与摊销	$40 000	$90 000
全部费用	$1 295 000	$115 000
净收入	$705 000	$1 885 000

表2-4　H石油公司2018年部分资产负债表

	成果法	全部成本法
地质和地球物理勘探成本		$30 000
取得成本	$50 000	$50 000
勘探干井		$1 200 000
成功的勘探井	$400 000	$400 000
开发成本	$200 000	$200 000
全部资产	$650 000	$1 880 000
减：累计折旧、折耗与摊销	$40 000	$90 000
净资产	$610 000	$1 790 000

正如例2-1所示，在成果法下利润小一些，为705 000美元，在全部成本法下利润大一些，为1 885 000美元。1 180 000美元利润差异的大部分原因是对地质和地球物理勘探成本和干井成本的不同处理，在成果法下成本被费用化，而在全部成本法下成本被资本化。第二个差异是在每一种方法下确定的摊销(折旧、折耗与摊销)的数额，其中在全部成本法下资本化的成本要多一些，导致摊销的费用大一些。对采用成果法核算的公司(而不是采用全部成本法核算的公司)损益表造成主要影响的还有钻探的成功井和未成功井的顺序。

【例2-2】（钻井的顺序）H石油公司是一家采用成果法核算的公司，获得了一个深度10 000英尺油藏的矿区。油藏中有一个没有油的未知断层圈闭，位于储层的中心。为了定位、定界和开发这个储层，H石油公司以每口井300 000美元的成本共钻了如图2-1所示的5口边井。

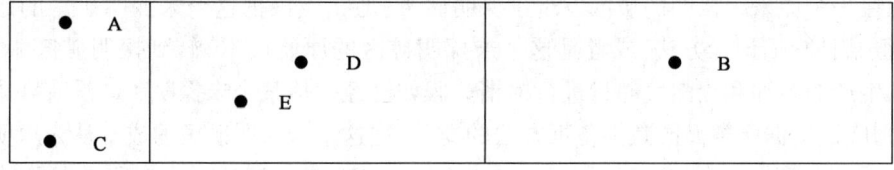

图2-1　钻井顺序图

如果先钻了成功井：A井、B井和C井，可以认为已经描绘出如图2-1所示的这个储层的轮廓，然后未成功井D井和E井将被划分为开发井。在这种情况下，H公司在有关这5口井的损益表上将没有干井费用。但是如果先钻了D井和E井，它们将被划为勘探井，费用列支为干井，A井、B井和C井也将被划分为勘探性的，但是将被资本化，因为它们发现了探明储层。因此，仅改变钻井的顺序就会导致H公司损益表上600 000美元的差异。如果H公司是一个采用全部成本法核算的公司，则钻井的顺序对损益表不会有影响。

二、成果法的资本化及摊销规则

（一）成果法的资本化规则

图2-2描绘了在证券交易委员会规定的成果法中合理资本化的规则。应该注意，辅助设施的费用最初是资本化的，然后通过所使用资产的折旧或摊销费用分配到矿区取得、勘探、开发和生产这四项职能中。图2-3表明取得未探明矿区的费用最初也是资本化的。所以，需要定期地（至少一年进行一次）评价未探明矿区，以确定这些未探明矿区的取得费用是否已经出现减损（impaired）。如果这些矿区已经出现某种减损，那么这种减损必须予以入账并应确认某种损失。

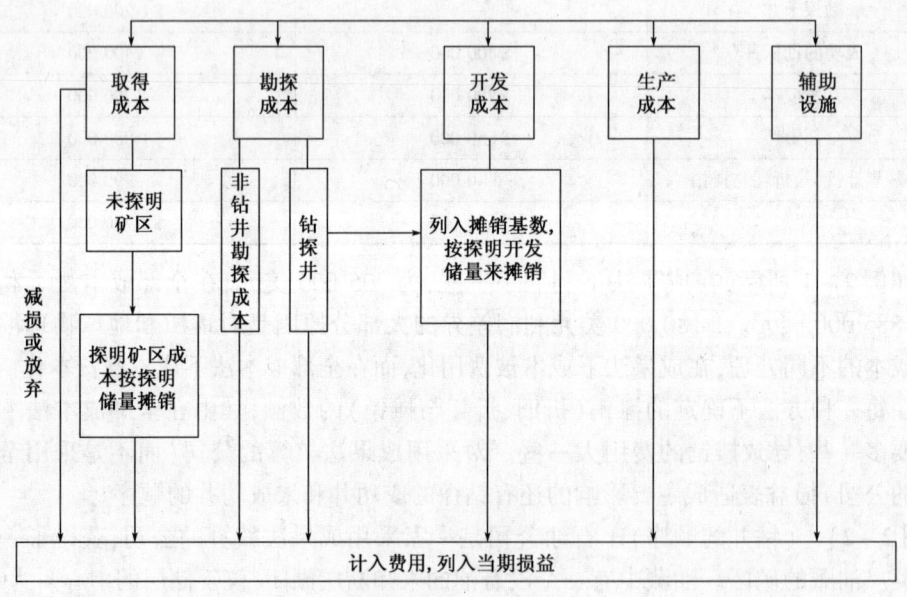

图2-2 成果法概要

假如在一个原来未探明的矿区发现了探明储量，那么应该把这个未探明矿区的账面价值（如果遵循某种减损记录方法，或者是这个未探明矿区的原始成本）转到探明矿区账户，按照这个矿区生产的石油和天然气储量进行摊销。假如已经确信某个未探明矿区没有开采价值或要废弃，则应该根据所遵循的减损备抵方法的类型，把这个未探明矿区的成本从未探明矿区账户中转出，记入减损备抵账户（allowance for impairment），或者把这个未探明矿区的账面余额作为一种损失予以记录。

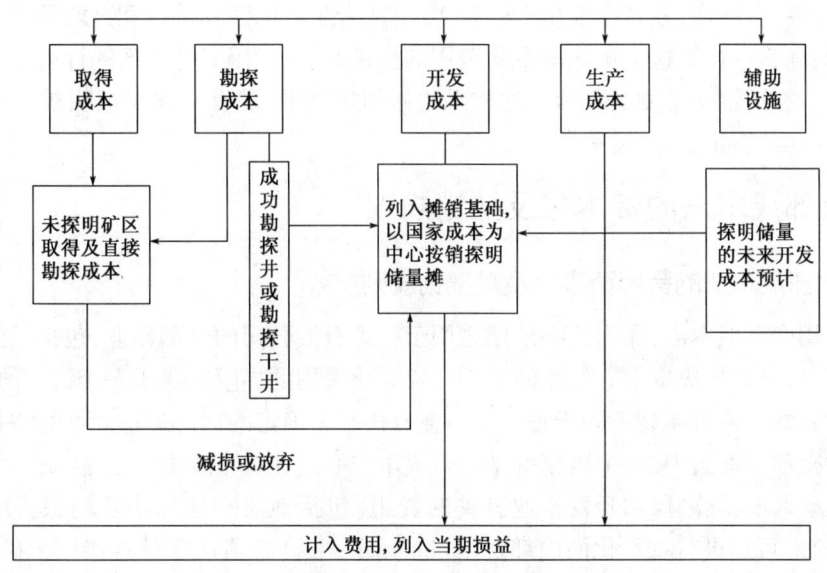

图 2 - 3　全部成本法概要

图 2 - 2 说明在证券交易委员会规定的成果法规则中,除了探井费用以外,全部勘探费用都是按照实际发生数计入费用的。探井(包括勘探参数井)的各项费用在钻井作业的最终结果出来之前是先予以资本化的(递延的)。假如钻井作业的最终结果证实一口探井或勘探参数井是出油的,那么这口井的钻井费用就应该作为井和有关设备设施(wells and related equipment and facilities)的成本资本化,然后按照这口井生产的石油或天然气储量进行摊销。假如钻井作业的最终结果证实这口探井或勘探参数井是干井,那么应该把这口井的各项累计钻井费用全部转入费用账户。图 2 - 3 还说明,全部开发费用包括开发干井的费用,都应作为井和有关设备设施的成本予以资本化,然后对这些作为井和有关设备设施成本资本化的费用按照生产的有关储量进行摊销。

(二)成果法的资本化费用摊销规则

证券交易委员会规定了成果法在计算矿区取得费用、油气井费用及其有关设备和设施费用摊销时采用的规则。取得矿区的费用应该按照整个矿区采出的石油和天然气探明储量进行摊销(折耗)。另一方面,油气井及其有关设备和设施的费用应该按照采出的石油和天然气的开发储量(指从其费用已经资本化的矿区中可以开采的储量)进行摊销或折旧。许多石油和天然气生产公司习惯上把无形费用(intangible costs)的摊销作为折耗。之所以一直使用折耗这个术语,主要是因为从联邦所得税计算意义上讲,假如无形钻井费用(IDC)是资本化的,那么它就会增加可折耗基数(depletable basis)。但是,由于第 19 号财务会计准则文件(FAS19)和 SX4 - 10 条例把无形钻井费用的摊销称为折旧,所以也可以使用折旧这个术语。在计算折旧和折耗时,具有某种共同地质构造的矿区(譬如一个油田)可以并入一个摊销中心进行计算。

图 2 - 2 还说明,假如同一个矿区生产出石油和天然气两种矿产,那么这个矿区的资本化费用就应该以石油和天然气这两种矿产的全部产量为基础进行摊销。因此,这就要求把石油和天然气两种矿产折算成一个共同的计量标准,即折算成英制热量单位(Btu)。但是,假如这

个矿区只生产一种矿产,或者主要生产一种矿产,或者生产的两种矿产和这两种矿产在地下的储量成比例,那么在计算这个矿区资本化费用的摊销时,可以用一种矿产的计量单位计算这种费用的摊销。在证券交易委员会规定的成果法摊销规则中,没有要求对探明矿区规定某种最高费用限额(cost ceiling)。

三、全部成本法的资本化及摊销规则

(一)全部成本法的费用资本化及其摊销规则

假如采用全部成本法,那么就必须使之用于一个石油公司的全部作业,包括子公司的全部作业。为统一报告,各成本中心的摊销比率和资本化费用的界限取决于一个统一的标准,尽管这样统一计算的结果可能会不同于每个公司各自按自己确定的标准进行计算的结果的总和。

在这种全部成本法中,一个国家就是一个成本中心。在每个成本中心里,资本化的费用包括所有的与矿区取得、勘探和开发作业有关的费用(包括地质和地球物理勘探费用以及勘探干井的费用)。可以进行资本化的内部费用(internal costs)必须认定是直接用于矿区取得、勘探和开发作业的费用。

通常进行摊销的费用包括三种:第一种费用是所有资本化的费用,包括累计摊销的净值。但是在未探明矿区或大型开发项目中重大投资的费用即生产前费用(pre-production costs)可以不包括在摊销费用之中。第二种费用是适用于探明的未开发储量的估计未来开发费用。第三种费用是估计的矿区拆除和废弃费用扣除残料净值均增加资本化费用的总值。对于资本化费用,摊销时不包括生产前费用。证券交易委员会没有规定重大投资的含义。

证券交易委员会的前提是摊销应该包括生产前正常存货的费用。在摊销基数中剔除重要的未探明矿区的费用是为了到可以确定矿区是否拥有探明储量时定期地估计减损。假如定期估计表明存在减损,那么在摊销基数中就应该包括这种减损的数额。只要大型开发项目的费用支出发生在大部分石油和天然气储量估计属于这个大型开发项目之前,那么适当剔除大型开发项目的费用就符合按照探明储量分类的标准。对于剔除生产前费用的资产负债表,要求和其他有关的资料一起分别揭示。

全部成本法的摊销,除了根据相对能源含量,把石油和天然气探明储量的实际单位量换算成一个共同单位量的产量单位制(unit-of-production basis)以外,还因为石油和天然气的规定价格各不相同,所以采用了总收入美元(gross revenue dollars)价格进行计算,而不是采用实际单位价格进行计算,这样将使计算摊销的基数更为合理。假如采用这种总收入美元价格标准,那么只有在价格上涨发生后的摊销规定中才会反映出此期间价格明显上涨对估计未来总收入的影响。通常,采用这种总收入美元价格标准时,必须说明采用它的原因。

证券交易委员会的规则对采用全部成本法的石油公司的资本化费用规定了一个最高费用限额或界限。每个成本中心(国家)的未摊销费用净额(net unamortized costs)减去有关的递延所得税之后不应超过:(1)探明储量未来净收入以10%贴现的现值,加上(2)未摊销的矿区费用(不包括生产前费用),加上(3)摊销费用中包括的未探明矿区的成本与市价孰低费用(lower of cost)或估计的公平价值(estimated fair value),减去(4)同有关矿区账面价值和课税基数之间差额相关的所得税。任何超出部分都应作为费用,并在超出发生期间予以单独揭示,即使

以后这种费用最高限额提高也不再恢复这种摊销。

（二）全部成本法的费用资本化及摊销规则说明

（1）资本化费用摊销时，可以使用产量单位法（按能量单位将油、气换算）或收入单位法（按油、气价格换算，产量使用平均价格，储量使用期末价格）。

（2）全部成本法将所有资本化费用进行一次摊销计算，统一使用探明储量（包括探明开发储量和探明未开发储量），为了保证摊销率的真实性，必须对未开发储量的未来开发投资、废弃和残值进行预计，即将未来追加成本列入摊销基础的资本化费用之中。

（3）成本扣除：为了保证资本化费用摊销率的真实性，对于未探明矿区成本（取得、钻井和非钻井费用）应从资本化摊销基础中扣除，但未探明矿区的勘探干井（已证实没有储量）应列入摊销基础；另外，为了证实某一探明储量（目前为估计储量）而在未来预期将要发生的开发成本及已经发生过的成本，都应从摊销基础中扣除，目前的估计储量也不作为摊销依据。

（4）未探明矿区的减损费用应该列入摊销基础，其理由与勘探干井成本列入摊销基础相同。

（5）矿区（探明或未探明）的放弃，其成本将作为摊销基础的一部分。

（6）净资本化费用的最高限额测试，是为了保证净资本化费用不高于其对应的探明储量价值估计，即发现成本不高于发现价值。如果发现成本高于发现价值，则高出部分应列入当期费用。

由上述可见，全部成本法与成果法的区别不仅仅是资本化费用内容的不同，其摊销基础和摊销方法也都有一系列的系统理论。全部成本法的资本化及摊销的流程如图 2-3 所示。

第四节　相关性原则的应用与储量认可法的困惑

一、油气探明储量的发现成本与发现价值

根据商品的劳动价值理论，一般商品的价值由其平均社会必要耗费决定，也就是说，商品的生产成本是构成商品价值的主要因素。但对作为勘探成果的油气探明储量来说，由于资源的不可再生性，其价值与勘探耗费无关，完全取决于在特定社会经济条件下这种特殊商品的供给和需求状态。首先，油气探明储量不同于一般商品，不是人类劳动的成果，是世袭的、自然存在的，勘探耗费不是产品的生产成本，而仅仅是一种发现成本；其次，油气探明储量是不可再生的，是递耗资产，其价值完全由其稀缺性决定，因此，将油气探明储量认为是"企业购入的油气产品的地下存货"也是不恰当的，在这里企业付出的不是购买成本，而仅仅是发现成本。

油气储量的发现成本与发现价值脱离，使历史成本会计的应用遇到了困难，这里不再是如何应用历史成本原则的问题（成果法或全部成本法），而是一个更深层次的问题，即历史成本原则能不能应用的问题。按照历史成本原则，用取得费用（成果法）或取得费用及全部勘探费用（全部成本法）来标志探明油气储量的价值，即用发现成本来承担与发现价值无关的费用，这是一种对油气资产的歪曲反映，与会计的充分披露原则和相关性原则相矛盾。于是，在油气会计理论中，有人提出用储量认可会计法（RRA）或发现价值法来替代历史成本会计法，从而

最终放弃成果法和全部成本法的争论。

二、储量认可法基本原理

成果法或全部成本法的资产负债表中提供的资本化费用信息与油气公司最重要的资产(油气探明储量)无关,一般来说低于或等于(偶然)油气探明储量的价值;而在成果法与全部成本法的收益表中反映的净收益信息不包括油气探明储量增加而产生的发现价值。上述缺陷,与其说是稳健主义,不如说是低估资产、隐匿收入的会计信息失真。

基于上述原因,美国证券交易委员会于1978年8月发布会计系列文件(第257号和第258号)时声明,成果法和全部成本法未能对石油天然气生产公司的财务状况和经营成果提供足够的资料。进而,证券交易委员会提出了一种新的核算方法,即在发现储量时,收入应该得到确认,资产应该作为探明储量未来净现金流量的现值被确认(折现率10%),这就是储量认可会计法,用以替代目前的历史成本会计法。

为了理解储量认可会计法的基本原理,下面以示例的方式给予说明。由于目前储量认可会计并未替代历史成本会计,因而示例中的会计分录仅仅是为了帮助读者理解这种会计原理,实际操作中不必做出。

【例2-3】 储量认可会计法

(1)2017年,H公司购进一个矿区,并开始钻凿探井,累计发生取得、勘探等费用300 000美元。在储量认可会计法下,探明储量以前发生的费用将递延至该矿区被探明或放弃。分录如下:

  递延费用 $300 000
    现金 $300 000

(2)探井发现油气储量,估计未来收入现值1 500 000美元,开发投资及生产费用现值600 000美元。在储量认可会计法下,探明储量时应确认收入、费用和资产。分录如下:

  探明油气储量 $900 000
  费用 $600 000
    收入 $1 500 000

(3)探明油气储量时,应将探明前发生的费用结转为当期费用。分录如下:

  费用 $300 000
    递延费用 $300 000

(4)H公司生产并销售原油,取得净现金收入40 000美元。在储量认可会计法下,资产和收入已在探明储量时确认过,而且是按未来净收入的现值列示的,因此,在油气产品销售时,只能确认为资产形态的转换而不是资产的增值。分录如下:

  现金 $40 000
    探明油气储量 $40 000

(5)2018年,H公司对探明储量价值进行重估,剔除生产、销售因素后,探明储量价值比2008年减少80 000美元,这种修改必须调整资产账户和以前年度收益。分录如下:

  以前年度收益调整 $80 000
    探明油气储量 $80 000

(6) 2018 年实际发生的开发费用比原来估计值超出 100 000 美元,即实际发生开发费用 700 000 美元。实际发生的开发费用或生产费用不能再确认为费用,而应认可为资产形态的变化。分录如下:

  以前年度收益调整 $ 100 000
   探明油气储量 $ 600 000
    现金 $ 700 000

三、储量认可会计法的困惑

储量认可会计法顺应了发现价值理论的自然属性,使油气生产公司最重要的资产信息(探明油气储量价值)得以揭示,从而弥补了历史成本会计(成果法和全部成本法)的局限性。但储量认可会计法最终仍没有在油气生产公司推行,1981 年美国证券交易委员会宣布,储量认可会计法并不是很好的油气会计核算方法,从而否定了储量认可会计法的应用。究其原因,可大致分析如下:

(1) 储量认可会计法不仅否定了历史成本原则,而且否定了收入实现原则,将尚未实现的收入视同现实的收入,与规范的财务会计理论相悖,引起会计理论上的混乱。

(2) 储量认可会计法否定了会计的客观性原则(objectivity),使资产和收入的揭示依赖于未来现金流量的估计,从而使会计信息带有很大的不确定性,这与客观性原则是相背离的,使得这种会计信息的可靠性和相关性也受到影响。

(3) 从形式上看,储量认可会计法遵循了会计理论的充分披露原则(full disclosure),但由此否定了诸多根本性会计原则是不恰当的,况且为了充分披露探明储量的价值信息,可以通过补充资料来揭示(这正是 FASB 第 69 号文件采用的途径),无须否定传统会计理论基础。

四、油气探明储量远期现金流量现值的标准化计算

尽管储量认可会计法有其局限性,但这并不否定对储量价值揭示的必要性。为了合理地计算探明储量的现值,必须对每个探明矿区或油田将来每年的远期现金流入和流出量进行估计。如同储量认可法计算价值一样,财务会计准则委员会建议,对现金流转计算采用年末(进行计算的日期)的实际价格和成本。按照财务会计准则委员会的建议,对所得税的现金流出计算,应以年末法定税率(已调整永久差异)为基础。同时,像证券交易委员会的储量认可法计算一样,财务会计准则委员会也将根据 10% 折现率进行标准化计算。

储量的价值评估模型或贴现现金流模型可以用下述公式表示:

$$V = \sum_{t=1}^{n} \frac{NCF_t}{(1+i)^t}$$

式中 V——某矿业权所代表的储量单元的总价值,元;
   NCF_t——第 t 年该储量开发和开采所发生的净现金流量,元;
   i——贴现率;
   n——该储量单元开发的有效经济年限,年。

敏感性分析是指项目主要因素发生变化时对储量价值评估结果的影响程度或敏感程度。影响项目评价指标的因素主要有产品售价、产量(即输出量的未来展示)、经营成本、投资、建

设期、生产期、汇率、物价上涨指数等。

单因素敏感性分析是对单一不确定因素变化的影响进行分析,但储量价值评估过程中经常进行多因素敏感性分析。多因素敏感性分析是对两个或两个以上互相独立的不确定因素同时变化的影响进行分析。敏感性分析结果一般用敏感性分析表(表2-5)和敏感性分析图(图2-4)表示。

表2-5 储量价值评估敏感性分析结果表　　　　　　　　　单位:元

因素	-20%	-10%	0	+10%	+20%
单价					
产量					
经营成本					
投资					

通过敏感性分析,可以使决策者了解项目今后可能遇到的风险及对项目经济效益的影响程度,从而提高投资决策的准确性和客观性。

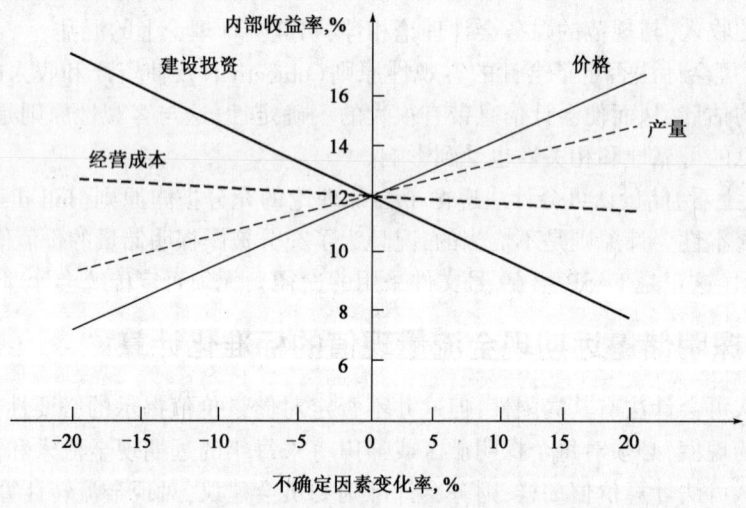

图2-4 敏感性分析示意图

【例2-4】 根据某矿区2016年12月31日的下列有关资料,列出了一个部分开发矿区的计算过程。

全部探明储量是57 500桶,预期按照下列计划进行生产:

　　　　　　　　2009年　　　10 000桶
　　　　　　　　2010年　　　14 000桶
　　　　　　　　2011年　　　12 000桶
　　　　　　　　2012年　　　 9 000桶
　　　　　　　　2013年　　　 6 000桶
　　　　　　　　2014年　　　 3 000桶
　　　　　　　　2015年　　　 2 000桶
　　　　　　　　2016年　　　 1 500桶

额外开发成本发生数：
    2009 年   140 000 美元
    2010 年   100 000 美元

2016 年 12 月 31 日的石油价格为每桶 35 美元。2016 年 12 月 31 日的生产成本，包括暴利税（WPT），每桶为 15 美元。2001 年 12 月 31 日的法定所得税税率为 46%，除了投资抵减以外，没有其他"永久差异"。

根据上述资料，该矿区远期现金流量折现计算结果见表 2 – 6。预计远期现金流量的技术难点是产量的递减规律及初始产量水平测定，这取决于矿区试采情况及油藏开发参数的确定。

表 2 – 6 储量现值标准化计算表   单位：美元

预计年产量 桶	2009 年	2010 年	2011 年	2012 年	2013 年	2014 年	2015 年	2016 年	合计
	10 000	14 000	12 000	9 000	6 000	3 000	2 000	1 500	57 500
销售收入	350 000	490 000	420 000	315 000	210 000	105 000	70 000	52 500	2 012 500
预计额外开发成本	140 000	100 000	—	—	—	—	—	—	240 000
生产成本	150 000	210 000	180 000	135 000	90 000	45 000	30 000	22 500	862 500
远期所得税	23 000	78 000	105 000	79 000	52 000	26 000	17 000	13 000	393 000
远期净收入	37 000	102 000	135 000	101 000	68 000	34 000	23 000	17 000	517 000
折现系数	0.9091	0.8265	0.7513	0.680	0.6200	0.5645	0.51132	0.4665	
净收入现值	33 600	84 300	101 400	69 000	42 200	19 200	11 800	7 900	369 400

尽管与石油和天然气探明储量相关的远期净现金流转折现的标准化计算没有结合企业按权益法计算的企业投资接受者分成的探明储量现值，但是企业投资接受者分成的探明储量的折现价值还是可列在该表的底部。《财务会计准则建议文件》中对此给出了下列规定：假如在财务报表中包括按照权益法计算的投资，那么这种投资接受者的、与石油和天然气探明储量相关的、远期净现金流转折现的标准化计算，不应包括在企业标准化计算的揭示中。但是，企业投资接受者分成的远期净现金流转折现的计算，应该在每年递交全套财务报表时，按揭示储量的地理区域以合计数单独报告。

五、发现价值的其他会计模型

（一）成本与可实现价值孰低法

1. 基本原理

在石油天然气行业会计惯例中，为了正确反映油气储量的价值，使用了最高限额测试程序，即将成本与可实现价值进行比较，以防止历史成本原则下，用发现成本标志发现价值时出现不稳健的计量结果，也就是说，当发现成本高于可实现价值时，将永久性贬低探明储量的价值标志，用可实现价值来标志探明储量的价值，这种可实现价值是采用标准化的方法来计算的探明油气储量在现有经济条件下可带来的未来现金流量的贴现值。这是一种将发现成本与发现价值进行比较以选择较低者来标志探明储量价值的程序，其结果可能是用发现成本也可能是用发现价值来标志探明储量价值，这是会计理论中成本与市价孰低原理的应用，反映了成本与价值在脱离状态下的会计处理思想。

2. 评价

在石油天然气行业会计中,这种资本化成本最高限额测试程序对于全部成本法更为重要。因为,在全部成本法下,用来标志发现价值的成本包括了所有取得成本和勘探成本,是取得和发现石油天然气储量的全部成本,有可能导致发现成本高于发现价值的不稳健状况。对石油天然气储量进行资本化成本与可实现价值孰低估价,体现了稳健原则的要求,但未体现客观性和有用性原则的要求,因为这种估价的结果既可能是发现成本,也可能是发现价值,并没有客观、唯一地反映探明油气储量的真正价值,因此,还应从理论上继续探索一种客观、可靠的计量模型。

(二) 储量成本与储量价格比率法

1. 基本原理

石油天然气勘探活动的结果是探明储量,其实质是油气资源经营权的表现,储量的价值就是资源经营权的价值,为了客观地反映储量的价值,应该采用某种系统的方法对历史成本核算结果进行调整以反映储量的真正价值,这种调整导致的储量账面价值的升降作为递延损益来处理,在油气储量的转让或开发时结转。

2. 评价

用发现价值与发现成本比率来调整历史成本报表的原理类似于通货膨胀会计中使用的价格指数法,在不否定历史成本会计程序的前提下,提供更加客观、可靠的会计信息。那么,发现价值与发现成本比率如何确定呢? 首先,要有一个发达的储量交易市场,并能提供相对系统的成本、价格数据和相关地质数据;其次,分别计算各种不同类别(按不同地质特征分类)储量单元的发现成本和发现价值的平均比率;最后,根据被核算储量的地质特征,选择近期同类储量的成本价格比率来对发现成本进行调整。

上述关于石油天然气勘探活动中发现成本与发现价值相背离的情况在风险性投资行业是普遍存在的,这里研究的会计计量模式对于这些场合都是适用的。尤其是对研究与开发活动中的发现成本与发现价值脱离的问题是同样适用的,只不过现在的发现结果不是石油天然气储量,而是研究与开发所获得的专有技术、专利权、新产品工艺等。

案例 蒙特卡洛模拟在油气储量价值评估中的应用

探明油气储量的价值取决于该油气储量未来开发、生产及其废弃过程中净现金流量的现值。各期现金流量的水平和分布决定了油气储量的价值,也就是,油气田开发项目经济评价的净现值。在系统分析影响油气项目经济评价主要风险因素(商品量、油气价格、经营成本、基准折现率、建设投资)的基础上,本案例结合某气田开发实例,运用蒙特卡洛分析方法,对经济评价及其风险进行定量分析,认为:相比于净现值法的单次计算,蒙特卡洛模拟能综合考虑多种风险因素,不仅能得到评价结果,也能得到对应的发生概率,使得风险结果更可靠、更贴近实际、更能体现经济评价的合理性;建议油气开发项目经济评价中应加强蒙特卡洛模拟分析研究,提高项目决策的科学性。

一、蒙特卡洛模拟分析方法

蒙特卡洛模拟(monte carlo simulation),也可称为随机模拟(random simulation)、统计模拟(statistical simulation),它是一种与一般数值方法有着本质区别的计算方法,它利用随机数进行统计试验,以求得待解决问题的数值解的统计特征,其本质就是从概率分布中重复抽样以建立输出变量的分布。由于借助计算机高效、便捷的计算功能,蒙特卡洛模拟在实践中较为普遍应用,国际大石油公司普遍采用蒙特卡洛法对油气项目经济评价进行风险分析。如埃克森美孚石油公司,采取经济评价与风险分析相结合,对每个项目从勘探到开发的每个决策进行经济风险分析,向上层提供全面的分析结果,以便上层作出最有把握的决策。

蒙特卡洛的优势在于:其一,模拟的方法能更准确地反映不确定性因素(风险因素)的影响,无须将不确定性问题转化为确定性问题,而是直接从不确定性问题出发,通过建立模型或观察实验直接模拟原问题的过程,从而得到原问题的答案。其二,蒙特卡洛模拟法可预测项目财务评价指标概率等统计信息,改变了常规方法只能求得经济评价指标单一估值的片面性,从而获得评价指标更为详细、全面的统计信息,更符合项目的实际情况,更具有科学性。

二、实例分析

某气田开发方案建设期2年,评价期25年(一般天然气经济评价是10年,该油田在开采初期采用的是新的探明技术且在开发期间有新的探明储量,故该油田的评价期为25年),稳产期12年,规划产能规模为7亿立方米,递减期年递减率约为15.0%(油气田产量递减规律一般有指数递减、直线递减和凸显递减,本文取的是指数递减率);根据推荐方案,需新钻开发井40口,备用井5口,开发评价井1口,备用回注井1口,通过核算项目的年度投资及各年度现金流入和流出,钻井投资128 506.7万元,投产工程投资19 180.6万元,气田内部集输工程投资44 114.4万元。石油天然行业的基准收益率一般为12.0%,而经过计算该项目税前内部收益率是17.8%,净现值为58 672万元,投资回收期5.6年;税后内部收益率14.8%,净现值为21 778万元,投资回收期6.69年。无论是税前内部收益率还是税后内部收益率均高于行业基准收益率12.0%,因此满足财务要求,从财务角度分析是可行的。但该项目的风险具体有多大,达到要求的内部收益率的可能性有多大不得而知,因此需从敏感性分析入手,借助蒙特卡洛模拟方法对该项目进行若干次随机模拟,如表1和图1所示。

通常而言,商品量与气田的负荷因子有密切关系,而负荷因子、产能、商品率共同决定了商品量,引入负荷因子变量作蒙特卡洛分析;并假设产能和商品率对商品量的影响较小,商品量的主要影响因素来自负荷因子,最后确定将销售价格、负荷因子、经营成本为该项目的风险因素,通过这些风险因素的概率分布作蒙特卡洛分析。

表1　某气田开发方案经济评价敏感性数据表

敏感性因素	变化率,%		基本方案,%	变化率,%	
	-20	-10	0	10	20
销售价格,万元	8.13	11.50	14.67	17.70	20.61
建设投资,万元	19.32	16.77	14.67	12.92	11.41
经营成本,万元	16.50	15.59	14.67	13.74	12.79
产品销量,亿立方米	10.46	12.47	14.67	16.81	18.87

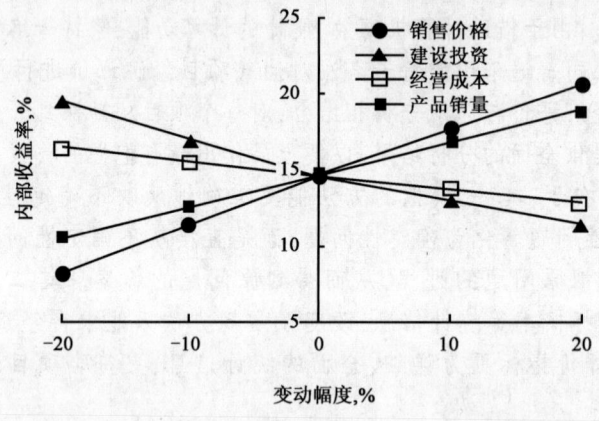

图1　项目敏感性分析图

如何确定主要风险因素合理的概率分布是蒙特卡洛模拟取得可靠结果的关键。实例中负荷因子主要参考该气田数值模拟结果,同时根据相邻已开发区与方案对比,以及下游市场需求量,负荷因子通常在(0,1)区间均匀分布的随机数,在本文中负荷因子引起的变化量取0.8～0.9,采用三角分布,其中三角函数的众数取0.85。负荷因子是决定产量的主要变量因素,利用负荷因子与产量之间的关系,由Matlab软件可得出产量的预测图(图2),由图2可以看出,第4年到第16年产量基本均处在7亿立方米

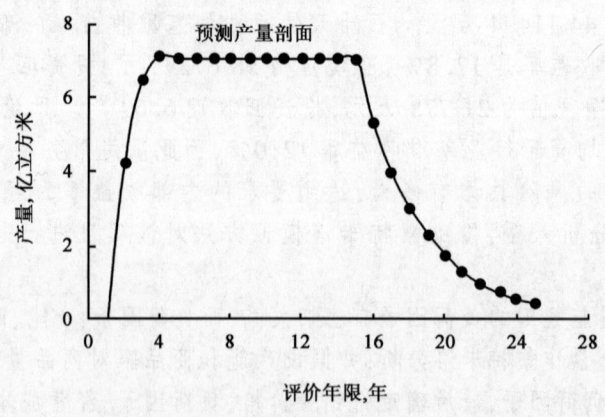

图2　产量预测剖面

销售价格和建设投资均采用三角分布,近年销售经验数据显示:天然气销售价格最小值 0.9 元/米^3,最大值 1.2 元/米^3,可能值为 1 元/米^3,各油气田的投资额经验数据表明:建设投资最小值 160 000 万元,最大值 200 000 万元,可能值 190 000 万元。利用蒙特卡洛模拟软件(Crystal Ball)对该项目经济评价进行随机模拟,模拟次数为 5 000 次,模拟结果如图3、图4、图5和表2所示。

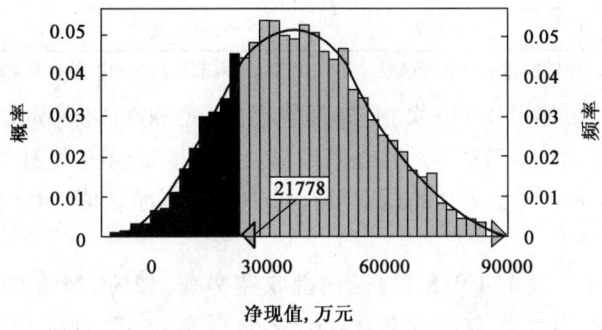

图3 蒙特卡洛净现值预测图

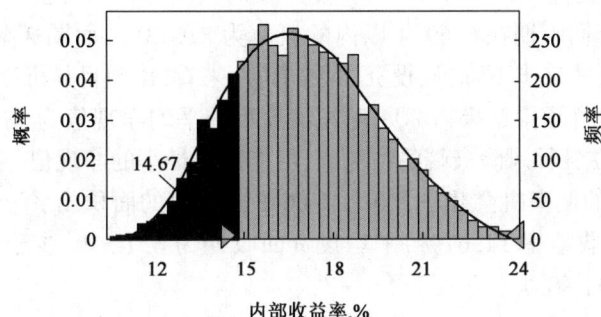

图4 蒙特卡洛内部收益率预测图

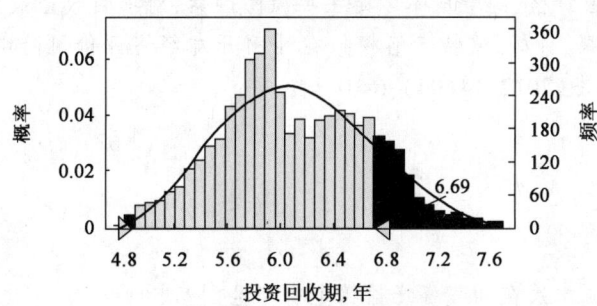

图2-9 蒙特卡洛投资回收期预测图

表2 蒙特卡洛模拟指标汇总

指标	净现值,万元	内部收益率,%	投资回收期,年
均值	38 597	17.05	6.12
中位数	37 849	16.92	6.10
标准差	18 151	2.45	0.57
最小值	−10 648	10.66	4.50
最大值	108 082	27.32	8.58

注：以上数据均是通过软件模拟显示的最终结果。其中，净现值、内部收益率和投资回收期模拟次数均为5 000次。

图3(模拟5 000次,显示4 999次)是净现值在(0,90 000)之间的概率和频率的直方图，模拟结果显示净现值小于21 778万元的概率是18.8%(指净现值为21 778万元时,图3左侧的面积占总面积的18.8%);小于0的概率只有0.71%(当净现值为0时,概率分布图左侧的面积占总面积的0.71%)。

图4(模拟5 000次,显示4 988次)是内部收益率在(12%,24%)之间的概率和频率的直方图，模拟结果显示内部收益率超过14.67%的概率为82.26%(当内部收益率为14.67%时,图4右侧的面积占总面积82.26%);大于基准收益率12%的概率是99.33%。说明在仅考虑上述三种影响因素的基础上,该项目盈利可能性很大,项目经济风险相对较小。

图5(模拟5 000次,显示4 981次)是投资回收期在(4.8,7.6)之间的概率和频率的直方图，模拟结果显示投资回收期在6.69年以内的概率为81.73%,而图2显示项目的稳产期约为12年,第16年产量才逐步下降,从投资回收期角度来看,该项目是可行的。

同时,其余各项软件模拟结果指标见表2,该项目的平均净现值为38 597万元,高于税后净现值21 778万元,在各种风险极端的情况下,可能出现最小的净现值−10 648万元,但是由图3可知出现此情况的概率机会几乎为0(−10 648点左侧的面积几乎为0);平均内部收益率为17.05%,高于税后收益率14.67%;平均投资回收期为6.12年,少于税后回收期6.69年。总体来说,该项目风险比较小。

三、分析结论

从模拟的结果表1和图1敏感性分析可以看出:建设投资的变动对收益率的影响是相对弱的,其中商品量、销售价格、经营成本才是主要风险因素,对项目收益最为敏感。

[本文出处]张明泉,钟雄.蒙特卡洛模拟在油田开发经济评价风险中的应用[J].西南石油大学学报:社会科学版,2012,14(04):6-10.

思考题

1. 成果法与全部成本法在油气资产摊销上有何区别？
2. 成果法与全部成本法在油气费用摊销上有何区别？
3. 请说明油气储量的发现成本与发现价值之间的关系。
4. 什么是油气储量？油气储量是如何进行分类的？

H公司经过多年的努力,在某租赁矿区发现石油储量,预计可开采8年,开发该储量需2年,每年投资1 000万元(在每年初发生),在生产期前4年,每年产量20万桶,操作成本为5元/桶,在生产期后4年,每年产量15万桶,操作成本为10元/桶,其他经营费用为5元/桶。开发投资摊销按产量法计算,即某年摊销额=开发投资总额×该年产量/生产期总产量。假定生产期现金流在各年末发生,原油价为60元/桶,贴现系数为10%,所得税率为33%。要求:

(1)根据上述资料填列现金流量表并计算储量价值。
(2)分别计算投资增加或减少10%时的储量价值。
(3)分别计算价格提高或降低10%时的储量价值。
(4)根据上述计算结果填列敏感性分析表。

	0	1	2	3	5	6	7	8	9	10	合计
销售收入											
开发收入											
操作成本											
经营成本											
所得税支出											
净现金流量											
贴现系数											
贴现净流量											

第三章 油气矿业权的取得与勘探开发投资会计

本章首先介绍了石油天然气行业重要技术概念和油气会计的基本要素，概括了油气会计核算的基本的流程；阐述了未探明矿区取得成本的基本内容与核算方法；进一步讨论了非钻井勘探成本与钻井开发成本的主要内容，体现了石油天然气行业投资的风险特征。

第一节 油气会计的基本概念和核算框架

一、油气会计基本技术概念

根据美国第19号财务会计准则文件、美国第25号财务会计准则文件和美国证券交易委员会SX4-10条例，以及石油工程师学会（SPE）和世界石油大会（WPC）等权威机构的文件，对有关石油技术概念作如下定义。

(一) 油气储量的概念与分类

1. 油气储量的一般概念

油气储量（reserves）是指从某一时间后，预期可以从已知矿藏中开采出的具有商业价值的石油、天然气数量。由于在特定时期拥有的地质工程资料的数量和对这些资料的解释能力都存在有限性，以及特定储量的开发状态不同，所以对油气储量可进行下述分类：

$$\text{油气储量}\begin{cases}\text{探明油气储量}\begin{cases}\text{探明已开发油气储量}\\\text{探明未开发油气储量}\end{cases}\\\text{未探明油气储量}\begin{cases}\text{概算储量}\\\text{可能储量}\end{cases}\end{cases}$$

2. 探明油气储量

探明油气储量是指在现行经济和操作条件下，地质和工程资料表明将来从已知油气藏中能以合理的确定性采出的原油、天然气和天然气液的数量。价格和成本以评估时的实际为准。价格的变化只考虑在现价基础上合同协议提供的变化，不包括因将来条件改变而引起的涨价。

(1) 如果油气藏的经济生产能力由实际生产或确定性的地层测试所证实，则油气藏是探明的。油气藏的探明面积包括：①由钻井和油气或油水界面所圈定的面积（如果有的话）；②尚未钻井的紧邻部分（根据拥有的地质和工程资料能合理判断其经济生产能力）。当缺少流体界面资料时，以油气层出现的最低构造位置确定油气藏的最低探明界线。

(2)由应用提高采收率技术(如注水)可经济生产的储量,若定为"探明"级,则指通过油气藏已安装流程的运行证实了该方案或流程所依赖的工程分析是可靠的。

(3)探明储量不包括:①从已知油藏可能得到的储量,但已分别划归"显示增加储量"(indicated additional reserves);②由于地质、油藏特征或经济条件的不确定性,对其采收率有较大疑问的原油、天然气和天然气液;③未钻井远景区可能存在的原油、天然气和天然气液;④从油页岩、煤、天然沥青和其他类似的源岩中可能采出的原油、天然气和天然气液。

1)探明已开发油气储量

探明已开发油气储量是通过现有井采用现有装备和操作方法,预期可采出的储量。通过注水或其他提高采收率技术补充天然能量或改变一次采油机理预期可获得的油气增加量,若划归探明已开发储量,仅仅表明在先导方案试验之后,或已安装流程取得生产效果而得以证实之后,增加可采储量是可实现的。

2)探明未开发油气储量

探明未开发油气储量,指预期从钻井部位的新井中,或从现有井(需要很大花费重新完井)中采出的储量。未钻井部位的储量必须限定在已钻井单元的紧邻可生产单元,即比较肯定钻井后能生产的储量。其他未钻井部位,只有当这些部位肯定是现有产层生产的延续时,才能是探明储量。任何部位,只要注水或其他提高采收率技术的应用尚在设想中,相应的储量就不能定为探明未开发储量,除非这些技术经本区或本油气藏的实际试验证实是有效的。

(二)矿区及井的概念与分类

(1)油田——一个包括单一油藏或者与同一个地质构造形态相关的多个油藏的地区。一个油田可能有两个或多个储油层,但是这些储层被不渗透地层或者地质障壁所分离。重叠或者邻近油田的油藏可以作为一个单一的作业油田。

(2)开发井——在探明石油和天然气储集的地区钻探的井,井深达到了已知可生产的水平深度。

(3)辅助井——为支持生产而钻探的井,如注气井、注水井或盐水处理井。

(4)参数井——仅仅是为了取得资料而钻探的井(一般是在海上)。钻这种井是为了获得地下地层及其深度的资料。参数井分为两类:勘探型参数井——不是在探明地区钻的参数井;开发型参数井——在探明地区钻的参数井。

(5)勘探井——不是开发井、辅助井或参数井的井,例如在一个未探明地区钻的一口井发现了石油或天然气并投入生产,在已有一个油气藏的油田发现了另一个新的油气藏,或者扩大了一个已知的油气藏。

(6)石油和天然气生产活动——包括矿区的矿产权益的取得,石油和天然气的勘探、开发和生产等活动。

(7)探明地区——已经特别确定的在一定深度存在探明储量的矿区的一部分。

(8)探明矿区——已知探明储量的矿区。

(9)未探明矿区——未探明储量的矿区。

二、国外油气会计基本要素概念

根据美国第 19 号财务会计准则委员会文件及美国证券交易委员会 SX4-10 条例，对油气会计的基本要素或核心科目说明如下：

(一)未探明矿区权益

该类会计科目用于累计石油公司拥有的未探明矿区(指不能充分肯定存在石油储量或天然气储量，不能划分为探明矿区的那些矿区)中不同类型采矿权益的费用。每种主要类型的未探明矿区权益各自都有一个总分类会计科目。明细科目用于持续记录各种不同的矿区权益的费用支出资料。对于取得未探明矿区的各项合理支出如未探明矿区的购买价格或租赁定金(leasehold bonus)、选择权支出(option costs)以及取得矿区的杂项费用(incidental acquisition costs)等借记这些会计科目。同样，对于放弃、出售未探明矿区的成本或当发现探明储量时，把未探明矿区转入探明矿区的成本贷记这些会计科目。

"未探明矿区产量支付权益"通常担保一种特别票据。证券交易委员会在 SX4-10 条例中规定，产量支付权益只有当其是以石油和天然气产量支付时才能作为矿区权益。假如产量支付权益是以现金支付的，那么它们就不应作为矿区权益，而应作为融资(financial obligations)。因此，假如石油公司有以现金支付的未探明矿区产量支付权益，那么这种支付就应该作为一种应收款，记入"应收产量支付权益"。但是，假如规定以石油或天然气产量进行支付，就应该把这些石油或天然气产量的成本记入"未探明矿区产量支付权益"。

"未探明矿区购买暂记权益"是用于累计购买矿区权益，但尚未取得租赁权而发生的各项费用。当已经取得有关矿区权益，或者已经肯定将不会取得这种权益时，则应该贷记本科目。

"未探明矿区减损和摊销备抵"是比较复杂的。在证券交易委员会规定的成果法规则中，未探明矿区费用属于一种减损检验——主要用于矿区资本化费用和矿区市场价值之间的比较。假如矿区市场价值小于矿区资本化费用，那么就必须认可这种损失，即把这种损失记入费用科目借方及本备抵科目的贷方。通常可以通过比较单个未探明矿区的资本化费用和市场价值，或者通过比较全部矿区和矿区组的资本化费用和市场价值来计算矿区的减损。假如采用前一种办法，则必须登记每个矿区减损的明细账，否则就要为全部矿区登记一个单独的备抵账。假如是以单个矿区为单位记矿区减损，那么应该以出售、放弃、转让或发现石油、天然气储量时转作探明矿区的一个未探明矿区的累计减损额借记该会计科目。另一方面，假如是以矿区组为单位记矿区减损，那么应以出售、放弃、转让或发现石油、天然气储量时转作探明矿区的一个未探明矿区采矿权益的全部资本化费用结转到探明矿区权益账户。

(二)探明矿区权益

该类会计科目用于反映探明矿区(是指那些生产石油或天然气的矿区，或者是指那些根据已知地质和地球物理勘探资料，完全肯定存在石油和天然气储量的矿区)权益的各项费用和各项费用的累计摊销额。该类会计科目包括几种普通类型的矿区权益科目，应该以现已转为探明矿区的原未探明矿区的各项累计费用分别借记这些会计科目(在未探明矿区减损单独记录的情况下，要把未探明矿区的账面原值减去减损备抵后的成本转入这种探明矿区权益的会计科目)。

"探明矿区权益摊销备抵"科目用于反映探明矿区权益各项费用的累计摊销情况。当记录探明矿区权益费用摊销时,借记费用科目,贷记该会计科目。美国证券交易委员会在SX4-10条例中规定,探明矿区权益的费用摊销(折耗)以产量为标准,可以以每个单独的探明矿区为单位进行计算,也可以根据某些共同的地质标准划分的矿区为单位进行计算。假如以单个矿区为单位计算这种摊销,那么要登记单独的明细账,用以累计该矿区的费用摊销。同样,假如以一个矿区组为单位计算这种摊销,那么必须登记明细分类账,用以累计这个矿区组的费用摊销。

中国第27号企业会计准则第四条规定:"矿区权益是指企业取得的在矿区内勘探、开发和生产油气的权利。矿区权益分为探明矿区权益和未探明矿区权益。探明矿区是指已发现探明经济可采储量的矿区;未探明矿区是指未发现探明经济可采储量的矿区。探明经济可采储量是指在现有技术和经济条件下,根据地质和工程分析,可合理确定的能够从已知油藏中开采的油气数量。"

(三)井和有关设施

该类会计科目用于反映探明矿区的油(气)井、生产设备和设施的各项费用及这些费用的累计摊销情况。由于联邦所得税征收的要求,这些费用被划分成两大类:设备费用和无形费用。

"井和有关设施——设备费用"科目用于反映每个探明矿区全部设备和设施的费用,其中包括反映诸如下入井内的套管这样有形资产的费用,以及矿区和油(气)井设备,如泵、矿区输油(气)管线、分离器和储存罐等的费用。这些费用可以发生在发现石油或天然气探明储量的探井的钻井和井的装备中,也可以发生在已划分探明矿区的油(气)井的钻井和井的装备中(即使该井本身并不生产石油或天然气)。

发现石油或天然气探明储量的探井的无形钻井费用以及探明矿区全部油(气)井的无形钻井费用应该借记"井和有关设施——无形费用"科目。证券交易委员会在SX4-10条例中规定,没有发现石油或天然气储量的探井的无形钻井费用不能资本化,而要列入费用。无形钻井费用是指所有非有形存在,但是在钻井中实际发生的那些费用(如人工、供应品、燃料等费用)。由于联邦所得税征税的规定,井内安装套管或其他设备(一直到为控制开采安装阀门的地方为止)的人工费用一般都作为无形钻井费用,从而都应借记"井和有关设施——无形费用"会计科目。但是,安装矿区输油(气)管线、分离器、储存罐和其他矿区设备的无形费用一般都作为设备费用,从而借记"井和有关设施——设备费用"会计科目。但是,有的石油公司把全部安装费用,包括人工和供应品都作为无形钻井费用处理。

(四)油田服务设备和设施

在石油天然气生产作业中使用的、服务于一个以上矿区或油田,或者服务于一个以上部门(勘探、开发、生产等部门)的设备和设施的资本化费用借记该会计科目。像地区营房(district camps)、地区修理车间(district shops)、卡车、驳船、仓库、电力系统等都是典型的油田服务设备和设施。通常以单项资产为单位或以资产组为单位记录占用的油田服务设备和设施明细账。

(五)未完工程

未完工程是指正在进行的油气勘探工程或者油气开发工程,其会计科目以及与其有关的核算程序是石油和天然气生产公司会计体系中的一个重要部分。有的石油公司把这些会计科目称为"未完工程"(work in process)或者"未完基建工程"(incomplete construction),或者直接在"地质勘探支出""油气开发支出"科目中核算。

这些未完工程会计科目同费用核定单(authorization for expenditures)制度密切相关。在费用核定单制度中,每个主要建设项目或取得资产项目都受控于一个合理核定的费用核定单。因此,每个项目以及每个项目的主要费用类别都要登记明细分类账。

"未完工程——地质和地球物理勘探"科目用于累计地质和地球物理主要勘探项目的费用。每个主要勘探项目都由一个费用核定单(AFE)核定,因此,要恰当地分析和划分同每个勘探项目有关的费用,然后借记费用科目。

打探井时发生的全部无形钻井费用借记"地质勘探支出"科目。每个钻井项目都是经过正式批准的,以每个费用核定单为单位累计钻井费用。费用核定单的费用明细分类项目和"井和有关设施"的明细科目是一致的。当钻井项目完成时,将累计的钻井费用贷记该会计科目。假如所钻的探井发现石油或天然气探明储量,则应把该井累计的钻井费用借记"井和有关设施"科目。另一方面,假如所钻的探井是干井,那么应把该井累计的钻井费用借记"地质勘探费用"科目。

"油气开发支出"科目用于记录划分为开发井的钻井费用核定单下发生的全部钻井费用。开发钻井费用的明细科目分类和勘探钻井费用的明细科目分类相同。由于所有开发井的费用都是要资本化的,所以当一个开发钻井项目完成时,应把该项目的全部累计费用从该科目转出,记入"井和有关设施"科目。

安装井内有形设备发生的各项费用应和安装控制、处理矿区石油和天然气的有形生产设备的费用(包括安装井口后设备的无形安装费用)一起借记"油气开发支出"科目。记入本会计科目的井的设备费用包括安装在探井和开发井这两种井内的设备费用。当完成一口开发井时,无论该井是干井还是油(气)井,都要把这口井的全部累计费用(减去任何设备的残值)从本科目转出,记入"井和有关设施"科目。

井的大修作业可能具有勘探性质,也可能具有开发性质或者生产维护性质,根据情况的不同,应该分别在"地质勘探支出""油气开发支出""油气生产成本"等科目中核算,用于累计大修理费用。假如要求采用费用核定单控制井的大修理费用,那么应该在该会计科目中,以费用核定单为单位累计井的大修理费用。当井的大修理工作完成时,应该把其累计的全部费用从该会计科目中转出或者借记一个费用科目,或者借记一个资产科目。通常的规则是:假如一口井的大修理工作不增加该井的总的生产能力,那么应该把这种井的大修理费用列入费用科目;假如一口井的大修理工作增加了该井的总产量,那么应该把这种井的大修理费用作为"井和有关设施"的费用资本化。通常,这些费用在性质上是无形费用,但是它们也可能包括一些井的设备费用。

(六)收入

设计石油和天然气生产独有的收入会计科目是为了反映石油和天然气生产公司拥有的各种主要矿区权益的收入分成。但是,应该归属于其他各方拥有的矿区权益的各种收入(例如,应该归属于一个石油和天然气公司作业矿区出租人拥有的矿区使用费权益的收入),不应该包括在这种收入之中。

（七）费用

石油和天然气生产矿区的各项直接费用都借记"矿区作业费用"（lease operating expenses）科目。各石油公司矿区作业费用的分类不同，但是各矿区作业费用的分类设计都是为了有助于他们进行费用控制。"矿区作业费用"科目中的各项费用通常称为采油成本（lifting costs）。由于以一个矿区为单位累计各项费用，因此就有可能计算每个矿区的净收益。

"折旧、折耗与摊销费用"科目用于反映生产矿区资本化费用的摊销情况。如本章前面所述，石油和天然气生产公司通常以单个矿区为单位（a property-by-property basis）进行计算折旧、折耗与摊销（depreciation, depletion and amortization, DDA），但是证券交易委员会在SX4–10条例中规定，假如根据共同的地质特征如相同的地质构造、储集层或油（气）田对探明矿区进行分组，那么石油公司也可以以探明矿区组为单位计算折旧、折耗与摊销（DDA）。

（八）暂记和分配科目

许多费用具有这样一种性质，即它们不能直接明确地记入一项钻井作业、一个矿区或其他某个单独的作业部门。因此，必须首先累计这些费用，然后再分摊到其他费用科目或资产科目。累计这些费用的会计科目通常称为暂记和分配（clearing and apportionment）会计科目。暂记会计科目用于累计一定期间（通常为一个月）的费用。期末根据某种预先确定的分配标准，把这个暂记会计科目的余额分摊到其他会计科目中去。分配会计科目也用于累计费用，但是对于所提供的服务，应该按照一个固定比率的标准贷记该会计科目。假如已经适当确定了这种固定比率的标准，那么这种分配会计科目的余额应该是很小的。通常，这种分配会计科目可以逐月结转，但是在年末，该会计科目的余额应该转入"杂项费用"（miscellaneous expense）会计科目或"收益"会计科目。

1. 地区费用

该科目用于累计同地区作业和维护有关的全部费用，这些费用不直接属于任何一个单独的矿区或任何一个其他作业单位。所收取的地区设施的租金和其他杂项收入贷记本会计科目。每个月的月末，根据公司的经验，把这个会计科目的余额分配到各作业矿区、未完工程和其他作业项目中去。有的石油和天然气生产公司是根据所打的井数和生产石油或天然气的井数采用某种加权公式来分配这些地区费用的。

2. 钻井设备费用

在钻井机具的操作和保养中发生的维护、折旧、保险和税金等全部费用，以及在操作这些钻井机具中消耗供应品的费用，假如这些消耗供应品不能明确列入所打的某口井，则应该借记本会计科目。通常，对于同钻井钻机和钻具有关的各项费用以及对于同修井钻机和钻具有关的各项费用要分别入账。

当钻机用于钻井作业或修井作业时，要以所使用钻机每天的价格或每英尺进尺的价格借记适当的"未完工程"会计科目或"修井费用"会计科目。石油公司自有钻机的租费率（rental rate）取决于操作钻机的估计费用和这台钻机将来可能使用的估计天数或这台钻机将来可能钻进的进尺数。这种钻机租费率可以每年确定一次，或在更短的时间内确定一次。借记"未完工程"会计科目或"修井费用"会计科目的钻井作业费用或修井作业费用要贷记"钻井设备费用"会计科目。到年末,"钻井设备费用"会计科目中任何少分配或多分配的余额都要转入"杂项作业费用"会计科目或"收益"会计科目。

3. 服务单位和服务设施费用

石油和天然气生产公司的矿区分布十分广泛,通常是在农业地区。在这些边远地区可能要求提供而不是购买许多基本服务设施。在矿区,必须提供电力系统、防火系统以及盐水处置系统等设施。本会计科目就是用于累计这些服务系统的各项作业费用。

各个服务单位作业、修理、保养发生的全部费用应该借记本会计科目和可能需要的其他服务单位费用会计科目。任何服务单位向外部公司或个人提供服务的收入应该贷记该单位的费用会计科目。在每个月的月末,应该填制清算每个服务单位费用会计科目的会计分录,根据提供的服务借记适当的费用会计科目或资产会计科目,贷记服务单位的费用会计科目。分配这些服务单位费用的一般依据是其提供服务的井的数量。像电力系统这类服务设施的作业费用,可以根据电表计量数或其他计量数进行分配。

4. 仓库费用

维护和管理仓库和货场的各项费用,包括保管员、货物检验员、仓库管理员、装卸工和警卫人员的工资,房屋和固定设备的租金、照明、取暖和折旧费用,仓库与仓库之间的短暂运输费用,以及类似的支出项目费用应借记本会计科目。发出货物收取的仓库服务费用应贷记本会计科目。这种按照一种收费率收取的仓库服务费将抵销仓库的年度费用支出。收取的服务费和保管这些货物支出的费用应记入同一个会计科目。有的石油公司在货物每次发出时记录这种服务收费,有的石油公司则累计这种服务收费,每月只做一个会计分录。在年末,仓库费用会计科目未处理的余额应转入一个杂项收益会计科目,或转入一个费用会计科目。

5. 运输设备的营运费用

该会计科目用于累计汽车、卡车、拖拉机、拖车和其他运输设备的经营、修理和保养发生的费用。驾驶员和助手的工资、润滑油和汽油、轮胎、内胎、蓄电池、折旧、保险费、税金以及其他类似费用项目的支出都可以借记本会计科目。通常情况下,运输部门根据预先确定的每英里计程收费标准或每天计时收费标准,向其提供服务的有关部门、地区、矿区或资产收取运输费并贷记本会计科目。

三、中国油气会计要素概念:地质开发支出,地质勘探支出,油气勘探费用

2006年中国颁布了第27号企业会计准则,建立了石油天然气矿区权益概念,引入了油气资产及其折耗方法,石油天然气财务信息的披露与国际趋同,国内各大石油公司根据企业会计准则的要求,建立了油气资产科目,作为资产负债表的重要资产项目,其核算内容如下:

(一)矿区权益

核算企业取得的在特定区域内勘探、开发和生产油气的权利。

矿区权益分为探明矿区权益和未探明矿区权益。探明矿区是指已发现探明经济可采储量的矿区，未探明矿区是指未发现探明经济可采储量的矿区。

(二)探明矿区权益累计折耗

中国第27号企业会计准则第六条指出："企业应当采用产量法或年限平均法对探明矿区权益计提折耗。采用产量法计提折耗的，折耗额可按照单个矿区计算，也可按照若干具有相同或类似地构造特征或储层条件的相邻矿区所组成的矿区组计算。"

(三)矿区权益减值准备

探明矿区权益的减值，应当按照《企业会计准则——资产减值》进行处理。

对于未探明矿区权益，应当至少每年进行一次减值测试。

单个矿区取得成本较大的，应当以单个矿区为基础进行减值测试，并确定未探明矿区权益减值金额。

单个矿区取得成本较小的，且与其他矿区具有相同或类似地构造特征或地层条件的，可以按照具有相同或类似地构造特征或地层条件的矿区组进行减值测试。

计算未探明矿区权益减值时，将其公允价值低于账面价值的差额确认减值损失。

(四)井及相关设施

本科目核算企业自有油气井和相关设施的原价，以及在联合矿区拥有的井及相关设施的份额。

(五)井及相关设施累计折耗

井及相关设施的折耗按油气区块计提并单独列入油气生产成本。

单位产量法下，井及相关设施可以按照一个区块单独计算折旧、折耗及摊销，也可按具有相同地构造特征或地层条件(如一个油藏或油田)的矿区集合计算折旧、折耗及摊销。井及相关设施的折耗按月计算。

如果井及相关设施成本不但同探明已开发储量有关，而且与探明未开发储量有关时，在计算井及相关设施折耗时，应当按一定比例将应由探明未开发储量负担的成本予以扣除。

对于在一个矿区或一个油田中同时开采出石油和天然气产品，摊销基础通常应依据估计的石油和天然气总当量单位来计算，单位产量比率要根据实际情况随时修订，至少每年复查一次，并及时修正。计提的折耗单独列入油气生产成本。

(六)井及相关设施减值准备

企业应当在期末或者至少每季度，对井及相关设施进行检查，如果由于经营环境变化(如油价大幅下跌)等原因导致其可收回金额低于账面价值的，应当将差额作为井及相关设施减值准备。油气资产以区块作为现金产出单元，按照区块计提减值准备。

井及相关设施计提折旧、折耗及摊销的基数应扣除已提取的井及相关设施减值准备。

企业发生井及相关设施减值时，借记"营业外支出"，贷记本科目。

(七)地质勘探支出

本科目核算油气田企业进行石油天然气地质勘探过程中(包括石油预探和评价)所发生

的各项支出。包括地质调查、物理化学勘探各项支出、勘探研究、勘探计算机、勘探辅助工程、勘探装备、探井支出等。期末转入地质勘探费用、固定资产、井及相关设施等科目。

完钻的探井一年内没有地质结论，且近期内不再进行评价和实施新方案的探井，应借记"地质勘探费用"科目，贷记本科目。

专门借款用以从事勘探所获得的利息或汇兑损益应资本化。

(八) 地质勘探费用

本科目是用于核算在进行石油天然气地质勘探过程中所发生的探矿权使用费、地质调查、物理化学勘探各项支出和非成功探井等支出。期末转入本年利润科目。

(九) 地质勘探支出减值准备

企业应当在期末或者至少于每季度，对地质勘探支出的探井项目、勘探计算机、勘探辅助工程进行全面检查，如：项目长期停止并且预计在未来3年内不会重新开工，应当计提地质勘探支出减值准备。地质勘探支出减值准备一般按单项工程计提。

(十) 油气开发支出

本科目核算油气田企业已探明矿区进行油气田产能建设、地面配套工程、老油气田调整改造工程、环保和安全工程、开发装备、开发科研及新技术推广项目等支出，包括钻凿开发井、补充井、调整井、注水井、大修侧钻、补孔等以及相应的地面开发配套设施等支出。

进行油气开发作业时，发生的前期费用支出，如青苗赔偿费和土地征购费、工程管理费、可行性研究费、临时设施费、公证费、监理费支出等，借记本科目。

用专门借款和专门外币借款进行油气开发所发生的借款利息，或溢价的摊销、汇兑差额，参照"地质勘探支出"科目中有关规定进行核算。

(十一) 油气开发支出减值准备

如果有证据表明油气开发支出项目已经发生了减值（如项目长期停止并且预计在未来3年内不会重新开工），应当计提油气开发支出减值准备。油气开发支出减值准备一般可按单项工程项目计提。

(十二) 油气生产成本

油气生产成本包括为管理和维护井及相关设施和设备所发生的人工费用、修理和维护费用、消耗的燃料、材料、动力、折旧折耗等费用。

油气生产单位包括采油厂、矿厂等为组织油气生产所发生的各项管理性费用，应先在"厂矿管理费"科目汇集，然后按规定的分配方法，分配计入有关成本项目中，借记本科目，贷记"厂矿管理费"科目。

辅助生产费用应先在辅助生产等相关成本科目核算，然后按一定的方法转入油气生产成本。月末应将本科目发生的全部生产成本转入库存商品，借记"库存商品"科目，贷记"生产成本"科目。

四、油气会计的核算流程

油气会计业务可以分为未探明矿区取得与评价、探明矿区摊销、勘探开发投资的资本化及其摊销、油气生产与销售以及矿区转让等。图3-1列示了油气矿业权取得、勘探开发投资以及油气资产折旧、折耗与摊销等典型业务在成果法下的账务处理流程,旨在建立油气会计核算的基本框架。

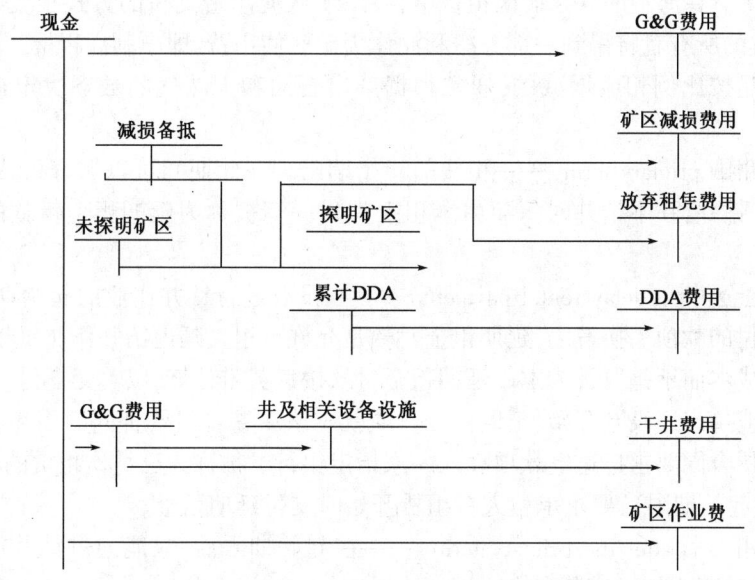

图3-1 油气会计核算流程

第二节 未探明矿区取得成本的核算

一、油气矿业权的租赁条款

石油公司在对地下矿产进行勘探、钻井和生产之前,必须获得进行这些活动的权利。尽管通过买断收费权益或矿产权益可以得到这些权利,但通常是通过签订石油和天然气矿区租赁协议来获得的。

一般通过土地商获得石油和天然气矿区租赁。石油公司的土地部门擅长寻找和得到矿区租赁。在很多情况下,土地商作为代理人为一个未公开的委托人试图以可能的最低价格得到一项矿区租赁。

石油和天然气矿区租赁包括有关出租人和承租人的法定权利、特权和义务。出租人是矿产权益的所有者,他把矿区租赁给另一方,保留了矿区使用费权益。承租人作为租赁矿区的另一方,得到一项经营权益。承租人的经营权益包括石油和天然气及其他矿产的调查、勘探、钻探、钻井和开采,进行地质和地球物理勘查,安装生产设备和生产上述产品。

大部分租赁合同包括以下条款:

(1) 租赁定金(lease bonus)——为了取得勘探、钻井和生产的权利而向矿产所有者预先支付的一定数额的定金。租赁定金一般以每英亩为单位计算,以美元支付。租赁定金和其他支付给矿产权益所有者的货币数额,是矿产权益所有者与石油公司代表谈判和磋商的结果。

(2) 矿区使用费条款(royalty provision)——矿区使用费权益的所有者有权利得到产出石油和天然气的特定部分,这部分是无偿的,不负担任何成本(除了生产税之外)。矿区使用费的支付有很多不同的形式,最常用的方法是按产量的一个份额支付,这个数额变化很大,如产量的 $1/8$、$1/4$ 等。在海上的联邦矿区租赁中,决定矿区使用费支付的方式很复杂。在一些实例中,矿产权益的所有者将得到一部分净利润作为矿区使用费,即净利润租赁。一些海上租赁的矿区使用费是按比例相应增减的,通常根据产出石油和天然气的数额决定矿区使用费的数额。

(3) 起始期限(primary term)——租赁的初始期限。在此期间可以拥有租赁,为防止租赁终止,或者防止钻井,在不钻井时每年由承租人支付一笔被称为延期租金付款的款项以保持租赁。

(4) 延期租金付款(delay rental payment)——在没有进行钻井作业的起始期间,为了保留租赁每年要支付的款项。换言之,延期租金付款是允许承租人延迟钻井作业每年应付的款项。这是一项持产成本而不是取得成本。延期租金付款按每英亩计算,以美元支付。在起始期间,如果钻井作业或生产还没有开始,延期租金付款就应该在签署租赁合同的当年和以后的每年支付。通常租赁合同要求把这笔款项存入一家指定银行。被称为已付讫租赁的一些短期租赁(2 年或 3 年的起始期限),要求承租人在租赁开始时支付延期租金。

(5) 起始期限后(after the primary term)——在起始期限后,只能通过钻井或生产保持租赁,延期租金付款不再使租赁免于终止。

(6) 关井付款(shut in payment)——如果生产井有能力生产一定数量的原油或天然气但却关井了(没有生产),承租人可以通过支付关井付款(而不是矿区使用费)保持租赁。关井付款经常用于天然气矿区租赁,在天然气还没有进入管线或者天然气供给过剩时支付。

(7) 转让权益的权利(right to assign interest)——一方可以不经另一方允许而全部或部分地转让权利。例如,经营权益的所有者可以从经营权益中让出一个产品支付权益或附加矿区使用费权益,而不必通知矿产权益的所有者。

下面是一些租赁合同中的其他租赁条款,但不像上述条款一样经常出现。

(8) 矿区作业者无偿使用资源的权利(right to free use of resources for lease operations)——作业者进行本租赁项下的经营时,通常有权无偿使用本租赁矿区产出的任何石油和天然气。

(9) 选择权付款(option payment)——为了得到一项预先租赁协议的支付。预先租赁协议给石油公司(承租人)一个指定期间,使其从收到选择权付款的实体得到一个租赁矿区。在指定期间,承租人可以租赁这个矿区。除了指定期间外,选择权合同也象征性地说明了租赁的方式、矿区使用权益和支付的定金等。

(10) 对销条款(offset clause)——如果在相邻矿区范围内钻了一口生产井,该井靠近本矿区界限并在租赁合同规定的距离内,则对销条款要求本矿区的作业者在指定期限内在本矿区钻一口冲抵井,以防止相邻矿区的油井耗竭油藏。但是,如果矿区是在一个强制联营或一体化的州范围内,矿区被强制作为一个整体进行联营和作业,则不需要对销条款;如果该州没有强制联营或一体化,对本矿区的权益所有者来说唯一的依靠就是由作业者承担摊销钻井的费用。

(11)最低矿区使用费(minimum royalty)——最低矿区使用费条款要求向出租人支付一笔与产量无关的约定数额。最低矿区使用费与关闭矿区使用费相似,不同的是这笔款项通常要以将来的产量冲抵。

二、未探明矿区取得成本的核算

(一)未探明矿区取得成本的基本内容

在美国,取得未探明矿区最典型的方式不是购买矿产所有权或收费权益,而是通过租赁从矿产所有者处取得矿区经营权益,在矿产所有权与地表土地所有权分离时,承租人还必须与土地所有者签署进入协议,并承担土地破坏和恢复的赔偿,但是土地所有者不能阻止承租人进入矿区从事油气勘探、开发和生产活动。

根据美国第19号财务会计准则文件第15款的规定,未探明矿区取得成本主要包括租赁定金、购买或租赁矿区的选择权费用、进入费、经纪人费、记录费、律师费以及在取得矿区时发生的其他费用。

租赁定金是最主要的矿区取得成本,在租赁合同签署时由承租人(石油公司)用美元支付给矿产权益所有者,是取得矿区经营权益(探矿权)的代价。与租赁定金性质接近的矿区使用费也是由承租人付给矿产所有者的,但是矿区使用费是承租人运作经营权益(采矿权)的另一种代价,带有收益分配的性质,而且通常情况下是在油气生产和销售时用油气产品支付的。

经纪人费是付给不动产商的代理服务费;律师费是付给律师用以对出租人矿产权益的审验和法律文件的准备等服务费;选择租赁权费用是付给出租人用以承诺在一定时期内允许承租人按既定价格有选择地(租或不租)租赁矿区的权利,等等。这些取得成本相对于租赁定金来说是不重要的,但是在发生时都应与租赁定金一起资本化,列入"未探明矿区"账户。中国第27号企业会计准则,第四条对矿区权益的规范如下:"矿区权益,是指企业取得的在矿区内勘探、开发和生产油气的权利。矿区权益分为探明矿区权益和未探明矿区权益。探明矿区,是指已发现探明经济可采储量的矿区;未探明矿区,是指未发现探明经济可采储量的矿区。探明经济可采储量,是指在现有技术和经济条件下,根据地质和工程分析,可合理确定的能够从已知油藏中开采的油气数量。"

中国第27号企业会计准则,第五条对矿区权益的取得成本规范如下:"为取得矿区权益而发生的成本应当在发生时予以资本化。企业取得的矿区权益,应当按照取得时的成本进行初始计量:

(1)申请取得矿区权益的成本包括探矿权使用费、采矿权使用费、土地或海域使用权支出、中介费以及可直接归属于矿区权益的其他申请取得支出。

(2)购买取得矿区权益的成本包括购买价款、中介费以及可直接归属于矿区权益的其他购买取得支出。

矿区权益取得后发生的探矿权使用费、采矿权使用费和租金等维持矿区权益的支出,应当计入当期损益。

(二)未探明矿区取得成本的其他内容

1. 付费购买

如果石油公司不是以租赁的方式,而是以购买的方式取得矿产所有权,则称付费购买,其买价与相关费用同样要资本化,列入"未探明矿区"账户。如果付费购买的是包含土地所有权的收费权益,这时应将地价与矿产价分离,分别列入"土地"和"未探明矿区"账户。将综合买价进行分离的依据是土地所有权与矿产所有权单独估价的比例关系。

2. 内部成本

内部成本是指石油公司内部律师、土地关系协调人在矿产租赁的谈判、钻前登记和审验及联合勘探的安排等活动中发生的相关工资及管理费用。就其性质而言,这些内部成本应由所取得的矿区承担,作为取得成本资本化。但是,有些内部成本发生了却未取得租赁矿区,或者同时取得几个租赁矿区,则通常按照下述两种方法进行分配:

(1)以所取得的总面积为依据,把与取得活动有关的那部分成本资本化并向所取得的每一租赁矿区分配。

(2)将与取得活动有关的那部分成本以面积为依据分配给所有的勘查过的矿区,分配给已取得矿区的那部分成本作资本化处理,但分配给未取得矿区的成本作为当期费用处理。第19号财务会计准则文件并未给出处理这些种类成本的合适方法。然而,上述第二种方法在理论上符合第19号财务会计准则文件,因为在租赁矿区的取得中只是具有成功结果的成本被资本化。但是,大多数公司都因为这些成本金额通常较小而将其计入当期费用。

3. 选择租赁权

为了避免租赁的风险,石油公司通常要在租赁之前进行地质及地球物理勘查,以便确定有前景的区域。首先需要取得勘探权,以便在租赁之前从事上述活动。但为了竞争性租赁的需要,石油公司在租赁之前希望获得一种优先租赁矿区的待遇,这就是选择租赁权。勘探权与选择租赁权经常一起发生,这就使问题复杂化,因为单纯的勘探权或放炮权属地质及地球物理费用,在成果法下应列入费用,而选择租赁权可能成为租赁矿区的取得成本(如果租赁发生),也可能与租赁无关(如果不租赁)而列入费用。

当取得勘探权也取得选择租赁权时,有两种状况必须说明:

(1)付款包括取得成本和勘探成本。如果该矿区被租赁,所有的花费是否都应该资本化或计入费用,或者如果费用可以确定,是否应该将取得成本部分资本化而把勘探成本部分计入费用?理论上讲,如果该矿区被租赁,相应的花费应该分配计入取得和勘探两类成本。但是在实践中,所有的花费通常都被作为矿区的取得成本而被资本化。

(2)如果没有或只是部分勘探面积被租赁,如何将花费分配给相应的部分?如果没有租赁任何面积,则选择成本计入当期费用;如果只是部分勘探面积被租赁,理论上讲只能是与租赁面积相关的那部分选择成本应该作为矿区的取得成本资本化。在实践中,有时全部选择成本被资本化,有时根据相关的租赁面积将一部分选择成本资本化,而将另一部分成本计入费用。

4. 滞纳税金和抵押款项

滞纳(业主拖欠)税金或抵押款项是在矿区租赁的初期,由承租人自愿或被迫支付给出租人的,以便获得或保持一个法定意义上清洁的经营权益。

滞纳税金和抵押款项的支付有时可以从以后的延期租金付款中或从将来的矿区使用费支付中得到补偿或回收,有时是不可回收的,这取决于租赁协议的约定。当这种支付不可回收时,列入未探明矿区取得成本资本化;当这种支付可以回收时,先列入应收项目,在以后支付递延租金费用或矿区使用费时转出,从而得到补偿或回收。但如果以后没有支付递延租金而是放弃了该矿区,则这种支付将得不到回收从而转作放弃租赁费用处理。

三、未探明矿区的估价、减损和重新分类

(一)未探明矿区的估价与减损

1. 未探明矿区估价的概念

对未探明矿区进行估价是一项特殊的资产评估工作,收益现值途径和市场比较途径都是不可行的,唯一有可能的是通过重置成本途径,但需要对未探明矿区的效用或功能减损状况进行估计,这正是现行油气会计中未探明矿区估价方法的理论依据。

未探明矿区应该定期估价以确定这些矿区是否已减损(第 19 号财务会计准则第 18 款)。对下列问题的回答可以帮助判定一个矿区是否已减损:

(1)在该租赁矿区或相邻的租赁矿区是否已钻有干井,或者是否获得了一些增加否定的地质和地球物理信息?

(2)租赁期限的初始期限还有多长时间结束?

(3)是否有其他的公司计划钻井?

井与否定的地质和地球物理信息通常象征着该矿区价值的重置价格已经下降,或者至少原始价格的一部分已经消失,并且应该确认减损。如果在初始期限结束时既没有钻井也没有进入开发过程,则该租赁终止,并且该租赁的成本必须计入费用。因此,如果初始期限接近结束,并且没有确立钻井计划,该矿区也可能已经减损。

减损估算是困难和主观的,但是在确定矿区是否减损时应该考虑上述的不确定因素,并且如果已经减损,应该确定减损百分比。如果评估结果表明该矿区已经减损,应该通过提供一个定量的估价备抵来确认损失。

2. 重要矿区和非重要矿区的划分

在对未探明矿区进行估价时,首先将其划分为重要矿区和非重要矿区,这种划分不仅导致不同的估价方法,而且涉及对矿区减损的会计处理,即重要矿区将单独进行估价和减损处理,而非重要矿区则以组为对象进行估价和减损处理。在划分重要矿区和非重要矿区时,应考虑有关因素,如这些矿区的成本、公司规模、拥有未探明租赁矿区的数量和管理层关于应该被考虑细节的观点。

在确定重要性方面,一种现行的实际做法是把该矿区成本与未开发矿区的总成本进行比较。如果该矿区的成本超过了全部未探明矿区总成本的某个百分比,则该矿区被认为是重要

的。多数公司认为当单项矿区成本超过了全部未探明矿区资本化总成本的10%~20%时,该矿区被认为是重要的。但是,大多数采用成果法的公司直接通过美元金额的捷径确定其重要性。美国证券交易委员会为采用全部成本法的公司颁布了重要性指南,但并未为采用成果法的公司颁布。在证券交易委员会的全部成本法重要性指南中规定,在全部成本法中,当一个矿区的成本超过以一个国家为成本中心净资本化成本的10%时,即为重要。

3. 未探明矿区的估价及减损

如果某矿区取得成本是重要的,则该矿区应该单独评估。在分别评估时,每一个重要租赁矿区都被单独审核以确定减损。在会计核算中,典型的减损确定与比较成本或对市场价值的持产价值或可实现的净值有关。但是,在油气工业中,对未探明矿区的估价,很少公司采用市场价值来确定减损。取而代之的是,在确定每一个重要矿区的减损时,例如所钻干井、钻井设计和某一个时期勘探的临近结束,常常要考虑上述论述。

此外,典型的减损程度确认不是0就是100%,部分减损是不常见的。如果取得成本非个别重要,以单个矿区为基础的减损评估可以不进行。在这种情况下,减损可以以一组或总体为基础,采用分摊单个非重要矿区的方法计算,这种计算与计提坏账准备相似。在计算减损时所采用的比例可以根据企业的历史经验和各因素,如相关矿区的初始期、非重要未探明矿区的平均持有期,以及相同矿区被探明的历史比例等确定。

在这种减损计算方法下,减损金额的确定是以组为基础评估的非重要未探明矿区的余额合计采用估算减损比例进行的,最后的美元数额是期望的减损备抵账户的余额。而减损金额与减损前减损备抵账户的余额和期望余额之间确实是不同的。这种方法重视矿区的净可实现价值,并以财务报表的状况为重点。

中国第27号企业会计准则第七条对未探明矿区减值做了如下规定:"对于矿区权益的减值,应当分不同情况确认减值损失:

对于未探明矿区权益,应当至少每年进行一次减值测试。单个矿区取得成本较大的,应当以单个矿区为基础进行减值测试,并确定未探明矿区权益减值金额。单个矿区取得成本较小且与其他相邻矿区具有相同或类似地质构造特征或储层条件的,可按照若干具有相同或类似地质构造特征或储层条件的相邻矿区所组成的矿区组进行减值测试。

未探明矿区权益公允价值低于账面价值的差额,应当确认为减值损失,计入当期损益。未探明矿区权益减值损失一经确认,不得转回。

在实际操作中,可以以一个国家、一个州、一个地质矿区、一个统一的年份或陆地与海洋等标志来划分非重要矿区的组别。在计算减损金额时,可以将组内各矿区的合同持有期(初始期)和已持有期的平均值进行对比,确定一个减损程度。

例如,一组未探明矿区的取得成本总额为800 000美元,其减损备抵账户年初余额为100 000美元,现在估计当年减损额。假定,根据经验,未探明矿区最终有50%在未探明状况下放弃,且目前组内矿区平均已持有3年,租赁合同平均持有期是4年,则期望的减损百分比为:

$$50\% \times 3/4 = 37.5\%$$

这种计算实际上是把最大减损(50%)平均分到4个年份。根据上述计算,当年的减损费用是:

$$800\ 000 \times 37.5\% - 100\ 000 = 200\ 000(美元)$$

会计分录如下:

未探明矿区减损费用	$200 000
减损备抵	$200 000

(二)未探明矿区的重新分类

随着地质勘探活动的不断拓展和深化,未探明矿区的地质情况将逐渐被了解和认识,从而导致矿区的探明、放弃等结果的发生。

1. 未探明矿区的放弃与归还

未探明矿区的放弃可能有以下几个原因:

(1)租赁合同规定的初始期限内,没有开始钻井,也没有支付递延租金,从而使租赁终止。

(2)出于所得税抵减的考虑,提前结束那些没有希望的矿区。

(3)勘探结果表明矿区没有价值,应该放弃租赁。

未探明矿区放弃或废弃时,已资本化的取得成本应该冲减相关减损账户的备抵。如果相关备抵账户不够冲减,剩余部分应计入放弃租赁费用(第19号财务会计准则文件第40款)。对单独估价的矿区,因该矿区的放弃而产生的净持产价值(取得成本减去减损备抵)计入费用。

对于分组估价的单个非重要未探明矿区的放弃,该未探明矿区应该以组为基础,全额冲减减损备抵账户。通常情况下备抵账户足够冲减,但是在不够冲减的情况下,如在年末,废弃矿区超过备抵账户的金额应该计入放弃租赁费用。

有些租赁合同规定,一个未探明矿区可以部分放弃,而保留其余的部分继续持有(为其支付递延租金)。对于矿区部分放弃的,应将已资本化的取得成本的相应部分做上述处理。

中国第27号企业会计准则第十条对未探明矿区的废弃规范如下:"未探明矿区因最终未能发现经济可采储量而放弃时,应当按照放弃时的账面价值转销未探明矿区权益并计入当期损益。因未完成义务工作量等因素导致发生放弃成本的,应当计入当期损益。"

2. 未探明矿区与探明矿区的重新划分

对未探明矿区中的已探明部分(通常在打过探井并发现了油气储量之后)应进行重新划分,列入探明矿区。对于单独估价的重要矿区,将净资产转入探明矿区;对于分组评价的非重要矿区,将未探明矿区的资产总额转入探明矿区(第19号财务会计准则文件第29款),因为在后一种情况下无法确定原未探明矿区的资产净值。

有时一个矿区非常大,只能把与探明储量相关的该矿区的那部分从未探明矿区重新划归为探明矿区。第19号财务会计准则文件给出了一个国外租赁或特许的范例。有些机构认为,为一些小矿区花费很高的成本或者为开发某些海上矿区需要钻多口井都是事实。

中国第27号企业会计准则第九条对未探明矿区的重新分类规范如下:"当未探明矿区(组)内发现探明经济可采储量而将未探明矿区(组)转为已探明矿区(组)时,应当按照其账面价值转为探明矿区权益。"

四、未探明矿区取得成本核算的综合举例

为了加深理解和总结本章的学习内容,现将一个综合性的例子介绍如下。

【例3-1】 (综合举例)H公司2016年12月31日拥有表3-1和表3-2所示的未探明租赁矿区。

表3-1 单项重要矿区

租赁矿区	取得成本	减损备抵
A	$200 000	$50 000(减损25%)
B	$150 000	$0
C	$300 000	$0

表3-2 单项非重要矿区

租赁矿区	取得成本	减损备抵
D	$10 000	
E	$25 000	
F	$15 000	
G	$30 000	
合计	$80 000	$5 000(贷方余额)

(1)在2016年12月31日,公司决定租赁矿区A应该增加30%减损。

租赁矿区减损费($200 000×30%)　　　　　　　　　　　　$60 000
　　减损备抵　　　　　　　　　　　　　　　　　　　　　　$60 000

(2)2016年12月31日,决定租赁矿区C应该减损40%。

租赁矿区减损费($300 000×40%)　　　　　　　　　　　　$120 000
　　减损备抵　　　　　　　　　　　　　　　　　　　　　　$120 000

(3)H公司年底制定了单项非重要矿区总取得成本减损40%的政策。编制转账分录记录2016年年末减损。

租赁矿区减损费　　　　　　　　　　　　　　　　　　　　$27 000
　　减损备抵——分组　　　　　　　　　　　　　　　　　$27 000

(4)2017年3月1日,H公司放弃了租赁矿区A。

放弃租赁费用　　　　　　　　　　　　　　　　　　　　　$90 000
减损备抵　　　　　　　　　　　　　　　　　　　　　　　$110 000
　　未探明矿区　　　　　　　　　　　　　　　　　　　　$200 000

(5)2017年3月20日,H公司取得未探明租赁矿区H,支付租赁定金21 000美元和法律成本1 000美元。该矿区为单个非重要矿区。

未探明矿区　　　　　　　　　　　　　　　　　　　　　　$22 000
　　现金　　　　　　　　　　　　　　　　　　　　　　　$22 000

(6)2017年4月13日,H公司在租赁矿区C发现探明储量。

探明矿区　　　　　　　　　　　　　　　　　　　　　　　$180 000

减损备抵		$120 000
未探明矿区		$300 000

(7)2017年4月29日,H公司放弃租赁矿区E。

减损备抵,分组		$25 000
未探明矿区		$25 000

(8)2017年7月15日,H公司在租赁矿区F发现探明储量(减损备抵,不在组内按比例分配)。

探明矿区		$15 000
未探明矿区		$15 000

由于上述业务的结果,2017年12月31日H公司拥有如表3-3和表3-4所示的未探明租赁矿区。

表3-3　单项非重要租赁矿区

租赁矿区	取得成本	减损备抵
D	$10 000	
G	$30 000	
H	$22 000	
合计	$62 000	$7 000

表3-4　单项重要租赁矿区

租赁矿区	取得成本	减损备抵
B	$150 000	$0

(9)2017年12月31日,决定租赁矿区B应该减损30%。

租赁矿区减损费($150 000×30%)		$45 000
减损备抵		$45 000

(10)H公司对单项非重要矿区保持年末减损备抵40%的政策,为2017年12月31日的单项非重要矿区编制转账分录。

租赁矿区减损费		$178 00
减损备抵——分组		$178 00

下面的综合举例总结了非钻井勘探成本和取得成本的关系,强调选择成本和拖欠税款。

【例3-2】（综合举例）

(1)H公司获得如表3-5所示的权利。

表3-5　H公司获得的权利

未开发区块	英亩	取得权利	成本
A	1 000	勘探	$500
B	2 000	勘探	$1 000
C	1 500	勘探,选择租赁	$4 000
D	3 000	勘探,选择租赁	$6 000
E	4 000	勘探,选择租赁	$9 000

区块 A
地质和地球物理勘探费 　　　　　　　　　　　　　　　　　　　　　　$500
　现金　　　　　　　　　　　　　　　　　　　　　　　　　　　　　　$500
区块 B
地质和地球物理勘探费　　　　　　　　　　　　　　　　　　　　　　　$1 000
　现金　　　　　　　　　　　　　　　　　　　　　　　　　　　　　　$1 000
区块 C——H 公司决定把全部金额作为选择成本
暂记矿区购置　　　　　　　　　　　　　　　　　　　　　　　　　　　$4 000
　现金　　　　　　　　　　　　　　　　　　　　　　　　　　　　　　$4 000
区块 D——H 公司决定把全部金额作为选择成本
暂记矿区购置　　　　　　　　　　　　　　　　　　　　　　　　　　　$6 000
　现金　　　　　　　　　　　　　　　　　　　　　　　　　　　　　　$6 000
区块 E——H 公司决定把全部金额作为选择成本
暂记矿区购置　　　　　　　　　　　　　　　　　　　　　　　　　　　$9 000
　现金　　　　　　　　　　　　　　　　　　　　　　　　　　　　　　$9 000

（2）H 公司雇佣 ABC 公司在区块 A 至区块 E 进行地质和地球物理勘探并付给该公司 100 000 美元。分录如下：

地质和地球物理勘探费　　　　　　　　　　　　　　　　　　　　　　　$100 000
　现金　　　　　　　　　　　　　　　　　　　　　　　　　　　　　　$100 000

（3）根据地质和地球物理勘探结果，H 公司决定租赁表 3-6 所示的矿区。

表 3-6　H 公司决定租赁的矿区

矿区	英亩	每英亩定金	合计	登记费用
A	$300	$25	$7 500	$300
B	$500	$25	$12 500	$500
C	$300	$30	$9 000	$200
D	$1 000	$20	$20 000	$750

H 公司决定根据租赁的英亩数来分配选择成本。

未探明矿区——A　　　　　　　　　　　　　　　　　　　　　　　　　$7 800
　现金　　　　　　　　　　　　　　　　　　　　　　　　　　　　　　$7 800
未探明矿区——B　　　　　　　　　　　　　　　　　　　　　　　　　$13 000
　现金　　　　　　　　　　　　　　　　　　　　　　　　　　　　　　$13 000
未探明矿区——C（$9 200 + 1/5 × $4 000）　　　　　　　　　　　　　$10 000
放弃租赁费用（4/5 × $4 000）　　　　　　　　　　　　　　　　　　　$3 200
　暂记矿区购置　　　　　　　　　　　　　　　　　　　　　　　　　　$4 000
　现金　　　　　　　　　　　　　　　　　　　　　　　　　　　　　　$9 200
未探明矿区——D（$20 750 + 1/3 × $6 000）　　　　　　　　　　　　　$22 750
放弃租赁费用（2/3 × $6 000）　　　　　　　　　　　　　　　　　　　$4 000
　暂记矿区购置　　　　　　　　　　　　　　　　　　　　　　　　　　$6 000

现金		$20 750
放弃租赁费用——E		$9 000
暂记矿区购置		$9 000

(4) 土地工作者工资和与上述租赁有关的管理费用为 10 500 美元,根据相关的租赁面积分配计入每一矿区。

$$10\ 500\ \text{美元}/2\ 100\ \text{英亩(租赁总面积)} = 5(\text{美元}/\text{英亩})$$

未探明矿区——A(300×$5)	$1 500
现金	$1 500
未探明矿区——B(500×$5)	$2 500
现金	$2 500
未探明矿区——C(300×$5)	$1 500
现金	$1 500
未探明矿区——D(1 000×$5)	$5 000
现金	$5 000

(5) 在第二年里,H 公司发生和支付了下列项目:

租赁矿区 A 从价税 2 500 美元。

从价税费	$2 500
现金	$2 500

干井贡献 9 000 美元。

试验井贡献费(勘探)	$9 000
现金	$9 000

租赁矿区 C 保持权利的法律成本 1 500 美元。

法律费用(勘探)	$1 500
现金	$1 500

备注:相比之下,与权利审查相关的法律费用应计入取得成本并资本化。

井底贡献 3 000 美元。

试验井贡献费(勘探)	$3 000
现金	$3 000

为租赁矿区 A 支付不可回收的拖欠税款 1 200 美元(在租赁合同中规定的)。

未探明矿区	$1 200
现金	$1 200

为租赁矿区 B 支付可回收拖欠税款 1 800 美元。

应收款——出租人	$1 800
现金	$1 800

为租赁矿区 A,C 和 D 支付递延租金 6 000 美元。

递延租金费用(勘探)	$6 000
现金	$6 000

为租赁矿区 B 支付递延租金 2 000 美元。

递延租金费用(勘探)	$2 000	
应收款——出租人		$1 800
现金		$200

(6)在第二年末,H公司对租赁矿区的评估结果见表3-7(假定所有租赁矿区都为单个重要矿区)。

表3-7 H公司对租赁矿区的评估结果

矿区	未探明矿区余额	减损比例	金额	持产价值
A	$10 500($7 800+$1 500+$1 200)	25%	$2 625	$7 875
B	$15 500($13 000+$2 500)	0	$0	$15 500
C	$11 500($10 000+$1 500)	30%	$3 450	$8 050
D	$27 750($22 750+$5 000)	20%	$5 550	$22 200

租赁矿区减损费($10 500×25%)	$2 625	
减损备抵——A		$2 625
租赁矿区B无分录		
租赁矿区减损费($11 500×30%)	$3 450	
减损备抵——C		$3 450
租赁矿区减损费($27 750×20%)	$5 550	
减损备抵——D		$5 550

(7)第三年早期,H公司放弃了租赁矿区C和D。

放弃租赁费用	$8 050	
减损备抵——C	$3 450	
未探明矿区——C		$11 500
放弃租赁费用	$22 200	
减损备抵——D	$5 550	
未探明矿区——D		$27 750

(8)同时在第三年,H公司在租赁矿区A和矿区B发现了探明储量。

探明矿区——A	$7 875	
减损备抵——A	$2 625	
未探明矿区——A		$10 500
探明矿区——B	$15 500	
减损备抵——B	$0	
未探明矿区——B		$15 500

第三节 非钻井勘探成本的核算

一、勘探成本的概念及其分类

为证实或探明一个矿区油气储量的存在状态而从事的地质及地球物理勘探、钻探等活动的耗费称为勘探成本。勘探成本可能发生在矿区租赁之后,但大部分发生在矿区租赁之前。按第19号财务会计准则文件第17款,勘探成本的主要种类如下:

(1)地貌、地质和地球物理研究成本:为取得矿产权益并实施这些研究的费用,以及地质工作者、地球物理工作者和其他实施这些研究人员的工资及其他费用。这些支出有时候统称为地质和地球物理勘探成本(G&G)。

(2)持产和保留未开发矿区的成本:如递延租金、矿区的从价税、维持所有权的法律成本、维护土地和租赁记录成本。

(3)干井贡献和井底贡献成本。

(4)探井的钻井和装备成本。

(5)勘探型参数井的钻井和装备成本。

上述前三类成本经常在钻井活动开始前发生,是非钻井性质的,为了和后两类钻井成本区分,称为非钻井勘探成本。第19号财务会计准则文件规定,非钻井勘探成本在发生时直接计入费用。

中国第27号企业会计准则第十一条和第十二条对油气勘探以及油气勘探支出规范如下:"油气勘探,是指为了识别勘探区域或探明油气储量而进行的地质调查、地球物理勘探、钻探活动以及其他相关活动。

油气勘探支出包括钻井勘探支出和非钻井勘探支出。钻井勘探支出主要包括钻探区域探井、勘探型详探井、评价井和资料井等活动发生的支出;非钻井勘探支出主要包括进行地质调查、地球物理勘探等活动发生的支出。"

二、非钻井勘探成本的核算

(一)地质和地球物理勘探成本(G&G)

1. 地质和地球物理勘探的性质和分类

地质和地球物理勘探的目的是为了探明和确定某地区的商业性油气生产的潜力。如在第二章中讨论的那样,地面和地下两方面的地质和地球物理勘探技术都可用于探测活动,地面技术被用于对地表进行估价以便证明地下构造有利于油气的积累。地下技术利用各种岩石的不同特性和对激发如爆炸和电磁波的不同反映这一事实来寻找含油气的地层。地质和地球物理勘探按程度和范围的不同可分为普查和详查。

普查是广泛的或宽阔地区的地质和地球物理研究;详查是小区块的或某个根据普查结果可能证实的区块的地质和地球物理研究。通过研究地质和地球物理揭示的数据,地质学家和地球物理学家可以证实取得经营权益后可能的地区效益。

2. 勘探权的取得

地质和地球物理研究可以在矿区取得之后进行,也可以在矿区取得之前进行。如果某公司在取得矿区租赁权之前计划在陆上进行勘探,进入权即勘探权必须首先取得,石油公司为此支付勘探权费用。一般情况下,勘探权是租赁权的一部分,以便公司能进行地质和地球物理勘探活动。如果地质和地球物理勘探有希望,则具有租赁矿区的机会。如果勘探权是矿产租赁的一部分,地表所有者和矿产权益所有者是不同的人,则必须与矿产权益所有者签署协议。在这种情况下,地表所有者将会收到对地表破坏的租金补偿。如果仅取得勘探权,并且地表和矿产权益属不同的所有者,则勘探公司可以与矿产权益所有者或地表所有者签署协议。涉及海上地域时通常不要求支付费用,可从美国地质测量局取得许可。如果海上领域属于州管水域,那么许可必须从州政府取得。石油公司支付的勘探权费用属地质和地球物理勘探费用,不同于矿区租赁的取得成本。

3. 地质和地球物理勘探成本的核算

地质和地球物理勘探成本包括所有与进行地质和地球物理研究有关的费用和取得勘探权的费用,包括所有的补偿或向地表所有者支付的租金。这些地质和地球物理勘探成本不管是发生在取得相应矿区的经营权益之前或之后,都应该作为当期费用处理。地质和地球物理勘探成本像研究成本,因为它是为提供信息而发生的。从更广泛的范围看,地质和地球物理勘探成本发生在取得矿区之前,并且在很多情况下探测过的矿区不可取得,即使取得了之后也可能又放弃。地质和地球物理勘探成本与某一发现(几个月或几年后)的联系是非常困难的或不可能的,不可能在地质和地球物理勘探成本发生时确定。因此,财务会计准则委员会决定将地质和地球物理勘探成本作为当期费用处理。

如上所述,广域的地质和地球物理勘查可以指明可能租赁的区块或进一步勘探的有利地区;详细的勘查可以了解进一步的结构,为可能的租赁提供更有希望的区域。虽然成果法并未要求,但是为了税务会计的需要,广域的和详细的勘查费用在很多情况下都分摊给了所获得的租赁矿区,即使有些地球物理勘探成本仍然是当期费用。对这些成本分摊的目的是为了纳税。

地质和地球物理研究也可以在他人所拥有的矿区进行。如果发现探明储量,则可交换该矿区的权益;如果没有发现探明储量,则所发生的地质和地球物理勘探成本将得以补偿。在这种情况下,地质和地球物理勘探成本在发生时应作为应收账款记账。如果探明储量被发现,则所发生的地质和地球物理勘探成本应该转为取得探明矿区成本(第19号财务会计准则文件第20款);如果没有发现探明储量,则将得到补偿。地质和地球物理勘探通常在钻井之前进行,以便确定具体的井位。这类成本虽然与地质和地球物理勘探有关,但被认为是钻井过程的一部分并作为钻井成本而不是非钻井勘探成本进行核算。

中国第27号企业会计准则第十五条对非钻井勘探成本的会计处理规范如下:"非钻井勘探支出于发生时计入当期损益。"

(二)持产和保留成本

1. 持产和保留成本的内容

持产和保留成本是指保持租赁矿区权益而发生的费用,并不是为获得这些权利而发生的费用。通常的持产和保留成本包括:递延租金、财产税、权利维护的法律成本及办公和资料保持成本。递延租金是在矿区租赁期满时或矿区租赁期满前为递延钻井一年而支付的成本。从价税或财产税是依据经营权益所拥有的经济利益由政府机构,即市、县、社区政府等所征的税赋(是保持财产而发生的财产税,不是在获得财产时所支付的拖欠财产税)。权利维护的法律成本包括律师费、法庭成本等。这些成本发生在矿产权益所有者对由于与财产权利有关的索赔并由经营权益所有者支付而进行诉讼时。矿区记录维护成本是本公司土地部门为维护、估价和保持公司最新的租赁矿区记录而发生的成本,包括雇员工资、材料和供应品成本。

2. 持产和保留成本的核算

持产成本不增加可采油气的数量且不提高所得矿产的未来收益,主要是为了保持清洁权利和矿区权益的目的而发生的维持成本。因为这些原因,持产和保留成本在发生时计入当期费用。所涉及的会计科目有"递延租金费用""从价税""记录维持费用"等。

与未探明矿区有关的持产和保留成本通常作为小额费用计入期间成本。例如,递延租金是典型的小额费用,小到每英亩1美元或2美元。租赁矿区记录维持费用通常也比较小。对未探明矿区来说,由于矿区的经济储量并不知道,在大多数情况下从价税也是一个小金额。相对来说,法律费用可能比较大。

(三)试验井贡献成本

试验井贡献成本是A石油公司为取得邻近的属于B石油公司的矿区钻井资料而付出的代价。这种费用仍属于地质和地球物理勘探费用的范畴,因为邻近矿区的钻井资料有助于本矿区地质环境的解释,节省了本矿区的钻探费用,因此,试验井贡献费用在支出时应列入当期费用,而在收入方应冲抵无形钻井成本。试验井贡献分为干井贡献和井底贡献两种情况。

1. 干井贡献

干井贡献费用是在邻近矿区的钻井结果为干井或非商业性生产井时支付的,与钻井的深度无关。如果邻近矿区钻井成功(发现油气),则可无偿获得其钻井资料。因为干井贡献的前提是钻井者需要财务帮助,当钻井成功时不需要这种财务帮助,因此不需付款便可获得测井、中途测试等钻井资料。

2. 井底贡献

井底贡献费用是在邻近矿区钻井达到协议规定的深度时支付给钻井者的,不管钻井是否成功,只要达到协议规定的深度就必须支付。但是,假如钻井者没有达到协议规定的深度而停止钻井,一般合同要求钻井者无偿提供钻井资料给井底贡献者。当石油公司发生上述试验井贡献费用时,列入"试验井贡献费用"这一当期费用科目。

三、非钻井勘探成本核算举例

为了加深对会计核算程序的理解,现列示一个综合性例子如下。

【例3-3】(综合示例)

(1) H公司对美国得克萨斯州西部的一大块地区感兴趣并按每英亩1.5美元的价格取得了6 000英亩地区的勘探权(地质和地球物理成本)。

地质和地球物理费用　　　　　　　　　　　　　　　$9 000
　　现金　　　　　　　　　　　　　　　　　　　　　　　$9 000

(2) H公司支付地质公司50 000美元,以便使勘查队对上述地区进行勘查(地质和地球物理成本)。

地质和地球物理费用	$50 000
现金	$50 000

（3）根据勘查结果，H 公司取得了 700 英亩的租赁矿区并立即委托同一家地质公司对该租赁矿区进行详细的地质和地球物理勘查，总成本为 15 000 美元（地质和地球物理成本）。

地质和地球物理费用	$15 000
现金	$15 000

（4）在第一年，H 公司为本矿区交纳 2 000 美元从价税和 10 000 美元权利维持费（持产和保留成本）。

从价税费	$2 000
现金	$2 000
法律费用——勘探	$10 000
现金	$10 000

（5）到第一年末，H 公司没有开始任何钻井工作，而且要求保留租赁矿区，支付第一次递延租金 4 000 美元（持产和保留成本）。

递延租金费用	$4 000
现金	$4 000

（6）第二年早期，在矿区的附近有一口井开钻，为取得该井地质和地球物理资料，H 公司达成了井底贡献协议。两个月后钻井达到协议规定的深度，H 公司根据协议支付 20 000 美元（试验井贡献）。

试验井贡献费	$20 000
现金	$20 000

第四节　钻井与开发成本核算

一、钻井与开发成本的概念和分类

（一）钻井与开发成本的概念

钻井与开发成本包括勘探钻井、开发钻井、井的装备和生产系统的建设等成本。按照成果法的理论，钻井与开发成本只有与特定油气储量发生直接关系时才能被确认为资产，否则应该列入费用。因此，勘探干井应列入费用，而成功探井应资本化，确认为井及相关设备和设施资产。对开发钻井及生产系统建设成本来说，其目的不是寻找油气储量，而是对已知的特定储量进行产能建设，从而无论成功与否都应确认为资产。对于勘探干井和开发干井性质的对比分析，第 19 号财务会计准则文件有详尽的论述。

在财务会计准则委员会的观念中，勘探干井和开发干井之间存在着一个重要区别。探井的目的是寻找石油和天然气，未来利益的存在与否在完钻前是未知的，其未来利益取决于是否找到储量。从另一方面看，开发井是作为建设井及相关设备和设施的生产系统的一部分进行钻井的，其目的显然是为了开采已经发现的探明石油和天然气储量。根据定义，开发井是指在油藏探明地区内为进行生产而向已知深度所钻的井,其未来利益的存在可以在钻井完成时从已探明储量中确认。由于探井是在探明地区外钻的,或在探明地区内但仍未测试过的范围内钻的,所以直到钻井完成时,该探井都不能直接与特定探明储量相联系。一口探井必须按其自身情况进行估价,并且石油和天然气储量的直接发现是确定未来利益是否存在,同时也是确定是否应确认为资产的唯一决定因素。与探井不同,开发井在开钻前就与已知未来利益相联系。开发井的成本是一种较大资产——为开采、处理、集输和储存已知储量,包括井及相关设备和设施的生产系统——成本的一部分。

此外,由于开发井仅在探明地区向探明深度钻井,所以绝大多数开发井都是成功的。与探井的干井比例(在美国,1976年为73%)相比,开发井的干井比例(在美国,1976年为22%)非常小。开发干井主要是由构造断层,或其他不可预见的地层条件,还可能是由钻井过程中发生的其他问题造成的,如工具或设备意外落入井内,或者仅仅是由于无能力精确了解探明油藏的范围和性质造成的。开发干井与制造和施工中发生的正常少量"损坏"或"浪费"十分相似。财务会计准则委员会确信,在勘探和开发探明储量之间存在着重大差别,因此,在财务会计准则委员会的观念中,要合理计算与勘探干井不同的开发干井成本。尽管勘探钻井和开发钻井在会计处理的最终结果上是不同的,但从钻井过程的核算来说是一致的。

(二)钻井与开发成本的分类

为了积累足够的税收报告资料,钻井与开发成本通常被划分为无形钻井与开发成本、矿区与井的设备成本两大类。

1. 无形钻井与开发成本(intangible drilling and development costs,IDC)

无形钻井与开发成本被定义为钻井和开发费用,这些费用支出本身并没有残余价值,并且是钻井及石油和天然气生产井的维护所难免的和必需的。通常无形钻井与开发成本包括无形或无残余价值的钻井成本,直到并包括安装采油树的成本。采油树是指由阀门、管线和配件组合在一起,用于在井口控制石油和天然气流的设备。在很多情况下,阀门、管线和配件的结构安排类似一棵圣诞树,安装在地面上井的顶部。

发生与下列活动有关的成本可以考虑作为无形钻井与开发成本:
(1)为获得井的作业者资格而进行协议和谈判。
(2)在钻井招标中与钻井承包商进行协议和谈判。
(3)为确定井位进行调查和地震工作。
(4)井场道路的建设。
(5)井场土方作业——挖钻井液窖、钻井液池,钻机包装。
(6)将钻机运输到井场以及井架安装成本。
(7)水、燃料及其他钻井必需品。
(8)建井架基础(立在地上用于稳定井架的桩)。
(9)钻井活动中由工程师、地质师、钻井液技师提供的技术服务。
(10)测井和中途测试服务。
(11)洗井、压裂和酸化。
(12)在测试期间为储存原油而租赁的设备。

(13)场井架迁移所用卡车、推土机和人工。
(14)关井场清理的土方工作。
(15)层套管的安装和固定。
(16)供应地点运输套管和油管。
(17)射孔和电测。
(18)仅仅为保持地层压力和生产地区水驱而钻的注污水、注新鲜水和注气井(仅指无形成本部分)。
(19)用于钻井或二次采油的供水井(仅指无形成本部分)。

无形钻井与开发成本是指在钻井准备(地面清理、道路修筑、挖钻井液池等)中,在钻井、射孔、洗井中,在井架安装中,以及在安装套管和采油树的完井作业中所发生的"工资、燃料、修理、拖拽、供应等费用"。

2. 矿区与井的设备成本(lease and well equipment,LWE)

通常情况下,矿区与井的设备成本包括所有的有形或有残余价值的钻井和开发成本,直到并包括采油树,加上采油树以后的无形和有形成本。当考虑一个项目是在采油树之后还是在采油树之前时,应该考虑石油和天然气的实物流,而不是发生的时间,并需要说明无形钻井和开发成本与设备的界限。"有残余价值"和"有形"都不是完全正确的。有些有形成本,如套管通常是无残余价值的,但通常被认为是设备。另一方面,其他的有形成本,如水泥或钻井液也是无残余价值的,被认为是无形钻井与开发成本。无形钻井与开发成本和设备成本的区别在于有形成本本身是否应该有残余价值。

下面是典型的矿区及井的设备成本举例,也分为采油树前、采油树后及其他开发建设成本三部分。

(1)采油树前:
①表层套管(即使永久性固定);
②井的套管;
③油管;
④套管和油管的运输费用;
⑤稳定器、导鞋、扶正器及其他井下设备;
⑥采油树。
(2)采油树后:
①盐水处理设备及必需管线;
②泵架处理器、分离器;
③回注设备,包括必需的输油管线;
④储罐区及作业通道污物清除;
⑤从井场到储罐区安装输油管的挖掘、充填和清沟工作;
⑥储罐区、输油架、泵架、分离器等类似项目的安装劳务费用;
⑦在储罐区安装附有溢流孔的周转通道。
(3)其他开发设备、系统工程成本。

二、勘探钻井成本

1. 探井和勘探型参数井的概念

美国证券交易委员会 SX4-10 条例对探井和勘探型参数井作了下述较为准确的定义和对比：

（1）探井。所钻的井是为了在未探明地区寻找和生产油或气，以及在以前发现并生产油或气的其他油藏所在的油田内寻找新的油藏，或者是为了扩展已知的油藏。通常，探井是指开发井、服务井或如一些条款所定义的参数井以外的任何井。

（2）参数井。根据地质理论，钻井是为获取有关特殊地质条件的资料而钻的井，通常没有为石油和天然气生产完钻的目的。参数井被归类为"勘探型"（如果不是钻在探明地区）或"开发型"（如果是钻在探明地区）。

第 19 号财务会计准则文件第 19 款对勘探钻井成本的性质作了分析和说明：探井和勘探型参数井钻井成本，在确定该井是否发现探明储量之前，应该作为企业未完井、设备和设施成本的一部分资本化。如果该井发现了探明储量，则该井资本化的钻井成本将作为企业井及相关设备和设施成本处理（即使该井作为生产井还没有完钻）；如果该井没有发现探明储量，则该井已资本化的钻井成本扣除残余价值后，应该转入费用。

2. 勘探钻井成本的核算

按照成果法的要求，无论是探井还是勘探型参数井，在其钻井成本发生时，都将被暂时归类为"在建井——无形钻井与开发成本"或"在建井——矿区与井的设备"。钻到目标深度时，必须确定该井是否发现了探明储量。如果该井发现了探明储量，则两个在建井账户的余额将被转入井及相关设备和设施账户。另外，如果该井是该矿区所钻的第一口成功探井，则该未探明矿区账户将被重新归类或转记为探明矿区账户，因为发现探明储量而应归属于探明矿区。

如果没有发现探明储量，则该井必须封塞和废弃，井中的设备在可能时将被打捞。但是，由于规范的要求或物理限制，通常不可能取出已安装的套管。如【例 3-4】所示，如果该井为探井，加记在钻井账户（扣除任何打捞设备的净值）的资本化成本、封塞和废弃成本必须核销为干井成本。如果该租赁矿区被放弃，则作为未探明矿区的资本化成本净额，根据该矿区为重要矿区还是非重要矿区，将作为放弃矿区费用核销或冲减备抵账户。

中国第 27 号企业会计准则第十三条规定："钻井勘探支出在完井后，确定该井发现了探明经济可采储量的，应当将钻探该井的支出结转为井及相关设施成本。确定该井未发现探明经济可采储量的，应当将钻探该井的支出扣除净残余价值后计入当期损益。确定部分井段发现了探明经济可采储量的，应当将发现探明经济可采储量的有效井段的钻井勘探支出结转为井及相关设施成本，无效井段钻井勘探累计支出转入当期损益。未能确定该探井是否发现探明经济可采储量的，应当在完井后一年内将钻探该井的支出暂时资本化。"

中国第 27 号企业会计准则第十四条，对已完井未做结论的勘探钻井做如下规定："在完井一年时仍未能确定该探井是否发现探明经济可采储量，同时符合下列条件的，应当将钻探该井的暂时资本化支出继续暂时资本化，否则应当计入当期损益：

（1）该井已发现足够数量的储量，但要确定其是否属于探明经济可采储量还需要实施进一步的勘探活动。

(2)进一步的勘探活动已在实施中或已有明确计划并即将实施。

钻井勘探支出已费用化的探井又发现了探明经济可采储量的,已费用化的钻井勘探支出不作追溯调整,重新钻探和完井发生的支出予以资本化。"

中国第 27 号企业会计准则第十八条对开发钻井成本的规范如下:"在探明矿区内,钻井至现有已探明层位的支出,作为油气开发支出;为获取新增探明经济可采储量而继续钻至未探明层位的支出,作为钻井勘探支出,按照本准则第十三条和第十四条处理。"

3. 勘探钻井成本核算举例

【例 3-4】 (勘探钻井成本)

(1)2017 年 1 月 2 日,根据地质和地球物理勘探结果,H 公司决定以每英亩 20 美元的价格租赁 1 000 英亩矿区。该租赁矿区为未开发矿区。

未探明矿区	$20 000
现金	$20 000

(2)2017 年早期,H 公司决定开始钻井操作,并为确定井位发生地质和地球物理勘探成本 5 000 美元(即使地质和地球物理勘探在一个有潜在油藏的区域进行,为选择井位也必须进行更加详细的地质和地球物理勘查,这样的地质和地球物理勘查工作被认为是该井钻井成本的一部分)。

在建井——无形钻井与开发成本	$5 000
现金	$5 000

(3)为准备某井场,H 公司在清理和平整场地及修筑进场道路方面花费了 12 000 美元(这些活动通常由钻井承包商进行。与陆上成本相比较,海上成本将包括运输和安装钻机成本)。

在建井——无形钻井与开发成本	$12 000
现金	$12 000

(4)为挖钻井液池和安装水管线发生 4 000 美元追加准备成本,水管线本身的成本为 2 000美元(这些活动通常由钻井承包商完成)。

在建井——无形钻井与开发成本	$4 000
在建井——矿区与井的设备	$2 000
现金	$6 000

(5)H 公司为该井购置管线和套管花费了 6 000 美元。

在建井——矿区与井的设备	$6 000
现金	$6 000

(6)H 公司采用进尺费用率合同雇用了钻井承包商,并且通常这样的支付协议根据钻到的特定深度分段付款。在 6 月上旬该井已开钻(即钻井已开始),在 6 月下旬达到了合同中规定的深度。H 公司支付给承包商 140 000 美元(在进尺费率合同中,规定按钻进进尺付款。但是,在日费合同中,规定的是每天的应付金额,一般钻井日与停钻日的金额不同)。

在建井——无形钻井与开发成本	$14 000
现金	$140 000

(7) 在评价该井的过程中，H公司发生了8 000美元的成本，并进行了录井和一次中途测试。

  在建井——无形钻井与开发成本 $8 000
    现金 $8 000

(8) 根据该井的录井和中途测试及钻完时进行的其他试验，H公司决定完井。下完套管后(即在井筒和套管之间用水泥灌注)，该井的套管成本为35 000美元，同时固井服务支付了6 000美元。

  在建井——无形钻井与开发成本 $6 000
  在建井——矿区与井的设备 $35 000
    现金 $41 000

(9) H公司为安装生产石油和天然气的油管，发生了购买成本8 000美元和安装成本1 000美元(尽管通过套管也可以生产石油和天然气，但通常还是使用油管，因为它们更容易移动和修理)。

  在建井——无形钻井与开发成本 $1 000
  在建井——矿区与井的设备 $8 000
    现金 $9 000

(10) H公司为采油树发生了取得(购买)成本5 000美元和安装成本3 000美元。

  在建井——无形钻井与开发成本 $3 000
  在建井——矿区与井的设备 $5 000
    现金 $8 000

(11) H公司为射孔和酸化服务花费了4 000美元(射孔包括用射孔枪对套管和油管进行射孔，以便油和气能从构造中流入井筒。酸化是通过把酸剂注入构造中以增加构造渗透性的一种方法)。

  在建井——无形钻井与开发成本。 $4 000
    现金 $4 000

(12) 该井的工作已完成，并且发现了探明储量。需要做两个分录：一是把该井的成本从在产品账户转入完工产品账户，二是把该租赁矿区重新分类为探明矿区。

  井及相关设备设施——无形钻井与开发成本 $183 000
  井及相关设备设施——矿区与井的设备 $56 000
    在建井——无形钻井与开发成本 $183 000
    在建井——矿区与井的设备 $56 000
  探明矿区 $20 000
    未探明矿区 $20 000

(13) H公司购置管线(从井口到油田罐区的管线)、储罐和分离器(分离油中的气)花费15 000美元，安装成本1 000美元。

  井及相关设备设施——矿区与井的设备 $16 000
    现金 $16 000

提示：成果法下的成本中心是租赁矿区或油田，不是单井。

(14) 如果相反,在完成了 g 中的评估后,H 公司确定该井为干井,只发生了 a 和 g 中的成本,则记录干井的分类如下:

干井费用	$177 000
在建井——无形钻井与开发成本	$169 000
在建井——矿区与井的设备	$8 000

(15) 为封塞和废弃该井发生 2 000 美元成本。

干井费用——无形钻井与开发成本	$2 000
现金	$2 000

提示:放弃井和放弃租赁矿区有很大的区别,只在废弃井的情况下没有必要作与该租赁矿区有关的分录,即未探明或探明矿区账户。

三、开发钻井成本与地面建设

油气开发包括开发钻井和地面工程建设活动,中国第 27 号企业会计准则第十六条指出:"油气开发,是指为了取得探明矿区中的油气而建造或更新井及相关设施的活动。"

开发井也称生产井,是为了油气生产,在已探明地区向已知储层进行的钻井,还包括钻凿的开发型参数井、补充井、调整井和服务井。

第 19 号财务会计准则文件规定,其他开发成本都应该作为井及相关设备设施进行资本化。其他开发成本被定义为:其他成本是为获得接近探明储量的途径和提供设施进行开采、处理、集中和存储油和气而发生的。更具体地说,开发成本包括折旧和辅助设备与设施的相应作业成本及其他开发活动的成本,这些成本发生在:

(1) 为钻井获得进场道路和准备井场,包括以确定开发井位置为目的的井位测量、井场清理、排水、道路建设和移建公共道路、气管线和线路,并达到开发探明储量所必要的程度。

(2) 钻凿和装备开发井、开发型参数井和服务井,包括平台和井的设备,如下套管、装油管、抽吸设备和井口组合。

(3) 获取、建筑和安装生产设施,例如租赁矿区的管线、分离器、处理器、加热器、总管、计量设备和储油罐、天然气循环和处理设备、公共设施与废旧物资处理系统。

(4) 提供改进开采系统。

钻服务井是为了支持当前油田的生产,并被认为是一种开发投入。服务井的范例包括注气井、注水井、盐水处理井和供水井。与二次采油和三次采油方法相关联的成本,即改进开采系统的成本,同样也被认为是开发成本。注水井或注气井也可以用于盐水处理、压力维持或者二次采油或三次采油的目的。

第 19 号财务会计准则文件第 22 款指出:开发成本应该作为企业井与相关设备和设施的成本资本化。因此,所有开发井、开发型参数井和服务井发生的钻井和井的装备成本都应该资本化,而无论该井钻井成功与否。这些井的钻井成本、建造设备和设施的成本在钻井和建造完成之前应该作为企业未完成井、设备和设施。

中国第 27 号企业会计准则第十七条对油气开发规定如下:"油气开发活动所发生的支出,应当根据其用途分别予以资本化,作为油气开发形成的井及相关设施的初始成本。油气开发形成的井及相关设施的成本主要包括：

(1)钻前准备支出，包括前期研究、工程地质调查、工程设计、确定井位、清理井场、修建道路等活动发生的支出。

(2)井的设备购置和建造支出。井的设备包括套管、油管、抽油设备和井口装置等，井的建造包括钻井和完井。

(3)购建提高采收率系统发生的支出。

(4)购建矿区内集输设施、分离处理设施、计量设备、储存设施、各种海上平台、海底及陆上电缆等发生的支出。"

为了说明开发钻井的会计核算程序，现举例说明如下。

【例3-5】 （开发钻井成本）2016年至2017年间，H公司在租赁矿区A钻了几口成功的探井，依据这个结果，租赁矿区A被归类为探明矿区并且估计圈定了油藏的范围。H公司决定2018年在探明区域内钻一口补充井——一口开发井，并且采用交钥匙合同的方式雇用了一个钻井承包商。钻井合同中规定该承包商将执行全部服务并提供所有材料直到完井。

(1)该井完钻并已装备到完井，H公司根据交钥匙合同支付承包商规定金额150 000美元。这150 000美元中，无形钻井与开发成本120 000美元，设备成本30 000美元(与进尺费率合同和日费率合同不同，根据交钥匙合同，该钻井承包商承担全部责任，并提供所有需要的材料和设备）。

在建井——无形钻井与开发成本	$120 000
在建井——矿区与井的设备	$30 000
现金	$150 000

(2)假定该井被确定为干井，并因封塞和废弃花费了2 000美元。

在建井——无形钻井与开发成本	$2 000
现金	$2 000
井及相关设备设施——无形钻井与开发成本	$122 000
井及相关设备设施——矿区与井的设备	$30 000
在建井——无形钻井与开发成本	$122 000
在建井——矿区与井的设备	$30 000

(3)重新假定该井为成功井，并完成该井，增加无形开发成本1 000美元和设备成本70 000美元。

在建井——无形钻井与开发成本	$15 000
在建井——矿区与井的设备	$70 000
现金	$85 000
井及相关设备设施——无形钻井与开发成本	$135 000
井及相关设备设施——矿区与井的设备	$100 000
在建井——无形钻井与开发成本	$135 000
在建井——矿区与井的设备	$100 000

四、修井成本

(一)以恢复生产能力为目的的修井作业

修井作业通常包括使用特殊的修井机来恢复或增加某口井的产量。对于裸眼完井,修井作业常常是必要的,因为生产层中的砂子会堵塞油管底端,降低甚至完全阻止生产层中的流体流入油管。当套管被射孔,岩石或砂粒堵塞了套管上的开口时,同样也需要进行修井。上述两种情况都需要进行修井来恢复生产。因为只是恢复了生产,所以这些类型的修井成本作为租赁矿区的作业费用计入当期费用。修井作业也可能包括在相同的生产层位再完井,以便努力恢复生产。这种类型的修井也作为租赁矿区的作业费用计入当期费用。

(二)以提高生产能力为目的的修井作业

当修井实质上提高了该矿区的有效寿命或实质上提高了该矿区的使用价值时,则不计入费用而被资本化。例如,一项修井作业可能包括回堵和浅深层完井。举一个例子,一口井在 8 000 英尺生产,其储量已采完,所以该井被回堵到拥有生产构造的 5 000 英尺处并完井。在另一项修井作业中,一口井钻到 8 000 英尺处并且下套管到同样深度,然后该井在 5 000 英尺处完井而不是 8 000 英尺处。后来,用一口修井机对该井在 8 000 英尺处进行了双层完井。在这两个例子中,其成本将按钻井成本处理,并且应遵守成果法中钻井成本资本化的规定,因为其修井的目的是从新的构造中获得产量,并非仅仅恢复原生产构造的生产。在这些情况下,因为获得了产量,其成本应该资本化。同样,一口井可能被重钻和在套管下面加深,以企图从更深的层位获得产量。同样,其成本应按钻井成本处理,最终的会计处理根据该企图是否成功和该井的这部分工作归类为开发或勘探来进行,即是在已知层位还是在未知层位作业。

(三)以寻找油气储量为目的的修井作业

在原有的油气井生产层位继续加深以探寻是否存在油气储量,属于勘探活动。在老的油气田生产过程中,为了充分利用已有的油气资产这种勘探活动是值得进行的。

(四)修井成本核算举例

【例 3 - 6】 (修井)H 公司 2017 年 6 月发生下列支出:

(1)与 1036 号井有关的修井成本——清理和再酸化其生产层 5 000 美元。

(2)1097 号井修井成本——测孔、射孔和在 8 000 英尺处完井。

这个深度是一个新的生产层,套管原先已下好。

无形钻井与开发成本 20 000 美元,设备成本 2 000 美元。

(3)为加深 1102 号井的修井已完成使之达到深 9 000 英尺的新的未探明的层,结果在该深度为干井,H 公司继续在 5 000 英尺的层中生产。无形钻井与开发成本 50 000 美元,设备转入存货 5 000 美元。

会计分录如下:

(1) 租赁矿区作业费——1036 井		$5 000
现金		$5 000
(2) 在建井——无形钻井与开发成本		$20 000
在建井——矿区与井的设备		$2 000
现金		$22 000
井及相关设备设施——无形钻井与开发成本		$20 000
井及相关设备设施——矿区与井的设备		$2 000
在建井——无形钻井与开发成本		$20 000
在建井——矿区与井的设备		$2 000
(3) 在建井——无形钻井与开发成本		$50 000
在建井——矿区与井的设备		$5 000
现金		$55 000
干井费用		$50 000
存货		$5 000
在建井——无形钻井与开发成本		$50 000
在建井——矿区与井的设备		$5 000

案例　长庆油田地面建设投资控制方法

一、传统油田地面建设投资控制方法

油田地面工程建设是集一般的建筑工程、安装工程和石油特殊行业特征为一体的复杂建设工程。自2014年以来，定额法产生的油田地面工程投入相对不足的问题只有通过综合平衡调剂予以补足。造成这一状况是由于定额法的适用范围本身的局限性和对石油地面工程建设的不完全适应性。定额法在实践操作过程中存在以下矛盾和问题：(1) 定额法要求标准工程量；(2) 各种施工作业的价格波动；(3) 新情况、新工艺、新技术的出现；(4) 与实际的控制上限脱节；(5) 未考虑到通货膨胀、物价上涨。

近几年，原材料市场价格持续上涨，油田地面工程建设涉及的大量管材、设备价格深受影响，对此，传统的方法未能予以考虑和有效控制。

二、比例系数法的思路及模型的建立

(一) 比例系数法

油田地面工程建设的单件性和复杂性使工程投资的计划和管理工作比较困难。要合理地估算和控制工程投资，应从工程管理的实践出发，从两方面入手：一是管理要符合工程建设的特点；二是管理要以工程投资的规律性为依据。为此，提出了比例系数标准，即油田地面工程

投资各厂之间、厂内各区块之间有一个比例系数。虽然各个工程的设备之间的比例总是在一个比较确定的变动范围,这个比较确定的范围可认为是该油田地面工程的必要投资,即合理的投资。因此,可以根据以往的油田地面工程投资资料,找出相关的比例系数,以此作为以后控制相关地面工程投资的一个基本依据。

$$c_i = \frac{a_i}{a} \qquad c_{ij} = \frac{a_{ij}}{a_i}$$

式中 a——油田平均单井地面工程投资额;
a_i——厂平均单井地面工程投资额;
a_{ij}——区块平均单井地面工程投资额;
c_{ij}——区块间比例系数;
c_i——厂间比例系数。

(二)比例系数法的可行性和作用

比例系数标准的优点在于它符合油田地面工程建设投资的特点和规律,它是一个相对比例,不涉及具体的数额,避免了试图通过一个精确的数字来控制和管理很难精确计算的工程投资的矛盾,又可以合理分配集团公司的投资限额,从而使合理估计和有效控制地面工程投资具有可行性。比例系数法作为油田地面工程投资控制的一个标尺,参考历史投资经验得出比例系数,通过横向比较,事先对地面工程投资进行规划,事中对其进行指导和监督,事后对决算投资额进行分析评价。

三、比例系数法的应用

(一)比例系数法在厂间的应用

长庆7个常规采油厂,每个厂负责一片区块的油气开采业务,每个厂下辖的油藏类型、地质构造、地理环境、地面建设模式均存在差异,不同年各厂间平均单井投资额大致趋势存在一定的规律:有的厂每年的投资额都高于平均额;有的厂每年的投资额均低于投资额,而且这种关系是基本稳定的。可见各厂平均投资额之间存在一定的比例关系,对其使用比例系数法进行分析(表1)。

表1 各厂间比例系数(投资额为三年平均额的简单平均)

采油厂	平均单井投资额,万元	比例系数
采A厂	78.63	0.93
采B厂	95.81	1.14
采C厂	74.85	0.89
采D厂	102.78	1.22
采E厂	81.57	0.97
采F厂	85.16	1.01
采G厂	85.95	1.02
油田平均	84.15	

由表1中的比例系数可知,采B、D、F、G厂的平均投资额高于油田平均投资额;采A、C、E厂的平均投资额低于平均投资额。比例系数最高的采D厂为1.22;最低的采C厂为0.89,差异比较显著。

(二)比例系数法在厂内各区块间的应用

公司各个采油厂都由不同的油气田区块组成,各个油气田区块的地理环境、储层物性和地下流体性质各异,不同的油藏深度、油层厚度、孔隙度、渗透率、原油密度和黏度、地层水型都要求不同区块使用不同的设备和工艺,从而导致不同区块单井投资额必然存在一定的差异。以A、F厂为例,使用比例系数法进行分析(表2、表3)。

表2 采油A厂2014—2016年平均单井投资额统计

区块	平均单井投资额,万元	比例系数
A1	75.11	0.957
A2	71.51	0.91
A3	105.60	1.34
A4	61.43	0.78
A5	92.95	1.18
A6	75.31	0.95
A7	155.91	1.98
A8	71.44	0.91
A9	74.75	0.95
厂平均单井投资	78.46	

注:各采油厂的平均单井投资额均为加权平均数,权数是井口数。

表3 采油F厂2014—2016年平均单井投资额统计

区块	平均单井投资额,万元	比例系数
F1	95.21	0.94
F2	79.69	0.79
F3	115.87	1.15
F4	89.24	0.89
F5	65.96	0.65
F6	128.83	1.28
厂平均单井投资	97.61	

采油A厂9个区块,比例系数最高是A7块(为1.98),最低是A4块(为0.7829),此外,A3块为1.34,其余区块的比例系数约为0.95,各区块的平均单井投资额存在一定得差异。通过研究区块间比例系数,可分析出2014—2016年采油A厂的平均单井投资额在厂内差异显著,最高和最低平均单井投资额甚至存在数倍的差异,需要对各个区块的平均投资额予以差别对待;采油F厂各个区块间的平均单井投资额存在阶段的差异。

四、比例系数法的检验

依据比例系数法,应用前面得出来的区块间比例系数,对油田主要区块2017年的投资额进行预测。预测方法:先将油田公司下到各厂的地面工程投资预算总额平摊到厂内所有的井口上,得到厂平均单井投资额;再通过得出的比例系数转化成各个区块的平均单井投资额。对于以前年度未出现的区块可以参考临近区块的比例系数予以调整。

由7个采油厂2017年主要区块投资预测情况可知,采用比例系数法得出来的平均单井投资额与实际投资额存在一定的差异,虽然在个别区块的差别还是较大的,但是绝大部分区块还是基本上在比例系数法得出的投资额附近波动。12个样本都是在20%的投资概算误差允许范围之内,并且大部分还是在10%之内的。

五、结语

在对现有的地面工程建设投资控制方法探讨的基础上,引入比例系数法对长庆油田下属的采油厂和厂内各区块进行评价。评价结果表明,比例系数法较为适用,能够合理地估计必要投资额,以此为标准能够对现有的油田地面工程投资进行有效的控制。当然,比例系数法也有一定的局限性。首先,依据历史数据预测未来有一定的滞后性;其次,不同厂的比例系数缺乏横向可比性。

[本文出处]李志学,黄锋.用比例系数法控制油田地面建设投资[J].油气田地面工程,2010,29(05):25-26.

1. 未探明矿区取得成本包括哪些基本内容?它们是如何进行分类的?
2. 油气开发形成的井及相关设施的成本包括哪些?
3. 成果法下勘探钻井成本的核算有哪些要求?

M公司2016年年初取得下述矿区:A矿区为重要矿区,取得成本200 000美元;B和C矿区均为非重要矿区,取得成本分别为40 000美元和50 000美元。年末为A矿区减损10 000美元,为B和C矿区减损5 000美元。2017年在A矿区钻探井,无形钻井费120 000美元,矿区及井设备费180 000美元,井为成功井,探明储量1 600 000桶石油,在B和C矿区进行地质和地球物理勘探支出分别为40 000美元和70 000美元,年末放弃了C矿区,并为B矿区支付保留成本2 000美元。

要求:对M公司2016年和2017年两年的上述业务进行会计处理。

第四章　油气资产的折旧、折耗与摊销

油气资产的折旧、折耗与摊销是油气会计的特殊方法,也是成果法和全部成本法表现出实质性差异的主要方面。本章将分别讨论成果法和全部成本法对油气资产折旧、折耗与摊销的不同处理,进而对其进行较为详尽的比较和评价。

第一节　成果法下油气资产的折旧、折耗与摊销

一、成果法下油气资产的内容及折旧、折耗与摊销的原理

在成果法下,完整的油气资产(以生产油气为目的的已资本化的矿区取得、勘探与开发成本)内容包括未探明矿区取得成本、已探明矿区取得成本、井及相关设备设施成本(已完成的开发钻井、成功探井及其他开发成本)以及未完工程和在建井的成本。需要进行折旧、折耗与摊销计算的只是已资本化的探明矿区取得成本及完工投入使用的井及相关设备设施成本。另外,公司拥有的其他公司探明矿区的非经营权益也应随着生产的进行而一起进行折旧、折耗与摊销处理。

为了在油气开采过程中实施环境保护,在油气田废弃时需要恢复地面环境的原来状态。废弃支出需要预提并计入油气资产折旧、折耗与摊销的内容。中国第27号企业会计准则第二十三条规定:"企业承担的矿区废弃处置义务符合《企业会计准则第13号——或有事项》中预计负债确认条件的,应当将该义务确认为预计负债,并相应增加井及相关设施的账面价值。不符合预计负债确认条件的,在废弃时发生的拆卸、搬移、场地清理等支出,应当计入当期损益。矿区废弃是指矿区内的最后一口井停产。"

探明矿区取得成本与井及相关设备设施的折耗依据是不同的,前者以探明储量为依据,而后者以探明开发储量为依据。因为取得成本与所取得矿区能生产出来的合理储量(探明储量)相关,而探明储量中包括了通过现有的油气井及相关设备设施能生产出来的探明开发储量,还包括了通过未来开发投资(已探明)所能生产出来的探明未开发储量。而现有的井及相关设备设施成本只与它所服务的探明开发储量相关,应以探明开发储量为依据折耗。就折耗范围或折耗基础而言,成果法是以一个矿区或一个具有相同地质构造的油田或储层为成本中心来归集资本化费用并进行折耗计算的。

中国第27号企业会计准则,第六条对探明矿区权益取得成本的折耗规范如下:"企业应当采用产量法或年限平均法对探明矿区权益计提折耗。采用产量法计提折耗的,折耗额可按照单个矿区计算,也可按照若干具有相同或类似地质构造特征或储层条件的相邻矿区所组成的矿区组计算。计算公式如下:

探明矿区权益折耗额 = 探明矿区权益账面价值 × 探明矿区权益折耗率

探明矿区权益折耗率 = 探明矿区当期产量/(探明矿区期末探明经济可采储量 + 探明矿区当期产量)"

中国第 27 号企业会计准则第二十一条对井及相关设备设施的折耗的规范如下:"企业应当采用产量法或年限平均法对井及相关设施计提折耗。井及相关设施包括确定发现了探明经济可采储量的探井和开采活动中形成的井,以及与开采活动直接相关的各种设施。采用产量法计提折耗的,折耗额可按照单个矿区计算,也可按照若干具有相同或类似地质构造特征或储层条件的相邻矿区所组成的矿区组计算。计算公式如下:

矿区井及相关设施折耗额 = 期末矿区井及相关设施账面价值 × 矿区井及相关设施折耗率

矿区井及相关设施折耗率 = 矿区当期产量/(矿区期末探明已开发经济可采储量 + 矿区当期产量)

探明已开发经济可采储量,包括矿区的开发井网钻探和配套设施建设完成后已全面投入开采的探明经济可采储量,以及当提高采收率技术所需的设施已建成并已投产后相应增加的可采储量。"

按照成果法规则,石油公司的辅助设备设施使用常规折旧(depreciation)方法,探明矿区取得成本、井及相关设备设施使用折耗(depletion)方法,而对于公司拥有的其他公司非经营权益使用摊销(amortization)方法。折旧、折耗与摊销(DDA)是从资产的属性来界定的,而不是从方法上来区别的。事实上折旧也可以使用工作量法(即产量单位法)计算。但是在油气会计中,仅对与产储量有关的探明矿区取得成本、井及相关设备设施成本、非经营权益等资产采用产量单位法来计算其耗减。当然,非经营权益也可以采用其他摊销方法,如直线法。

产量单位法确定的当年折旧、折耗与摊销额计算公式为:

年末账面价值/年初的预计储量 × 当年产量

= 年末账面价值/(年末储量 + 当年储量) × 当年产量

= 当年产量/(年末储量 + 当年产量) × 年末账面价值

= 年折旧、折耗与摊销比率 × 年末账面价值

在上述产量单位法的公式中,年末账面价值是指需要折旧、折耗与摊销的各资本化账户年末总值减去年初累计折旧、折耗与摊销数额后的净值,因此,当年井及相关设备设施或探明矿区取得成本的增加将列入资本化基础;同时,公式中使用的年末储量包括了当年追加成本所新增的储量,但没包括被生产活动采出的当年产量。因此,根据一致性原则,当年产量应加回到分母中去计算单位储量应分摊的资本化费用。

石油产储量的计算以桶为单位,在 60 华氏度(华氏度 = 95 摄氏度 + 32)的温度下,一桶等于 42 加仑(1 加仑 = 4.546 09 升);天然气产储量的计算以千立方英尺为单位,在 60 华氏度的温度下,在每平方英寸 14.73 磅(1 磅 = 0.453 6 千克)的压强下,1 千立方英尺等于 1 000 立方英尺。

当一个矿区油、气伴生时,在成果法下,是将油、气产储量转换成共同的能量容量单位进行算术相加的。能量容量由英制热量单位计量,有时能量容量在储层与储层之间也不相同。大多数公司使用一个普遍接受的工业平均值,即以 6∶1 的近似比率把一桶石油的英制热量单位容量转换到 1 000 立方英尺天然气的英制热量单位。换句话说,根据能量容量,一桶油近似等

于 6 000 立方英尺天然气。这种转换还可以表述为，石油的桶数乘以 6 得到千立方英尺的天然气当量，千立方英尺的单位数量除以 6 得到相当数目的石油桶数。如果在当前从储层中抽出的油对气的关联比例与预料的保持一致，那么仅可以基于两种矿物中的一种——石油或天然气来计算摊销。

如果基于相关的能量容积，在石油或天然气的储量和当前的产量中明显有一种矿藏为主，那么仅仅可以以主要的矿藏为基础来计算摊销。所以，如果油气储量共同生产，假定满足上面所给的条件，则可以采用下述三种摊销方法中的一种：

（1）共同的计量单位——转换成共同的能量单位。
（2）相同的关联比例——使用石油或天然气中的一种。
（3）有主导矿藏——使用主导矿藏。

下面对上述产储量的计算作些数学分析：

设当年产量为 M_1（油，桶）和 M_2（气，千立方英尺），年末储量为 R_1（油，桶）和 R_2（气，千立方英尺）。单位油、气转换为共同能量容量的比例为 891 和 892，则按共同能量容量单位计算折旧、折耗与摊销比率为：

$$折旧、折耗与摊销比率 = (891M_1 + 892M_2)/(891M_1 + 892M_2 + 891R_1 + 892R_2)$$
$$= (891M_1 + 892M_2)/(891(M_1 + R_1) + 892(M_2 + R_2))$$

在采用油气当量法时，设转化比率为 $K(K = 891/892)$，则上述公式变为：

$$折旧、折耗与摊销比率 = KM_1 + M_2/(KM_1 + M_2 + KR_1 + R_2)$$

当产储量中油、气关联比例稳定时，即 $KM_1/M_2 = KR_1/R_2 = b$（常量）时，则计算公式演变为：

$$折旧、折耗与摊销比率 = M_1/(M_1 + R_1) 或 M_2/(M_2 + R_2)$$

即选择油或气作为计算比率的依据都可以，且结果一致。因此，只有当关联比例稳定时，选用油、气转换方法和选择主导矿藏来进行摊销计算的结果才是一致的。

另外，在油气产储量计算时，应该按租赁矿区的经营权益比例（如 7/8）来计算。一般情况下，这种经营权益比例对生产量和储量同时作用，因此不会影响摊销的计算结果。但是在复杂经营权益（如产量支付）的情况下，这种经营权益比例会影响摊销的计算结果。

二、成果法下折旧、折耗与摊销的计算方法

（一）取得成本、井及相关设备设施折耗的范围

成果法的成本中心是一个矿区或基于一个共同的地质特征矿区的一些合理的归集，如一个油田或储层。为了计算摊销而合并在一起的一些矿区必须具有相关的地质特征，例如数个矿区占有单一储层或单一油田，当一个油田或储层被作为一个成本中心时，将有数倍的租赁矿区以组的形式集合在一起构成一个成本中心，这些矿区可能是所有探明的矿区，也可能是所有未探明的矿区，或者是探明和未探明矿区的混合体。

如果在一个油田或储层摊销基数中的所有矿区都是探明矿区，那么所有的租赁矿区成本将在该油田或储层的总探明储量上进行归集或折耗；如果构成该油田或储层的矿区组中包含的探明矿区与未探明矿区在一起，则只有探明矿区的租赁矿区成本可以被折耗；井及相关设备设施的总资本化成本仅仅是有关探明矿区的成本，这些成本也应该在该油田或储层的总探明

已开发储量上进行归集和折耗。

(二)取得成本、井及相关设备设施折耗中预计拆除成本和残值收入的处理

根据第 19 号财务会计准则文件,预计拆除、恢复(即环境的恢复)、废弃成本和预计残值在确定折耗时必须考虑。这表明,这些成本在确定折耗时必须被考虑,而不管这些成本是否记录和如何记录。

根据财务会计理论,一项资产的历史成本包括购买并安装使用该资产而发生的全部成本,因为作业者有法律上的恢复环境的义务,所以会发生一定的未来拆除和恢复成本,并作为该项资产的一部分成本。根据第 5 号美国财务会计准则文件,从债务方看,如果一项负债至少是可能发生的,并且其数额是可以预计的,则该项负债应计入应计负债。就像上面所讨论的,未来的拆除和恢复成本注定要发生,它们是现存的一种责任,至少是一项可能的债务。虽然拆除和恢复成本难以计量,但它们还是能够合理预计的。

预计拆除和恢复成本的处理有两种不同的会计方法:第一种方法是将这些成本作为资产成本的一部分并作为负债立即记录入账;第二种方法是当产量和摊销发生时,这些成本的摊销部分仅作为一项负债记录。后者实际上是按产储量关系进行逐渐预提的一种方法。

在考虑拆除成本和残值时,井及相关设备设施的单位探明开发储量折耗的成本应按下式计算:

(年末账面价值 + 预计拆除成本 − 预计残值)/(年末探明开发储量 + 当年生产量)

在第一种会计方法下,井及相关设备设施完成后预计拆除费用时的分录为:

井及相关设备设施
  预提拆除费(负债)

每年进行折旧、折耗与摊销时的分录为:

折旧、折耗与摊销费用
  累计折旧、折耗与摊销

在第二种会计方法下,每年进行折耗时,将拆除成本的摊销部分体现为债务处理,会计分录为:

折旧、折耗与摊销费用
  累计折旧、折耗与摊销
  预提拆除费(负债)

从理论上讲,拆除成本的摊销应使用探明储量,而不是上面所讲的探明开发储量,因为在该矿区的所有生产活动完成后,才发生预计拆除和恢复成本,所以这些成本的摊销计算需要使用探明储量而不是探明已开发储量。

预计拆除和恢复成本可能在不重要的陆上地区,大部分公司既假定预计拆除和恢复成本与残值相等,又假定预计拆除和恢复成本的净残值在一些个别的年份不重要。与此相对照,海上地区的预计拆除成本非常重要,合计很可能超过平台和设施成本的合计数。在工作中,许多公司没有像负债一样记录预计拆除和恢复成本,一些公司在计算折耗时也并没有考虑这些成本。不能正确确认这些成本的原因是难以预计多年后才会发生的成本,且怀疑这些成本是否发生。

(三)取得成本、井及相关设备设施折耗中成本与储量的配比

探明矿区取得成本应该在探明储量基础上摊销,而开发成本、井及相关设备设施应该在探明开发储量基础上折耗,这种成本与效用的对应关系称为成本与储量的配比。

1. 成本调整

如果大额的开发成本,如建造海上平台,在所有计划的井钻完之前已经发生,那么既是已经发生的大额开发成本,也是将来要发生的开发成本的结果,最终被开采出来的那部分探明储量将被归类于探明未开发储量。因此,除非一部分已经发生的重要的开发成本从折耗基础中扣除,否则在计算折耗时成本和储量将不会配比。据此,在确定折旧、折耗与摊销比率时,那些开发成本的一部分(即与未来的开发储量相关的那部分成本)必须扣除,直到追加的钻井完成。

在实际操作中,可以按照已钻生产井数和未来计划钻生产井数的比例关系将大额开发成本进行部分扣除。例如,H 公司在一探明矿区已建成海上平台,成本 48 000 000 美元,已钻生产井 2 口,未来计划钻生产井 46 口,则在计算折耗时应扣除的大额开发成本为:48 000 000 × 46/48 = 46 000 000 美元。

2. 储量调整

同样,按照成本与储量的配比要求,仅在发生追加的重要开发成本发生后方可开采的探明已开发储量,如改进开采系统发生的成本,在确定折耗率时必须扣除。

(四)折耗率的修订

折耗的计算通常按月或季度进行,而储量数据和资本化成本数据是不断变化的。为了核算上的简单,每月或每季度计算折耗时,按年初确定的单位储量折耗额乘以每月或每季度的产量来计算,到年末进行修订;即根据年末资本化成本和储量估算的最新数据重新确定全年的单位储量折耗额和全年应计额,这个全年应计折耗额减去全年已提折耗额就是最后一个月份或季度的折耗额,达到了折耗修订的目的。

现举例说明折耗的修订方法:

【例 4 – 1】 (折旧、折耗与摊销比率的修订)H 石油公司以季度为报告期间,在 2016 年 12 月 2 日,该公司收到 2016 年 11 月 30 日出具的关于得克萨斯的一个完全开发租赁矿区新储量的报告。储量报告显示,探明已开发储量 450 000 桶;上一次的报告日期是 2015 年 12 月 31 日,储量是 400 000 桶,2015 年 12 月 31 日的净资本化成本是 1 000 000 美元。2016 年 11 月 30 日净资本化成本为 1 060 000 美元。2016 年前三个季度的产量和摊销见表 4 – 1。

表 4 – 1 前三个季度的产量和摊销

季度	产量,桶	摊销额	计算
第一季度	20 000	$50 000	$1 000 000/400 000 × 20 000
第二季度	16 000	$40 000	$1 000 000/400 000 × 16 000
第三季度	22 000	$55 000	$1 000 000/400 000 × 22 000
合计	58 000	$145 000	

10月和11月的产量 10 000 桶

12月的产量 13 000 桶

第四季度产量 23 000 桶

年产量合计 81 000 桶

用新预计确定年初的储量估算：

11月30日，储量估算 450 000 桶

加：第一季度产量 20 000 桶

　　第二季度产量 16 000 桶

　　第三季度产量 22 000 桶

　　10月份和11月份产量 10 000 桶

　　2016年1月1日储量估算 518 000 桶

全年的折耗 = $ 1 060 000/518 000 × 81 000 = 165 753（美元）

前三个季度的折耗额（$ 50 000 + $ 40 000 + $ 55 000）　　　　　　$ 145 000

则第四季度的折耗额应该为：

$ 165 753 - $ 145 000 = 20 753（美元）

（五）资本化成本净额的最高限额测试

在美国财务会计理论中，稳健性原则被广泛采用，例如对存货的成本与市价孰低的会计处理。在油气会计中，用发现成本（取得成本和井及相关设备设施）来标志所发现油气储量的价值，因此资本化成本的净额不得高于相关储量（探明开发储量）的未来可实现净值（未来净现金流量的现值），否则应该将超出部分视为费用，这就是最高限额测试，它是稳健性原则的要求。若测试结果为资本化成本净额超过相关储量的未来净现金流量的现值，则作下述会计处理：

生产矿区损失

　　累计资本化成本扣减

中国第27号企业会计准则第七条对成果法下油气资产价值的最高限额测试规范如下："企业对于矿区权益的减值，应当分别不同情况确认减值损失；探明矿区权益的减值，按照《企业会计准则第8号——资产减值》处理。"

中国第27号企业会计准则第二十四条对经济相关设备设施的减值做了如下规范："井及相关设施、辅助设备及设施的减值，应当按照《企业会计准则第8号——资产减值》处理。"

（六）辅助设备设施折旧和非经营权益摊销

1. 辅助设备设施折旧

辅助设备的折旧应该按照公认的会计原则使用可接受的折旧方法计算。这些可接受的方法包括直线法、年数总和法、产量单位（如机器工时）法。使用公认会计原则的折旧方法而不采用基于油气储量的产量单位法的原因是辅助设备被使用在许多不同的矿区，这些矿区涉及许多不同的摊销基数（如勘探、开发和生产）。为了计算产量单位的折旧、折耗与摊销，辅助设备的成本务必分配到各自的摊销基数中。在许多情况下，分配的工作是困难和不切实际的，即

使个别辅助设备能够被分配到一独立的摊销基数中,辅助设备的使用年限也可能与相关储量的开采年限有很大的不同。

中国第 27 号企业会计准则第二十二条对辅助设备设施的折旧规范如下:"地震设备、建造设备、车辆、修理车间、仓库、供应站、通信设备、办公设施等辅助设备及设施,应当按照《企业会计准则第 4 号——固定资产》处理。"

2. 非经营权益摊销

非经营权益的获得途径有两种:① 矿产权益所有者出租其矿区时所保留的矿区使用费权益,其金额应该按照取得原始矿产权益时的代价或公平市价确认;② 附加矿区使用费权益,可以通过上面介绍的方法获得,还可以作为提供服务的一种补偿方式获得。对于后一种情况,应按照提供劳务的公平市价分配到附加矿区使用费权益上。取得非经营权益的其他方法将在第八章讨论。

另一种类型的非经营权益是一项产品支付权益。产品支付权益是一项权限比储层存在的总期限短的经济权益。产品支付权益是通过购买一部分探明储量而获得的经济权益,支付这部分探明储量的成本应该作为该项非经营权益的资本化成本。

从成果法理论上讲,非经营权益应使用产量单位法,在相关探明储量基础上摊销,使用与经营权益在探明矿区摊销的产量单位法相同的公式。但是,非经营权益金额可能都不大,并且需要计算产量单位摊销的储量数量资料通常不可能从相关的经营权益所有者方面获得。

第 19 号财务会计准则文件第 30 段涉及矿区使用费权益申明:当一个企业拥有相对较大的矿区使用费权益,而其单个的矿区取得成本不大时,可以合计起来计算摊销,不管其地质构造特征或地层条件的共性;假如不能得到和拥有矿区使用费权益相应的预计储量资料,则可以采用另一种方法,而不是产量单位法摊销它们的取得成本。所以,与经营权益对比,摊销非经营权益常使用产量单位法以外的方法,如直线法。进一步说,如果非经营权益不大,其归集无须考虑共性。在实践中,通常简单地归集矿区使用费并按直线法在 8 年或 10 年内摊销。

三、成果法下折旧、折耗与摊销举例

【例 4-2】(综合性示例)

(1)2014 年 2 月 2 日,H 公司支付 100 000 美元取得一块租赁矿区,该矿区是未开发矿区,取得成本被认为是独立重要的。

未探明矿区	$100 000
现金	$100 000

(2)2015 年 2 月 2 日,支付延期租金 3 000 美元。

延期租金费用	$3 000
现金	$3 000

(3)2015 年,在租赁矿区范围内钻了一些干井,H 公司于 2015 年 12 月 31 日决定将该租赁矿区的 40% 列入减损。

减损费用($100 000×40%)	$40 000
减损备抵	$40 000

(4) 2015年7月,H公司钻了一口干井,发生无形钻井开发成本350 000美元,设备成本35 000美无,设备无残值。

在建井——无形钻井开发成本	$350 000
在建井——租赁矿区及井设备	$35 000
现金	$385 000
干井费用	$385 000
在建井——无形钻井开发成本	$350 000
在建井——租赁矿区及井设备	$35 000

(5) H公司于2016年2月又钻了另一口勘探井,发生无形钻井开发成本500 000美元,设备成本175 000美元,该井发现探明储量。

在建井——无形钻井开发成本	$500 000
在建井——租赁矿区及井设备	$175 000
现金	$675 000
井及相关设备设施费——无形钻井开发成本	$500 000
井及相关设备设施费——租赁矿区及井设备	$175 000
在建井——无形钻井开发成本	$500 000
在建井——租赁矿区及井设备	$175 000
探明矿区	$60 000
减损备抵	$40 000
未探明矿区	$100 000

(6) 2016年,成功井开采10 000桶原油,相关的开采成本为每桶4美元(开采费用应该作为作业费用费用化)。

矿区作业费用($4×10 000)	$40 000
现金	$40 000

(7) 12月,H公司开始钻第三口井,到12月31日累计无形钻井开发成本100 000美元,设备成本15 000美元。

在建井——无形钻井开发成本	$100 000
在建井——租赁矿区及井设备	$15 000
现金	$115 000

(8) 到2016年12月31日的储量报告显示:

探明储量　900 000桶

探明已开发储量　300 000桶

年初的储量计算:

  探明储量 = 900 000 + 10 000 = 910 000(桶)

  探明已开发储量 = 300 000 + 10 000 = 310 000(桶)

  取得成本折耗率 = 10 000/910 000 = 1.1%

  井及相关设备设施折耗率 = 10 000/310 000 = 3.2%

  取得成本折耗额 = $60 000 × 1.1% = $660

井及相关设备设施折耗额 = $675 000 × 3.2% = $21 600
折耗额合计 $22 260
  折旧、折耗与摊销费用 $22 260
    累计折旧、折耗与摊销——探明矿区 $660
    累计折旧、折耗与摊销——井 $21 600

(9) 2017年,H公司完成了第三口井,其追加的无形钻井与开发成本为300 000美元,追加的设备成本为175 000美元。该井是成功井。
  在建井——无形钻井开发成本 $300 000
  在建井——租赁矿区及井设备 $175 000
    现金 $475 000
  井及相关设备设施——无形钻井开发成本 $400 000
  井及相关设备设施——租赁矿区及井设备 $190 000
    在建井——无形钻井开发成本 $400 000
    在建井——租赁矿区及井设备 $190 000

(10) 2017年生产原油30 000桶,相关的开采成本为每桶5美元(费用化开采成本)。
  矿区作业费用($5×30 000) $150 000
    现金 $150 000

(11) 到2017年12月31日的储量报告显示:
探明储量 1 470 000桶
探明已开发储量 970 000桶
年初的储量预计:
  探明储量 = 1 470 000 + 30 000 = 1 500 000(桶)
  探明已开发储量 = 970 000 + 30 000 = 1 000 000(桶)
  取得成本折耗率 = 30 000/1 500 000 = 2%
  井及相关设备设施折耗率 = 30 000/1 000 000 = 3%
  取得成本折耗额 = ($60 000 − $660) × 2% = $1 187
  井及相关设备设施折耗额 = [$675 000(井2) + $590 000(井3) − $21 600] × 3% = $37 302
  折耗额合计 = $1 187 + $37 302 = $38 489
折旧、折耗与摊销费用 $38 489
  累计折旧、折耗与摊销——探明矿区 $1 187
  累计折旧、折耗与摊销——井 $37 302

(12) 由于灾难袭击,H公司废弃该矿区,无设备残值。
累计折旧、折耗与摊销——探明矿区 $1 847
累计折旧、折耗与摊销——井 $58 902
放弃矿区成本 $564 251
  探明矿区 $60 000
  井及相关设备设施——无形钻井开发成本 $200 000

井及相关设备设施——矿区及井设备　　　　　　　　　　　　　　$365 000

【例 4-3】　（油田范围的折旧、折耗与摊销）H 石油公司以油田为基础计算摊销,到 2016 年 12 月 31 日为止,H 公司的得克萨斯油田的资产负债表数据如下：

未探明矿区——净减损　　　　　　　　　　　　　　　　　　　$200 000
探明矿区　　　　　　　　　　　　　　　　　　　　　　　　　$500 000
减：累计折旧、折耗与摊销　　　　　　　　　　　　　　　　　$200 000
　　净探明矿区　　　　　　　　　　　　　　　　　　　　　　$300 000
井及相关设备设施——无形钻井开发成本　　　　　　　　　　　$2 100 000
井及相关设备设施——租赁矿区及井设备　　　　　　　　　　　$800 000
减：累计折旧、折耗与摊销　　　　　　　　　　　　　　　　　$850 000
　　净井及相关设备设施　　　　　　　　　　　　　　　　　　$2 050 000

2017 年间 H 公司的业务活动如下：

未探明矿区的取得　　　　　　　　　　　　　　　　　　　　　$50 000
支付的延期租金　　　　　　　　　　　　　　　　　　　　　　$6 000
支付试验井贡献　　　　　　　　　　　　　　　　　　　　　　$30 000
租赁矿区记录维护,未探明矿区　　　　　　　　　　　　　　　$10 000
所有权维护费　　　　　　　　　　　　　　　　　　　　　　　$20 000
2017 年探明未探明矿区　　　　　　　　　　　　　　　　　　　$60 000
未探明矿区减损　　　　　　　　　　　　　　　　　　　　　　$40 000
钻勘探干井　　　　　　　　　　　　　　　　　　　　　　　　$300 000
钻成功勘探井　　　　　　　　　　　　　　　　　　　　　　　$500 000
钻开发干井　　　　　　　　　　　　　　　　　　　　　　　　$350 000
钻服务井　　　　　　　　　　　　　　　　　　　　　　　　　$275 000
安装罐、分离器等　　　　　　　　　　　　　　　　　　　　　$100 000

2017 年 12 月 31 日在钻开发井 $160 000

附加数据：2017 年一辆卡车为这个油田生产服务,行驶 4 000 英里（1 英里 = 1.609 344 千米）。预计该卡车的行驶里程数为 50 000 英里,卡车成本为 12 000 美元,预计残值为 0。

产品及储量数据见表 4-2。

表 4-2　产量及储量数据

项目	石油,桶	天然气,千立方英尺
产量	50 000	200 000
12 月 31 日探明储量	900 000	3 000 000
12 月 31 日探明开发储量	500 000	1 600 000

折旧、折耗与摊销的计算：

产量：
　　石油　50 000 × 6 = 300 000 当量天然气
　　天然气　　　　　　200 000 当量天然气
　　合计　　　　　　　500 000 当量天然气

探明储量：

  石油 $900\,000 \times 6 = 5\,400\,000$ 当量天然气

  天然气 $\underline{3\,000\,000}$ 当量天然气

  合计 $8\,400\,000$ 当量天然气

探明已开发储量：

  石油 $500\,000 \times 6 = 3\,000\,000$ 当量天然气

  天然气 $\underline{1\,600\,000}$ 当量天然气

  合计 $4\,600\,000$ 当量天然气

应折耗成本：

  探明矿区（12月31日净成本） $300 000

  2017 年矿区探明 $\underline{\$60\,000}$

  合计 $360 000

    $360\,000 \times 500\,000 / (8\,400\,000 + 500\,000) = \$20\,225$

井及相关设备设施（12月31日净成本） $2 050 000

  新的成功勘探井 $500 000

  新的成功开发井 $350 000

  新的服务井 $275 000

  新罐等 $\underline{\$100\,000}$

  合计 $3 275 000

    $3\,275\,000 \times 500\,000 / (4\,600\,000 + 500\,000) = \$321\,078$

卡车：

    $12\,000 \times 4\,000 / 50\,000 = \$960$

  折旧、折耗与摊销费用——探明矿区 $20 225

  折旧、折耗与摊销费用——矿区及井设备 $321 078

  折旧费用——卡车 $960

  累计折旧、折耗与摊销——探明矿区 $20 225

  累计折旧、折耗与摊销——租赁矿区及井设备 $321 078

  累计折旧——卡车 $960

第二节　全部成本法下油气资产的折旧、折耗与摊销

一、全部成本法下油气资产的内容及折旧、折耗与摊销的原理

全部成本法认为，在勘探油气过程中发生的成功和不成功费用是发现石油和天然气资源所必需的。换句话说，为了发现石油和天然气储量，产生一定数量的干井就像成功井（和其他的非生产性勘探耗费）一样是不可避免的。按照这个理由，成功和不成功费用都应该作为石油和天然气成本的一部分在生产过程中资本化，并予以摊销。

一方面，全部成本会计与传统的历史成本会计相背离（即费用的资本化不符合资产的定

义);另一方面,全部成本法却可以产生更加有价值的财务报告。与其他工业部门不同,石油和天然气公司的原始资产不是地产、工厂或设备,而是地下的石油和天然气资源。发现这些资产所花费的不成功费用是必要且不可避免的,全部成本法正是基于这一事实。

在全部成本法下,所有的费用,包括与矿区取得、勘探和开发活动有关的费用都被资本化。所以,地质和地球物理勘探研究、递延租金以及勘探干井都要资本化,甚至当矿区减损或废弃时,减损及废弃费用也要继续作为成本中心的资本化成本。与取得、勘探、开发活动直接有关的一般性费用和行政管理费用部分,如土地部门发生的内部成本,也要资本化。与生产有关的费用、普通公司的管理费以及类似的活动的耗费作为费用。普通公司的管理费通常包括公司所有的办公费用,其中能够确定属于取得、勘探和开发活动的除外。在全部成本法下,累计被摊销的资本化成本中心是一个国家,也包括近海水域。

比较全部成本法和成果法的账务处理,发现它们使用相同的账户名,但全部成本法下的耗费被资本化而不是费用化。由于全部成本法允许特定的成本从摊销基数中扣除,当所有特定的未探明的非钻井成本发生时记入未探明矿区账户的借方,当钻井成本发生时记入在建井账户。如果发现探明储量,则再转至井及相关设备设施账户;如果没有发现探明储量,则在建的勘探井转入勘探干井账户核算。成功的勘探井和勘探干井在核算上使用不同的账户,但是这两种账户在全部成本法下都是资产账户,并在折旧、折耗与摊销账户进行归集。不能发现探明储量的在建开发井,以与成果法相同的方法转到井及相关设备设施账户。

取得、勘探、开发活动是发现和生产石油和天然气产品的一部分,在全部成本法下,与这些活动有关的所有成功和不成功的费用必须在整个生产过程中进行摊销。在一个成本中心内的所有的资本化成本作一定扣除后,在所有探明储量中,使用产量单位法进行摊销。如果石油和天然气伴生,要将石油和天然气按一个相关的能量含量转换成一个共同的计量单位。但石油和天然气价格可能与换算后的相应能量含量不相称,产量单位法的换算方法会导致石油和天然气产品成本和其相应的收入不配比。当上述不配比成为事实时,在计算摊销时使用收入单位法比较合适(在成果法下,这一方法是不允许的,许多公司采用主导矿物法基本能解决这一问题)。如果采用收入单位法,则石油和天然气实际的销售价格习惯上被用来估计一年中产量的价值,年末现价而不是期货价格习惯上被用来测算已探明储量的价值。

使用产量单位法计算摊销额的基本公式与成果法计算摊销的方法基本相同:

年末资本化成本/年初预计的已探明储量×年产量

使用收入单位法计算摊销的公式如下:

年末资本化成本/以年末实际价格计算的年初估计的已探明储量的价值×以实际销售价格计算的年产量价值

SX4－10条例申明,采用收入单位法计算摊销时,储量的价值必须以现行售价来计算。但它同时又申明,如果价格发生明显的增长,则需要在下一个期间(季度)反映这种增长。例如,如果第三季度价格发生明显的增长,第三季度的摊销计算使用老价格,第四季度则应采用新价格计算。

二、全部成本法下折旧、折耗与摊销的计算方法

(一)列入折耗的油气资产内容

前已述及,在全部成本法下,除一般的与油气勘探开发和生产活动没有直接关系的管理费用之外,几乎所有的费用都应首先资本化,但是资本化的不一定都纳入折耗基础。根据成本与相关储量相配比的原则要求,必须对资本化的成本进行调整,以确定合理的折耗基础。

1. 资本化成本与储量的配比

在全部成本法下,应按照整个探明储量来摊销的净资本化成本,既包括租赁权费用又包括钻井和开发费用。探明储量由下列几个部分组成:(1)通过现有的井和设备能够生产出来的探明开发储量;(2)需要增加新井或其他未来手段才能完全开采出来的探明未开发储量。所以,当探明储量没有完全开发出来时,没有开发出来的探明未开发储量也作为计算折旧、折耗与摊销的分母,要将其开采出来还要增加未来的开发成本。因此,为了避免折旧、折耗与摊销比率的不真实或成本、费用与储量的不配比,未来开发费用应包括在被摊销的成本中。需要说明的是,未来开发费用的预计应以当前的成本为基础。拆除和废弃成本、净残值的预计也必须包括在摊销的计算中,这与成果法下计算摊销的方法一样。

2. 资本化成本的调整

(1)所有的与未探明矿区取得和评估相关联的直接费用都可以从摊销基数中扣除,直到确定探明储量能够归属于该矿区。然而,一旦勘探井被确定为干井,就必须包括在摊销基数中。进一步讲,一些不能与特定的未探明储量相关的地质和地球物理勘探费用,当耗费产生时也必须包括在摊销基数中。

(2)为了确定归属于开发中的某矿区的探明储量的数量,而进行的主要开发项目,如果预期需要的巨大费用特定成本未包括在摊销基数中,则可以扣除。扣除成本既包括已经发生的成本,又包括未来成本。一部分共同成本(即由已知储量和待定储量共同负担的成本)的扣除必须比较一下现存的探明储量和总的预计的未来探明储量,或者比较一下探明储量的已打井数和预期需钻的总井数。当确认探明储量或减损后,扣除成本和相关的探明储量应该按照单井或单矿区计入摊销基数。

上述成本可以从摊销基数中扣除,直到探明储量被确认探明或减损发生(或废弃)。任何减损不作为费用,但被转入摊销基数中并通过折旧、折耗与摊销账户进行摊销回收。注意,如果探明储量被确认,这些成本必须包括在摊销基数中。所以,即使生产活动还没有开始(例如,石油和天然气开采之前必要的管道建设),这些成本也要被摊销。

这里要注意区别探明未开发储量和未探明储量的界定,与探明未开发储量相关的未来开发成本应该包括在摊销基数中,而与未探明储量相关的未来开发成本或已发生的开发成本应该从摊销基数中扣除,直到探明储量被确定或矿区被放弃时,这些开发成本才能回到摊销基数中来。

(3)减损成本和废弃成本应包括在摊销基数中。

与成果法相比,全部成本法下的减损没有费用化,而是结转到摊销基数中,并且继续资本

化直到通过折旧、折耗与摊销账户回收(即费用化)。减损的数额登记一个减损账户——"未探明矿区减损成本",在全部成本法下,减损账户是资产账户,记入应摊销的成本中。

在全部成本法下,所有的成本,不论是成功的还是不成功的,都被认为是发现石油和天然气资源所必需的,因此都被认为是石油和天然气成本的一部分。所以,不管是探明的还是未探明的,矿区废弃通常不将其费用化,而是将其资本化,并通过折旧、折耗与摊销账户回收。废弃矿区通常被计入废弃成本。未探明矿区废弃成本特定的会计分录有利于确定这项资产是重要的还是不重要的。如果是重要的,应该结清未探明矿区账户和减损备抵账户,将净余额记入废弃成本账户借方;如果是不重要的,应将未探明矿区账户记入减损备抵账户借方。

3. 购买油气储量引起的成本和储量调整

当原油价格与以前年度相比相对较低时,许多公司愿意购买石油和天然气储量。计算折旧、折耗与摊销时,购买储量成本应并入全部成本法下的成本中心,购买的石油和天然气储量数量并入探明储量,除非使用年限内产生财政上的困难。换句话说,在绝大多数情况下,在成本处理和储量数量上,购买的储量和开发的储量应一样对待。

(二)资本化成本的最高限额测试

在全部成本法下,这一检验的必要性更强,且程序更为精细一些。因为全部成本法的资本化金额较高,这种检验可以确保使用全部成本法的公司的净资本化成本不超过公司的基本估价。在应用这种测试时,必须按季度进行,将净资本化成本与成本最高限额进行对比,如果资本化成本超过限额,就永久地降低资本化成本的账面价值。也就是说,每个资本化中心的资本化成本减去累计的折旧、折耗与摊销及相应的延付所得税不应超过成本的最高限额。

(三)辅助设备设施的折旧与非经营权益的摊销

全部成本法和成果法下定义和运用辅助设备和设施成本相类似。辅助设备和设施的折旧及作业费应该适当地分配给勘探、开发或者生产。分配给勘探、开发的成本需资本化,分配给生产的成本应费用化计入当期损益。在全部成本法下,非经营权益的摊销与前述成果法相同。

三、全部成本法下折旧、折耗与摊销举例

【例4-4】 (未探明矿区成本的包括和扣除)20××年12月31日,H公司在美国的石油和天然气矿区发生的成本数据如下:

探明矿区费用	$40 000
未探明矿区费用	$70 000
探明矿区的非钻井勘探费用	$80 000
未探明矿区的非钻井勘探费用	$100 000
探明矿区的钻井费用	$400 000
未探明矿区的在钻井费用	$600 000
未探明矿区的干井	$900 000
累计折旧、折耗与摊销	($49 000)
净资本化成本合计	$1 700 000

其他数据

  未来开发费用 $300 000

  20××年12月31日的探明储量   500 000 桶

  年产量   100 000 桶

(1) 折旧、折耗与摊销,假定所有可能的成本都包括在摊销基数中:

被摊销的成本

  总的净资本化成本 $1 700 000

  加:未来开发成本 $300 000

  被摊销的净成本 $2 000 000

折旧、折耗与摊销:

$$100\ 000/(500\ 000+100\ 000) \times \$2\ 000\ 000 = \$333\ 333$$

(2) 折旧、折耗与摊销,假定所有可能的成本都不包括在摊销基数中:

摊销的成本

  探明矿区成本 $40 000

  探明矿区的非钻井勘探成本 $80 000

  探明矿区的钻井成本 $400 000

  未探明矿区的干井 $900 000

  减:累计折旧、折耗与摊销   ($490 00)

  预计的开发成本 $300 000

被摊销的净成本 $1 230 000

不包括的成本

  未探明矿区成本 $70 000

  未探明矿区的非钻井勘探成本 $100 000

  未探明矿区在钻井 $600 000

  总的扣除成本 $770 000

  应计和扣除的成本合计 $2 000 000

折旧、折耗与摊销:

$$100\ 000/(500\ 000+100\ 000) \times \$1\ 230\ 000 = \$205\ 000$$

【例 4-5】 (最高限额测试) H 石油公司的数据如下:

未来总收入现值 $85 000 000

未来相关成本现值 $45 000 000

探明矿区的资本化成本

  取得成本 $2 000 000

  在建井 $13 000 000

  井及相关的设备设施费 $15 000 000

  勘探干井 $20 000 000

  合计 $50 000 000

未被摊销的未探明矿区

取得成本	$800 000
试验井贡献	$200 000
地质和地球物理勘探成本	$1 000 000
在建井	$6 000 000
合计	$8 000 000
被摊销的未探明矿区	
取得成本	$500 000
在建井	$1 500 000
合计	$2 000 000
累计折旧、折耗与摊销	$5 000 000
延付所得税	$1 000 000
所得税影响——时间差异	$1 000 000
被摊销的未探明矿区市价	$2 300 000

计算：资本化成本减去累计折旧、折耗与摊销成本以及递延税款。

探明矿区的资本化成本	$50 000 000
加：未摊销的未探明矿区	$8 000 000
加：摊销的未探明矿区	$2 000 000
减：累计折旧、折耗与摊销	($5 000 000)
减：延付所得税	($1 000 000)
合计	$54 000 000

限额

未来净收入现值($85 000 000 - $45 000 000)	$40 000 000
加：未被摊销的未探明矿区	$8 000 000
加：被摊销的未探明矿区的成本与市价孰低	$2 000 000
减：所得税影响——时间差异	($1 000 000)

分录如下：

开采矿区减损	$5 000 000
累计资本化成本减损	$5 000 000

第三节　成果法和全部成本法的折旧、折耗与摊销

成果法和全部成本法的折旧、折耗与摊销在范围、方法和摊销基数等各方面都表现出较大的差别，对这种差别进行比较和分析有助于进一步掌握成果法和全部成本法的理论体系。

一、折旧、折耗与摊销基本要素的比较

1. 折旧、折耗与摊销的范围

在成果法下，成本中心通常是以单独的租地或者更大的区域（如油区或油田）为限来确定

的。而在全部成本法下,成本中心是以国家为基础建立的。对折旧、折耗与摊销的计算是在合并的基础上进行的,包括以一定比例合并在一起的联合矿区。采用权益法的被投资者将被分别核算。其中,以一定比例合并在一起是指在联合开采中。(共同控制实体)拥有的油气资产,采用权益法核算对外投资,若被投资者是独立的公司,则其油气资产不能合计在本公司(投资者)的摊销基数中。

2. 折旧、折耗与摊销的计算方法

在成果法下,只允许使用产量单位法,将探明矿区取得的成本和井及相关设备设施分别在探明储量和探明开发储量基数上进行摊销。对于油气共生的矿区,通常使用主导矿藏法作为产储量的计算依据。

在全部成本法下,允许使用产量单位法或收入单位法,对成本中心的资本化费用及相关内容在探明储量的基础上进行摊销,而对于油、气共生的矿区,使用共同容量(产量单位法下)进行折算,或使用油、气产品价格(收入单位法下)进行折算。

3. 对特殊成本项目的处理

(1)对于未来拆除成本和残值收入,成果法和全部成本法的处理方式相同,都要求纳入摊销基数。

(2)对辅助设备设施的折旧和非经营权益的摊销,成果法和全部成本法的处理方式相同。

(3)对于与探明未开发储量相联系的未来开发成本,如计划钻凿的开发井成本,在成果法下不能列入摊销基数,而在全部成本法下应该列入摊销基数。

(4)已发生的巨额开发成本,如海上钻井平台,既与探明开发储量相关,又与探明未开发储量相关。在成果法下,将与探明未开发储量相关联的部分扣除,而按照全部成本法的理论,凡是与探明储量相关的开发成本都应包括在摊销基数中。但是,为了确定开发的探明储量的数量(目前为估计数,事实上仍应归为未探明储量)而需要的未来巨额开发成本,同样也可能是安装海上钻井平台及打开发井的成本,不应该包括在摊销基数中。从这一点来看,成果法和全部成本法的要求是相同的。

4. 对未探明矿区成本和未完工程成本的处理

(1)未探明矿区成本的处理。

在成果法下,未探明矿区成本被资本化,但不纳入摊销基数。对地质和地球物理勘探成本,无论是否与未探明矿区直接相关,都被列入费用;未完工程不能列入折旧、折耗与摊销基数,直到完工或找到了探明储量(勘探井)时才能纳入摊销基数。

而在全部成本法下,对未探明矿区成本的处理较为复杂。一般来说,未探明矿区取得成本及与其有直接关联的地质和地物理勘探成本不能纳入摊销基数,而未探明矿区的减损、勘探干井、持产与维护费、废弃成本要纳入摊销基数,这些项目在成果法下都要列入当期费用。

(2)在建井及未完工程成本的处理。

在成果法下,在建井(无论是勘探井还是开发井)及未完工程都不能列入摊销基数。而在全部成本法下,只有未完工的勘探井或与未探明矿区相关的地质勘探项目不能列入摊销基数,其余在建井及未完工程成本都能纳入摊销基数。

但在实际操作中,全部成本法的具体处理可能有两种情况,一种情况是将所有可能的成本包括在摊销基数中;另一种情况是将所有可能的成本都不包含在摊销基数中。

下例说明了包含废弃和减损在内的复杂折旧、折耗与摊销问题。第一部分说明了当摊销所有的可能成本时的折旧、折耗与摊销的计算;第二部分说明了当所有的可能成本不包含在摊销基数中时的折旧、折耗与摊销的计算。在这个例子中,字母 I 栏下的字母 A 表示所有可能成本包括在摊销基数中,字母 E 栏下的字母 A 表示当从摊销基数中扣除所有可能成本后,应该包括在摊销基数中的项目。

【例 4-6】 (复杂的折旧、折耗与摊销)H 公司仅在美国拥有石油和天然气资源。20××年12月31日,H 公司的有关成本见表4-3。

表 4-3 H 公司的有关成本

I	E	项　目	金　额
A	A	探明矿区 未探明矿区,取得成本	$100 000 $105 000
A	A	在建井,探明矿区 在建井,未探明矿区	$250 000 $550 000
A	A	间接地质和地球物理勘探成本	$70 000
A	A	直接地质和地球物理勘探成本,探明矿区 直接地质和地球物理勘探成本,未探明矿区	$120 000 $210 000
A	A	干井,探明矿区	$300 000
A	A	干井,未探明矿区	$700 000
A	A	递延租金,探明矿区 递延租金,未探明矿区	$25 000 $75 000
	A	成功钻井成本	$600 000
A	A	未探明矿区废弃成本	$95 000
A	A	累计折旧、折耗与摊销	($500 000)
A	A	未来开发成本	$400 000

资本化成本合计加未来开发成本　　　　　　　　　　$3 100 000
20××年12月31日探明储量　　　　　　　　　　4 240 000 桶
当年产量　　　　　　　　　　　　　　　　　　245 000 桶

注意:在提供的数据中,当相应矿区没有被探明时,个别有关探明矿区的成本如直接地质和地球物理勘探成本的费用,在全部成本法下应资本化,而不像在成果法下费用化。当矿区被探明时,这些成本仍然作为资本化成本保留在账簿中。

(1)假定所有可能成本都包括在摊销基数中,则折旧、折耗与摊销的计算如下:

上列所有成本减去累计的折旧、折耗与摊销,包括在计算的折旧、折耗与摊销中。(上列 I 栏下的字母 A 对应的条目是将被摊销的成本)

总资本化成本　　　　　　　　　　　　　　　　　　$3 200 000
加:未来开发成本　　　　　　　　　　　　　　　　　$400 000
减:累计折旧、折耗与摊销　　　　　　　　　　　　　($500 000)

应被摊销的成本 $3 100 000

折旧、折耗与摊销：

245 000/(4 240 000 + 245 000) × $3 100 000 = $169 342

(2) 下一个计算的折旧、折耗与摊销，假定所有可能成本都不包含在摊销基础中，同时假定上面未探明矿区的减损备抵为 20 000 美元，未探明矿区的减损成本为 80 000 美元。

上列与未探明矿区相关的所有成本，除干井成本、废弃成本以及减损外，都不包括在摊销金额中。要摊销的成本显示在 E 栏中。

探明矿区	$100 000
在建井，探明矿区	$250 000
间接地质和地球物理勘探费	$70 000
直接地质和地球物理勘探费，探明矿区	$120 000
干井，探明矿区	$300 000
干井，未探明矿区	$700 000
递延租金，探明矿区	$25 000
成功钻井成本	$600 000
未探明矿区废弃成本	$95 000
未探明矿区减损	$80 000
累计折旧、折耗与摊销	($500 000)
未来开发成本	$400 000
应摊销净成本	$2 240 000
成本扣除	
未探明矿区	$105 000
减：减损备抵	($20 000)
未探明矿区净值	$85 000
在建井，未探明矿区	$550 000
直接地质和地球物理勘探费，未探明矿区	$210 000
递延租金，未探明矿区	$75 000
成本扣除	$920 000
二者合计	$3 160 000

折旧、折耗与摊销：

245 000/(4 240 000 + 245 000) × $2 240 000 = $122 363

二、资本化成本最高限额测试的比较

1. 成果法的最高限额测试

在成果法下，因为只有那些与直接发现储量有关的成本才被资本化，所以美国证券管理委员会(SEC)要求采用成果法的公司进行成本上限值测试，但他们推行非正式的成本上限值测试。在实践中，许多公司都注销了一部分他们的石油和天然气资产，尤其是在石油价格下跌的情况下。

美国证券管理委员会提倡的非正式的成本限值测试是:如果已证明的石油和天然气资产成本的账面净值减去相关递延税款的净值后,超过相关的从证明的石油和天然气储量中获得的"税后折现的未来净现金流量",那么减损就要表示出来,并且石油和天然气资产账户应该被注销部分成本以使结果等于净现值。

在采用财务会计标准说明书第121款以前,采用美国证券管理委员会非正式的成本上限值测试条款,将已证明含有石油和天然气的资产在以世界为一个整体范围的基础上,有规律地对可能发生的减损进行评估。在这种情况下,如果资产合计的账面净值减去递延所得税的净值后超过合计的折现未来现金流量,那么减损的可能性就已经存在。另外,高成本、长时期的石油和天然气项目在开始生产以前要进行单独评估,用投资时资产的已记成本与它的公平市价或经济价值相比较,经济价值通常以评估时项目税后已折现的未来现金流量的管理期望值为基础确定。

从1995年12月15日以后开始采用财务会计标准说明书第121款的规定,相关的已证明资产潜在的减损评估必须按照该条款的要求执行。这条规则不适用未证明矿区。1996年全美六大会计公司之一的普华会计公司在《石油工业回顾》杂志上的调查显示,在被调查的26家使用成果法的公司中,有22家公司使用了对潜在的石油和天然气资产进行减损的评估政策,有17家使用成果法的公司在1995年期间以这种方式注销了石油和天然气的部分资产价值。

2. 全部成本法的最高限额测试

在全部成本法下,由于干井成本、勘探成本、延期租金和放弃租约费用的资本化而带来了一种危险性,那就是在一个成本中心内未摊销的资本化成本可能超过石油和天然气的储量现值。正是这种可能性使得证券管理委员会为每个成本中心都建立了一个"成本上限"。对每一个成本中心来说,资本化了的成本减去累计摊销额和相关的递延所得税后将不能超过成本中心的上限值。

预计未来净收入的现值 = 石油和天然气的现价 × 最新资产负债表上显示的已证明的石油和天然气储量的预计产量

减去:在开发和生产已证明储量时发生的预计未来支出(以当前成本为基础),计算时使用10%的折现率并假设这种经济状况的存在是持续的

加上:不能被摊销的资产成本

加上:包含在摊销基础内的未证实矿区的估计市价或相比后的低价成本

减去:在一个成本中心由于会计核算和纳税计税依据不同而产生的相关所得税差额减去相关的递延所得税,超过成本中心上限值的部分将被费用化并且在发生的期间要分别表现出来,被注销掉的数额不能再恢复。

对上市公司来说,这种测试必须按季度进行;对私有公司来说,这种测试可以以年为基础进行。采用全部成本法核算的相关的石油和天然气资产的成本不受财务会计标准说明书第121款的限制。采用全部成本法的公司应继续遵循证券管理委员会所规定的成本上限值测试标准,因为财务会计标准说明书第121款并没有改变这些规则。

三、成果法和全部成本法的折旧、折耗与摊销比较举例

下面的例子说明了成果法和全部成本法对折旧、折耗与摊销计算的比较情况。

【例 4-7】（成果法与全部成本法的比较）H 公司是一个新的公司，拥有两处石油和天然气矿区，都在美国境内并都被确认为重要的矿区。租赁矿区 A 于 2014 年取得，并在 2015 年 1 月 1 日投入开采。租赁矿区 B 于 2016 年取得，仍未探明。所钻的干井没有设备残值。2017 年 12 月 31 日 H 公司的数据见表 4-4。

表 4-4　H 公司的数据

项目	租赁矿区 A 已探明				租赁矿区 B 未探明			
	成本	摊销字母 A 对应项目			成本	摊销字母 A 对应项目		
		SE	FC-I	FC-E		SE	FC-I	FC-E
减损之前的定金					$60 000		A	
减损					$10 000			A
定金、净减损	$50 000	A	A	A				
累计递延租金	$25 000		A	A	$10 000			
累计直接地质和地球物理勘探费	$90 000		A	A	$80 000			
在建井——无形钻井开发成本	$450 000		A	A	$300 000			
在建井——矿区及井的设备	$100 000		A	A	$100 000			
勘探干井——无形钻井开发成本	$500 000		A	A	$300 000			
勘探干井——矿区及井的设备	$200 000		A	A	$175 000			A
开发干井——无形钻井开发成本	$310 000	A	A	A	NA	A	A	
开发干井——矿区及井的设备	$120 000	A	A	A	NA			
成功井——无形钻井开发成本	$475 000	A	A	A	NA			
成功井——矿区及井的设备	$225 000	A	A	A	NA			
储存罐,18 年	$150 000	A	A	A	NA			
未来开发成本	$400 000	A	A		NA			
预计残值*	$90 000	(A)	(A)	(A)	0			

注：*项应从摊销的总成本中扣除。

其中两列成本项目对应的每栏的意义是：(1) 成果法下的应摊销成本(SE)；(2) 在全部成本法下，当所有可能的成本包括在摊销额中时，应摊销的成本(FC-I)；(3) 在全部成本法下，当所有可能的成本不包括在摊销额中时，应摊销的成本(FC-E)。

租赁矿区 A 的其他数据见表 4-5。

表 4-5　租赁矿区 A 的其他数据（2017 年 12 月 31 日）

	石油，桶	天然气，千立方英尺
探明储量	200 000	500 000
探明开发储量	80 000	250 000
产量	10 000	25 000

(1) 假定天然气是主要矿藏，在成果法下，应用尽可能简单的方法计算折旧、折耗与摊销。假定租赁矿区累计折旧、折耗与摊销的成本为 5 000 美元，井及相关设备设施费的累计折旧、折耗与摊销为 430 000 美元。

租赁矿区取得成本：

$$(\$50\,000 - \$5\,000) \times 25\,000/(500\,000 + 25\,000) = \$2\,143$$

井及相关设备设施费：

$$(\$1\,190\,000 - \$430\,000) \times 25\,000/(250\,000 + 25\,000) = \$69\,091$$

(2) 在全部成本法下，使用能量基础计算折旧、折耗与摊销。它包括了可能包括在摊销基数中的所有成本。假定累计折旧、折耗与摊销费为 $930 000。

产量：

石油　10 000×6=60 000 千立方英尺(当量)

天然气　　　25 000 千立方英尺

合计　　　85 000 千立方英尺(当量)

探明储量：

石油　200 000×6=1 200 000 千立方英尺(当量)

天然气　　　500 000 千立方英尺

合计　　　1 700 000 千立方英尺(当量)

成本摊销：

$3 005 000(租赁矿区A) + $1 150 000(租赁矿区B) − $930 000 = $3 225 000

$3 225 000 × 85 000/(1 700 000 + 85 000) = $153 571

(3) 在全部成本法下，假定年末价格为石油每桶25美元和天然气每千立方英尺3美元，年平均价格为石油每桶28美元和天然气每千立方英尺2美元，使用收入法计算折旧、折耗与摊销。它不包括可能不包含在摊销基数中的所有成本。假定累计折旧、折耗与摊销费为630 000美元。

产量	探明储量
10 000 × $28 = $280 000	200 000 × $25 = $5 000 000
25 000 × $2 = $50 000	500 000 × $3 = $1 500 000
$33 000	$6 500 000

($3 005 000 + $610 000 − $630 000) × 330 000/(6 500 000 + 330 000) = $144 224

案例　国际与中国会计准则油气资产计价及折旧折耗计提差异比较与分析

一、国际会计准则与中国会计准则计提折旧折耗比较

1. 两准则计提折旧折耗的比较

中国石油企业在海外上市，首先面临的一个问题就是财务披露问题，需要将其会计信息披

露内容从中国企业会计准则,转换到以IAS国际会计准则或美国会计原则为标准的披露信息。近几年中国会计制度不断改革,已经在很多方面与国际会计惯例接轨,但由于实际工作中两准则之间存在差异,很多方面仍然需要调整。以中国石油2010～2012年年报披露数据为例(表1),其中调整金额最大的一项是按中国企业会计制度规定的直线法与按国际会计准则采用产量法计提折旧折耗之间的差异调整。

表1 中国石油2010—2012年年报披露数据　　　　　　　　　　　单位:亿元

项　目	2010年	2011年	2012年
当年投资转资	385	465	526
新增油气资产	200	273	300
处置油气资产对净值影响	—	43	36
产量,万吨	158 492	157 854	157 854
剩余可采储量,万吨	158 492	157 854	157 854
产量法当年折旧折耗	361	333	369
直线法当年折旧折耗	427	433	429
调整差额	66	100	60

2.影响油气资产折旧折耗计提的原因分析

(1)IAS国际会计准则计算依据。

按产量法计提折旧折耗主要依据区块油气资产期末净值和油气资产折旧、折耗率,由于没有单独储量资产信息,因此,IAS国际会计准则计提折旧公式如下:

　　　　当月计提折旧 = 区块油气资产月末净值 × 当月区块油气资产折耗率

其中　区块油气资产月末净值 = 区块油气资产月初净值 + 当月新增油气资产净值

　　　　当月区块油气资产折耗率 = 本月区块产量/月初区块已开发剩余可采储量

上述公式反映出影响折耗计提金额有三个方面的因素,即区块油气资产月末净值、区块累计产出量、区块已开发剩余可采储量。

(2)CAS中国会计准则计算依据。

中国企业会计准则规定,企业固定资产折旧方法一般包括平均年限法、工作量法、双倍余额递减法和年数总和法。一般企业采用平均年限法和工作量法即直线法。技术进步快的企业,如电子生产企业、船舶工业企业、生产"母机"的机械企业、飞机制造企业、汽车制造企业、化工生产企业和医药生产企业以及其他经财政部批准的特殊行业的企业,其机器设备可以采取双倍余额递减法或者年数总和法。如需采用加速折旧的其他方法,应报财政部批准。根据这一规定,中国石油企业采用直线法。直线法年计提折旧率的具体公式如下:

　　　　年折旧率 = (1 - 预计净残值)/折旧年限　月折旧额 = 资产原值 × 月折旧率

　　　　月折旧率 = 年折旧率/12

上述公式反映出影响折旧计提有三个方面的因素,即资产原值、预计净残值和折旧年限。

二、两准则核算内容差异比较

通过上述比较分析,无论是国际会计准则,还是中国会计准则,计提折旧折耗时都受两个方面因素的制约,即油气资产的价值和折旧折耗率,而两准则在这两方面会计处理时有很大的实质性差异。

1. 油气资产计价范围不同

石油天然气生产活动包括矿区财产取得、勘探、开发和开采四个阶段,以每一阶段作为支出归集对象,形成了国际会计准则油气资产的计价范围:

(1) 矿区取得成本:指以购买、租赁或其他方式取得矿区财产所发生的支出。

(2) 勘探成本:指勘探过程发生的支出,包括地质和地球物理费用、维护和保留未开发矿区财产权益费用、干井贡献和井底贡献费用、钻井成本等。

(3) 开发成本:指为了获取探明储量和为开采、处理、集输以及储存石油和天然气提供设施所发生的支出。

(4) 开采成本:指把石油和天然气从地下提升到地面并进行集输、处理、现场加工和现场储存所发生的各种支出。

由于中国石油天然气行业所需矿区土地大多在探明储量发现后由国家无偿划拨,目前中国油气资产不包括矿区取得成本,或者包括但价值很小。

2. 折旧折耗的含义不同

IAS 国际会计准则折旧折耗包括以下内容:

(1) 已资本化成本的折旧折耗。一般以一个单独矿区或一组地质特征相同矿区组成的油田为计算单位。

(2) 矿区取得成本的折耗。一般采用单位产量法(the unit-of-production method),计算公式为:

$$矿区取得成本折耗率 = 当期产量 / 期初探明储量$$
$$= 当期产量 / (本期末探明储量 + 当期产量)$$

(3) 井和其他生产设备的折旧(depreciation)。采用单位产量法,但计算折旧率的基础不同,其计算公式为:

$$井和其他生产设备折旧率 = 当期生产量 / (本期末探明已开发储量 + 当期产量)$$

(4) 辅助设备和设施的折旧(depreciation of support and facilities)。与其他行业一样,一般按耐用年限,采用直线法计提折旧。

中国准则油气资产只包括井和其他设备、辅助设备和设施,并采取直线法计提折旧折耗。

3. 储量信息反映的内容不同

中国储量的确认与国际惯例相差甚远。在探明储量概念是,中国以油气流显示为准,而国际惯例以商业可采为准;在储量分类上,中国一般分为概算储量、控制储量和探明储量等类别,而国际惯例一般分为探明储量和未探明储量。

4. 油气资产弃置处置不同

中国企业会计制度规定油气资产报废,一般按单井经济评价后进行单井报废处理。即规定油气井预计清理残值收益率为零,其他设备残值率为3%,资产清理费用由残值收益补偿。国际准则不进行单井报废处理,只有整个地质区块完全枯竭方能做报废弃置处理,清理费用由当期费用承担。

三、两准则披露差异带来的思考

通过油气资产两准则计价与计提折旧折耗差异分析,反映了三个凸显的矛盾问题。一是由于目前中国储量资产缺位,造成公司每年投入大量的投资开发资金,不能在高油价下以折旧折耗形式及时收回,降低了资产运行效果。二是由于对油气资产报废处理采用的方法不同,造成两准则间在实物资产管理上的差距越来越大。国际会计准则规定,油气资产报废处理时,必须在整个区块储量枯竭时采取整体报废处理,这造成了部分不良资产不能及时处理,形成新的资产包袱。三是由于中国会计准则和国际会计准则在核算上存在差异,对外信息披露是必须按国际或美国准则规定进行转换,需要耗费大量的人力、物力和财力,其代价相当大。

通过对IAS国际会计准则和美国FASB(美国财务会计准则委员会)财务会计准则的研究,联系中国石油企业的实际,可以看出,同国际石油公司相比,中国石油企业使用的会计规范,一直不适应油气行业的特点,造成油气企业会计信息不可比、不完整、不真实。1993年以前,陆上石油企业因体制原因,人为将勘探开发与开采活动整体割裂开,使用三种不同的会计制度,出三种会计报告的"三套账"。1993年进行会计改革后,实行"三账合一",但仍采用工业会计制度进行核算,主要问题是矿区取得成本与油气储量资产缺位、国家对企业投资不转为"资本金"、油气资产使用直线法计提折旧等。这些问题因中国的石油企业在美国和香港上市后逐步得以改变,积极推动了中国石油企业油气会计核算方法向国际惯例靠拢,上市公司遵循IAS或FASB的有关规定,执行了统一的财务核算制度。但是非上市企业目前仍按各自内部会计制度核算,在国内还没有制定统一的油气生产经营活动应遵循的会计准则。

需要说明的是,目前按照中国会计准则规定实行直线法,符合中国企业的管理实际。这主要是由于中国会计制度与国际会计准则规定的油气资产计价基础不同,国际石油公司油气资产计价包括矿区取得成本与油气储量资产价值,而中国矿区开采和油气储量没有评估作价或作价很低,这样造成油气资产价值低于国际石油公司,再按照产量法计提折旧折耗就等于将投资回收期延长,不符合收益与费用配比原则。

根据以上情况,比照借鉴国际惯例规定,中国在油气会计准则制定和会计制度修订中应注意以下几个方面工作内容:

(1)陈述油气资产折旧折耗采用直线法的理由,真正体现配比原则;或资本化所有勘探、开发成本,以弥补储量资产缺位问题。

(2)选择成果法作为勘探开发成本的核算方法。这种方法容易被会计实务人员接受,并且将收入和费用的配比限于一定区域范围,不至于出现较大偏差。

(3)建立年末储量评价体系。现在石油天然气财务报告存在的主要问题是储量资产缺位的问题,建立年末储量评价体系是解决这一问题的有效方法。储量评价体系是制约油气资产的重要信息系统,按照国际惯例要求,应重点考虑以下因素:随油田生产的进行,剩余可采储量逐渐减少;复算老油田可增加或减少储量;可采储量随采收率提高而提高;老油田扩边(包括新层、新块)可新增储量;原油价格上涨将使原来不具有经济价值的部分储量变为有经济价值的储量,原油价格下跌与此相反;对已开发探明储量进行评估时还应考虑投资回收问题等。

(4) 实行"历史成本+储量数量"报告模式。由于石油天然气资产历史成本计量与其价值存在很大差异,要充分考虑现值计量属性,还需要补充两个方面信息:一是提供补充的现值信息;二是提供储量数量信息。

(5) 借鉴 FASB 财务会计准则的制定方法,加强对油气会计理论研究。FASB 制定各具体会计准则时十分注意会计理论的研究成果,公开出版有关油气会计的文献,发动理论界和实务界研究中国石油企业的特点,所处的会计环境和国外的成功经验和失败教训,在充分研究和实证的基础上,研发一套即符合中国国情又与国际惯例协调的油气会计准则。

[本文出处] 王之君. 国际与中国会计准则油气资产计价及折旧折耗计提差异之探讨分析[J]. 国际石油经济,2006(02):51-53,72.

思考题

1. 成果法和全部成本法下的折旧、折耗与摊销在范围、方法和摊销基础上有何区别?
2. 成果法和全部成本法的最高限额测试有何区别?
3. 油气资产的折旧、折耗与摊销对成果法和全部成本法会产生什么实质性的影响?

练习题

EXON 公司 2017 年 12 月 31 日拥有一个探明矿区 C 和一个未探明矿区 D,已发生的成本见表 4-6。2017 年 12 月 31 日有关产储量数据见表 4-7。2017 年油气产品价格信息见表 4-8(单位:美元)。

表 4-6

成本项目	探明矿区 C	未探明矿区 D
1. 取得成本	200 000	250 000
2. 累计减损	0	100 000
3. 直接地质和地球物理勘探成本	100 000	120 000
4. 累计递延租金	20 000	30 000
5. 累计勘探干井	800 000	1 200 000
6. 在建井	200 000	300 000
7. 井及相关设备设施	1 200 000	0
8. 未来开发成本	1 500 000	0

表 4-7

	产量	探明储量	探明开发储量
石油,桶	10 000	200 000	120 000
天然气,千立方英尺	40 000	800 000	280 000

表 4-8

	石油,美元/桶	天然气,美元/千立方英尺
平均价格	40	10
年末价格	50	15

要求:

(1) 按成果法计算 DDA,以石油为主导矿藏处理伴生矿。

(2) 按全部成本法计算 DDA,并假定所有可能成本都包括在摊销基础中,使用能量转换法处理伴生矿。

(3) 按全部成本法计算 DDA,并假定所有可能成本都不包括在摊销基础中,使用金额折算法处理伴生矿。

第五章 油气生产成本会计

本章着重研究在美国矿业管理体制下油气生产成本核算的主要方法。对中外油气生产成本包含的内容进行了对比,阐述了油气生产成本信息在项目开发决策中的应用。

第一节 油气生产成本的内容、分类及核算

一、油气生产成本的内容

对于油气生产的内容,中国第27号企业会计准则第十九条做了如下规定:"油气生产,是指将油气从油藏提取到地表以及在矿区内收集、拉运、处理、现场储存和矿区管理等活动。"

(一)油气生产成本的基本内容

国外石油公司会计核算中,油气生产成本的内容包括在油气提升、集输、加工和储存等油气生产活动中发生的人工费、修理费、供应品消耗、矿产税及生产税等费用。

1. 直接人工成本

在井和相关设备上进行作业的人工成本包括薪金、工资、一线监督者的福利以及在该矿区工作的雇工福利。一线监督者一般管理一个矿区的井及设备维护和作业中直接雇用的雇工和合同工。如果保留了详细的时间记录,并能表明监督者在每一矿区中工作的时间数量,一线监督者的费用就可作为直接成本进行账务处理;如果未保留详细的时间记录,该项费用可以在某些合理的基础上按比例进行分配。油田雇工履行日常维护及对计量过程监督管理的职责。油田雇工包括司泵、计量工、半熟练工等。如果在油田的工作范围超过一个矿区或油井,就必须保持油田雇工的详细工作时间表,或者将油田雇工的薪金和福利费按合理的基础分配到单个矿区或单个油井。

2. 直接材料、动力消耗成本

在井的作业中消耗的材料、供应品、燃料动力及管具更换成本,包括日常修理和维护时使用的材料和供应品,也包括操作生产设备(分离器、加热处理器等)时消耗的燃料和动力。这些成本一般作为生产成本,通常可鉴别属于某一特定矿区,因此作为直接生产成本处理。管具是指套管和油管。即使管具的购置和安装成本已经资本化了,但其修理和更新成本应考虑作为生产成本,并在其发生时计入费用。一般情况下,管具价格包括发票金额和运输成本。

3. 修井作业成本

生产成本还包括各种类型的修井费用。修井作业可包括修复活塞杆、管子、采油树,以及检查泄漏和除砂、酸化等。如果修井作业的目的是为了促进生产或使产量保持在原有的生产水平上,则所发生的成本应作为直接生产成本计入费用;如果修井作业或重新完井的目的是加深一口井或将井回填到较浅层位,以便从新的构造中生产原油,则所发生的成本应考虑作为勘探井或开发井成本,并依照所使用的财务会计核算方法、井的分类、钻井的结果,将其进行资本化或计入费用,而不是作为生产成本核算。

4. 修理与维护成本

修理和维护活动包括正常修理和维护。正常修理和维护对于所有的矿区设备都是必要的,如油罐、输油管线、矿区道路及矿区建筑等。举例来说,修理和维护包括重新安装不准确的计量器、修复泄漏的管线及给生产设备上润滑油等。修理和维护服务成本一般作为费用核算,除非资产的使用寿命大大延长,或者资产的生产能力大大提高。费用发票上应注明所经管的井和矿区。这些成本也相应地作为直接生产成本处理。

很多情况下,修理和维护成本再加上井和设备的作业成本,是在与一个可提供抽油服务的独立承包者签署合同的基础上发生的。所谓抽油服务,包括日常运行维护、计量表读数、计量作业等。从独立承包者取得的有关抽油服务的发票应能鉴别所经管的井或矿区,并提供特定矿区的费用数据。

5. 辅助设备和设施的折旧与作业成本

辅助设备和设施的折旧与作业成本要适时分配到勘探、开发或生产成本中。分配到生产成本的部分应作为生产成本计入费用。由于辅助设备和设施通常不与某一特定矿区的油藏生产直接相关,同时也由于这些设施的使用寿命可能与油藏的寿命有很大的不同,因此这些设备和设施的折旧一般不使用单位产量法计算,在正常情况下通常采用直线法或余额递减法来代替单位产量法。在很多情况下,服务于一个以上矿区的辅助设备和设施,其折旧和作业成本作为间接生产费用处理,并且分配计入各单个矿区。

6. 油气集输与处理成本

(1) 油气集输系统。油气集输系统是从油田管线开始的,这些管线将生产出来的石油和天然气从每个单井输送到石油和天然气分离和脱除沉渣及水的中心地点。处理之后,将石油和天然气或输送到油罐,或输送到通往消费者的管线。集输系统包括石油和天然气分离设备、加热处理器以及集输罐。集气系统包括压缩设备和脱水器等。石油和天然气集输系统安装时相应发生的成本要作为开发成本项目按单位产量法进行折旧、折耗与摊销计算,但其作业成本要考虑作为生产成本,并在发生期间计入费用。

(2) 污水处理系统。在正常情况下,石油和天然气产品中所不需要的污水是随石油和天然气产品一同生产出来的。对污水必须进行一定的处理,而作为一种对环境无害处理方法,通常将其重新回注地层。污水处理系统包括污水集聚、污水处理并清除其中的化学和腐蚀性物质,然后将其重新注入地下。该系统可以仅覆盖一个矿区,也可以覆盖数个矿区。如果一个污水处理系统仅覆盖一个矿区,则其成本应计入该矿区的作业费用;如果覆盖数个矿区,则其成本必须分配到各个矿区中去。比较适当的分配方法包括按每个矿区井的数量分配和按处理污水的数量分配。

7. 财产税和保险费

已探明矿区的财产税和保险费一般作为矿区作业成本。财产税是政府机构从价征收的税款。已探明矿区的财产税在数额上是相当大的。对于未探明矿区估计的财产税通常考虑作为勘探成本,数额一般不太大(见第三章)。对已探明矿区保险的类型包括一般责任险、工人补偿险、火险以及灾害保险。上述每种费用都很容易识别属于某一特定矿区,并且可作为直接生产成本入账。

8. 生产税

其他生产成本一般在发生时作为费用登记,但以产品销售价格为基础的生产税则是随石油和天然气的销售而发生的。作为一种结果,这类生产成本一般在相关的收入入账时予以登记。明确地说,生产税是一种州政府征收的税。生产税也称为产品税,通常是按石油和天然气销售价格的规定百分比征收的。如果没有销售价格的规定百分比,生产税也可以石油销售数量为基础征收,如每桶油2美元。

9. 二次采油和三次采油系统作业成本

二次采油和三次采油方法的实施经常需要大量投资,例如钻注入井、提供注剂设备,这些井和设备的费用占开发费用相当大的比例,因此,一般将这些费用资本化,并采用单位产量法进行摊销。化学注剂的成本通常采用以下两种方法进行核算:第一种方法是将化学注剂考虑作为可折旧的财产,按井及相关的设备设施记账,然后将其成本按成本中心摊销到其他井及相关设备成本中;第二种方法是将化学注剂的成本直接计入生产成本。二次采油和三次采油系统的日常维护和作业成本一般考虑作为生产成本,并在其发生时计入费用。

10. 关井付款

在正常情况下,当关闭一口有生产能力的井时,必须付给矿区使用费所有者关井支付。如果所关的井没有未来恢复生产的可能性,则不论是采用成果法的公司还是采用全部成本法的公司,都应将关井支付作为直接生产成本计入费用;如果所关的井有可能在将来恢复生产,则采用成果法和全部成本法的公司都应按支付给矿区使用费所有者的金额作为应收款记账。

中国第27号企业会计准则第二十条对油气生产成本的规定如下:"油气的生产成本包括相关矿区权益折耗、井及相关设施折耗、辅助设备及设施折旧以及操作费用等。操作费用包括油气生产和矿区管理过程中发生的直接和间接费用。"

(二)国内外油气生产成本内容的对比

从中国油气会计准则关于生产费用的描述中可以看出,中国在制定油气会计准则时充分借鉴了美国石油天然气会计准则。从表5-1可以看出,两国都具有很强的趋同性,只是在具体表述上有一定的差别。

表 5-1　中、美会计准则油气操作成本构成对比

美国第 19 号财务会计准则	中国第 27 号企业会计准则
经营矿井及相关设备设施的人工成本	井和设施上进行作业的人工费用
修理及维护成本	井及相关设施修理和维护费用
在经营矿井及相关设备设施中所消耗的材料、物资和燃料以及使用的服务	井及相关设施消耗的材料和供应品
已探明矿区财产、矿井和有关设备设施所适用的财产税和保险费	相关税费等
采掘税	

表 5-1 对中国与美国的油气会计准则进行了比较。从表中可以看出，两国会计准则中生产成本所涉及的项目及其内容的描述非常相似，主要区别在于相关税费的规定，这主要是由各国不同的税收政策决定的。

中国新企业会计准则的一大特点就是国际趋同。由于中国在会计准则制定之初就与国际会计准则理事会（委员会）保持了密切的合作关系，因此中国在制定会计准则时也更倾向于与国际会计准则和国际财务报告准则趋于一致。所以，中国会计准则在制定基础和结构上都更多地参考了国际会计准则。但中国的《企业会计准则第 27 号——石油天然气开采》与国际会计准则的协调程度并不高。

从以上的对比中可以看出，中国在制定油气会计准则时更多地借鉴了美国的油气会计准则。这首先是由于相较于美国，国际会计准则理事会对油气会计准则的研究起步较晚，它所制定的 IFRS6《矿产资源的勘探与评价》只规定了各有关交易事项适用的会计处理原则，并没有详细的会计处理方法，也没有过多的定义、解释及示例等规则要素，例如对勘探和评价资产减值的确认和计量仅提出了按《国际会计准则第 36 号——资产减值》来处理。适用此类准则需要运用较高的职业判断，同时可选的多种会计处理方法虽然具有更强的灵活性和适应性，但也为利润操纵甚至会计舞弊提供了方便，不适合中国现在的会计环境。中国会计准则很少允许选择多种会计处理方法，如第 27 号准则从各项支出的定义到采用的会计处理方法均与 SFAS19 保持一致就体现了这一特点。

二、油气生产成本的分类

（一）油气生产成本按照职能或者内容不同来分类

根据《中国石油天然气股份有限公司成本费用核算与管理办法》，油气生产成本按照职能或者内容的不同可以分为操作成本和折旧、折耗与摊销两大类。

（1）操作成本包括：

①直接材料——油气生产过程中直接耗用于油气水井、计量站、中转站等生产设施的各种材料。

②直接燃料——油气生产过程中直接耗用于油气水井、计量站、中转站等生产设施的各种

燃料。

③直接动力——油气生产过程中直接耗用于油气水井、计量站、中转站等生产设施的电费等。

④生产人员工资——油气生产过程中直接从事油气水井、计量站、中转站等生产设施维护管理人员的工资、奖金、津贴和补贴。

⑤职工福利费——按规定比例计提的职工福利费。

⑥驱油物注入费——为提高采收率,对油气储层进行注水、注气或注化学物质所发生的费用。

⑦井下作业费——为提高油、气、水井生产能力及维护油、气、水井正常生产而发生的井下技术措施费用及维护作业费用。

⑧测井试井费——油气生产过程中为掌握油气田地下油、气、水分布动态所发生的监测费用。

⑨维护及修理费——为了维持油气生产的正常运行,保证地面设施设备原有的生产能力,对地面设施设备进行维护、修理所发生的费用。

⑩稠油热采费——为开采稠油,采取蒸汽吞吐、汽驱或其他热采方式而发生的生产蒸汽、注入蒸汽、保温等费用。

⑪轻烃回收费——从原油、天然气中回收轻烃产品所发生的费用。

⑫油气处理费——油气生产过程中对油、气、水等混合物进行分离所发生的费用。

⑬天然气净化费——利用天然气净化装置将已产出的天然气加工成商品气所发生的各项费用。

⑭运输费——为油气生产提供运输服务所发生的车辆养路费、河道养护费、单井拉油运输费等。

⑮其他直接费——除上述费用以外的直接用于油气生产的其他费用。

⑯厂矿管理费——直接从事油气生产的采油(气)厂、作业区(矿)两级生产管理部门为组织和管理生产所发生的各项费用。

⑰自用油气产品——油气生产过程中耗用的自产油气产品成本。

(2)折旧、折耗与摊销是指油气生产过程中油气资产按规定提取的折旧、折耗与摊销。

(二)油气生产成本按照归集方式不同来分类

按照成本归集方式的不同,生产成本可划分为直接成本和间接成本。直接成本包括特殊井的修理费、仅在一个矿区工作的雇工工资以及在生产中直接发生并在矿区基础上累计的生产成本等。直接成本可简单地直接计入所属的矿区或井中。间接成本,如地区办公室费用等,必须在合理的基础上分配到每一口井或矿区。通用的分配基础包括按井的口数或按产量的桶数进行分配。

下面给出直接生产成本和间接生产成本分类的内容。

(1)直接成本包括:

①直接材料、供应品及燃料费——可识别所发生的井及矿区。

②直接人工费,如司泵、计量工等——仅在特定矿区工作或在确定的井或矿区指定工作小时的雇工。
③合同工人或服务于脱氧、测定折射、擦洗等工作的人员——仅服务于指定的井。
④在单个井及矿区进行修理和维护的费用。
⑤可从纳税收据或保险单的财产项目中查出的矿区财产税及保险费用。
⑥产品税或生产税——可从给州的报告中识别属于特定矿区的税。
⑦与特定矿区或井的已探明储量或探明已开发储量有关的折旧及折耗。
(2)间接成本包括:
①在数个矿区工作的工人薪金及附加福利费。
②在数个矿区或油田工作的地区管理人员薪金及附加福利费。
③服务于数个矿区的辅助设施、集输系统、处理系统的折旧。
④服务于数个矿区的运输及拖拽费用。
⑤服务于数个矿区的污水处理系统作业费用。
⑥海上作业中发生的船舶及燃料费用。
⑦服务于数个矿区的注水系统作业成本。

(三)国外石油公司有关油气生产成本分类的调查

1. 埃克森·美孚公司生产成本项目

埃克森·美孚公司在其提供的财务报告中对生产成本内容的描述是:生产成本包括操作井及相关设备设施的人工成本,维护和保养井及相关设施,操作井及相关设备设施所需的材料、物资及燃料以及与生产活动有关的管理费用。从以上描述可以看出,美孚公司所说的生产成本是指操作成本,而对于折旧、折耗与摊销,美孚公司是在财务报表中设立单独科目予以反映的,这也是现在大多数国际石油公司的通行做法。

2. 壳牌公司生产成本项目

壳牌公司将生产成本分为地面成本、地下成本及其他成本三部分。
(1)地面成本包括:
①油田费用——油田或现场人员费用支出及材料、化学品支出等。
②注入物费用——注入的二氧化碳、聚合物费用等。
③公用事业费——购买气和电的支出。
④设施维护修理费——不提高资产能力的设施修理和维护费用。
(2)地下成本包括:
①井的维护修理费——不提高资产能力的井的修理和维护费用。
②井况改造和再完井费用——为提高收入和采油速度的措施费用。
(3)其他成本包括:
①库存费用——对生产用品进行管理而发生的库存费用及相关人员费用。
②生产管理费用——生产单元办公管理费。
美孚公司与壳牌公司生产成本对比见表5-2。

表 5-2 美孚公司与壳牌公司生产成本对比

美孚公司	壳牌公司
操作井及相关设备设施的人工成本	油田费用（人员费用）
操作井及相关设备设施所需的材料、物资及燃料等成本	油田费用（材料、化学品支出等） 注入物费用 公用事业费
维护和保养井及相关设施所需的材料、物资及燃料等成本	设施维护修理费 井的维护修理费 井况改造和再完井费用
与生产活动有关的管理费用库存费用	库存费用 生产管理费用

从以上的描述可以看出，美孚公司和壳牌公司的生产成本仅指操作成本，不包括折旧、折耗与摊销。对于生产成本中的折旧、折耗，"在折旧、折耗与摊销"科目中予以反映。美孚公司对生产成本的描述与第19号财务会计准则基本一致。壳牌公司成本项目的名称和内容的具体设置虽然与美孚公司不完全一致，但通过对比可以发现，两者之间存在着一定的对应关系，例如美孚公司的维护和保养井及相关设施成本相当于壳牌公司的设施维护修理费、井的维护修理费、井况改造和再完井费用。两公司在提供财务报告时口径基本一致。国外大石油公司在编制财务报告时核算范围也基本相同。

三、油气生产成本的核算程序与账户设置

（一）油气生产成本的核算程序

生产成本是石油和天然气全部成本的一部分。然而在实际中，采用成果法和全部成本法的公司在生产成本发生时，都将其作为费用。证券交易委员会有关全部成本法的规则（ASR第258号）特别指出：所有与生产活动有关的成本，包括仅为维持和增加生产水平而在现有完成井上进行修井的成本，在其发生时都要计入费用。油气生产成本的核算程序图如图5-1所示。

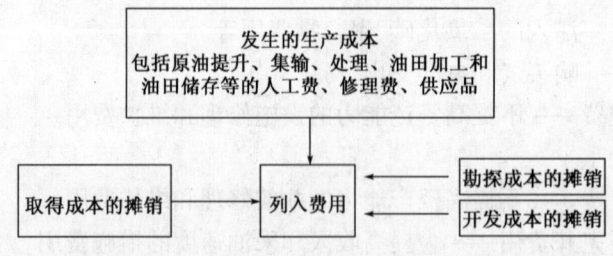

图 5-1 油气生产成本的核算程序图

油气生产成本的会计处理所应用的账户有矿区作业费用、生产税费用以及有关的间接费用账户（期末按矿区或单井分配到矿区作业费用账户）。

(二)油气生产成本核算的账户设置

根据《中国石油天然气股份有限公司成本费用核算与管理办法》，油气生产成本项目的设置与使用规定如下：

(1)凡能直接记入"油气生产成本"科目核算的直接材料、直接人工等直接费用，借记本科目，贷记"原材料""应付职工薪酬"等科目。

(2)发生的间接成本，应先在各辅助成本科目中归集，借记"注水注气作业成本""注聚合物作业成本""井下作业成本""测井试井作业成本""稠油热采作业成本""轻烃回收作业成本""油气处理作业成本""天然气净化成本""其他辅助生产成本""厂矿管理费"，贷记"原材料""应付职工薪酬""应付账款"等科目。

(3)期末，将归集的厂矿管理费和各辅助成本科目归集的间接生产成本全部结转到油气生产成本中。

(4)期末，依据"油气生产成本"账户核算的油气生产成本，计算产品生产成本，借记"库存商品"，贷记"油气生产成本"。

(5)特殊成本费用业务处理。

①企业内两个二级单位之间互相提供产品业务时，由产品的接受方进行账务处理。如单位之间提供的材料，借记接受方的成本或费用类科目，贷记材料提供方的"原材料"科目等，根据内部劳务结算单据，材料提供方对接受方的账务处理进行确认。

②内部单位之间互相提供劳务的业务处理。此类交易由劳务接受方记录，根据双方签认的"内部产品劳务结算单"进行账务处理，提供方不作会计处理，只对该记账凭证进行确认。

第二节 油气生产成本核算举例

采油采气的生产组织是根据采油采气点多、线长、面广的需要而设置的。采油厂是油气生产的主要承担者。根据地理位置、自然条件等下设若干个采油大队(矿场)，采油大队下设若干个采油小队，采油小队下设若干井组，直接管理油气井、计量站和转油站。同时，采油厂根据工作量的大小，还要设置修井、维修、机械、修理、运输、技术攻关等辅助生产单位。

为了保证采油采气生产的正常进行，按照专业特点还设置了专业性公司(厂、处)，承担采油采气生产环节中技术工艺较为复杂的生产作业任务，例如钻井公司、井下作业公司、运输公司、水电厂、机械修理加工等辅助生产部门。

一、材料成本的核算

采油采气耗用的材料应按消耗定额进行控制，不具备按单定额发料的也应按照生产单位确定正常消耗量，并实行计划领料制度。领用时要认真填制领发料单，填明领料单位或工程项目，严格划分基本生产、辅助生产、管理部门，正确计算油气成本。

直接用于油气水井、计量站、中转站等生产设施的油管、抽油杆、抽油机配件、抽油泵、电泵电缆、地面保温材料、采油树、化学药剂、直接生产人员的劳动保护费等在直接材料费用中核算。间接发生的材料费，视受益对象分别在各专项成本中核算。领用材料应按消耗定额严格控制,领用的各种材料如按计划价格计算,计划价格与实际价格的差异每月应按各类材料的差异率(可按上月的差异率)计算分摊,列入各有关项目。差异率的计算公式如下:

本月材料成本差异率 =(月初结存材料的成本差异 + 本月收入材料的成本差异)/
(月初结存材料的计划成本 + 本月收入材料的计划成本) × 100%

领用材料应负担的成本差异 = 领用材料的计划成本 × 差异率

现场料应采取永续盘存制,期末进行清点,办理退料(或假退料)手续。期末将领料单进行汇集,按区块和部门以及成本核算对象分析编制材料消耗汇总表(包括材料成本差异),计入油气生产成本的材料费用项目。

采油厂应加强油管的收发核算,在物资供应部门领取准备加工的油管不应直接进入油气生产成本。加工后的油管,使用单位领用时要办理领料手续,按实际消耗数列入有关成本项目内。

为维持油田正常生产而进行修井作业周转使用的石油专用管材,或在供应总库领取准备加工的油管,一般不得直接计入采油采气生产成本,可通过待摊和摊销的办法进行核算。为进一步落实经济责任,也可以由使用单位的经办人员办理手续,其实际消耗数可列入成本,周转使用的按定额进行摊销。

每月对基层单位的"针线管篓"应进行盘点,办理退料(或假退料)手续,及时调整成本。施工现场剩余料应组织及时回收,做到工完料净。

为作业队、采油队配备的活动板房、列车式值班房,由于金额大,可采取待摊的办法分期摊入成本。

采油、输油等使用的不能构成固定资产的电机、泵和其他低值易耗品,应按"五五法"或"净值法"进行摊销,不得一次进入成本。

每月将手续齐备、稽核无误的领料单据按领料单位、井号、工程项目进行汇总和分析,编制材料消耗分配表和会计分录,记入有关成本科目。表 5-3 为某采油厂材料费用分配表。

表 5-3 材料费用分配表

科目		原材料	燃料	合计
基本生产	采油采气	10 000	2 200	12 200
	脱盐脱水	6 500	900	7 400
	小计	16 500	3 100	19 600
辅助生产	注水注气	3 500	800	4 300
	井下作业	7 000	2 000	9 000
	运输部门	4 000	3 000	7 000
	小计	14 500	5 800	20 300
矿场经费		1 000	100	1 100
合计		32 000	9 000	41 000

根据以上材料费用分配表,应编制以下会计分录:

油气生产成本　　　　　　　　　　　　　　16 500
辅助生产　　　　　　　　　　　　　　　　14 500

矿场管理费	1 000
库存材料	32 000
油气生产成本	3 100
辅助生产	5 800
矿场管理费	100
燃料	9 000

假设：某采油厂采油采气生产过程中各矿场、辅助部门和企业管理部门自用原油 80 吨，内部计划价格 50 元/吨，天然气 20 000 立方米，内部计划价格 0.05 元/立方米，合计 5 000 元。按用途列入有关成本项目，可编制以下会计分录：

油气生产成本——明细科目
企业管理费
　基本生产会计分录

二、人工成本的核算

人工成本主要核算与当期职工有关的工资、福利费用、教育经费、工会经费、养老保险、待业保险、独生子女费、住房公积金、防暑御寒津贴、采暖费、民用物业管理费、误餐补贴以及外雇佣工支出等。矿区、采油厂支付给从事油气生产人员的工资性费用，根据手续完备的原始凭证，进行汇集计算和分配。采注合一的采油（气）队发生的工资性费用，按采油（气）井和注水井数的比例分配。

各基本生产和辅助生产单位都应做好职工岗位考勤登记和工时记录，月末据以编制工资分配表，分别记入各核算对象的有关成本项目内。油气田联合站既承担输油任务又承担采油队集输和供水综合任务的人员，其工资应按输油量和注水量的比例分摊。人工成本的计算是通过工资费用分配表进行的。某采油厂工资费用分配表见表 5-4。

表 5-4　工资费用分配表

科目		工资总额	福利基金	合计
基本生产	采油采气	5 700	566	6 266
	脱盐脱水	1 430	143	1 573
	小计	7 130	709	7 839
辅助生产	注水注气	2 345	231	2 576
	井下作业	3 300	330	3 630
	运输部门	4 190	418	4 608
	小计	9 835	979	10 814
矿场经费		2 415	242	2 657
合计		19 380	1 930	21 310

根据以上工资费用分配表，应编制以下会计分录：

油气生产成本	7 130
辅助生产	9 835

矿场管理费	2 415
应付职工薪酬	19 380
油气生产成本	709
辅助生产	979
矿场管理费	242
应付职工薪酬	1 930

三、费用的核算

费用成本包括水电费支出、固定资产折旧、辅助生产费用及矿场经费等。各项费用都要按费用定额和开支标准严格掌握,力求节省。

(1)折旧费用,包括固定资产基本折旧和大修理基金两部分。

固定资产基本折旧按规定计提折旧范围的固定资产月初账面原值和规定的折旧率计算。现列举某采油厂的折旧费用和提取的大修理基金分配,见表5-5。

表5-5 固定资产折旧分配表

科目		基本折旧	大修理折旧	合计
基本生产	采油采气	100 230	29 470	129 700
	脱盐脱水	9 320	4 480	13 800
	小计	109 550	33 950	143 500
辅助生产	注水注气	16 000	7 700	23 700
	井下作业	7 700	3 700	11 400
	运输部门	6 280	3 020	9 300
	小计	29 980	14 420	44 400
矿场经费		1 870	2 230	4 100
合计		141 400	50 600	192 000

根据以上分配表,应编制以下会计分录:

油气生产成本	109 550
辅助生产	29 980
矿场管理费	1 870
累计折旧、折耗与摊销	141 400
油气生产成本	33 950
辅助生产	14 420
矿场管理费	2 230
应付账款等	50 600

(2)辅助生产费用,包括为油气生产服务的供水供电、机修运输等辅助生产队(车间),以及为采油采气生产服务的井下作业等专业公司结算的劳务费用。各辅助部门向生产单位及其他部门提供的产品或劳务作业,应采用内部劳务价格结算,其实际成本和劳务结算价格的差异应按月调整成本,辅助部门之间不相互分配成本差异。现列举某采油厂辅助生产费用分配表,

见表5-6。

表5-6 辅助生产费用分配表

科目		供水部门 （结算价格0.2元）		供电部门 （结算价格0.3元）		运输部门 （结算价格0.1元）		按结算价格结 转计入 合计
		供应量	分配额	供应量	分配额	吨公里	分配额	
基本生产	采油采气	153 880	30 776	85 300	25 590	123 200	12 320	68 686
	轻便回收	500	100	700	210	300	30	340
	天然气净化	1 000	200	2 000	600	500	50	850
	小计	155 380	31 076	88 000	26 400	124 000	12 400	69 876
辅助生产	注水注气	74 620	14 924	5 000	1 500	10 000	1 000	17 424
	井下作业	5 000	1 000	3 000	900	51 000	5 100	7 000
	运输部门	2 000	400	1 000	300			700
	小计	81 620	16 324	9 000	2 700	61 000	6 100	25 124
矿场经费		3 000	600	3 000	900	27 500	2 750	4250
按结算价格转出合计		240 000	48 000	100 000	30 000	212 500	21 250	99 250
实际成本			46 976		29 330		21 088	97 394
成本差异			1 024		670		162	1 856

根据以上分配表编制按计划成本结算的会计分录：

油气生产成本	69 876
辅助生产	25 124
矿场管理费	4 250
原材料等	99 250
油气生产成本	29 374
辅助生产成本	25 124
矿场管理费	4 250
期末计算产品生产成本	
库存商品	99 274
油气生产成本	99 274

（3）根据"企业管理费"和"矿场管理费"科目汇总的发生额，将企业管理费和矿场经费直接分配列入原油、天然气、轻烃等产品成本。

例如：某采油厂发生企业管理费6 740元，矿场管理费5 687元，应编制会计分录：

油气生产成本	12 427
厂矿管理费	12 427

四、油气产品成本的计算

与取得成本、勘探成本、开发成本一样，生产成本也必须通过成本中心累计计算。因此，采用成果法的公司可以单个矿区、储层或油田为基础累计计算成本，采用全部成本法的公司可以国家为基础累计计算成本。实行全部成本法的公司(也包括实行成果法的公司),由于纳税、法规方面的原因以及管理上的需要,也可以在一个较小的成本中心,如一个矿区,甚至一口单井的基础上累计计算成本。采油采气产品单一、生产周期短,不存在半成品与产成品的费用分配问题,本期发生的生产费用就是本期所产油气等产品的成本,所以原油和天然气、凝析油、轻烃等产品成本的计算采用"单一计算法"。

采油采气的生产有三种情况:一是生产原油为主,伴生天然气;二是原油和天然气同时生产;三是生产天然气为主,并生产硫黄等副产品。采油采气成本,按其生产工艺过程可分为开采成本和产品成本两部分,其计算方法如下:

(1)各采油厂(矿)应按区块设置产品成本明细账,各项成本分采油区块进行汇集,凡能明确各区块发生的支出均应直接计入该区块的成本,不能明确各区块发生的支出可按原油和天然气等产量比例进行划分。

(2)以采油区块为基础,根据规定的成本项目汇集计算原油、轻烃、凝析油、天然气的开采总成本。

(3)根据有关部门提供的产品产量计算各种产品的开采单位成本。

(4)各种产品产量的折算,以产油为主,伴生天然气或凝析油的,以一千立方米天然气折算一吨原油计算或以一吨凝析油折算两吨原油计算;从原油中回收轻烃或天然气的,以一吨轻烃折算两吨原油或以一千立方米天然气折算一吨原油计算;从处理天然气中回收轻烃、液化气或凝析油的,以一吨轻烃、液化气或凝析油折算三千立方米天然气计算。

(5)天然气的开采成本加上天然气的加工处理费,为净化天然气和其他产品的全部成本。在处理过程中回收的轻烃和液化气,应按产量折算,并加上分摊的加工处理费,然后分别计算轻烃、液化气和净化天然气的全部成本和单位成本。

(6)原油或天然气的开采成本加上轻烃回收费,为轻烃和其他产品的全部成本,按所得各种商品产品产量的折算值求得各种产品的全部成本,并计算各种商品产品的单位成本。油气田产品成本计算表见表5-7。

表5-7 油气田产品成本计算表

成本项目	累计总成本	其中区块
一、材料	50 000	10 000
二、燃料	20 000	3 500
三、动力	30 000	8 000
四、生产工人工资及职工福利费	10 000	2 500
五、折旧费	150 500	32 000
六、注水注气费	48 000	10 000
七、井下作业费	58 000	12 500
八、油田维护费	120 500	25 000
九、矿场经费	5 600	1 500
十、企业管理费	6 800	1 500
十一、原油三脱费	11 000	4 000

续表

成本项目	累计总成本			其中区块		
开采成本合计	510 400			110 500		
十二、轻烃回收费	18 000			4 500		
十三、天然气处理费	12 000					
全部产品总成本	540 400			115 000		
减:自用产品	5 000			1 200		
商品产品总成本	535 400			113 800		
各种商品产品和成本	商品量	单位成本	总成本	商品量	单位成本	总成本
1.原油	8 000 吨	46.28	370 279	2 100 吨	45.61	95 784
2.天然气	1 800 立方千米	53.11	95 600			
3.轻烃	3500 吨	124.74	62 369	150 吨	114.03	17 104
4.液化气	50 吨	107.88	5 394			
5.凝析油	20 吨	87.90	1 758	10 吨	91.22	912

根据上表成本计算的资料和产品入库手续编制的会计分录如下:

库存商品　　　　　　　　　　　　　425 310
　油气生产成本　　　　　　　　　　　　　　　425 310

第三节　油气生产成本信息及其应用

油气生产成本信息是石油公司内部经营决策及矿区或单井经济效益评价和分析的重要依据。下面结合案例说明油气生产成本信息在完井决策和矿区经济效益评价中的应用。

一、国外石油公司生产成本的结构特征及变动趋势分析

生产成本结构特征是指特定石油公司在不同时期生产成本构成内容的数量规律或相对比例特征。笔者对世界上几个大石油公司的生产成本结构进行了调查,现将结果汇总见表5-8。

表5-8　2001—2006年国外主要石油公司油气操作成本(不含生产税)

单位:美元/桶油当量

公司	2001年	2002年	2003年	2004年	2005年	2006年
埃克森·美孚	3.51	3.69	4.26	4.61	5.26	5.95
BP	2.70	2.71	2.84	3.41	4.28	5.31
壳牌	2.41	2.83	3.19	4.02	5.54	6.95

从表5-8分析可以看出,2001年后各大石油公司的操作成本呈逐年上升的趋势。造成这一现象的原因是多方面的,但国际石油价格的不断走高是其中的重要原因。2001—2006年国际原油价格见表5-9。

表5-9 2001—2006年国际原油价格　　　　单位：美元/桶油当量

种类	2001年	2002年	2003年	2004年	2005年	2006年
迪拜油	22.81	23.8	26.79	33.63		
布伦特油	24.46	24.98	28.84	38.21	54.55	65.1
西得克萨斯州油	25.89	26.09	31.11	41.41		

从上表可以看出，操作成本的变动与油价的变化有着紧密的关联。在1985—1990年世界油价逐步走低的过程中，美国石油公司的平均生产成本也随之下降，而近些年各大石油公司的操作成本则随国际油价同时攀升，这说明油气生产成本受油价的影响很大。其原因主要是高油价促使各石油公司在世界范围内开展了大规模的勘探、开发活动，使得许多以前无利可图的低产量、高成本的油区投入生产，提高了各公司的平均生产成本。同时，生产地域的扩大也增加了管理的难度以及人工、材料及管理费用等，从而增加了生产成本。而在低油价时，各公司为了获得较大的经济利益，积极研究和推广新技术，加强成本管理，有效进行各项作业，成本反而得到降低。

二、国外油田控制生产成本的经验

（一）保持生产成本在全过程成本中的合理结构和比重

从表5-10中可以发现，在2002—2006年五年间壳牌石油公司的各项成本均有大幅度的增长，操作成本的增长幅度最大，达127.66%。但操作成本在技术成本中所占的比重比较稳定，保持在40%~45%之间。壳牌石油公司操作成本的变化也反映了近些年来大多数石油公司的成本变动趋势。

从表5-10中还可以看出，虽然近年来壳牌石油公司各项成本均有大幅度增加，但各项成本所占的相对比例比较稳定，勘探费用保持在7%~8%之间，折旧、折耗保持在45%~52%之间，操作成本保持在40%~45%之间。在成本快速上涨时保持各项成本的合理比例是壳牌石油公司在油价上升期进行合理成本控制的结果，虽然近年来壳牌石油公司每年的成本大幅度上涨，但其净利润也从2001年的104亿美元上升到2005年的230亿美元。这说明，在油价上升时期，成本增加是公司勘探、开发等规模扩张的合理结果。但要对成本增长控制得当，保持各部分成本的合理结构，这样才能保证勘探、开采等业务的合理比例，保持资源的合理储采比，保证公司稳定发展。

表5-10 2002—2006年壳牌石油公司成本变化情况　单位：美元/桶油当量

成本项目	2002年	2003年	2004年	2005年	2006年	2006年与2002年相比增加
勘探成本	0.74	0.86	0.96	1.15	1.43	93.24%
折旧、折耗与摊销	4.58	6.02	6.94	8.47	9.56	108.73%
操作成本（含生产税）	3.94	4.67	5.96	7.73	8.97	127.66%
合计	9.26	11.55	13.86	17.35	19.96	115.55%
操作成本所占比重	42.55%	40.43%	43.00%	44.55%	44.94%	—

注：数据来源于壳牌石油公司2006年财务和经营报告（Royal Dutch Shell Financial and Operational Information 2006）。

(二)保持生产成本和油价的同步变化

从表5-11可以看出,在2001年、2002年前后,美孚、壳牌石油公司的生产成本均在4美元以下,明显低于中国的石油公司。而从2003年开始,随着国际油价的大幅攀升,美孚、壳牌石油公司的操作成本也随之出现了较大幅度的增长,其成本增长的趋势与国际油价变化基本同步,呈现出非常密切的关系。这说明,国外石油公司密切关注油价变化,在有利的时机积极扩大勘探、开发规模,合理控制成本的变化,有着丰富的成本管理经验。

而中国中石油公司2001—2005年操作成本虽有小幅上涨,但一直保持在4美元多的水平,到2005年出现了较大幅度增长(见表5-11)。同样,中石化2001—2005年操作成本保持在6美元以上,至2005年出现了明显的增长。这说明中国石油公司对国际油价缺乏敏感性,成本的变化明显滞后于国际油价的变化。虽然这在很大程度上是由中国油品的价格体系造成的,但同时也反映出中国石油公司缺乏参与国际石油市场竞争和成本管理的经验。

表5-11 2001—2005年国内外石油公司操作成本对比 单位:美元/桶油当量

公司	2001年	2002年	2003年	2004年	2005年
中石油	4.38	4.34	4.39	4.61	5.28
中石化	6.15	6.12	6.47	6.72	8.12
中海油	4.16	3.92	4.66	5.31	6.34
埃克森·美孚	3.51	3.69	4.26	4.61	5.26
壳牌	2.41	2.83	3.19	4.02	5.54

(三)保持后续资源的不断优化

在油藏资源的寻找和储备上,国外石油公司表现出了明显的优势。中国石油公司现有资源的品位与国外石油公司相差悬殊,缺乏从根本上降低生产成本的油气资源良性接替和资源置换手段,这也是导致目前中国石油企业生产成本居高不下的重要原因。相较于国外石油企业,国内企业普遍缺乏在全球范围内寻找优质储量的能力,而只能在相对固定的区域寻找接替储量。而国外石油公司在全球开展生产业务,能够优选资源,保持高品位油田及新老油田的合理比例,从而降低平均操作成本。同时,国外石油公司善于采用各种方式进行资源的置换优化。例如,国外石油公司充分利用了资产经营的手段,在不断购入优质储量的同时对于高操作成本的油井实行废弃或转让,以达到降低生产成本的目的。雪弗龙公司1998年在里海发现了10亿吨探明储量的大油田后,便相继出售了美国陆上的7个成本较高的油田,从而大幅度降低了生产成本。而国内石油企业,由于受到各种因素的制约,缺乏对储量资源进行资产经营的手段和能力,在控制和降低生产成本的手段上与国外石油公司相比明显处于劣势。

三、油气生产成本信息在经营决策中的应用

(一)完井决策

在是否将一口井完井的决策中,增加的完井成本应与预期未来从该井生产的石油和天然

气产品销售中收到的净现金流量相比较。这种比较需要对以下项目进行预测：

(1) 从该储层中获得的原油或天然气数量。

(2) 石油和天然气未来的生产时间。

(3) 石油和天然气未来的销售价格。

(4) 石油和天然气未来的生产成本,包括生产税。

(5) 完井成本。

(6) 资金成本。

如果预期未来净收入大于预计的完井成本,则通常进行完井。可采储量总量的确定并不是一门很精确的科学,特别是对于油田中已发现的第一口井更是如此。普华会计师事务所的一项研究成果认为,当最初发现一个油田时,其储量估算不准确性为±50%；在该油田生产5年以后,其储量估算的不准确性仅为20%。储量估算通常是由油藏工程师进行的。油藏工程师进行储量估算时,需要考虑下列因素和特点：

(1) 油藏的大小。

(2) 油藏的孔隙度和渗透率。

(3) 油藏的压力和温度。

(4) 油藏孔隙中包含的原油、天然气和水。

除了对全部可采储量的估算外,油藏工程师还必须预测石油和天然气储量的生产时间。储量开采时间主要依赖于油藏的特性、产品需求及政府规定等因素。对于天然气来说,产品需求因素特别重要,因为天然气的储存十分困难且费用昂贵。

另一个影响完井决策的重要因素是未来的产品生产成本和产品价格,这两项数字必须在净收入确定之前预测出来。对产品未来价格的预测是很困难的,而且预测的结果很可能不准确。石油和天然气价格受产品供需情况的影响远远大于受其他因素的影响。政府对于石油和天然气在国内或国外销售的干预也会影响其价格,而且这种影响通常是无法预知的。从另一方面看,开采成本的预测一般可以达到相对较高的准确度。生产税作为生产成本的组成部分,也要进行预测。

最后,完井成本必须以未来净现金流入量的形式进行预测和比较。完井成本的预测一般来说比较容易和准确。以下示例表明,完井决策中完井成本与净现金流入量的比较是必需的。已经发生的成本如沉没成本与该决策是无关的。

【例 5 – 1】 (完井决策) H 石油公司发生下列成本数据：

已探明矿区成本(取得成本)	$40 000
已发生钻井成本	$200 000
预测完井成本	$150 000
每桶原油销售价格预测	$20
每桶原油开采成本预测	$4
州生产税	5%
经营权益百分比	90%
矿区使用费权益百分比	10%

要求回答：假设各方案产量见表 5 – 12,则是否应该完井？

表 5-12 增量成本与增量收入计算表

	方案 A	方案 B	方案 C
产量,桶	7 500	15 000	30 000
总收入(桶数×$20)	$150 000	$300 000	$600 000
减:矿区使用费权益的收入 10%	($15 000)	($30 000)	($60 000)
经营权益的收入	$135 000	$270 000	$540 000
减:生产税(经营权益的收入×5%)	($6 750)	($13 500)	($27 000)
开采成本前净收入	$128 250	$256 500	$513 000
减:开采成本(桶数×$4)	($30 000)	($60 000)	($120 000)
经营权益所有者的净收入	$98 250	$196 500	$393 000

方案 A:不应该完井。经营权益所有者的净收入只有 98 250 美元,而预测完井成本达 150 000 美元,为新增产量进行的储量估算往往高于实际情况,因此实际净现金流入量有可能更低。

方案 B:有必要对储量估算进一步分析。与预测完井成本 150 000 美元相比,方案设计的净现金流入量为 196 500 美元。如果储量估算低于 30%的下限,则完井成本将难以回收。

方案 C:应该完井。净收入达到 393 000 美元,而完井成本只有 150 000 美元。

在上述示例中,没有提到储量开采的时间,并且也未讨论货币的时间价值。对预测的未来净现金流入量应该使用适当的利率折成现值。由于许多成本费用提前发生,而收到收入的时间滞后,因此在这种分析中折现是非常重要的。例如,在上述方案 B 中,预测未来净现金流入量只略大于完井成本。如果净现金流入量延迟一段时间收到,则完井成本可能会超出未来净现金流入量的折现值。

(二)单井获利分析

单井或矿区获利分析不同于完井决策的差量分析方法,而是一个收益减去费用的会计净收益总量分析方法。

即使由于预期的未来净收入大于完井成本,而对单井作出完井决策,该井仍有可能无利可图。为了使井获利,从井获得的净收入不仅必须超出完井成本,而且必须超出所有其他成本。在完井决定前发生的成本,比如钻井成本等,是不能在完井决策中考虑的,但这些成本与确认井是否最终获利密切相关。

将前面示例中的数据剔除储量和产量的变化因素后用于下面的例子中。这个示例说明了有关确定单井和单个矿区最终效益的分析方法。

【例 5-2】 (单井效益)H 石油公司钻井和开采的资料同例 5-1。要求确定该井是否可盈利。

方案 A:每月生产 750 桶,共生产 30 个月。

方案 B:每月生产 1 200 桶,共生产 30 个月。

计算如下:

	方案 A	方案 B
每月总收入	$15 000	$24 000

减:矿区使用费权益收入	($1 500)	($2 400)
经营权益收入	$13 500	$21 600
减:生产税	($675)	($1 080)
开采成本前净收入	$12 825	$20 520
减:开采成本	($3 000)	($4 800)
经营权益所有者每月净收入	$9 825	$15 720
净收入合计(每月收入×30个月)	$294 750	$471 600

应回收成
　　预测钻井成本　　$200 000
　　预测完井成本　　$150 000

方案 A:该井不能盈利——净收入 294 750 美元与总成本 350 000 美元相比较。
方案 B:该井可以盈利——净收入 471 600 美元与总成本 350 000 美元相比较。
在单个矿区最终营利性的确定中,管理者和潜在的投资者所感兴趣的是全部成本的回收总额,以及这些成本是如何尽快回收的。

案例　成本对标管理

成本对标管理,其本质是模仿和创新,以促进企业绩效能够真正改进和提高。以那些在成本职能管理、竞争战略、组织设计和业务流程等层面竞争力最强或在行业中领先的企业的最佳践行作为标准,树立学习效仿和积极赶超的目标,通过采用一系列规范化的程序,如搜集信息、分析比较、学习跟踪、制定策略和付诸行动等,将本企业的实际情况与这些基准进行定性和定量的对比和分析,在此基础上进行研究并实施相应赶超措施,从而使自身企业得到不断改进,逐步进入创造优异业绩的良性循环过程。下面以 XJ 油田公司采油二厂为例,介绍成本对标管理的具体应用。

XJ 油田公司采油二厂成立于 1960 年 11 月,地处准噶尔盆地西北边缘,主要管辖克朗玛伊油田一区、三区、五区、六区等 88 个层块,辖区油藏以中渗、特低渗砾岩油藏为主,是一个集石油勘探开发、油气开采、油气脱水、集输为一体的现代化采油厂。该厂先后经历了初期建产、快速上升、高产稳定、递减阶段和二次开发上产阶段五个阶段。年生产油气当量 200 多万吨。自 2000 年以来,采油二厂扣除聚合物驱重大实验未措施单位成本呈上升趋势。2010 年后注水井检管、提级分注等全面开展,带压作业技术开始推广应用,造成材料费、井下作业费大幅上升。2010—2013 年,材料费基本维持在 2 亿左右,井下作业费维持在 1.5 亿左右。从 2014 年开始,由二厂生产规模不断扩大,七东 1 区聚合物驱重大实验投产运行,造成水、电等耗费大幅增长,增长幅度为 22.38%,由于新井产量较低,为保证当年整体产量任务的完成,材料费、井下作业费等也有不同程度的增长。2010—2013 年采油二厂单位成本维持在 420 元/吨左右,2014—2015 年单位成本维持在 530 元/吨左右,呈阶梯式上升。同时,2010—2015 年增产措施单位成本呈逐步上升趋势,主要受措施规模和挤液工作量减少的影响。新井费用和重大试验费用也逐步提升。

由于原始成本对标管理模式存在不足,采油二厂以中石油集团总部对标指标为基准,提出了以采油二厂发展战略为起点,基于成本单耗对标管理的管理新模式,形成采油二厂成本单耗对标共识,从而提升该厂的成本管控水平发挥积极作用。

一、外部对标指标选取依据

在对标管理活动中,同行业间对标指标与产生的对标效果有很大的关联。同业对标指标是企业定点学习和超越的标杆,对标指标的选择要切合企业实际,又要考虑对标指标资料数据获取的可能性、真实性。

2010年中石油集团公司总部提出全面实施对标管理,建立对标管理体系。公司总部对标体系全面比较了中石油与国内外大石油公司的规模实力、盈利能力、营销能力、可持续发展能力和国际化经营能力,并在此基础上对中石油在不同领域进行优劣势分析,界定了发展水平和发展阶段。具体指标见表1。

表1　中石油集团公司总部对标指标

序号	评价方面	指标名称
(一)	规模实力	1. 总资产
		2. 劳动效率
		3. 油气储量
		4. 油气产量
		5. 原油加工能力和加工量
(二)	盈利能力	6. 净利润
		7. 销售净利率
		8. 投资资本回报率
		9. 股本回报率
		10. 总成本费用增长率
(三)	国际化经营能力	11. 跨国指数
(四)	企业软实力	12. 管理体制
		13. 企业形象
		14. 一次原油加工负荷率
		15. 操作成本
(五)	可持续发展能力	16. 新增油气储量
		17. 油气储量接替率
		18. 油气动用储量
		19. 勘探效率

2012年XJ油田公司响应总部公司号召,开展本公司内部的成本对标管理活动,并设计对标指标,见表2。

表2　XJ油田公司对标指标

序号	评价方面	指标名称	单位
（一）	营运效率	1. 人均油气当量	桶/人
		2. 劳动效率	万元/人
		3. 人均利润	万元/人
（二）	盈利能力	4. 平均固定资产回报率	%
		5. EVA	亿元
		6. 现金贡献率	%
		7. 桶油利润	美元/桶
（三）	成本能耗	8. 桶油完全成本	美元/桶
		9. 油气单位操作成本	美元/桶
		10. 单位基本运行费	美元/桶
		11. 桶油人工成本	美元/桶
		12. 人工成本比重	%
		13. 人均管理性支出	万元/人
		14. 桶油耗电	度/桶
		15. 桶油耗清水	吨/桶
		16. 桶油资产占用	元/桶
（四）	能力环境	17. 平均单井油（气）日产量	吨
		18. 综合含水率	%
		19. 储采比	%
		20. 自然递减率	%
		21. 综合递减率	%
		22. 油（气）储量接替率	%
		23. 采收率	%
		24. 单井井下工作量	井次/口

为了尽可能科学而系统地设计出采油二厂成本单耗对标指标，该厂结合中石油公司总部和XJ油田公司设计的对标指标，以降低单耗为根本出发点，结合"指标对标为先导、管理对标为核心、绩效提升为目标"的工作思路，经过查阅文献资料与深入生产实际的结合，对大量数据资料进行研究后，从营运效率、盈利能力和成本能耗三个方面确定了采油二厂成本单耗外部对标指标。

二、内部对标指标选取依据

采油二厂内部对标指标的选取只对一些变动性的成本进行分析。各成本要素的形成受很多方面和因素的制约，但并非所有因素都对采油二厂的成本单耗对标管理的设计有用。为了使对标具有较强的可操作性且具有一定的简比性，需要从所有成本影响因素中选择一部分作为采油二厂对标指标。据此,采油二厂采取以下思路选取内部对标指标:首先,摸清了现有生产技术条件下各生产单位实物和作业单耗的情况;其次,结合每年预算指标和历年生产资料数据,会同生产技术部门,基本框定了对标指标选取范围;最后经过全面衡量和测算,在现有动因的基础上,分采出作业、注水作业、驱油物注入和天然气处理等作业过程,选取了最具说服力的老井产量,与费用支出关系最紧密的产液量、污水处理量、注水量、天然气产量、增压站处理气量等作为驱动因素进行对标。选取了生产经营过程中主要耗费的材料费、井下作业费、电费和热化清劳务费,占可控成本支出68%左右的四项费用要素作为成本单耗内部对标指标。最终确定的采油二厂成本单耗对标管理指标分析表(表3)。

表3 采油二厂成本单耗对标管理指标分析表

指标类型	序号	评价方面	指标名称	单位
外部对标指标	(一)	营运效率	1. 人均油气当量	桶/人
			2. 劳动效率	万元/人
			3. 人均利润	万元/人
	(二)	盈利能力	4. 平均固定资产回报率	%
			5. EVA	亿元
			6. 现金贡献率	%
			7. 桶油利润	美元/桶
	(三)	成本能耗	8. 桶油完全成本	美元/桶
			9. 油气桶油操作成本	美元/桶
			10. 桶油基本运行费	美元/桶
			11. 桶油人工成本	美元/桶
			12. 人工成本比重	%
			13. 人均管理性支出	万元/人
			14. 桶油耗电	度/桶
			15. 桶油耗清水	吨/桶
			16. 桶油资产占用	元/桶
内部对标指标	(四)	采油作业区	17. 吨油材料费	元/吨
			18. 吨油电费	元/吨
			19. 吨油作业费	元/吨
			20. 吨油清蜡费	元/吨
	(五)	注输联合站	21. 油处理化工料单耗	元/吨
			22. 水处理化工料单耗	元/方
			23. 其他生产用料单耗	元/吨
			24. 注水系统电费单耗	元/立方米
			25. 油气处理系统电费单耗	元/吨
			26. 污水处理系统电费单耗	元/立方米
	(六)	天然气处理站	27. 浅冷车间材料费单耗	元/万立方米
			28. 增压站材料费单耗	元/万立方米
			29. 浅冷车间电费单耗	元/万立方米
			30. 增压站电费单耗	元/万立方米

1. 中国油气会计准则与国际会计准则和国际财务报告准则的区别表现在哪些方面?
2. 分析国际石油公司操作成本变动趋势并说明影响其变动的主要因素。
3. 说明油气生产成本信息在决策中的具体应用。
4. 国内外油气生产成本的内容有何异同?

1. 幸运石油公司的地区办公室5月份发生的费用总额是10 000美元。该地区办公室管理如表5-13所示的矿区和井。

表5-13

矿区	井数	生产原油桶数
A	1	1 000
B	3	500
C	4	2 000
D	2	1 500
合计	10	5 000

(1)如果地区办公室费用以生产原油桶数为基础进行分配,则每一矿区记账金额应是多少?

(2)如果地区办公室费用以管理的井数为基础进行分配,则每一矿区记账金额应是多少?

2. 幸运石油公司在一个二次采油系统中发生3 000 000美元的钻井和设备费用。在随后安装完成的月份里,为使系统运行又发生4 000美元的供应品和燃料费用。此外,公司还花费10 000美元购买需注入地层的水。根据上述经济业务,编制会计分录。

3. 幸运石油公司购置一套新的油管用以更换矿区A中一口生产井的油管。新油管的净成本费用为100 000美元,运输成本为10 000美元,安装成本为20 000美元,全部计入费用。根据上述经济业务,编制会计分录。

4. 2017年6月地区办公室发生费用48 000美元,该地区办公室管理如表5-14所示的矿区。

表5-14

矿区	井数	生产原油桶数
A	6	5 000
B	2	1 000
C	4	2 000

(1)假设以井数为基础进行分配,将矿区作业费用记账。

(2)假设以原油产量的桶数为基础进行分配,将矿区作业费用记账。

5. 创运石油公司在得克萨斯州拥有一套注水系统,该系统6月份的作业成本为20 400美元。假定油藏只在矿区A的地下,试作出作业费用的会计处理。

6. 艾伯特石油公司发生下列与集输系统有关的成本:

(1)分离器与压缩机的采购和安装成本为200 000美元。

(2)该系统的作业成本为10 000美元。

假定该集输系统仅服务于一个矿区,试作出上述成本的会计分录。

7. 米勒石油公司购置了新的油管和套管去更换一口井中已损坏的管具,这套新的管具安装在一口生产井中,所发生的成本项目如下:

(1)油管和套管费用$80 000;

(2)管具的安装费用$15 000;

(3)装卸和拖拽费用$10 000。

试作出必要的会计处理。

第六章 油气销售收入会计

基于第五章对美国矿业管理体制下油气生产成本核算方法的研究,本章着重研究在美国矿业管理体制下油气销售收入核算的方法,介绍了美国原油销售收入在不同结算方式下的核算特征,阐述了天然气销售中照付不议合同及其销售不平衡带来的会计问题。

第一节 油气销售收入的分配

一、油气销售收入的确认

从理论上讲,石油和天然气销售收入应该在销售时确认,而不是在生产时确认。从法律上讲,当对石油和天然气物质上的控制从一方转移到另一方时,其权利也相应转移。因此,收入从理论上讲应该在发货时确认。根据《中国石油天然气股份有限公司会计核算办法》的规定,实现的油气销售收入应按实际收到或应收的价款入账,具体分为以下情况:

(1)符合收入确认条件确认本期实现的营业收入,应按照实际收到或应收的金额借记"银行存款""应收账款""应收票据"等科目,按照确认的营业收入贷记本科目,按照专用发票上面的增值税额贷记"应交税费——应交税金——应交增值税(销项税额)"科目。

(2)本期发生的销售退回是指售出的商品由于质量、品种不符合要求等而发生的退货。应区别以下情况处理:

①未确认收入的已发出商品的退回,按照记入"发出商品"等科目的金额,借记"库存商品"科目,贷记"发出商品"科目。

②已确认收入的销售商品的退回,一般情况下应直接冲减退回当月的销售收入、销售成本。借记本科目,按照允许扣减当期销项税额的增值税借记"应交税费——应交税金——应交增值税(销项税额)"科目,贷记"银行存款""应付账款"等科目;按照退回商品的成本借记"库存商品"科目,贷记"主营业务成本"科目。如果发生现金折扣,应在退回当月一并处理。

③资产负债表日之前售出的商品在资产负债表日至财务会计报表批准报出之间发生退回的,应该作为资产负债表日后事项的调整事项,调整报告年度的收入成本等。如果存在现金折扣,还应同时冲销报告年度的现金折扣。

(3)照付不议模式下的收入。照付不议是国际上通用的天然气销售模式,西气东输项目的天然气销售就采用此模式。与用户签订照付不议的天然气销售协议,确定年合同量,无论用户是否在年度内提取合同量的天然气,均按照合同量付款。与此相对应,供气方需照供不误,如果用户在年度内提取的天然气量小于当年合同量,则可在三年内进行补提。在会计核算上,当收到购气方交来的天然气款时,按实际收到金额,借记"银行存款",贷记"预收账款";销售公司向用户交付天然气后,根据计量交接单开具销售结算单及增值税专用发票时,按本期销售金额确认收入,借记"预收账款",贷记"主营业务收入""应交税费——应交税金——应交增值税(销项税额)"。同时结转相应的成本,借记"主营业务成本",贷记"库存商品";年终,天然气协议年合同供气量和用户实际提取天然气量的差额,作为预收账款处理。以后年度用户补提时,在提取当期确认收入,借记"预收账款",贷记"主营业务收入""应交税费——应交税金——应交增值税(销项税额)",同时结转相应的成本,借记"主营业务成本",贷记"库存商品"。若用户在规定期限内未提取补提气,则转作营业外收入处理,借记"预收账款",贷记"营业外收入"。

(4)分期收款销售是指商品已经交付,但货款分期收回的一种销售方式。在分期收款销售方式下,如果符合销售的确认条件,应按收款的公允价值确认收入。同时,按商品全部销售成本结转销售成本。

采用递延方式分期收款、具有融资性质的销售商品或提供劳务满足收入确认条件的,按应收合同或协议价款借记"长期应收款"科目,按应收合同或协议价款的公允价值(折现值)贷记本科目,按专用发票上面的增值税额贷记"应交税费——应交税金——应交增值税(销项税额)"科目,按其差额贷记"未实现融资收益"科目,同时结转销售成本,借记"主营业务成本"科目,贷记"库存商品""劳务成本"等。未实现融资收益的在合同或协议期间采用实际利率法进行摊销,借记"未实现融资收益"科目,贷记"财务费用"科目。

(5)代销商品分别按照以下情况确认收入。

①视同买断方式。视同买断方式代销商品是指委托方和受托方签订合同或协议,委托方按照合同或协议收取代销的货款,实际售价由受托方自定,实际售价与合同或协议的差额归受托方所有。

a. 如果委托方和受托方之间的协议明确标明,受托方在取得代销商品后,无论是否能够卖出、是否获利,均与委托方无关,那么这种代销商品交易与委托方直接销售商品给受托方没有实质区别,在符合销售商品收入确认条件时,委托方应确认商品销售收入。应按实际收到或应收的金额,借记"银行存款""应收账款""应收票据"等科目,按确认的营业收入贷记本科目,按照专用发票上面的增值税额贷记"应交税费——应交税金——应交增值税(销项税额)"科目。

b. 如果委托方和受托方之间的协议明确标明,将来受托方没有将商品销售出去时可以将商品退回给委托方,或受托方因代销商品出现亏损时可以要求委托方补偿,那么委托方交付商品时不确认收入,受托方也不作为购进商品处理。受托方将商品销售后,按照实际售价确认收入,并向委托方开具代销清单;委托方收到代销清单时,再确认本企业的销售收入。

企业委托代销发出商品,借记"委托代销商品"科目,贷记"库存商品"等科目。收到受托单位的代销清单后,按代销清单上注明的已销商品货款的实现情况,按应收的款项借记"应收账款""应收票据"等科目,按实现的营业收入贷记本科目,按专用发票上面的增值税额贷记"应交税费——应交税金——应交增值税(销项税额)"科目。

受托单位收到代销商品时,借记"受托代销商品"科目,贷记"受托代销商品款"科目。售出受托代销商品后,按实际收到或应收的金额,借记"银行存款""应收账款"等科目,贷记本科目,贷记"应交税费——应交税金——应交增值税(销项税额)"科目,同时借记"主营业务成本"科目,贷记"受托代销商品"科目。结清代销商品款时,借记"受托代销商品款"科目,贷记"银行存款"等科目。

②支付手续费方式。委托方在收到代销清单时确认收入。

企业委托代销发出商品,借记"委托代销商品"科目,贷记"库存商品"等科目。收到受托单位的代销清单后,按代销清单上注明的已销商品货款的实现情况,按应收的款项借记"应收账款""应收票据"等科目,按实现的营业收入贷记本科目,贷记"应交税费——应交税金——应交增值税(销项税额)"科目,按应支付的代销手续费借记"销售费用"科目,贷记"应收账款"等科目。

受托单位售出受托代销商品后,按实际收到或应收的金额借记"银行存款""应收账款"等科目,贷记"受托代销商品"科目,按专用发票上面的增值税额贷记"应交税费——应交税金——应交增值税(销项税额)"科目,按可抵扣的增值税进项税借记"应交税费——应交税金——应交增值税(进项税额)"科目,贷记"受托代销商品款"科目。计算代销手续费等收入,借记"受托代销商品款"科目,贷记"主营业务收入"或"其他业务收入"科目。结清代销商品款时,借记"受托代销商品款"科目,贷记"银行存款"科目。

(6)商品需要安装和检验的销售,在购买方接受交货以及安装和检验完毕前,企业一般不应确认收入。应按发出商品的成本借记"发出商品"科目,贷记"库存商品"等科目。实现营业收入时,按已收或应收的款项借记"银行存款""应收账款"等科目,按实现的营业收入贷记本科目,贷记"应交税费——应交税金——应交增值税(销项税额)"科目。结转销售成本时,借记"主营业务成本"科目,贷记"发出商品"科目。

但如果安装程序比较简单,或检验是为最终确定合同价格而必须进行的程序,则可以在商品发出时或在商品装运时确认收入。

(7)附有销售退回条件的商品销售,是指购买方依照有关协议有权退货的销售方式。在这种销售方式下,如果企业能够按照以往的经验对退货的可能性做出合理估计,应在发出商品时,将估计不会发生退货的部分确认收入,将估计可能发生退货的部分不确认收入;如果企业不能合理地确定退货的可能性,则在售出商品的退货期满时确认收入。

对于估计可能发生退货部分的发出商品,以及不能合理地确定退货可能性的发出商品,应将其成本转入"发出商品"科目;对于估计不会发生退货的部分,其账务处理比照一般销售商品账务处理规定办理。

(8)分期预收款销售,是指购买方在商品尚未收到前按合同约定分期付款,销售方在收到最后一次付款时才交货的销售方式。在这种销售方式下,预收的货款作为一项负债,记入"预收账款"科目或"应收账款"科目,不能确认收入,待交付商品时再确认营业收入。

(9)订货销售,是指已收到全部或部分货款而库存没有现货,需要通过制造等程序才能将商品交付购买方的销售方式。在这种销售方式下,应在商品交付给购买方时确认营业收入的实现,预收的货款作为一项负债,记入"预收账款"科目或"应收账款"科目。

(10)以旧换新销售,是指销售方在销售商品的同时回收与所售商品相同的旧商品。在这种销售方式下,销售的商品按照商品销售的方法确认收入,回收的商品作为购进商品处理。

(11)采用销售并再购回(非新旧交换交易),是指销售商品的同时,销售方同意日后重新买回这批商品。采用售后回购方式销售商品,应根据合同或协议条款判断销售商品是否满足收入的确认条件。通常售后回购交易属于融资交易,商品所有权上的主要风险和报酬没有转移,企业不应确认收入。若回购价格大于原售价,则其差额企业应在回购期内按期计提利息费用,计入财务费用。

相关账务处理见"其他应收款""其他应付款"科目使用说明。

(12)售后租回,是指销售商品的同时,销售方同意日后再租回所售商品。在这种销售方式下,应当分情况进行处理:

①如果售后租回形成一项融资租赁,售价与资产账面价值之间的差额作为融资费用递延并按资产的折旧进度进行分摊,作为折旧费用的调整,通过"递延收益——未实现售后租回损益(融资租赁)"科目核算。分摊时,按既定比例减少未实现售后租回损益,同时相应增加或减少折旧费用。

②如果售后租回形成一项经营租赁,售价与资产账面价值之间的差额通过"递延收益——未实现售后租回损益(经营租赁)"科目核算,并在租赁期内按照租金支付比例分摊。

(13)现金折扣,是指债权人为鼓励债务人在规定的期限内付款而向债务人提供的债务扣除。现金折扣在实际发生时直接计入当期财务费用。企业应按实际收到的金额借记"银行存款"等科目,按应给予的现金折扣借记"财务费用"科目,按应收的款项贷记"应收账款""应收票据"等科目。购买方实际获得的现金折扣,冲减取得当期的财务费用。

(14)销售折让,是指企业因售出的商品质量不合格等而在售价上给予的减让,实际发生时应直接冲减当期的销售商品收入,借记本科目,按专用发票上注明的应冲减的增值税销项税额借记"应交税费——应交税金——应交增值税(销项税额)"科目,按实际支付或应退还的价款贷记"银行存款""应收账款"等科目。

(15)商业折扣,是指公司为促销商品而在商品标价上给予的价格扣除,发生时应按照扣除商业折扣后的金额确定销售收入的金额。

销售公司加油站采用牡丹中油卡销售成品油,发生商业折扣时,借记"银行存款"等科目,按应给予的商业折扣,以红字贷记本科目"销售折扣与折让"科目,以销售油品的全价贷记本科目"销售收入"科目,按照应交的增值税额贷记"应交税费——应交税金——应交增值税(销项税额)"科目。

二、油气销售收入的计量

根据油气会计理论,一个矿区的经营权益所有者承担该矿区的勘探、开发和生产的全部费用,而油气产品的销售收入却必须在该矿区全部经营权益所有者和非经营权益所有者之间进行分配,即一个矿区的非经营权益所有者不承担矿区勘探、开发和生产费用,但要参与油气产品销售收入的分配。因而,一个经营权益所有者所拥有的收入百分比与其所承担的成本百分比是不同的。下面举例说明各种权益比例的计算及收入、成本的分配比例。

【例6−1】 (收入与成本在权益所有者之间的分配)H石油公司的一个租赁矿区产量中有下列所有者权益:

矿区使用费权益——3/16(RI);

附加矿区使用费权益——经营权益(WI)的1/5;

产品支付权益——经营权益(WI)的20%,与附加矿区使用费权益同时产生;

1/4联合经营权益——洛斯特·考思公司所拥有;

剩余联合经营权益——H石油公司所拥有。

所有的权益按照分配协议的形式表示如下：

权益总计	1.000 000
矿区使用费权益(3/16)	0.187 500
剩余权益	0.812 500
附加矿区使用费权益(1/5×0.812 500)	0.162 500
产品支付权益(0.20×0.812 500)	0.162 500
剩余权益	0.487 500
洛斯特·考思公司权益(0.25×0.487 500)	0.121 875
H石油公司权益(0.75×0.487 500)	0.365 625

分配协议将列明所有的权益，见表6-1。

表6-1 权益份额计算表

权益归属	享受收入百分比	承担成本百分比
矿区使用费权益	0.187 500	
附加矿区使用费权益	0.162 500	
产品支付权益	0.162 500	
洛斯特·考思公司权益	0.121 875	0.25
H石油公司权益	0.365 625	0.75
合计	1.000 000	1.00

三、油气销售收入的分配机制

无论是经营权益所有者还是非经营权益所有者，当从矿区取得油气产品销售收入的相应份额时，都必须缴纳生产税。收入份额的分配和生产税的征收往往是同时进行的。常见的情况是由购买者承担征集和缴纳石油和天然气产品生产税的责任。在这种做法中，购买者的行为好像一个通道，也就是说，他简单地从应付经济权益所有者的收入中扣减其应缴的税款，通过这种办法征集矿区经济权益所有者的税金，然后再将生产税额送交州政府。

过去原油购买者经常要承担这种义务，即支付给每一个经济权益所有者拥有的收入份额，再扣减相应的生产税。如果购买者不承担这种责任，则租赁矿区作业者就要承担向其他经济权益所有者分配的责任。天然气购买者通常将收入减去生产税后的金额全部付给租赁矿区作业者，租赁矿区作业者再承担向其他经济权益所有者支付其税后净收入份额的责任。

如果原油和天然气的购买者不承担缴纳生产税和向每个经济权益所有者支付其税后净收入份额的责任，那么购买者就要将收入百分之百地付给作业者，由作业者承担以上两种责任。

第二节 油气销售收入核算方法

一、原油销售收入的核算

(一)原油的质量和价格

按质论价是市场经济的基本规律，原油的销售价格在特定经济环境(供需状况和政府干预)下是完全由原油的质量决定的。而原油的质量主要表现为在特定温度下的重度及沉渣和水的含量。这里所用的重度是指美国石油协会(API)确定的重度等级范围。在这个范围内,原油的稠密度越大,API 重度等级越低。一般来说,原油的 API 重度等级越高,原油的价格也就越大。

原油价格可以是已公布油田价格,也可以是现货销售价格。已公布油田价格是指购买者将在一定范围内支付原油价款的价格。这种价格已经对外发布,可在一个特定油田的卖方和买方之间交流。大量购买石油的公司经常发布原油公告,以声明他们打算支付不同种类原油价格的信息。

(二)原油销售收入核算举例

下面根据销售对象(购买者)的不同分别说明经营权益所有者和非经营权益所有者对原油销售收入和生产税的会计处理。

1. 对外销售

将原油销售到公司以外的炼油厂或出口是原油销售的一般情况。会计处理上会因收入和生产税的分配机制不同而有所差别。

【例 6-2】 (原油收入)H 石油公司在得克萨斯州的吉尔伯特租赁矿区拥有 7/8 的经营权益。二月份共生产和销售了 4 000 桶原油。假定原油价格为 16 美元/桶,得克萨斯州的生产税为 5%。

(1)分析(见表 6-2)。

表 6-2 分析表

	总收入 a	生产税 b	生产税后净额 c
	(4 000×\$16×权益)	(5%×a)	($a-b$)
经营权益(7/8)	\$56 000	\$2 800	\$53 200
矿区使用费权益(1/8)	\$8 000	\$400	\$7 600
合计(1)	\$64 000	\$3 200	\$60 800

(2)购买者承担分配生产税和矿区使用费权益收入的责任。
经营权益所有者的分录——分录金额可从上述分析中取得,或按下列方法计算。
应收款——购买者(WI)
(4 000×\$16×0.95×7/8)   \$53 200
生产税费用(WI)
(4 000×\$16×0.05×7/8)   \$2 800
  原油销售(WI)
  (4 000×\$16×7/8)   \$56 000

(3)H 石油公司承担收入百分之百分配的责任。
经营权益所有者的分录——分录金额可从上述第一部分的分析中取得,或从括号中的计算公式得出。

应收款——购买者(WI + RI)
(4 000 × $16) $64 000
生产税费用(WI)
(4 000 × $16 × 0.05 × 7/8) $2 800
　　应付生产税(WI + RI)
　　(4 000 × $16 × 0.05) $3 200
　　应付矿区使用费(生产税后净额)
　　(4 000 × $16 × 0.95 × 1/8) $7 600
　　原油销售(WI)
　　(4 000 × $16 × 7/8) $56 000

(4)在以上 b 或 c 部分的基础上,矿区使用费权益所有者的分录如下:

应收款
(4 000 × $16 × 0.95 × 1/8) $7 600
生产税费用
(4 000 × $16 × 0.05 × 1/8) $400
　　原油销售
　　(4 000 × $16 × 1/8) $8 000

2. 内部销售

原油经常销售给一个完全属于经营权益所有者的炼厂,在原油生产和销售核算上仅在公司内部应收款和公司内部原油销售方面存在差异。这种购买者作为特殊的生产者,在公司内部购买原油和公司外部购买原油方面也是有很大差别的。

【例 6 – 3】 (公司内部销售)假定与上述示例相比,除了 H 石油公司将原油销售给一个完全属于该公司的炼厂外,其他因素都与上述示例相同。

生产者的分录:
应收款——公司内部收入(WI + RI) $64 000
生产税费用 $2 800
　　应付生产税 $3 200
　　应付矿区使用费——所有者(税后收入) $7 600
　　原油销售——公司内部(WI) $56 000

购买者的分录:
原油购买——公司内部
(4 000 × $16 × 7/8) $56 000
原油购买——公司外部(RI)
(4 000 × $16 × 1/8) $8 000
　　应付款——公司内部 $64 000

3. 自用原油

租赁矿区作业中的作业者也经常使用原油,如为扩展租赁矿区道路而作为发动机或锅炉的燃料等。在例 6-4 中,租赁矿区 A 生产的原油被输送到租赁矿区 B,在租赁矿区 B 的作业中消耗。两个租赁矿区的经营权益同属于一个经营权益所有者。经营权益所有者处理这项业务时,将租赁矿区 A 发出的原油作为销售,同时作为租赁矿区 B 的作业费用。分配的原油价值一般与原油销售价格一致。

【例 6-4】 (租赁矿区作业者消耗的原油)H 石油公司进行租赁矿区 A 和租赁矿区 B 的作业,该公司将租赁矿区 A 中生产的 10 桶原油用作租赁矿区 B 的燃料。假定这两个租赁矿区的原油价格为 20 美元/桶,生产税为 5%,租赁矿区 A 的矿区使用费权益为 1/8。

输送 10 桶原油的分录为:

租赁矿区作业费用——B(10×$20)	$200
生产税费用(WI)	
(10×$20×5%×7/8)	$8.75
应付产品税(WI+RI)	
(10×$20×5%)	$10.00
应付矿区使用费	
(10×$20×95%×1/8)	$23.75
原油销售——A(10×$20×7/8)	$175.00

如果例 6-4 中的原油已由租赁矿区 A 生产,并在本矿区使用和消耗,则会计处理要依据租赁矿区合同和州法律而改变。由于大多数租赁矿区协议中有"免费燃料"的条款,因此矿区使用费权益所有者一般不收取在同一租赁矿区使用的石油和天然气矿区使用费付款。在同一租赁矿区生产并使用的原油的生产税支付问题也要依州法律而定。

(三)原油的相互交换

原油生产公司之间经常交换原油,以便更有效地进行作业。例如,一个地区的原油产品可以与另一个靠近购买者的地区的原油相交换,使原油不必进行长途输送。未来生产的原油也可以与立即发货的原油相交换,以满足炼油厂的需求。

原油交换经常使用容积资料进行记录和核算。在库存方法下,在一项交换中,接受原油的桶数要记入以体积为基础的实地盘存账户借方,它与交换库存的贷方数量是一致的。当收到的原油以未来发货的形式被付还时,再做出相反的会计分录。有一种记录原油交换的通用转换方法是以交换原油的货币价值为基础的。购销总额法是将每个交换接收方作为购买者,将每个交换发货方作为销售者,双方各自以一致的会计分录记入应付款账户和应收款账户。不管使用哪种方法,一般都会存在差异。由于交换原油的质量、类型或重度不同,交换一定桶数原油的货币价值通常是不相等的。这些差异要以现金的形式确定,同时接受付款的公司要作为收入登记,支付货款的公司要计入费用。

二、天然气销售收入的核算

(一)天然气销售特点和一般会计处理

天然气收入核算的基本程序与原油收入核算基本相同。天然气销售收入总额的确定是将销售的立方英尺量与合同价格相乘。

1985 年以前,大多数天然气销售都采用长期合同的方式,合同期经常达到 10 年或更长。与过去相反,现在大多数天然气销售都是在短期基础上进行的现货销售。现货销售是指由生产者将天然气输送到主管道或分支管道,按当前市场价格进行销售。现货销售也包括生产者直接销售给最终用户或地区分配公司。

一旦天然气价格确定并且接收了天然气清算表,就应该做出会计分录。除了以下几点,天然气收入的核算与原油收入的核算是相同的:

(1)在销售前,租赁矿区没有天然气储存。
(2)天然气的计量比原油的计量更复杂。
(3)天然气收益在经济权益所有者之间的分配通常由作业者进行,而不是由购买者进行。

(二)天然气供需不平衡与照付不议条款下的会计处理

天然气销售或购买合同多数指那些输送到管道的天然气合同,包含了照付不议条款。这一条款要求购买者每月提取特定的最低天然气数量。如果未提足最低天然气数量,即使不提取,购买者也必须对少提的天然气付款。购买者一般可针对未来超过特定数量的购买情况取消缺量支付的条款。生产者将缺量支付作为递延贷项记录,直到购买者提取到足量的天然气。当购买者从生产者处购买了超过特定最少数量的天然气时,生产者就确认收入,并减少递延贷项。如果天然气价格自缺量发生时上升了,则大多数合同要求购买者支付追加的金额。

【例 6-5】 (照付不议)H 石油公司与西南管道公司签订一项合同,西南管道公司同意每月购买 20 000 千立方英尺的天然气,每千立方英尺 2 美元。即使西南管道公司不按足额数量提取天然气,也要支付天然气款。八月份,西南管道公司提货 16 000 千立方英尺,假定生产税为 5%,矿区使用费权益为 1/8。H 石油公司承担分配矿区使用费收入和支付生产税的责任。

记录 16 000 千立方英尺的销售额:
现金(16 000×$2) $32 000
生产税费用
(16 000×$2×5%×7/8) $1 400
    应付矿区使用费
    (16 000×$2×1/8×0.95) $3 800
    应付生产税
    (16 000×$2×5%) $1 600
    天然气销售(16 000×$2×7/8) $28 000
记录递延贷项:
现金(4 000×$2) $8 000
    递延收入 $8 000
九月份,西南管道公司提货 24 000 千立方英尺。
现金(20 000×$2) $40 000
生产税费用
(20 000×$2×5%×7/8) $1 750

应付矿区使用费	
(20 000 ×$2 ×1/8 ×95%)	$4 750
应付生产税(20 000 ×$2 ×5%)	$2 000
天然气销售(20 000 ×$2 ×7/8)	$35 000

记录货款结清：

递延收入(4 000 ×$2)	$8 000
生产税费用(4 000 ×$2 ×5% ×7/8)	$350
应付矿区使用费	
(4 000 ×$2 ×1/8 ×95%)	$950
应付生产税(4 000 ×$2 ×5%)	$400
天然气销售(4 000 ×$2 ×7/8)	$7 000

第三节　油气销售收入核算的其他问题

一、天然气生产者之间的不平衡问题

(一)天然气生产者不平衡的产生

当两个或更多的经营权益所有者同在一个矿区时,经常会发生生产者之间天然气的不平衡。当一个经营权益所有者从矿区生产出来的天然气中提取超出其份额的天然气时,就会存在一个生产者的不平衡。在一些经营权益所有者或生产者超量发货的同时,那些比其应得份额少提取天然气的权益所有者或生产者就会缺量发货。

生产者不平衡的发生有很多原因,但是与现货销售和直接销售一同出现,就使得这种不平衡变得更为复杂。目前,每一个经营权益所有者或每一个矿区都可以将其天然气销售给一个或多个买主。这些买主包括市场中介人、中间商、最终用户及其他生产者。由于不可能同时向所有的购买者发送天然气,通常情况下一个购买者在一段期间内提取其全部产品,之后另一个购买者再提取其全部产品,其他购买者依此类推。只有那些将天然气销售给当时提取天然气的购买者的经营权益所有者,才能收到购买者付给的天然气款。根据这种情况,在任何时间点上都会存在天然气不平衡的情况。由于天然气井很少保持稳定比例的生产,发送给购买者的数量也很少保持准确的平均产量比例,这就又加大了这种不平衡现象。在一个矿区的几个经营权益所有者,由于市场条件或与井口缺乏联系等原因,不愿意或不可能马上销售其天然气,也会发生天然气的不平衡。最后,当天然气按照经营权益所有者的提名进行分配时,由于要求在特定的时期内提取一定数量的天然气,也会发生不平衡。这是因为提名的程序允许生产者在一个特定期间内收取多于或少于其所拥有产量的经营权益份额。

一个矿区的经营权益所有者通常要签署一个天然气平衡协议,这个协议规定了当天然气不平衡的情况发生时每一方应有的特定权利和责任。

在天然气不平衡的情况下,作业者一般要保留他们跟踪已分配和已发货数量的记录或报告。这样做可使作业者根据过去超量或缺量发货的情况,要求对每一个购买者未来天然气的

发货量进行调整。

(二)天然气生产者不平衡问题的对策和会计处理

工业界发展了几种减少天然气不平衡的方法,称为产量平衡方法。其中一种方法是"以货代款"的平衡方法,即少生产的一方可以发出通知付清超量生产的一方的天然气数量份额的50%,直到产量平衡。有些协议也允许作业者定期地要求在现金上求得平衡。如果不能平衡,也就是说储量已经折耗,则作业协议或天然气平衡协议可以提出现金清算;如果可以平衡,但价格发生变化,则价格上升或下降应该在超量发货和缺量发货的所有者之间以现金进行清算。

在生产者不平衡的情况下,有两种确认收入的方法,即权利法和销售法。

在权利法中,每一个所有者确认收入都是以其所有权在生产的全部天然气中的份额为基础的,不考虑所有者实际销售和收取的天然气款。这样,超量发货的所有者由于超过其份额收取的金额而确认未实现收入;缺量发货的所有者由于其生产份额数量的收入是由其他所有者销售的,同时也由于未收到付款而确认应收款和收入。

在销售法中,每一个所有者确认收入都是以收取的付款为基础的,而不是以其生产和销售天然气的份额为基础的。

下面的例子说明了"以货代款"产量平衡的安排及记录收入的权利法。

【例6-6】 (天然气生产者的不平衡)谢泼德油田由H石油公司和古德纽斯石油公司联合经营,其中H石油公司作为油田的作业者拥有60%的权益,古德纽斯石油公司拥有40%的权益。有一个1/8矿区使用费权益所有者,这1/8的矿区使用费由H石油公司和古德纽斯石油公司按比例分配:两个经营权益所有者都同意H石油公司的购买者提取4月份生产的天然气,古德纽斯石油公司的购买者提取5月份生产的天然气,在6月份平衡天然气的分配。另外,不考虑生产税。产量和天然气价格情况见表6-3。

表6-3 产量和天然气价格

	产量,千立方英尺	价格,美元/千立方英尺
4月份	300 000	2.25
5月份	280 000	2.25
6月份	200 000	2.00

每一个经营权益所有者只收到其购买者所付天然气货款。下面的天然气平衡报告由H石油公司编制,概述了产量分配及从4月份到6月份天然气的平衡,见表6-4。

表6-4 天然气平衡报告 单位:千立方英尺

	4月份	5月份	小计	6月份	合计
总产量以经营权益百分比为基础分配的份额(包括支付矿区使用费)	300 000	280 000	580 000	200 000	780 000
H石油公司(60%) 古德纽斯石油公司(40%)	180 000	168 000	348 000	120 000	468 000
	120 000	112 000	232 000	80 000	312 000
	300 000	280 000	580 000	200 000	780 000

续表

	4月份	5月份	小计	6月份	合计
H石油公司的购买者	300 0000	0	300 000	168 000	468 0000
古德纽斯石油公司的购买者	0	280 000	280 000	32 000	312 000
	300 000	280 000	580 000	200 000	780 000
超量(缺量)发货 H石油公司	120 000	(168 000)	(48 000)	48 000	0
古德纽斯石油公司	(120 000)	168 000	48 000	(48 000)	0

每个公司在这三个月间所做的分录如下。

(1) 4月份。

H石油公司：

应收账款(300 000×$2.25) $675 000
  应付矿区使用费
  (300 000×$2.25×1/8×0.6) $50 625
  未实现收入——超量发货
  (300 000×$2.25×0.4) $270 000
  天然气收入
  (300 000×$2.25×0.6×7/8) $354 375

古德纽斯石油公司：

应收账款——缺量发货
(300 000×$2.25×0.4) $270 000
  天然气收入
  (300 000×$2.25×7/8×0.4) $236 250
  应付矿区使用费
  (300 000×$2.25×1/8×0.4) $33 750

(2) 5月份。

H石油公司：

未实现收入——超量发货 $270 000
应收账款——缺量发货
(48 000×$2.25) $108 000
  应付矿区使用费
  (280 000×$2.25×0.6×1/8) $47 250
  天然气收入
  (280 000×$2.25×0.6×7/8) $330 750

古德纽斯石油公司：

应收账款(280 000×$2.25) $630 000

　　　　应付矿区使用费
　　　　(280 000×$2.25×0.4×1/8)　　　　　　　　　　$31 500
　　　　应收账款——缺量发货　　　　　　　　　　　　$270 000
　　　　未实现收入——超量发货
　　　　(48 000×$2.25)　　　　　　　　　　　　　　$108 000
　　　　天然气收入
　　　　(280 000×$2.25×0.4×7/8)　　　　　　　　　$220 500
　(3)6月份。
H石油公司：
应收账款(168 000×$2.00)　　　　　　　　　　　　　$336 000
应收古德纽斯公司款(0.25×$48 000)　　　　　　　　$12 000
　　　　应付矿区使用费
　　　　(200 000×$2.00×0.6×1/8)　　　　　　　　　$30 000
　　　　应收账款——缺量发货　　　　　　　　　　　　$108 000
　　　　天然气收入
　　　　(200 000×$2.00×0.6×7/8)　　　　　　　　　$210 000
古德纽斯石油公司。
应收账款(32 000×$2.00)　　　　　　　　　　　　　$64 000
未实现收入——超量发货　　　　　　　　　　　　　　$108 000
　　　　应付矿区使用费
　　　　(200 000×$2.00×0.4×1/8)　　　　　　　　　$20 000
　　　　天然气收入
　　　　(200 000×$2.00×0.4×7/8)　　　　　　　　　$140 000
　　　　应付H石油公司款　　　　　　　　　　　　　　$12 000
注意：6月份价格的降低以现金的形式在权益所有者之间进行调整。

二、混合销售并计量的石油或天然气在所属矿区(井)之间的分配

　　从不同的井或租赁矿区生产的石油和天然气产量经常混合在一起，在发货点统一计量。销售出去的总产量需要分配还原到单个井或租赁矿区的产量，以满足纳税的要求和管理的需要，这也是由矿区中存在的不同权益所有者所决定的。确定单井产量的方法主要取决于井是否单独计量。按照州法律的要求，每一口天然气井都是单独计量的，而对于油井则不要求单独计量，但要定期进行产出检测，以确定或估计从该井产出的油、气、水的总量，用以代替单独计量。一口井的产出检测是指将井中产出的液流从生产分离器中转到检测分离器中。检测分离器对井中产出的原油、天然气和水进行24小时计量。检测的结果可以用来估算一段时间内（通常为一个月）的产量。当所有的井被检测后，检测结果就可以用来将总产量分配到不同的井和矿区。

　　1. 一级分配

　　在这种分配中，从一个租赁矿区生产的产量被分配还原到单个井的产量，分配基础是对单个井的24小时产量的检测比率。

2. 二级分配

当两个以上的租赁矿区要装一个中心处理系统油罐群中心时,不同矿区的原油(或天然气)被混合在一起销售和计量,这就需要将中心处理系统计量的产量分配到每一个矿区,进而再分配到每个单井。

当超过一个以上的租赁矿区生产出来的产量混合在一起时,一般的做法是:(1)在油罐群中心对所有租赁矿区的产量进行计量;(2)对每一个租赁矿区的产量进行计量;(3)对每一口井的产量进行计量或估计。在这种情况下,至少要包括两级的分配,从石油和天然气处理地点开始,随后追溯到石油和天然气的来源。下面是说明原油两级分配的例子,从两个租赁矿区生产的原油产量被发送到一个油罐群中心。

【例 6-7】 (两级分配)在 24 小时检测的基础上,对租赁矿区 A 和租赁矿区 B 的每口井的产量进行估计。每个租赁矿区每口井的产量都是混合在一起的,这种混合流量的计量一直到单个租赁矿区之前。每个租赁矿区的产量都是混合的,并且发送到一个油罐群中心。假定租赁矿区 A 的数据见表 6-5,假定租赁矿区 B 的数据见表 6-6。

表 6-5 租赁矿区 A 的数据

井号	24 小时检测桶数,桶	已生产天数,天	理论产量,桶
1	20	30	600
2	35	26	910
3	50	24	1200
合计	—		2 710

表 6-6 租赁矿区 B 的数据

井号	24 小时检测桶数,桶	已生产天数,天	理论产量,桶
1	25	28	700
2	40	29	1 160
合计	—		1 860

从租赁矿区 A 计量的产量为 2 450 桶,从租赁矿区 B 计量的产量为 1 663 桶。在油罐群中心处理以后,销售了 4 000 桶油,见表 6-7。

第一步:将油罐群中销售的原油分配到每个租赁矿区。销售量对租赁矿区全部产量的比率 = 4 000/4 113 = 0.972 5。

表 6-7

租赁矿区	计量的产量,桶	比率	分配的销售量,桶
A	2 450	0.972 5	2 383
B	1 663	0.972 5	1 617
合计	4 113	—	4 000

第二步:将每一个租赁矿区的销售量分配到单井,见表 6-8、表 6-9。

租赁矿区 A:分配到租赁矿区 A 的销售量对租赁矿区 A 中井的全部理论产量的比率 = 2383/2 710 = 0.879 3。

表 6-8

井号	24 小时检测桶数,桶	已生产天数,天	理论产量,桶	比率	分配的销售量,桶
1	20	30	600	0.879 3	528
2	35	26	910	0.879 3	800
3	50	24	1 200	0.879 3	1 055
合计	—	—	2 710	—	2 383

租赁矿区 B：分配到租赁矿区 B 的销售量对租赁矿区 B 中井的全部理论产量的比率 = 1 617/1 860 = 0.869 4。

表 6-9

井号	24 小时检测桶数,桶	已生产天数,天	理论产量,桶	比率	分配的销售量,桶
1	25	28	700	0.869 4	609
2	40	29	1 160	0.869 4	1 008
合计	—	—	1 860		1 617

3. 不同质量原油(或天然气)混合后的再分配问题

当原油的质量变化时,分配的程序也会变得很复杂。一桶原油的价值有可能取决于原油的质量,特别是原油的 API 重度。一个租赁矿区与另一个租赁矿区原油的 API 重度可能有很大的不同,因而当各个租赁矿区之间存在重度上的较大差别时,上述分配程序必须进行修改,以确定每个租赁矿区生产、销售原油数量应得的销售收入。

三、最低矿区使用费条款带来的核算问题

最低矿区使用费通常在协议中注明。在这种协议中,承租人同意每当实际产量收入低于矿区使用费所有者要求的最低矿区使用费金额时,由承租人按最低矿区使用费金额支付给矿区使用费所有者。这种支付可能在生产之前或生产期间支付。最低矿区使用费支付可能从未来产量中回收,也可能无法回收。如果不能回收,则该项支付通常作为费用;如果可以回收,则该项支付应列入暂记账户,直到回收;如果该项支付到租赁期满时仍未回收,则应转入费用。

【例 6-8】 （最低矿区使用费）

(1) 20×6 年期间,生产能力尚未建成,H 石油公司按每月 100 美元的金额支付最低矿区使用费,已支付 5 个月。最低矿区使用费可在未来支付矿区使用费时收回。

最低矿区使用费暂记　　　　　　　　　$500
　　现金　　　　　　　　　　　　　　　　　$500

(2) 20×6 年后,生产能力建成。根据第一个月产量计算应付矿区使用费为 250 美元。

应付矿区使用费　　　　　　　　　　　$250
　　最低矿区使用费暂记　　　　　　　　　　$150
　　现金　　　　　　　　　　　　　　　　　$100

注意：矿区使用费所有者仍有权利得到每月 100 美元的最低矿区使用费支付,因此只能回收 150 美元。

(3) 假定第二个月计算的应付矿区使用费为400美元,则有关支付的会计分录为:

应付矿区使用费 $400
  最低矿区使用费暂记 $300
  现金 $100

(4) 假定第三个月的应付矿区使用费为450美元,则有关支付的会计分录为:

应付矿区使用费 $450
  最低矿区使用费暂记 $50
  现金 $400

(5) 假定第四个月的应付矿区使用费为80美元,则有关支付的会计分录为:

应付矿区使用费 $80
  最低矿区使用费暂记 $20
  现金 $100

(6) 假定第五个月因罢工事件停产,租赁矿区废弃,则最低矿区使用费暂记金额将不可回收,会计分录为:

归还矿区费用 $20
  最低矿区使用费暂记 $20

案例　西气东输照付不议购销合同

西气东输工程是一个完全按商业化原则运行的特大型基础设施项目,在销售环节,遵循全球大宗能源销售模式,工程采用照付不议(take or pay)合同来规范买卖双方的行为,平衡双方的利益,照付不议合同对中国现阶段天然气市场的发育、成熟起到了积极的推动作用。

一、照付不议——西气东输购销合同的必然选择

关于照付不议合同,一直存在诸多争议,其中一种看法认为卖方销售公司处于强势地位,买方没有用完计划用气量也要支付气价,是霸王条款。在谈判之初,就有不少用户因"照付不议"条款而迟迟不签合同。其实,照付不议合同并不是中国发明的,它是天然气贸易中一种使用最广泛的购销合同,西气东输的销售环节采用照付不议合同有其深刻的背景和原因。

(1) 天然气管输贸易的特点是照付不议合同存在的前提条件,天然气作为一种商品当然可以像其他商品一样进行买卖,但在陆地上它必须通过长输高压管道才能实现从生产领域到消费领域的转移。天然气管输贸易天生具有前期投资巨大、资金回收周期长、供气安全要求高等特点,这就决定了买卖双方在气源、用户和运输手段等方面不能自由选择。为了共同的利益,买卖双方需要一种长期供应和购买承诺,这种长期承诺必须建立在天然气供应链上所有参与者相互依赖和信任的基础上,以照付不议合同的形式表现出来。

照付不议合同协调了管输贸易双方的矛盾,在照付不议与照供不误原则的约束下,生产者、运输者和消费者是同一利益团体,长期和谐相处,在合同存续期间内,买方按照合同规定的

天然气质量和双方约定的数量,不间断地购买卖方的产品,无特殊情况下买方不得随意终止或变更合同,否则将要承担相应的违约责任;卖方则要按照合同要求"照供不误",风雨无阻,无论何种情况,都要连续不间断地供应买方产品,否则要承担违约责任。这样一方面确保了买方能在能源紧张的条件下如约得到产品,另一方面降低了卖方的大规模开采以及运输气源的市场风险。

(2)世界各国的经验是采用照付不议合同的历史依据,照付不议合同源于美国。1978年美国国会通过了《天然气政策法案》,该法案允许部分天然气价格放开,提高了联邦能源委员会确定的井口最高限价,放松对天然气井口价格的控制。该法案颁布后,天然气井口价格大幅升高,有效促进了上游开发领域的繁荣,投入于勘探开发领域的资金大大增加。长期处于天然气短缺困境的管网公司为保证供给立即着手与上游企业签订了许多长期合同,在这些合同中含有照付不议条款,也称为"无论提货与否均需付款"条款,照付不议合同就这样走上了历史舞台,并逐步发展完善,成为大幅能源供应的国际惯例和规则。

无论在北美、欧洲还是亚洲的天然气市场,照付不议合同是天然气管输贸易中最常用的销售协议,它将天然气买卖双方以稳定、平衡的方式凝聚在一起,采用照付不议合同,即使在冷战时期最寒冷的日子里,俄罗斯的天然气也顺利地流向了欧洲。同样在欧美地区,照付不议合同在过去50年间的天然气交易中被广泛使用,只有为数不多的几个合同纠纷提交法院要求第三方仲裁。历史的发展充分证明了在天然气管输贸易中照付不议合同存在的必然性。

(3)西气东输的客观情况是采用照付不议合同的现实原因。西气东输工程从建设之初就不是一个单纯的商业项目,而是作为实施国家西部大开发战略的政治任务提出来的。鉴于西气东输在加快西部地区经济发展、调整能源结构和保护环境方面的重大意义,国家会通过有效的监管鼓励扶持天然气市场的发育健全。天然气市场开发都是依靠需求拉动的,而照付不议合同一定意义上可以确认和锁定下游市场的天然气消费量,提供长期的稳定的市场,对西气东输项目的经济性和安全性起到了十分重要的保障作用。因此,在2000年9月国家计委1958号文件《关于印发开展西气东输工程可行性研究工作若干意见的通知》中,明确表明要在西气东输项目上采用并全面推广照付不议合同模式。西气东输管线长达4000千米,工程投资巨大,供应方中国石油天然气集团公司担负着供气安定性与下游市场开发的双重风险,照付不议合同可以将买卖双方的利益通过一种长期承诺联系起来,规范双方的行为,降低项目的不确定性风险,以达到买卖双方双赢的目的。

回顾历史,天然气照付不议合同的出现与政府对天然气的管制密不可分。为保证天然气等国家重点能源的安全、长期和有序的发展,中国也采取了相应的管制措施,如对上游的井口价严格限定、天然气与管输捆绑销售等,此类措施与美国1978年前后的管制方式有很多相似之处,同样也为照付不议合同的大规模签订提供了适宜的土壤。

二、照付不议合同法律性质分析

从西气东输的商业运行模式来看,照付不议合同的主体为销售公司与下游用户,二者签订的是销售与运输协议,销售公司依据协议向下游用户供应天然气,下游用户按出厂价向销售公司支付购气款,按管道运输价格向销售公司支付代垫运费,作为主要用户的地方配气公司将其从门站购入的天然气通过它的城市配气管网系统输送至所服务的最终用户,并以最终价格将天然气出售给消费者。

从以上论述可以看出,虽然照付不议合同是由销售公司与下游用户签订的单一合同形式,但却涉及三方主体:销售公司、管道公司、下游用户。两个合同:销售公司与下游用户签订的天然气销售合同;管道公司与下游用户签订的天然气运输合同。在此合同中,销售公司是管道公司的代理人,代理管道公司与用户签订协议,相应法律后果应由管道公司承担。也就是说,如果由于天然气的数量、质量等原因导致合同不能履行,应由销售公司承担责任;如果由于管道运输方面的原因导致合同不能履行,应由管道公司承担责任。

因此,从合同的性质来看,照付不议合同是一种混合合同,融合了买卖合同与运输合同,在中国合同法及天然气法律法规中都没有明文规定,属于无名合同。作为买方的下游用户接受的是捆绑式服务,天然气与运输是不可分离的,买卖天然气的合同与运输合同高度融合,同时成立、同时生效。

在照付不议合同的天然气销售环节中,销售公司应按照合同约定的数量和质量在各城市门站交付天然气,买方承担依约付款提气义务。销售公司应对所交付天然气的品质承担瑕疵担保责任,按照合同法的精神和天然气贸易的惯例,如果卖方交付不合格气(不符合合同中约定的质量规格的天然气),买方应尽力使用,该天然气的商品价应由双方协商规定;如果不合格气严重影响了买方设施的安全、增加了买方设施运行的经济负担,或者违反环保标准,买方有权拒收不合格气,并且按照卖方违约短缺交付天然气处置;如果买方接收未知不合格气造成损失,卖方应承担赔偿责任。损害赔偿的范围应包括直接损失与间接损失,但是根据《合同法》第一百一十三条的规定,"不得超过违反合同一方订立合同时预见到的或者应当预见到的因违反合同可能造成的损失"。

在照付不议合同的天然气运输环节中,管道公司作为承运人,负有安全运输义务,必须保证管道安全,防止事故发生,如果天然气在管输过程中毁损、灭失,管道公司应承担损害赔偿责任,除非管道公司能够证明损失是由于不可抗力的原因造成的。而买方负有支付运费以及及时提气的义务。

三、照付不议与照供不误——双方权利义务的平衡

合同关系通常应在市场发育较充分的前提下确立,即买方或卖方应有多个选择,是否签订合同,与谁签订合同都应当是自由的。但西气东输的特殊背景决定了卖方只能是西气东输销售公司,最重要的买方地方配气公司在各城市也存在一定垄断,且从公共利益考虑,双方有缔约义务,合同自由受到极大限制。在这种情况下,如何平衡双方权利义务,是保证照付不议合同顺利实施的重要问题。同时,由于天然气资源属于公共能源,妥善处理各方利益,保证长期稳定供应,也是建立和谐社会的需要。

对于下游买方而言,照付不议合同的供方只能是销售公司,别无选择,供应方处于垄断地位,这样在合同谈判时,一旦合同不能达成的后果是买方不能得到天然气或拒绝使用天然气,但这种状况又违背了国家的相关要求。因此,在此情况下,如果双方不能很好地协商达成谅解,则这种合同主体的单一性很容易导致合同权利义务失衡,使合同处于不稳定状态,出现这种情况也不利于供应方的长远利益。对此,应依据公平原则订立合同,使双方互享权利、互负义务。由于照付不议合同是一种"长期的、无条件的"购销合同,所谓无条件,就是产品使用者

一旦签约后无论是否提货均需支付合同中事先确定数量的货款,因此对使用者有着强制的约束力和较大的法律风险,本着权利义务对等原则,供应方应承担"照供不误"的义务,即卖方应当按照合同规定的天然气质量和双方约定的数量,不间断地向买方供应合同规定的产品,无特殊情况下卖方不得随意终止或变更合同,否则将要承担相应的违约责任。这样就可以实现双方责权利对等的要求,更易于合同的签订、执行,减少不必要的合同纠纷。

照供不误相对于照付不议,同样是一种很严格的义务,这意味着除了在合同规定的不可抗力的情况下,卖方必须依约供应天然气,无论何种情况都要照供不误,这对供应方而言是一种巨大的压力,从上游油田的开采到中游管道的运输,从技术的执行到商务的协调,各个环节都不允许出现纰漏,否则影响供应将要承担赔偿责任。另外,天然气下游市场具有自然垄断和区域垄断的特性,很多中国燃气下游企业都是从过去的煤气公司转变过来的,其行政色彩很浓,虽然合同中明确规定了照付不议,但如何严格执行照付不议条款是卖方担心的实际问题。因此,笔者建议,中国应借鉴其他国家的做法,在天然气与城市燃气领域成立行业协会,协会作为中介组织是政企之间的桥梁,它不具备政府职能,在行业内部发挥规范、协同企业行为的自律和协调作用。对于照付不议这样涉及两个行业切身利益的合同,应由两个协会出面谈判,在政府相关部门的监管下,制定照付不议合同范本,范本虽不具有合同的法律效力,但对于签约双方具有示范作用,这样有利于平衡双方权利义务,提高签约效率,促进双方和谐有序发展。

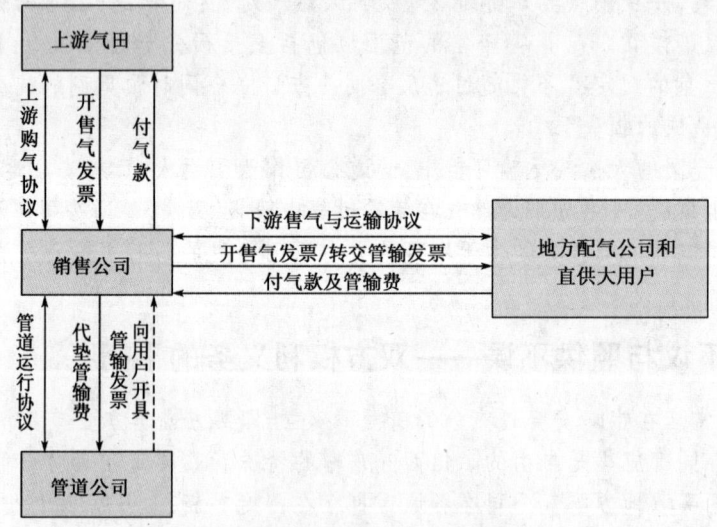

图1 西气东输项目运行模式

[本文出处]宋华.西气东输照付不议购销合同的几点思考[J].中国电力教育,2012(36):115 – 116.

1. 油气销售收入的确认和计量有何特点?
2. 什么原因造成了生产者不平衡的发生?如何进行会计处理?

3. 制定最低矿区使用费协议的目的是什么?

1. P石油生产公司与X管道公司签署"照付不议"式天然气销售合同,要求X公司每月提取50000千立方英尺天然气,提取不足时仍按该数量付款。表6-10是2015年第一季度实际销售量和价格,假设矿区使用费为1/8,生产税为5%。试对P公司第一季度各月销售业务进行会计处理。

表6-10

	一月份	二月份	三月份
销售量,千立方英尺	30 000	40 000	55 000
单价,美元/千立方英尺	2	2.5	3

2. Smart天然气矿区由H公司和P公司联合经营,其经营权益份额分别为60%和40%。确定H公司为作业者,该矿区的矿区使用费为1/8,生产税为5%。2015年生产的天然气由H公司和P公司轮流负责销售,并在每季度末进行平衡。表6-11是2015年第一季度各月的生产量和销售价格。

表6-11

	一月份	二月份	三月份
产量,千立方英尺	200 000	300 000	280 000
单价,美元/千立方英尺	2	2.22	2

要求:

(1) 完成下面的天然气平衡表(表6-12),设由H公司先在一月份负责销售,由P公司负责二月份销售,三月份平衡。

(2) 确定因价格变化导致的平衡补差金额。

(3) 对H公司一月份、二月份和三月份的销售业务进行会计处理(由作业者分配收入和税费)。

表6-12

	一月份	二月份	三月份	合计
产量,千立方英尺	200 000	300 000	280 000	
H公司份额				
P公司份额				
H公司销售量				
P公司销售量				
H公司超(缺)				
P公司超(缺)				

第七章　油气所得税会计

本章主要介绍油气所得税会计的基本原理,详细讨论了美国油气所得税会计的基本特征,以及中外油气所得税会计的差异性,结合中国油气税费体制,分析了中国油气所得税会计处理方法。

第一节　油气所得税会计概述

会计准则与税法对企业收入、成本、费用、资产、负债以及利润等会计要素的确认与计量不同,于是导致所得税会计问题的产生。所得税会计准则就是研究如何确认、计量、记录和报告所得税事项的会计准则。对所得税会计事项经济实质的理解,并确定该事项如何影响以及何时影响企业财务是构建高质量所得税会计准则的起点,也是概括所得税会计准则目的的前提。

美国关于所得税对财务报表影响的会计核算的研究始于 20 世纪 60 年代。在《财务会计准则文件第 109 号——所得税》的会计核算和其前身——第 96 号财务会计准则文件形成之前,所得税依据 1967 年公布的第 11 号会计原则委员会意见书,采用损益表方法进行会计核算。该方法的复杂性、烦琐的记录保持要求和无意义的递延所得税负债受到广泛的批评。一些会计师认为第 11 号会计原则委员会意见书中所得税负债实质上通常错误地反映了公司的未来所得税负债,结果是公司账上记录的递延负债可能从未支付。这一事实导致财务报表的使用者怀疑报告结果的意义,于是财务会计准则委员会于 1982 年把所得税的会计核算列入其工作计划。这项研究结果是:1987 年公布了第 96 号财务会计准则文件和 1992 年公布了第 109 号财务会计准则文件。第 109 号财务会计准则文件彻底改变了计算所得税所采用的方法,特别是采用负债法或资产负债表债务法计算递延所得税。根据资产负债表债务法,递延税款反映在公司财务报表中已经报告的交易结果的未来所得税负债。首先计算递延所得税负债,且其净负债的净变化成为递延所得税的准备。当然,资产负债表债务法与财务会计准则委员会的概念框架保持一致。下面介绍资产负债表债务法的基本理论与方法。

一、资产负债表债务法的基本理论与方法

美国第 109 号财务会计准则文件的重点是资产负债表和递延所得税资产与负债的合理确定。第 109 号财务会计准则文件包括下列基本规定:

(1)当年任何时间的应付税款或应退税款都确认为当期的负债或资产。

(2)经营损失和未来所得税抵免存在的暂时差异产生的未来所得税结果,将在当时确认为递延资产。

(3)负债或资产的确定,依据资产负债表日现行税法的规定,预期税法或税率的变化影响不予考虑。

(4)当期递延所得税资产通过估价折减预期不能实现的金额减少时,可以对其进行调整。

要满足上述规定,公司必须根据第109号财务会计准则文件制定一个相应的结构方法,这一方法必须突出一系列连续影响,满足遵循这一准则的需要。具体步骤如下:

(1)确定财务报告中资产或负债金额和资产或负债的税基。

(2)确认暂时差异的性质和金额。

(3)确定暂时差异的所得税影响。

(4)确定评价折扣的估价需要。

(5)确定财务报表的表述。

(6)编制财务报表披露。

二、会计准则与税法之间的差别

财务报告的目的是根据会计准则确定其所得。会计准则的制定是为了公司在某一时点公正地反映其财务状况。会计准则不但要求客观地评价过去,而且也要反映某些未来预计影响公司财务状况的可能事件。所以,公司的财务报告所得主要依据的是:(1)成本与相关收入的配比;(2)估计的回收期间和使用寿命期;(3)资产未来价值的减损折扣。

相反,纳税所得是采用经营所在地税务当局非常特别的规定,反映在每一纳税期间发生的事件,这些规定如税收法典中的规定、相关细则和法庭决定确定了收入记录和成本收回的时间,其主要目的是确定相应的应纳税额和税款必须交纳的期间。因此,税收法规企图限制纳税人自行确定应纳税所得的能力。通常法律规定:

(1)特别的定义债务形成或确定的时间。

(2)除极个别情况外,不允许使用损失准备、不可预见准备或减损备抵。

(3)确定非应税交易和不能抵扣的费用。

(4)为折旧确立具体的资产分类规定。

(5)不允许考虑预期的未来事件。

(6)通常依据交易的终结确认事件的时间。

因此,大多数公司依据公认的会计准则与根据所得税法规报告的所得和抵扣的时间将会有很大的差别。第109号财务会计准则文件规定,公司必须确定这些差别的性质。

石油和天然气生产活动的纳税核算在许多方面都与财务会计不同。税务会计的目的就是按照国内收入法案和规则的规定,为有效地编制所得税申报表而收集必要的数据。财务会计(成果法或全部成本法)的会计利润与税务会计的应税所得会因对收入和费用的确认和计量不同而导致很大的差别。这种差别可区别为永久性差异和暂时性差异两种不同性质的情况。由于财务会计不仅要根据财务会计准则反映会计利润的形成过程和形成结果,而且应对其承担的债务给予反映,而纳税义务的确认和计量应以税务会计的结果为准。永久性差异和暂时性差异对财务会计带来的影响不同,即对永久性差异采用纳税影响会计法,而对暂时性差异则采用递延税款来反映。

(一)永久性差异

永久性差异是指那些包括在财务报告中的所得但并不应该纳税,或者为了税收的目的可以扣减并且永远不计的所得和费用。永久性差异影响公司的当期应税利润和现行税率,但不影响递延所得税账户。

常见的永久性差异如下:

(1)免税的利息收入。在财务报告中列入所得但不计入纳税所得。

(2)罚款。可以计入财务报告的减项但不能作为计算税收的抵免。

(3)不能抵扣的餐费。这项费用的50%不能在税前抵扣。

(4)商誉摊销。

(5)红利收入。公司收到的分配红利为非纳税所得。

(二)暂时性差异

暂时性差异是指资产或负债的税基与遵循公认会计准则的资产负债表中预期未来所得税和未来公认会计准则的税收准备之间的差异而报告的金额。

第109号财务会计准则的资产负债表债务法采用一个在第11号会计原则委员会意见书中没有表述的新准则进行所得税的会计核算。该方法要求公司保持财务报告资产负债表和税收资产负债表两个报告。资产负债表存在差异是通常的,但不是必需的,它是公司财务报告所得和税前所得差异累积的结果,加上购买核算对资产和存货购置的核算方法的不同而产生的差异在财务报告和税收资产负债表中的差额,这些累积的暂时性差异构成了公司递延所得税负债或资产的基础。

当公司确认其财务报告与税基的所有差异后(累积暂时性差异),第109号财务会计准则文件要求把其差异分解为应税暂时差异和可抵扣暂时差异。

1. 应税暂时差异

在未来税收年度将增加应税所得的暂时差异称为应税暂时差异。应税暂时差异产生递延所得税负债。例如,一项应税暂时差异反映公司资产财务报告基础大于其税收基础。通常,应税暂时差异与为计税目的的税收减项相关,其减项已在以前年度的财务报告中反映。对石油天然气勘探和生产公司来说,最常见的应税暂时差异与无形钻井成本相关,为了税收的目的,通常计入当年费用。例如,会计准则计算资产折旧采用直线法,但计税时采用加速折旧法,导致公司财务报告基础资产金额大于其税收基础,并在未来税收年度将增加应税所得,从而形成应税暂时差异。

2. 可抵扣暂时差异

可抵扣暂时差异将产生税收收益或在未来税收年度减少应税利润。可抵扣暂时差异通常是公司资产的税基大于其财务报告基础的结果,这些暂时差异产生递延所得税资产。可抵扣暂时差异通常与财务报告中已反映但报税时没有抵扣的减项相关。例如,按会计准则核算的未探明矿区的减损备抵,在其矿区放弃和(或)废弃前报税时不能抵扣,导致公司当年资产的税基大于其财务报告基础,而在未来矿区放弃和(或)废弃年度减少应税利润,因而形成可抵扣暂时差异。经营净亏损和所得税贷项的结转也处理为可抵扣暂时差异。

第二节　美国油气所得税会计

一、美国石油天然气税法的有关规定

美国税法为确定适当的收入额和在计算石油天然气勘探和生产活动纳税所得时的扣减项目,制定了许多特殊规定。为适当执行这些规定,理解某些基本的石油天然气税收概念如权益、矿产权益和石油天然气矿区等是非常必要的。

美国存在着一个并行于所得税制度的系统,即调整最低所得税制度。现行的联邦税收制度很复杂,纳税人的联邦所得税税赋是一般所得税或调整最低所得税中较高者。调整最低税制度为确定纳税所得有其自己的规定。它的实施是为确保所有可获利企业都支付一些税收。调整最低税制度的作用是把一般纳税所得调整为调整最低税所得。调整最低税与石油天然气工业相关,因为勘探生产公司在正常税法下许多税收减项被加回、调整,或根据调整最低税的规定重新计算。

(一)石油天然气矿区

石油天然气矿区这一概念是美国石油天然气税收的基础。几乎所有的石油天然气活动的税收会计都是以每一个矿区为基础进行核算的。美国税法这样规定矿区的定义:矿区是指纳税人在每一独立的地域或区域或地段中的每一矿藏中所拥有的每一单项权益。

税收当局对这一定义的解释为:每一项矿产权益(即矿区使用费权益、经营权益、附加矿区使用费权益、产品支付或净利权益)除非同一类权益在地理位置相连的地域上被同一权益持有者在同一时间获得,都是指一个独立矿区。如果某一纳税人在同一地段内同有一项以上的作业权益,该纳税人必须合并这些权益,把它们作为一个单项矿区处理,除非选择把它们作为不同的矿区处理。在同一地段内两个或两个以上的非作业权益可以合并,但需要有国内收入署的许可,还需纳税人证明其合并的主要目的不是为了避税。一项非作业权益不能与一项作业权益合并。

(二)经济权益

由于只有经济权益的所有者可以从生产矿区取得的石油天然气收入中抵扣折耗,因此确定一项矿区权益是否是一项经济权益非常重要。为了税收的目的,一项经济权益通常必须满足以下四项要求:

(1)该权益必须是在某一地域的矿产中的一项资本权益。
(2)该权益必须提供分享矿产产品的权利或从它们的销售中获得收入的权利。
(3)该权益的所有者必须仅从开采收入中寻求投资回报。
(4)该权益必须作为一项法律权益而拥有。

下列普通矿区权益是经济权益,其拥有者有资格申报折耗:矿区使用费、经营权益、附加矿区使用费权益和净利权益。产品支付权益在税收上只有当该权益从矿区中让与一方,以交换其同意开发该矿区,或者在租赁交易中,该权益由出租人保留时,才作为经济权益,否则产品支付权益作为一项贷款偿付的权利。

(三)租赁权

一项石油天然气矿区的取得成本,通常作为租赁权基础、折耗基础或租赁权本身。租赁权包括全部取得成本。为了税收的目的,必须使这些成本资本化。可以资本化为租赁权的成本包括:

(1)该矿区承担的地质和地球物理成本。
(2)在取得收费权益的情况下矿产权益应承担的购置价格。
(3)在租赁交易中支付的租赁定金。
(4)在取得中发生的发现者费用、佣金、法律费用和其他专业费用。
(5)已被资本化的递延租金。

如果这个石油天然气矿区可以生产,则资本化的租赁权成本在该矿区的生产寿命期中可以通过折耗抵扣而收回;如果该矿区最后被确定为没有价值,例如放弃、结束租赁、停止生产或钻了非生产井(一口干井),那么资本化的租赁成本必须在该矿区确认没有价值的当年收入中抵扣。

(四)地质和地球物理成本

通常导致取得一项矿区的地质和地球物理成本应该作为该矿区成本的一部分资本化,没有可能取得一项矿区的成本可以在支付或发生的当年扣减。地质和地球物理成本通常发生在两个不同阶段。初期成本是在大区域范围内进行广泛勘测时发生的,在这一阶段发生的全部地质和地球物理成本等额地分配计入特定的确认区域(即所谓的有利区域)而不考虑其相关规模。如果只确定了一个有利区域,那么所有的成本都分配计入该区域;如果没有确认有利区域,则在初期勘察中发生的所有地质和地球物理成本在支付或发生的当年抵扣。

一旦确认了有利区域,就要进行详细勘察。详细勘察成本依据进行勘察的区域分配计入特定的有利区域。如果租赁了该有利区域内的单个矿区,则所有与该有利区域相关的地质和地球物理成本将根据取得矿区的面积分配计入该矿区;如果在有利区域没有取得租赁区,那么发生的所有成本或分配计入这些区域的所有成本,在该区域被放弃的当年抵扣。

(五)开发成本

为了税收的目的,石油天然气矿区开发过程中发生的成本被分为两类:有形设备成本、无形钻井成本。

1. 有形设备成本

有形设备成本是指购置带有残余价值的设备时发生的成本。有形设备成本包括层和生产套管、井口设备、储罐、泵、分离器和其他机械。有形设备成本必须资本化,并在设备的使用年限内通过折旧回收。美国收入署为了折旧的目的颁布了确定所有有形设备使用寿命的规定。根据现行法律,大多数有形生产设备的折旧寿命为7年。矿区和井的设备也根据产量法计提折旧。

2. 无形钻井成本

无形钻井成本是指没有残余价值并且是钻井过程中需要的和伴随的成本,或石油天然气生产井的准备成本。无形钻井成本包括在下列活动中发生的所有人工费、燃料费、维修费、运输租金和供应品等:

(1) 钻井。

(2) 场地清理与地面排水、修路、井位测量。

(3) 井架安装、储罐安装、管线铺设和其他为钻井和石油天然气生产井的准备所需的建设。

在美国,对一项石油天然气矿区拥有作业权利的纳税人,在其支付或发生无形钻井成本的第一年,必须选择对无形钻井成本资本化或在钻井当年进行抵扣。大多数情况所做的选择是抵扣无形钻井成本。

初次选择当期抵扣无形钻井成本的纳税人在其纳税年度拥有一项额外的年度选择,就是可以全部或部分资本化该年度发生的无形钻井成本。资本化部分可以从该成本支付或发生的当月开始,在 60 个月的期限内摊销。在这一选择下,资本化的无形钻井成本将不作为调整最低税的税收优先项目。

如果钻了一口井是干井(即不能按经济市场规模生产石油或天然气),则与该井相关的开发成本应作为干井成本抵扣。

(六) 折耗

美国税法通过提供给其矿区经济权益的所有者一项有限折耗备抵确认了矿区的消耗性。计算折耗备抵有两种方法:成本折耗和百分率(或法定)折耗。

1. 成本折耗

通过该矿区当年所产生的产品数量除以年初属于该矿区的全部预计的可采储量(即探明储量)确定一个成本因子,该因子乘以该矿区的净租赁成本即成本折耗额。

2. 百分率折耗

相比较而言,就是简单地提供一个特定的该矿区毛收入的抵扣比例(对非边际生产井现为 15%),并限定在该矿区净收入的一定比例内(现行为 100%)。它通常不适用于综合油气公司的美国生产。百分率折耗也限定于独立生产者或矿区使用费权益拥有者日产 1 000 桶当量油的美国国内生产部分,并且不能超过生产者该年度(百分率折耗抵扣前)全部纳税所得的 65%。因 65% 纳税所得限制而不允许抵扣的百分率折耗在随后的纳税年度可以抵扣而不受 65% 纳税所得的限制。百分率折耗不适用于国外生产,通常也不适用于综合石油天然气公司的美国生产。适用采用百分率折耗者不能选择使用一种或另一种方法,必须采用两种方法计算折耗并抵扣两者中的较高者。

每一矿区的允许折耗(即成本折耗或百分率折耗中较高者)减少了纳税人在矿产财产中的基价。当纳税人在矿区中的基价减少到零时,成本折耗不能再折减,但是百分率折耗可以扣减,只要该矿区在继续生产石油和天然气。

对边际矿区有一个特殊的许可,即在石油或天然气价格被认为不足以使该矿区的经营盈利时,此期间折耗百分率可以提高。特别是当边际矿区中的权益由独立生产者或矿区使用费权益拥有者持有时,其折耗百分率(15%)在下一日历年度当原油参考价格低于 20 美元/桶时,价格每降低一整美元,折耗百分率降低 1%。原油参考价格是根据美国平均井口价格确定的,并由国内收入署在每一日历年度予以公布。1999 年,边际折耗率是 24%。根据这一特许,最大的折耗率是 25%。另外,100% 的净收入限制对边际矿区在 1997 年 12 月 31 日后到 2002 年 1 月 1 日前的任何纳税年度均暂停。

【例 7-1】 作业者 ABC 获得了一个租赁矿区,并在 2015 年 1 月开始钻井。该井获得成功并在 4 月开始生产。该矿区在本年剩余的时间内生产了 40 000 桶原油,且全部售出,扣除矿区使用费后总收入为 577 500 美元。当年该矿区的钻井和生产花费为 492 500 美元,折耗抵扣前的纳税所得为 85 000 美元。在 2015 年 12 月 31 日,该矿区的租赁权基价在当年折耗前为 300 000 美元。2015 年 12 月 31 日矿产储量合计为 360 000 桶。该年度 ABC 公司所有来源的应税收入,折耗前为 120 000 美元。矿产权益属于一个美国矿区并且作业者 ABC 是一个独立生产者。

允许折耗计算如下:

(1)成本折耗。

2015 年产量/年初储量 × 年末租赁权基价 = 40 000/(360 000 + 40 000) × \$300 000 = \$30 000

(2)百分率折耗。

总收入	\$577 500
法定折耗率(15%)	×15%
限制前百分率折耗	\$86 625
限定为该矿区的折耗前净收入	\$85 000
折耗前应税所得	\$120 000
对应税所得限制(65%)	×65%
应税所得限额	\$78 000
限定后百分率折耗	\$78 000
允许折耗(\$30 000 成本折耗或 \$78 000 百分率折耗之较高者)	\$78 000
下年初租赁权基价(\$300 000 - \$85 000)	\$215 000
结转下年的百分率折耗(\$85 000 - \$78 000)	\$7 000

(七)分配协议

通常一项分配协议是指一方提供资金、资产、服务或其他勘探或开发工作,换取在矿产财产中的一项权益的一种交易。在通常类型的分配协议中,如所知的权益转让,一项作业权益的所有者让出全部或部分作业权益给另一方,以换取受让人承担全部或部分该矿区的开发成本。分配协议可以采取以下形式:

(1)钻一口井,换取全部作业权益(让与人可以保留或不保留非作业权益)。

(2)钻一口井,换取部分作业权益。

(3)钻一口井,换取一项非作业权益。

(4)投入现金开发一个矿区,换取该矿区一项作业或非作业权益。

(5)提供技术资金或其他所需并进行开发工作的一项综合分配协议,换取其矿区中的一项权益。

常适用于分配协议的其他美国税收法规如下所述:

(1)只有支付或发生成本的一方,为了税收的目的,可以在交税时抵扣其成本。

(2)只有作业权益所有者可以抵扣无形钻井成本和折旧,并且只能以他们分享的作业权益比例为限,其分担的无形钻井成本或设备成本超过其在作业权益中分享比例的部分必须资本化,并计入可折耗的租赁权成本。

例如,假定 X 同意与 Y 在 Y 的未开发矿区中钻井和装备一口井,Y 不承担成本,换取 75% 的作业权益。X 发生 100 000 美元无形钻井成本和 40 000 美元设备成本。X 可以抵扣 75 000 美元无形钻井成本和计提折旧 30 000 美元作为设备成本,其剩余 25 000 美元无形钻井成本和 10 000 美元设备成本必须计入可折耗的租赁权成本。Y 没有权利抵扣任何成本,因为他发生的全部花费均由 X 承担。

(八)调整最低税

调整最低税的生效是为了保证所有可盈利经营活动,甚至运用法定税收优惠减少其正常所得税税赋的活动,都支付一些联邦所得税。从 1969 年开始,法律中就规定了一些最低税形式,但它仅在 1986 年以后,当最低所得税的范围被广泛扩大时,才成为普通纳税人,特别是石油天然气工业纳税人的一个主要问题。

调整最低税实际上是一个独立的税收制度,它与正常联邦所得税制度平行实施。在计算调整最低税时,调整最低税应税所得(AMTI)实质上是通过某些税收优先项目和调整到正常应税所得来确定的。

对于个人,超过减免额的(其分段超过某一所得水平)调整最低税应税所得在 175 000 美元时适用税率为 26%,对于超过 175 000 美元调整最低税应税所得适用税率为 28%。公司超过减免额(40 000 美元,同样也分段超过某一作业水平)的调整最低税应税所得按 20% 的单一税率征税。

在石油天然气工业中最常遇到的调整最低税的项目列示如下:

(1)为了正常的税收计算目的,有形资产通常在相对短的资产寿命期采用一种特别加速回收成本的方法计提折旧。为了调整最低税的目的,折旧必须采用较慢的加速方法,通常采用较长的资产寿命重新计算(对始于 1998 年后的税收年度,其调整最低税的可折旧年限与一般税收适用的折旧年限一致)。这一结果使调整最低税扣减较小。

(2)可折旧的有形设备处理的所得或损失必须采用调整最低税规定的折旧年限和方法计算的调整基数重新计算。

(3)净作业损失抵减必须采用特别调整最低税规定重新计算,通常降低抵扣。

(4)在公司调整后当期收益(ACE)超过应税所得时,计算调整最低所得税要求超额部分的 75% 在计算调整最低税应税所得时应包括在内。调整后当期收益是一个术语,通常在美国税收所得和利润概念后确定。

在始于 1997 年的税收年度,小公司不适用调整最低税。这里一般将前三年的平均年毛收入不超过 7 500 000 美元的公司确认为小公司。

【例 7-2】 公司调整最低税计算实例,其应税年度始于 1993 年。

正常应税所得	$50 000
加(减)调整	
折旧调整	$5 500
调整最低税资产处理调整	($2 000)
加税收优先项目	
超额无形钻井成本	$125 000
调整后当期收益调整	$5 000
假定超额无形钻井成本优先没有取消的调整最低税应税所得	$183 500
无形钻井成本优先调整(无形钻井成本的 75% 但不超过调整前调整最低税应税所得的 40%)	($73 400)
调整最低税应税所得	$110 100
减免	($40 000)
调整最低税税基	$70 100
调整最低税($70 100×20%)	$14 020
正常所得税($50 000×15% 公司适用税率)	$7 500
税赋(调整最低税或正常税中的较高者)	$14 020

(九)所得税抵扣

美国收入署法典第 34 节允许对确认的作为提高石油采收率(EOR)项目的已付或已发生的成本进行所得税抵扣。该项抵扣为合格的国内提高石油采收率项目的确认成本的 15%。通常合格的提高石油采收率项目是指应用合格的三次采油方法的国内项目。提高石油采收率项目必须位于美国并且符合所得税条例中的其他规定。另外,石油工程师必须证明该提高石油采收率项目满足第 34 节规定的要求。经批准的合格的三次采油方法包括:(1)循环注蒸汽法;(2)蒸汽驱油法;(3)火烧油层法;(4)注汽驱油法;(5)二氧化碳增注水驱油法;(6)非混相二氧化碳驱油法;(7)非混相非天然气气驱油法;(8)化学驱油法;(9)碱性水驱法;(10)流度控制驱油法。

确认提高石油采收率项目成本包括确认三次注入费用、无形钻井和开发成本和主要为实施一个提高石油采收率项目而使用的资产支付或发生的相关的有形矿区成本。

二、美国油气税法与会计形成的暂时差异

当公司确认其财务报告与税基的所有差异后(累计暂时差异),第 109 号财务会计准则文件要求把其差异分解为应税暂时差异和可抵扣暂时差异。

(一)应税暂时差异

应税暂时差异是在未来税收年度将增加应税所得的暂时差异。对石油天然气勘探和生产公司来说,最常见的应税暂时差异见表 7-1。

表7-1 最常见的应税暂时差异

项目	形成原因
折旧	计税时采用加速折旧率
无形钻井成本	报税时计入费用,财务上无论成果法还是全部成本法,除成果法下勘探干井外都资本化
递延租金	除非纳税,如选择全部资本化或依据美国收入署法典263A节部分资本化,否则报税时计入费用。在财务报告中,依据成果法要计入费用,依据全部成本法要资本化
勘探干井成本	报税时计入费用,但根据全部成本法,财务核算上要资本化,成果法下计入费用
开发干井成本	报税时计入费用,但根据成果法和全部成本法,会计核算上都要资本化
分期付款销售	财务报告的利润计入销售的当年。报税时利润递延,在货款收到时计入,存在潜在的利息费用
购置核算	存货的取得在财务报告中按购置处理。税收上,存货的取得一般要求购买者采用通常小于销售者的税基,与联营摊配相似

(二)可抵扣暂时差异

可抵扣暂时差异将产生税收利益或在未来税收年度减少应税利润。对石油天然气勘探和生产公司来说,最常见的可抵扣暂时差异见表7-2。

表7-2 最常见的可抵扣暂时差异

项目	形成原因
储备或备抵	一般在债务视为确认或实际支付前报税时不能抵扣
减损	未探明矿区的减损备抵在其矿区放弃和(或)废弃前报税时不能抵扣
地质和地球物理	如果根据地质和地球物理指出的结果取得了矿区,根据成果法在财务报告中计入费用,但税收上要求资本化
未探明矿区分租	报税时租金收入是一般收入,但通常在财务报告中列为成本收回
部分矿区销售	收益或损失报税时被确认,但财务报告中的销售收入通常列为成本收回
照付不议合同收到的不足额付款	报税时收到的收入为应税收入,但财务报告中列为递延收入(如果可回收并且回收是可能的)
坏账	准备方法通常大多数纳税人是不使用的,报税时必须采用具体的辨别方法
退休后福利	依据第106号财务会计准则文件提取的退休后福利,在福利支付前报税时不能抵扣
开办费	财务报告中计入当期费用,同时为了税收的目的,要资本化并在五年的期限内摊销
结转净经营损失、投资税收贷项、调整最低税	来自亏损、营业税贷项或在以前年度支付的调整最低税的这些税收资产可以用来抵扣未来正常税金

【例 7-3】 暂时差异的计算(假定采用成果法进行会计核算)。(单位:千美元)

	公认会计准则基础	税收基础	暂时差异
探明矿区成本	100	150	(50)
成功井无形钻井成本	1 000	0	1 000
成功井油井	1 000	1 000	
开发干井	500	0	500
第 121 号财务会计准则文件的减损	(200)	0	(200)
折旧、折耗与摊销	(250)	(150)	(100)
探明矿区净额	2 150	1 000	1 150
未探明矿区取得成本	500	500	0
矿区减损	(50)	0	(50)
取得矿区地质和地球物理成本	0	200	(200)
未探明矿区净额	450	700	(250)

应税暂时差异,探明矿区 1 150 000 美元;可抵扣暂时差异,未探明矿区 250 000 美元。

三、暂时差异对所得税的影响

公司的暂时差异被确定和分解为应税暂时差异和可抵扣暂时差异后,需要确定适用的税率。税率不仅包括可能支付的联邦税,也包括州税和国外税作为暂时差异的未来调整。因此,在公司经营的每一个管辖区域内,必须考虑州和国外税法的影响。相应地,在计算适用税率用于确定公司的暂时差异时,必须考虑州税的分派因子、州经营损失和国外税收抵免的使用等所有因素。

确定暂时差异对所得税的影响时,适用的税率是其负债和资产实现的未来期间预期采用的法定税率。法定税率的任何变化都通过生效当年的税收准备来调整。

【例 7-4】 计算出探明矿区的应税暂时差异 1 150 000 美元,未探明矿区的可抵扣暂时差异 250 000 美元。假定探明矿区所在州的现行综合税率为 42%,未探明矿区所在州的现行综合普通税率为 40%。于是:1 150 000 美元应税暂时差异产生的递延所得税负债 = 1 150 000 美元×42% = 483 000 美元。250 000 美元可抵扣暂时差异产生的递延所得税资产 = 250 000 美元×40% = 100 000 美元。

预期的百分率折耗在计算暂时差异或按第 109 号财务会计准则文件第 231 段的所得税影响时,将不再考虑。

四、所得税的会计处理

按照所得税的会计方法,企业当年任何时间的应付税款或应退税款都确认为当期的负债或资产;企业还应确定财务报告中资产或负债金额和资产或负债的税基产生的差异,以及确定暂时差异的所得税影响。

下面举例来说明所得税计算及会计处理。

【例7-5】 A公司的有关资料如下：
(1)美国法定税率——本年为40%，以后为50%。
(2)没有州所得税。
(3)公司本年度开始营业。
其他资料见表7-3。

表7-3 A公司的有关资料

	公认会计准则	税收报告
年末资产	$20 000	多样
与税收无关的负债	$12 000	$12 000
业主权益	$5 500	$55 000
公认会计准则税前所得	$2 500	多样

(1)如果没有暂时差异，记账基础与计税基础一致，通常没有递延税款，也没有递延所得税准备。

本期应付税款为2 500美元×40%，即1 000美元。

A公司资产负债表摘要见表7-4。

表7-4 A公司资产负债表摘要

	公认会计准则	税收报告
资产	$20 000	$20 000
负债和权益		
应交税金	$1 000	$1 000
递延税金	$0	$0
其他负债	$12 000	$12 000
业主权益	$5 500	$5 500
留存盈余	$1 500	$1 500
负债和权益合计	$20 000	$20 000
	金额	税率
税率调整		
税前所得	$2 500	100%
按法定税率计算的理论税金	$1 000	40%
所得税合计	$1 000	40%

于是，关于所得税的会计处理如下：
借：所得税　　　　　　　　　　　　　　　　　$1 000
　　贷：应交所得税　　　　　　　　　　　　　　　　　$1 000

(2)依据第109号财务会计准则文件，递延所得税预备是净递延所得税负债的变化，不是财务会计准则所得的影响。下面假定说明的递延税金反映了按现行税法要求采用未来税率以资产与负债为基础的暂时差异及其处理。

假定A公司存在一项百分率折耗导致的暂时差异。

①百分率折耗为700美元，财务会计准则的折耗为300美元，相应的应税所得比税前财务

会计准则的所得少 400 美元,见表 7-5。

表 7-5

	公认会计准则	税收报告
(矿区)取得成本	$2 000	$2 000
减:折耗	($300)	($700)
(矿区)净资产	$1 700	$1 300

这里在财务会计准则未来不能抵扣的资产方面产生了一个 400 美元的暂时差异,降低所得税 200 美元(适用税率为 50% 时)。

② 为了简单起见,假定无形钻井成本的抵扣没有暂时差异,只是井的折耗有差异,见表 7-6。
应税所得为 2 500 美元减去 400 美元,即 2 100 美元。

表 7-6

	公认会计准则	税收报告
税前所得	$2 500	$2 100
本年应交税金($2 100×40%)	$840	$840
递延所得税负债($400×50%)	$200	$0
第一年的税收准备	$1 040	$840
(净)利润和留存盈余	$1 460	$1 260

A 公司资产负债表摘要见表 7-7。

表 7-7 A 公司资产负债表摘要

	公认会计准则	税收报告
资产		
矿区成本,减折耗	$1 700	$1 300
其他资产	$18 300	$18 300
资产合计	$20 000	$19 600
负债和权益		
应交税金	$840	$840
递延税金	$200	$0
其他负债	$12 000	$12 000
业主权益	$5 500	$5 500
留存盈余	$1 460	$1 260
负债和权益合计	$20 000	$19 600
	金额	税率
税率调整		
税前所得	$2 500	100%
按法定税率计算的理论税金	$1 000	40%
确定递延所得税未来税率的变化	$40	1.6%
所得税合计	$1 040	41.6%

于是,关于所得税的会计处理如下:
借:所得税 $1 040
 贷:应交所得税 $1 000
  递延所得税负债 $40

五、所得税的其他问题

(一)确定评价折扣的估价需要

第 109 号财务会计准则文件要求公司分别计算各种应税暂时差异的税收,通过该计算得出公司的递延所得税负债合计,也要求公司依据其确认的各项可抵扣暂时差异计算相应的递延所得税资产。该资产表示其报税时没有抵扣的费用、净经营亏损和所得税贷项结转相关的税收利益。在反映递延所得税资产利益之前,公司必须确定其负债并使用它。

根据第 109 号财务会计准则文件,允许公司仅在其确定的递延所得税资产能够全部或部分用其可抵扣暂时差异时,记录为递延所得税资产利益。这一确定采用非常接近但非标准的方法进行。为满足这一准则,公司必须能够非常接近地反映,但并不是现实的递延所得税资产。非常接近并不是定义为大于 50%的可能性。

1. 有利和不利证据

有利证据的评价对于公司克服不利证据以支持不要求评价折扣的结果非常重要。有利证据和公司应税所得来源的评价在递延所得税资产分析中是关键因素。下面是在第 109 号财务会计准则文件中所述的有利证据的举例:(1)现有的、确定的存货销售合同,它将产生足够的应税所得去实现递延所得税资产;(2)资产价值的增值超过公司净资产税基的金额,足够实现其递延所得税资产;(3)不包括产生未来抵扣金额的亏损的强有力的盈利历史和其亏损是非常见的证据。

拥有大量不利证据的公司在支持其不需要评价折扣结果方面是非常困难的。下面是第 109 号财务会计准则文件中列举的不利证据,但并不全部包括在内:(1)经营亏损历史或税收抵免结转过期未用;(2)在未来几年预计亏损(现在盈利的公司);(3)不稳定环境,如果解决不利,将对未来经营和利润水平产生不利影响;(4)亏损向前或向后结转期间非常明显,将限制税收利益的实现。

2. 所有可能的应税收入来源的评价

当评价其有利和不利证据后,公司必须估价可能的应税所得来源。一项递延所得税资产利益仅在公司拥有足够应税所得来源时才能实现。第 109 号财务会计准则文件定义了四项应税所得来源:(1)核销现存的应税暂时差异;(2)在以前亏损向后结转的年度应税所得,如果税法允许向后结转;(3)不包括暂时差异和结转的未来应税所得;(4)税收计划策略。

(二)确定财务报表的表述

公司一旦确定了适当的递延所得税资产或负债,就必须接着对在其财务报表中要求表述的递延账户以恰当的方式进行评价。第 109 号财务会计准则文件要求每一项暂时差异需归类为流动或非流动,其依据是在财务报告中相关资产或负债的分类。一项与非流动资产(如可折旧资产或无形钻井成本)相关的暂时差异将作为一项非流动递延所得税资产或负债。相应地,一项与流动资产(如存货或应收账款)相关的暂时差异将归类为一项流动递延所得税资产或负债。一项递延所得税负债或资产在财务报告中与资产或负债不相关时依据预测核销时间进行归类。

所有流动递延所得税负债和资产应该抵消并反映为一项单独金额,所有非流动递延所得税负债和资产也应该抵销并反映为一项金额。例如,假定一个纳税实体的未探明矿区资产产生了 100 000 美元非流动递延所得税资产,探明矿区资产产生了 504 000 美元非流动递延所得税负债,并且在同一税收管辖区内,其资产负债表将反映净额 404 000 美元非流动递延所得税负债,但是该金额在不同的子公司或在不同税收管辖区的资产之间不能相互抵销。

公司应该把所有的估价折扣采用前期比例分配给流动和非流动递延所得税资产。

(三)财务报表的披露

第 109 号财务会计准则文件要求公司对资产负债表和损益表与所得税账户的相关信息进行披露。

1. 资产负债表相关信息

要求公司披露资产负债表中反映的净递延所得税资产或负债的内容,特别是必须在资产负债表附注中披露下列内容:

(1)所有递延所得税负债合计。
(2)所有递延所得税资产合计。
(3)评价折扣合计。

公司还必须披露该年度评价折扣合计的净变化。上市公司应该披露其每种主要的暂时差异和结转的税收影响;非上市公司应该披露其重要差异的性质,但可以不披露其税收影响。

2. 损益表相关信息

公司每年必须披露持续经营的所得税应计费用的主要构成,还应该披露当年计税成本或利益金额以及递延所得税成本和利益金额。另外,公司应该披露经营亏损结转的利益、现行税法或税率变动的影响和相关资产实现环境的变化产生的年初评价折扣的调整。

第三节 中国油气所得税会计

一、中国企业所得税会计的规定

(一)中国企业所得税会计的发展

中国自 1979 年的税制中开始征收国营企业所得税,经过试点和第一步利改税试行《国营企业所得税暂行规定》。1980 年 9 月颁布《中外合资经营企业所得税法》(第一部所得税法),1981 年颁布《外国企业所得税法》。之后,中国所得税法规又经过多次修订,1991 年 4 月颁布《中华人民共和国外商企业和外国企业所得税法》,1993 年 11 月颁布《中华人民共和国企业所得税暂行条例》,形成了较为稳定和完善的所得税法规。1994年以前,中国会计制度与税法在收入、费用、利润、资产、负债等确认和计量方面基本一致,于是按会计制度规定计算的税前会计利润与按税法规定计算的应税所得基本一致。1994年税制改革以后,会计准则与税法中对有关收益、费用或损失等的确认方法产生了较大的差异。与此同时,1994年以前,中国是从计划经济向市场经济转化的阶段,受计划经济的影响和所得的影响,中国所得税的会计处理一直是作为利润分配的一部分进行的。

随着中国市场经济体制的完善和中国税法与会计准则在确认收益、费用或损失等方面差异的逐步扩大,为了真实反映企业的财务状况和经营成果,财政部于1994年颁布了《企业所得税会计处理暂行规定》,对所得税会计处理做了如下几点调整:

(1)明确企业可以选择采用应付税款法或纳税影响会计法进行所得税会计核算。采用纳税影响会计法核算的企业,可以在递延法和债务法(即利润表债务法)两种方法中选择。

(2)确认所得税作为一项费用,在利润表净利润前扣除。

(3)采用纳税影响会计法核算时,确认时间性差异对未来所得税的影响,并将其金额反映在资产负债表的递延借项或递延贷项项目中。

应付税款法也称当期计列法。在这种方法下,本期所得税费用等于应交所得税。这种方法是一种简单的会计处理方法,但是不符合权责发生制和配比原则,在税法与会计准则确认收入、成本费用差异不大的情况下,尚可以作为所得税的会计处理方法。纳税影响法也称所得税跨期分摊法。在这种方法下,本期所得税费用是按照税前会计利润计算应承担的所得税费用,符合配比原则。但是其中的递延法下的递延所得税借项或贷项并不代表应预付所得税的权利,也不代表应付所得税的义务,因而不符合资产负债要素的含义。债务法是一种利润表债务法,虽然克服了递延法的缺点,但是其计算过程相对复杂。

考虑所得税会计处理方法对财务指标和会计信息的重大影响,为提高会计信息的质量,真实反映和列示预付未来所得税形成的所得税资产和应付未来所得税形成的负债,在充分借鉴国际会计实践的成熟经验的基础上,中国于1996年颁布了《企业会计准则第19号——所得税》,规范所得税的会计处理。

(二)中国企业所得税的会计处理

1. 所得税费用及计算

根据中国《企业会计准则第19号——所得税》的规定,所得税费用是指根据企业会计准则的要求确认的应从当期利润总额中扣除的所得税费用,包括当期所得税和递延所得税费用(或收益),用公式表示如下:

$$所得税费用 = 当期所得税 + 递延所得税费用(-递延所得税收益)$$

(1)当期所得税是指根据所得税法的要求,按一定期间的应纳税所得额和适用税率计算的当期应交所得税,用公式表示如下:

$$当期所得税 = 当期应纳税所得额 \times 适用税率$$

其中,当期应纳税所得额是指以一定期间税法规定的应税收入减去税法允许扣除项目后的余额。

(2)递延所得税费用:

$$递延所得税费用(或收益) = 递延所得税负债 - 递延所得税资产$$
$$递延所得税负债 = 应税暂时差异 \times 适用税率$$
$$递延所得税资产 = 可抵扣暂时差异 \times 适用税率$$

暂时性差异是指资产或负债的账面价值与其计税基础之间的差额。资产的计税基础和负债的计税基础是按税法计算的资产和负债应有的余额。应税暂时差异是指在确定未来收回资产或清偿负债期间的应纳税所得额时,会产生应税金额的暂时性差异。资产的账面价值大于其计税基础或负债的账面价值小于其计税基础,会产生应税暂时差异。可抵扣暂时差异是指在确定未来收回资产或清偿负债期间的应纳税所得额时,会产生可抵扣金额的暂时性差异。资产的账面价值小于其计税基础或负债的账面价值大于其计税基础时,会产生可抵扣暂时差异。

2. 所得税的会计处理

(1)按照税法的规定对税前会计利润进行纳税调整,计算应交所得税。

(2)比较资产负债项目账面价值及其计税基础,确定暂时性差异金额。这比旧准则中纳税影响会计法仅针对利润表的收入、费用口径和时间性差异的范围要广,如可抵扣亏损及可供出售金融资产公允价值变动等直接计入所有者权益的交易或事项形成的差异。

(3)按照预期收回该资产或清偿该负债期间的适用税率计算所得税影响额,即递延所得税资产(或负债) = 暂时性差异金额 × 适用税率。

(4)通过倒轧的方法推算利润表中的所得税费用(或收益),即所得税费用(或收益) = 当期应纳税所得额 × 税率(当期所得税费用或收益,即应交所得税) - 递延所得税资产增加额 + 递延所得税负债增加额(递延所得税费用或收益)。

(5)做出所得税的会计处理。

二、中国油气所得税基本规则与会计的差异

中国油气矿业会计处理遵循的是 2006 年颁布的《企业会计准则第 27 号——石油天然气开采》。中国现行的税法是 2007 年十届全国人大五次会议表决通过的《企业所得税法》和 2007 年 11 月颁布的《企业所得税法实施条例》。因此,中国石油天然气勘探和生产企业的所得税同样使用《企业所得税法》和《企业所得税法实施条例》。将中国所得税法与所得税会计准则进行比较可以看出,中国油气企业所得税会计与所得税法的差异主要来自《企业所得税法实施条例》第五十六条和第六十一条。

《企业所得税法实施条例》第五十六条规定,企业的各项资产,包括固定资产、生物资产、无形资产、长期待摊费用、投资资产、存货等,以历史成本为计税基础。其中历史成本是指企业取得该项资产时实际发生的支出。企业持有各项资产期间资产增值或者减值,除国务院财政、税务主管部门规定可以确认损益外,不得调整该资产的计税基础。

《企业所得税法实施条例》第六十一条规定,从事开采石油、天然气等矿产资源的企业,在开始商业性生产前发生的费用和有关固定资产的折耗、折旧方法,由国务院财政、税务主管部门另行规定。

将中国油气所得税会计与税法的主要差异加以分析,具体见表 7-8。

表7-8 油气所得税会计与税法的主要差异表

项目		差异
矿区权益	折耗与摊销	对矿区权益油气会计按产量法计提折耗与摊销和税法中按直线法计提折耗与摊销不同,或税法与会计准则对矿区权益直线计提折耗中的年限不同,都导致资产的账面价值与计税基础的差异,即导致暂时性差异
	会计计提减值	会计准则规定,对于未探明矿区权益,应当至少每年进行一次减值测试,发生减值的,应计提减值准备;探明矿区权益发生减值的,应按《企业会计准则第8号——资产减值》计提减值准备。但税法规定,企业计提的减值准备在发生实质性损失前不允许税前扣除,于是造成资产的账面价值与计税基础的差异。当矿区权益计提了减值准备以后,其账面价值为减值后的价值,而其计税基础是减值前的价值,因此产生了一项应税暂时差异
油气井及设施	折旧、折耗与摊销	会计准则允许企业在直线法和单位产量法中选用一种方法对油气井及设施计提折旧、折耗与摊销。目前所得税法对油气井及设施的折旧、折耗与摊销要求采用平均年限法。当企业选用的折旧、折耗与摊销方法与税法规定的不一致,或选用的方法一致,但计提折旧、折耗与摊销的年限不同时,会产生暂时性差异 会计计提弃置义务会计准则规定,企业承担的矿区废弃处置义务,满足《企业会计准则第13号——或有事项》中预计负债确认条件的,应当将该义务确认为预计负债,并相应增加油气井及相关设施的账面价值。税法规定,油气井及相关设施的账面价值只能以其形成时的历史成本计量,企业在废弃时发生的拆卸、搬移、场地清理等支出,计入当期损益。其中,历史成本是指企业取得该项资产时实际发生的支出。于是,造成油气资产和预计负债的账面价值与计税基础的差异,因此产生了应税暂时差异
	会计计提减值	《企业会计准则第8号——资产减值》规定,企业在期末或者至少每季度,对探明矿区、井及相关设施、单项工程等进行检查,如果由于经营环境变化(如油价大幅下跌)等原因导致其可收回金额低于账面价值的,应当将可收回金额低于其账面价值的差额作为减值准备。税法规定,资产在发生实质性损失之前,不允许税前扣除,即其计税基础不会因减值准备的提取而变化。于是,在油气井及设施计提资产减值准备以后,资产的账面价值与计税基础之间的差异形成一项应税暂时差异

【例7-6】 某石油天然气生产企业有一项油气资产,原值为10 000万元,会计按单位产量法计提折耗与摊销,税收按直线法计提折耗与摊销,计提年限为10年,且不考虑残值。会计在第一年计提折耗与摊销800万元。按税收规定第一年末计提12个月折耗与摊销。于是该油气资产的账面价值和计税基础如下:

账面价值 = 10 000 - 800 = 9 200(万元)

计税基础 = 10 000 - 10 000 × 1/10 = 9 000(万元)

账面价值9 200万元 > 计税基础9 000万元,形成应税暂时差异。

【例7-7】 假如例7-6中,会计在第一年末还计提资产减值1 200万元,其他条件不变。则该油气资产的账面价值和计税基础如下:

账面价值 = 10 000 - 800 - 1 200 = 8 000(万元)

计税基础 = 10 000 - 10 000 × 1/10 = 9 000(万元)

因此,账面价值8 000万元小于计税基础9 000万元,形成可抵扣暂时差异。

三、中国油气所得税的会计核算

资产负债表日,企业通过分析比较资产、负债的账面价值与计税基础,确定应税暂时差异和可抵扣暂时差异,进而根据适用税率确认递延所得税资产、递延所得税负债及相应的递延所得税费用(或收益)。

企业在对所得税进行核算时,应设置"所得税(或所得税费用)""递延所得税资产""递延所得税负债"等科目。当企业计算出当期应交所得税时,借记"所得税(或所得税费用)"科目,贷记"应交税费——应交所得税"科目;当企业按照计算的应税暂时差异和可抵扣暂时差异与适用的所得税率计算出递延所得税资产和递延所得税负债时,借记"递延所得税资产"科目,贷记"递延所得税负债"科目,差额记入"所得税(或所得税费用)"科目的借方或贷方。实际上,交税金时借记"应交税费——应交所得税"科目,贷记"银行存款"科目。

【例7-8】 假定甲油气公司适用的所得税税率为25%,2017年利润总额为750万元。该企业当年会计与税收之间的差异包括以下事项:油气井及设施原价8 000万元;会计计提折旧、折耗与摊销600万元,按税法规定可计提折旧、折耗与摊销1 100万元;提取油气资产减值200万元。此外,没有其他项目形成会计准则与税法的差异。假设年初递延所得税资产和递延所得税负债的账面余额为0。

甲油气公司相应的会计处理如下:

a. 计算确定应纳税所得额及应交所得税。

应纳税所得额 = 利润总额 - 会计与税法计提折旧、折耗与摊销差异 + 提取油气资产减值
= 750 - (1 100 - 600) + 200 = 450(万元)

应交所得税 = 740 × 25% = 185(万元)

借:所得税费用——当期所得税费用　　　　　　　　　　　　　　185
　　贷:应交税费——应交所得税　　　　　　　　　　　　　　　　　　185

b. 假设甲油气公司2017年12月31日资产负债表中油气账面价值与计税基础为:

账面价值 = 8 000 - 600 - 200 = 7 200(万元)

计税基础 = 8 000 - 1 100 = 6 900(万元)

因此,账面价值7 200万元大于计税基础6 900万元,形成应税暂时差异300万元。

c. 应税暂时差异对所得税影响 = 300万元 × 25% = 75万元,于是会计处理为:

借:所得税费用——递延所得税　　　　　　　　　　　　　　　　75
　　贷:递延所得税负债　　　　　　　　　　　　　　　　　　　　　　75

四、中国企业所得税的报表列报

中国《企业会计准则第19号——所得税》中对所得税的列报规定如下:

(1)递延所得税资产和递延所得税负债应当分别作为非流动资产和非流动负债在资产负债表中列示。

(2)所得税费用应当在利润表中单独列示。

(3)企业应当在附注中披露与所得税有关的下列信息:

①所得税费用(收益)的主要组成部分。

②对所得税费用(收益)与会计利润之间的关系作出解释。

③未确认递延所得税资产的可抵扣暂时差异、可抵扣亏损的金额(如果存在到期日,还应披露到期日)。

④对每一类暂时性差异和可抵扣亏损,在列报期间确认的递延所得税资产或递延所得税负债的金额作为确认递延所得税资产的依据。

⑤未确认递延所得税负债的,与对子公司、联营企业及合营企业投资相关的暂时性差异金额。

案例　尼日利亚油气合作中的典型涉税类型

2006年初,中国某石油公司(以下简称A公司)与尼日利亚B公司签署收购协议,以23亿美元收购尼日利亚海上石油开采许可证(开发区块C)项下45%的工作权益,并于2006年4月完成了全部交易。

C开发区块OML(Oil Mining Lease)的前身为OPL(Oil Prospecting License,油气勘探许可证)勘探区块。C区块所在的尼日尔三角洲是世界上油气储量最丰富的盆地之一,区块面积约为500平方英里,是一个深水区块,水深在1 000米以上。C区块包括2000年发现的D油田及另外3个油田,D油田的可采石油储量约为6亿桶,其他3个油田内还有高达8亿桶以上的可采储量,并具有很好的勘探前景。1998年,尼日利亚当地石油公司B公司独家与尼日利亚政府签署了OPL勘探区块油气勘探石油合同。同年,两家国际石油公司通过与B公司签署产品分成合同,分别获得了该区块24%和16%的股权。2005年,OPL勘探区块转入开发期,退出一半面积后更名为C区块。其中,50%的股权在最初签署的非常优惠的独担风险合同下由B公司与这两家国际石油公司共同分享;通过新签署的优惠较少的产品分成合同,B公司作为当地公司拥有该区块项下另外50%的股权。2006年,A公司购买了B公司在C区块拥有独立股权资产的90%,即在该区块拥有45%的工作权益。C项目资产是迄今A公司在海外收购的最大、最优良的资产之一,它的建成投产极大地提高了A公司的海外油气储量和产量。

根据尼日利亚石油利润税法的规定,1998年以前签署的石油合同被赋予50%资本化投资的税收抵免;1998年以后签署的石油合同仅享受50%资本化投资的税前扣除。前几年,随着国际油价上升至100美元/桶,资源国能源主权意识普遍提高,资源国政府开始寻求对石油收益的更多支配权,逐渐调整甚至取消这种税收优惠政策。

A公司认为B公司是在1998年签署的石油合同,按照尼日利亚现行石油税收法律规定,理应享受资本化支出税收抵免政策,并据此对收购过程、后续生产期内的石油利润税做了计提与缴纳。尼日利亚联邦税务局经税务审计后则认为,从技术上来说,C区块是在2005年转化为开发区块新签产品分成合同以后才开始存在的,A公司实际购买的是该新合同项下的股权,应当享受税前扣除政策,而非较优惠的税收抵免政策,这就产生了A公司C区块的税务纠纷。

假设A公司累计在C区块投资约100万美元,油气销售收入为1 000万美元,费用化支出400万美元,未发生矿区使用费,现行深海石油利润税率为50%。比较A公司在相同的收入和成本条件下享受税收抵免政策的情况与适用税前扣除政策的情况并对比实际承担税费和利润所得的差异情况。

1. 适用税收抵免政策的纳税及所得情况

(1) 毛收益 = 油气销售收入 - 费用化支出 = 1 000 - 400 = 600(万美元)。

(2) 应纳税所得额 = 毛收益 - 矿区使用费 = 600 - 0 = 600(万美元)。

(3) 税收抵免限额 = 资本化支出 × 50% = 100 × 50% = 50(万美元)。

(4) 调整后应纳税所得 = 600 万美元。

(5) 应交所得税 = 调整后应纳税所得 × 利润税率 = 600 × 50% = 300(万美元)。

(6) 实际应交所得税 = 应交所得税 - 享受税收抵免 = 300 - 50 = 250(万美元)。

(7) 净利润额 = 毛收益 - 实际应交所得税 = 600 - 250 = 350(万美元)。

2. 适用税前扣除政策的纳税及所得情况

(1) 毛收益 = 油气销售收入 - 费用化支出 = 1 000 - 400 = 600(万美元)。

(2) 应纳税所得额 = 毛收益 - 矿区使用费 = 600 - 0 = 600(万美元)。

(3) 纳税扣除限额 = 资本化支出 × 50% = 100 × 50% = 50(万美元)。

(4) 调整后应纳税所得 = 应纳税所得额 - 纳税扣除限额 = 600 - 50 = 550(万美元)。

(5) 实际应交所得税 = 调整后应纳税所得 × 利润税率 = 550 × 50% = 275(万美元)。

(6) 净利润额 = 毛收益 - 实际应交所得税 = 600 - 275 = 325(万美元)。

简单比较两种情况下的净利润可知,享受税收抵免政策合同的净利润额比享受税前扣除政策合同的净利润额高出 7.7%。因此,石油公司对于投资税收抵免政策的不同理解,不仅会影响公司的效益,还会导致税务风险。

按照 A 公司在其年度财务状况说明书中单方面披露的说法,这一纳税纠纷不会产生以前年度的追溯调整纳税义务。2009 年,C 区块陆续进入生产期,即使税务机关决定对以前年度税务进行追溯调整,所产生的纳税义务也不是重大的,不会对 A 公司后续年度的股价产生重大影响。事实可能并不像 A 公司所预计的那么乐观。据了解,某银行研究中心曾经以 A 公司 2010 年和 2011 年度披露的财务数据为基础,分别预计了适用税收抵免和税前扣除两种政策下的应交石油利润税情况。结果显示,两种情况下应缴石油利润税额差异为 4.6 亿美元,即按照尼日利亚税务局主张的税前扣除政策计缴所得税将比按照 A 公司所主张的适用税收抵免法平均每年多缴纳税金高达 2.3 亿美元。

另一方面,从 A 公司在 C 区块累计投资的实际情况看,截至 2013 年底,A 公司累计在 C 区块投资约 100 亿美元,为简单起见,从大数上粗略计算,如果缴纳石油利润税适用于税收抵免,则少缴税 50 亿美元;如果适用于税前扣除,则只少缴税 25 亿美元,两者差为 25 亿美元。A 公司纳税是从 2009 年投产后开始的,到 2013 年共纳税 4 年多,对投资补贴两种不同的理解导致平均每年的纳税差额近 6 亿美元,这对任何一家石油公司来说都是一个很大的数字。

因此,A 企业在项目运作过程中要加强对资源国财税制度的深入学习,特别是要因地制宜地理解各项税务条款。在深入研究资源国财税条款的基础上,对比本企业的具体情况,做出对企业所适用的当地税种、税率、纳税额、纳税时间等的合理估计和有效预期。还要始终坚持"依法纳税,合理避税"的原则,务实地开展税务筹划与税务管理工作,最大限度地降低税务管控风险。

[本文出处]刘舒考,张广本,胡立强.尼日利亚油气合作中的典型涉税案例分析[J].国际石油经济,2015,23(01):76-81.

 思考题

1. 暂时性差异和永久性差异有何区别?请举例说明。
2. 美国第109号财务会计准则文件要求公司对资产负债表和损益表与所得税账户的相关信息与中国会计准则第19号要求披露的信息有何不同?
3. 所得税会计要解决的会计问题是什么?

 练习题

1. 美国某石油公司采用成果法进行会计核算,年末按照公认会计准则和税收法规编制的会计报表见表7-9。

表7-9　　　　　　　　　　　　　　　　　　　　　　单位:万美元

	会计准则基础	税收基础
探明矿区		
探明矿区成本	120	150
成功井无形钻井成本	800	0
成功井油井	1 000	1 000
开发干井	600	0
财务会计准则文件的减损	(300)	0
折旧、折耗与摊销	(250)	(150)
未探明矿区		
未探明矿区取得成本	500	500
矿区减损	(100)	0
取得矿区地质和地球物理成本	0	200

假定该公司探明矿区所在州现行综合税率为42%,未探明矿区所在州现行综合普通税率为40%。要求:

(1)计算该公司本期末由于公认会计准则和税收法规的不同产生的暂时性差异?
(2)计算以上不同的暂时性差异对所得税的影响,并判断产生影响的性质。

2. 某石油天然气生产企业于2015年12月形成一项油气井及设施,原值为20 000万元,会计上按单位产量法计提折耗与摊销,税收按直线法计提折耗与摊销,计提年限为10年,且不考虑残值。会计在2016年、2017年分别计提折旧、折耗与摊销600万元和900万元。假设企业的所得税率为25%。要求:

(1)计算2017年末该项资产的账面价值和计税基础。

(2)计算该项资产的账面价值和计税基础不同形成的暂时性差异,并判断暂时性差异的性质。

(3)计算该暂时性差异对所得税的影响,并判断产生影响的性质。

(4)写出有关会计分录。

第八章 油气矿业联合经营会计

本章将介绍油气联合经营产生的背景、产量分成合同的主要内容、油气联合账簿的会计特征，并讨论油气联合经营中的主要会计核算方法和国际石油账簿中的会计核算方法。

第一节 油气矿业联合经营的概念和性质

为降低投资风险或筹集油气勘探开发资金，特定区域的油气勘探、开发及生产活动往往采用联合经营的形式。另外，为了更合理、更经济地组织生产，属于同一储集层的矿区需要联合起来（或法律要求）进行一体化经营。联合经营在海洋石油和天然气开采中较为常见，在陆上油气开采中比较常见。

一、油气联合经营的概念和形式

（一）油气联合经营的概念

根据《国际会计准则第31号——合营中权益的财务报告》所给的定义，企业合营是指两个或若干个企业从事某项共同控制的经营活动的合同规定。企业合营中的任何一方以自己向合营体的投资份额为基础享受收益的权利和承担费用的责任。在油气矿区联合经营中，通常各方签订一项联合作业协议，其中一方被指定为作业者，其他方被指定为非作业者，典型的做法是由具有最大经营权益的一方为作业者。作业者管理矿区的日常作业，但所有的经营权益所有者都要对矿区有影响的重要决策进行表决，以参与对矿区的管理。一般情况下，正如通常作业协议所要求的，作业者支付联合权益矿区的全部开发和作业成本，然后向非作业者各方收取成本应分摊的部分。石油和天然气的销售收入根据每个经营权益所有者拥有权益的百分数，由采购者或作业者进行分配。对于收入分配，作业者的作用就像导管一样。联合经营权益会计核算的处理方法与作业协议的规定一致。作业协议中包括了取得一致意见的会计核算程序。联合经营的会计核算与合伙经营的会计核算不同，在联合经营中每一个经营权益的所有者都保持其自己的会计记录。为了纳税的目的，经营权益的所有者可以选择按共同所有者对待，而不按照合伙经营的规定，也可以决定组成一个纳税合伙。与联合经营有关的主要会计核算问题是勘探、开发和操作成本的累计以及在全体经营权益所有者之间进行分配。依照联合作业协议，这些成本由作业者垫付。当存在联合作业协议时，作业者可以有两种选择：在费用发生时进行分配或者在累计后再分配。

（二）油气联合经营的会计核算特点

油气联合经营的运作属于共同控制实体的运作，从会计核算来说，具有下述特点：
(1)联合经营体一般不作为会计主体，不进行纳税和损益核算，其设置的"联合账簿"是为合同各方(作业者和非作业者)进行各自独立的会计核算服务的。

(2)联合经营体的会计核算是不完整的,也无须遵守公认的会计准则,只需按照联合经营协议中的会计核算程序完成所赋予的提供数据的任务。

(3)联合经营体的会计核算信息主要由各方经营权益所有者提供,由作业者将归集和分配合同区块的费用和收入数据定期提供给合同各方,达到尽快结算的目的。

(4)联合经营体会计核算信息的真实性、有用性等质量特征由合同各方根据联合作业协议中的会计核算程序判断。

(三)油气联合经营的典型形式

最典型的油气联合经营形式是不可分权益(undivided interests)和产品分成(PSC),它们已经成为石油天然气行业最重要、最普遍的联合经营形式。

1. 不可分权益

这种联合经营形式是以两个以上的经营权益者,联合从事钻井、开发,并对其"共有"或"一体化"资产的经营。双方的权利、义务以签订的协议为依据。所谓"合股经营"(joint interest operation),就是对这种合营形式的习惯称谓。这种不可分权益的形式使不同的经营权益所有者联合在一起,而不涉及非经营权益的联合。它具体可表现为涉及一个矿区的联合经营权益和涉及多个矿区的联营经营权益。

2. 产品分成合同

产品分成合同是国际石油公司与资源国政府联合开采油气资源的联合经营行为,资源国政府设立国家石油公司代表油气资源所有者(地面权与地下矿产权的统一所有者)而拥有非作业权益,当国家石油公司向合同区块进行勘探开发投资时,便同时拥有了经营权益。因此,产品分成这种联合经营形式也是经营权益所有者的联合,但是这种合同在投资回收、产品分成等问题上的处理具有明显的特点。

二、油气联合经营中的权益结构

(一)油气矿产经济权益的分类

前面已经讨论过,油气矿产经济权益一般可分为经营权益和非经营权益(图8-1),但是由于其形成可能有租赁、购买、转让、交换等不同的原因和背景,从而经营权益和非经营权益又可根据其形成背景和权益内容的不同进一步进行分类,这种研究有助于理解联合经营中各方权益的不同性质。

(二)油气矿产经济权益的性质

(1)基本经营权益——一个经营权益的所有者和一个租赁矿区构成一个基本经营权益。基本经营权益是从矿产权益中分离出来的原始经营权益。

(2)联合经营权益——两方或两方以上在同一个租赁矿区中各自拥有一个单独的、分散的经营权益。通过以下三种方法可以产生一个联合经营权益:①租赁;②购买或交换;③分成协定。联合经营权益的形式十分流行,因为它提供了与石油和天然气经营有关的共担高风险和高投入的手段。

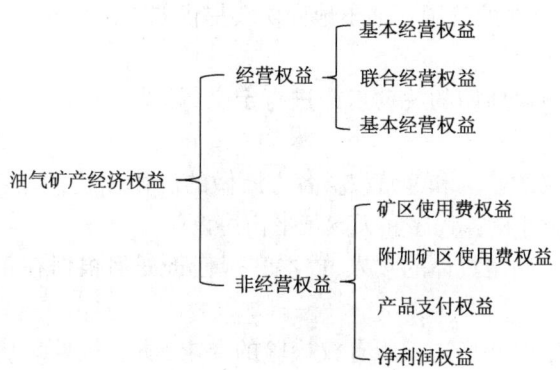

图 8-1 油气矿产经济权益的分类

(3)联营经营权益——两个或两个以上矿区组合在一起形成一体化经营。根据各州的法律,一体化和联营可能是自愿的,也可能是强制性的。某些州要求将不同的经营权益组合在同一个单元(强制性单元)中,在这种情况下,所有的经营权益和所有的非经营权益被一体化。在某些州,如果有关各方同意组合为一体化单元的占一定的百分比(如65%),则可能强制进行一体化。在另外一些州,单独一方也可能组成一个一体化。一般情况下,经营权益和非经营权益被组合在一起,各方的经营权益按照各自对该区块所做贡献中各方所有权的百分比来确定。联营经营权益与联合经营权益从本质上讲都是多个经营权益所有者的联合,所不同的是前者涉及多个矿区的联合,而后者只限于一个矿区。

(4)基本的矿区使用费权益——当一个矿产权益所有者或收费权益所有者向另一方租赁其矿区时保留权益的一种基本类型。

(5)附加矿区使用费权益——在经营权益以外建立的一种非经营权益,通常表示为经营权益的一部分。附加矿区使用费权益在正常情况下通过两种形式产生:一是保留;二是出让。

(6)产品支付权益——一种典型的产生于经营权益的非经营权益,通常以一定数量的货币、一定阶段的时间或一定数量的石油和天然气表示。换言之,产品支付权益是被限制在规定的数量范围内的货币、时间或石油和天然气。

(7)净利润权益——一种分享产品净利润的非经营权益。这类权益的所有者不负责支付亏损份额,但这些亏损可能在经营权益将来的净利润支付中回收。净利润定义为从毛收入中扣除允许抵扣的部分后所计算的净利,对此应在合同中明确规定。一般情况下,净利润权益是在经营权益中以出让和保留两种形式产生的,但更为常见的是保留。当矿产权益所有者租让其权益时,也可以产生净利润权益,这类权益在海上石油作业时常见。

(8)分成协定——一方为取得、勘探或开发一个矿区而做出的贡献,作为回报得到该矿产中相应经济权益的协定。结转权益和免费井协议是典型的分成协定形式。

三、油气联合作业协议及其会计核算程序

(一)油气联合作业协议

当产生联合经营的情况时,参与的经营权益所有者各方,即作业者和非作业者,一般要签

署一项作业协议和确定会计核算程序。用于作业协议的一般格式是 AAPL 格式 610。该格式是由位于得克萨斯州沃思堡的美国石油土地商协会提供的。下面对这一标准的联合作业协议的主要内容进行说明。

(1) 定义——对本协议使用的关键术语进行定义，如费用核定单、石油天然气租赁矿区、井场等。

(2) 附件——对协议的矿区和经营权益各方所做的法律描述，如法人单位名称、地址及其所拥有的权益百分比、会计核算程序和天然气平衡协议等。

(3) 各方的权益——确定具体的收入、成本和责任将如何根据在正表中载明权益的所有权进行分配。

(4) 所有权——规定对井场进行所有权检验的要求，所有权处理成本将如何进行分配以及所有权的损失将如何处理。

(5) 作业者——指明作业者并明确作业者的主要权利和义务。规定向非作业者和政府机构提供的记录和报告。

(6) 钻井和开发——规定钻井和开发活动以及终止作业应遵循的程序，同时说明每一方有权以实物形式取得其产量分成，或者将其单独出售或处理。还定义了无须所有各方同意的允许费用的种类和数额。

(7) 费用责任——规定每一方仅单独承担其自己的义务和责任以及在开发和作业成本中应承担的份额。要求作业者支付从价税，并给予作业者向其他经营权益所有者要求预付款的权利。

(8) 权益的取得、保持和转移——规定当放弃或继续一个租赁矿区或转让权益时遵循的程序。当一个经营权益所有者希望出售其部分或全部权益时，给予其他经营权益所有者购买的优先权。

(9) 国内税收法规的选择——说明是按照合资经营计划方式征税还是按照合伙形式征税。

(10) 索赔和法律诉讼——规定与联合经营作业有关的诉讼应遵循的程序，并授权作业者在允许的最大数额范围内解决未保险损失的索赔。

(11) 不可抗力——规定如果由于另一方无法控制的原因(如天灾、火灾、战争等)，导致其无力履行这一方的非货币义务(如作业者继续进行钻井活动的义务)，则这一方的义务应暂时终止。

(12) 通知——各方之间所有的通知都应是书面形式的。

(13) 协议期限——定义与协议期限有关的选择。

(14) 遵守法律和法规——协议根据服从所有适用的法律，并商讨有关法律机构说明作业者不能放弃或解除非作业者的任何权利、特权以及由政府法规规定的义务。

(15) 其他——其他条款，包括有关的继承人、可分性和签字页。

总结涉及联合经营的主要程序，作业者通常管理所有的属于联合租赁矿区的开发、作业、纪录保持和管理活动。对于主要的费用，例如钻井，作业者一般要求从非作业者那里通过费用核定单得到书面批准。这项要求规定了对没有经过非作业者书面批准的费用的限制。描述作业者活动的阶段报告，一般要求交给非作业者。通常要求作业者支付联合矿区的所有的开发、作业成本,然后作业者再请求非作业者支付他们应承担的那部分份额。然而,一般在作业协议中都规定,在成本发生或支付之前要求非作业者预付。

(二)油气联合作业的会计核算程序

会计核算程序通常附于作业协议之后,由于其详细地说明了在联合经营权益情况下应遵循的会计核算程序,因此对会计师十分重要。由石油会计师学会第22号文件制定的一个标准文本进一步详细论述了有关的联合经营权益的会计核算程序,适用于陆上石油作业。

下面对这一标准的联合作业会计核算程序的主要内容做些说明:

(1)总则——定义合同中使用的术语;陈述作业者如何按照一定的时间间隔提出报告与付款要求;定义作业者如何以及何时向非作业者收款;规定非作业者可以在要求付款通知发出的日历年度末以后的24个月内向作业者要求调整,并给予非作业者在一年结束后的24个月内对作业者的账簿进行审计的权利;同时还规定,对于要求非作业者批准的项目,作业者必须提前通知非作业者。

(2)直接费用——规定以下的项目可以直接记入联合经营账户:①根据法规要求的生态和环境保护成本;②租赁矿区的租金和矿区使用费;③与租赁矿区直接有关的雇员、最基层雇员和技术雇员的薪金;④雇员的福利;⑤材料;⑥运输成本;⑦合同服务成本(即技术人员)和外部提供的设备和公用设施的成本;⑧使用作业者所有的设备和设施的成本;⑨损害和损失;⑩与矿区有关的法律费用;⑪与矿区有关的所有税金;⑫保险;⑬放弃与回收的成本;⑭取得和操作为矿区服务的通信系统的成本;⑮其他必要的直接成本。

(3)管理费用——规定包括在(或不包括在)管理费用中的项目,定义管理费用如何记入联合经营账户,是按固定比率还是按百分比。管理费用是为了补偿作业者的非直接费用,例如在矿区作业中发生的管理成本。

(4)联合账户材料购买的定价——定义与材料购买、转移和处理的定价规则。

(5)库存——要求作业者保持详细的库存记录,控制材料库存应定期盘点,根据实地盘存在六个月内对联合账户进行调整。

(三)油气联合作业的审计监督程序

联合经营作业中的非作业者有权在一年结束后的24个月内对作业者的账户和记录进行审计。这些公司通常设有专职的联合经营权益审计师,对作业公司在联合经营作业中发生的费用进行审计。每一日历年度审计不应超过一次。审计通常是由在联合经营作业中具有最大权益的非作业者组织的,在进行审计时通常由该非作业者提供主任审计师,其他非作业者可以提供审计师,也可以承担部分审计费用。非作业者必须在向作业者发出要求审计的书面通知之后确认开始审计的日期。

联合经营权益审计师在审计中只限于对记入联合经营账户的费用以及这些费用的支持文件进行检查。在进行联合经营权益审计中使用的程序各不相同,以下是石油会计师学会〔1980〕第3号文件中讨论的程序:

(1)作业协议和费用核定单——检查并简要说明协议中有关活动的执行情况,检查费用核定单并与实际费用进行比较。

(2)作业者会议纪要——检查经常产生错误的重大非正常活动。

（3）公司劳动力——取得劳动力工资等级、合同和其他劳动力政策。检查工资表,特别注意劳动力工资等级、矿区分配的合理性和节假日的费用。有选择地将反映在工资表上的姓名、职业、工资、时间和分配情况与日报相比较。

（4）外部采购的材料和提供的服务——检查所有发票是否经过适当的授权、是否得到折扣、价格是否合理,以及非正常费用支付的依据资料。

（5）向作业区转入或从作业区转出的材料和供应品——检查所有发生的费用,特别注意转移材料的等级和转让的价格。

（6）仓库——决定是否进行定期盘点,检查所有的库存调整,并选择仓库库存的项目进行定期实物检查,追踪这些项目的记录。

（7）管理费用——检查管理费用并确认这些费用与协议是否一致。

（8）服务与设施——检查服务与设施的收费是否合理。

第二节 油气联合（联营）经营权益的核算

一、油气联合经营权益的核算

在油气联合经营中,由指定的作业者对联合经营矿区实施勘探、开发、生产和销售活动,所发生的费用由作业者垫付,取得的收入由作业者暂收,期末按照其他经营权益所有者的比例对费用支出进行分配和结算,按照经营权益和非经营权益的比例对收入进行分配和结算。下面主要对费用的分配和结算的会计处理做些说明。

（一）联合经营成本在发生时进行分配

在以下的示例中,列出了联合经营成本在发生时的分配。每一笔业务发生时,作业者在他的普通（非联合经营）账户挂账,并确认非作业者承担的那部分成本为应收款。

【例8-1】 （联合经营成本在发生时进行分配）在1002租赁矿区的联合经营权益中,H石油公司拥有60%,南方公司拥有10%,北方公司拥有30%。H公司为作业者,发生10 000美元的零星修理费。

租赁矿区作业费（60%×$10 000）	$6 000
应收账款——南方公司（10%×$10 000）	$1 000
应收账款——北方公司（30%×$10 000）	$3 000
现金	$10 000

上述分录格式可应用于各种业务。过去这种方法并不适用于涉及大量业务的联合经营账户,现在全面计算机化的会计核算系统使这种方法在处理联合经营成本中成为一种可行的程序。

（二）在联合经营权益账户中,按照联合经营权益会计核算程序累计联合经营成本

根据联合经营权益会计核算程序,联合经营成本也可以在每月末的联合经营权益账户中累计后,在经营权益所有者中进行分配。根据这种方法,当月的成本通过明细分类账户累计于联合经营权益控制账户。作业者将每一类费用记入明细分类账户,月末结算联合经营权益账户中的成本,确认当月发生的非作业者应承担的那部分成本为应收账款。作业者将自己应承

担的部分记入自己的普通账户,即操作费、井及相关设备设施成本等。以下的例子列示了累计联合经营权益成本的会计核算方法。

【例8-2】 (联合经营权益账户中累计联合经营成本)2018年10月H石油公司发生与1002租赁矿区有关的如下费用,假设其所有权比例及作业者与前例相同。

油田雇员的工资薪金	$5 000
重复酸化合同服务	$2 500
购置和安装压缩机装置	$900
支付矿产税	$500
作业者的库存设备安装到租赁矿区	$600
允许的管理费用(每口井$1 200,2口井)	$2 400

(1)以上业务的会计分录(作业者当月进行)如下:

联合经营权益暂记——操作费——1002区	$5 000	
应付工资		$5 000
联合经营权益暂记——操作费——1002区	$2 500	
应付账款		$2 500
联合经营权益暂记——矿区及井的设备——1002区	$900	
应付账款		$900
联合经营权益暂记——操作费——1002区	$500	
应付矿产税		$500
联合经营权益暂记——矿区及井的设备——1002区	$600	
材料及供应品		$600

(2)会计分录(月末)如下:

①H石油公司会计分录。

联合经营权益暂记——操作费——1002区	$2 400	
管理费用——控制账户		$2 400
租赁矿区作业费(60%×$10 400)	$6 240	
井及相关设备设施(60%×$1 500)	$900	
应收账款——南方公司[10%×($10 400+$1 500)]	$1 190	
应收账款——北方公司[30%×($10 400+$1 500)]	$3 570	
联合经营权益暂记		$11 900

②南方公司会计分录。

租赁矿区操作费(10%×$10 400)	$1 040	
井及相关设备设施(10%×$1 500)	$150	
应付账款——H公司		$1 190

③北方公司会计分录。

租赁矿区操作费(30%×$10 400)	$3 120	
井及相关设备设施(30%×$1 500)	$450	
应付账款——H公司		$3 570

正如上述示例所示,联合经营中发生的直接费用借记联合经营控制账户,其他费用如管理费用和购买的从库存中转移到联合经营权益租赁矿区的材料,当月在总账的普通账户(非联合经营权益)中累计。例如,采购材料时,借记控制账户,如物品和供应品。当材料向联合经营权益租赁矿区转移时,这些材料的成本从控制账户中转移出去,借记联合经营权益暂记账户。

管理费用(非直接成本),如行政管理、监督、办公室服务、仓储费用等,发生时借记管理费用控制账户。在月末,管理费用一般借记联合经营权益暂记账户。会计核算程序允许使用两种方法将管理费用记入联合经营权益暂记账户:百分数法和基本固定比率法。百分数法是指管理费用按照事先决定的当月发生的开发或作业成本的百分比记入联合权益暂记账户;基本固定比率法是指管理费用按照固定的比率记入联合经营权益暂记账户,它一般是根据正在钻井的井数和生产井数进行计算的。

一般情况下,控制账户记入的管理费用的总数与分配到联合经营权益暂记账户的管理费用的数量不匹配。一个作业者可以经营几个不同的矿区,因此只是总管理费用中的一部分分配到每一个矿区。另外,总的分配到所有矿区的管理费用可能大于也可能小于实际发生的管理费用。

(三)在作业者普通账户中累计联合经营成本

如果作业协议不要求使用联合经营权益账户,发生的业务中可能首先记录于作业者的普通账户,而不是联合经营权益暂记账户。普通账户是作业者正常使用的账户,如工资和劳务费用、设备和租赁矿区的作业费。当使用这一方法时,与联合经营权益矿区有关的普通账户就照此进行分类。

正如下列示例中所示,作业者当月发生的成本,首先借记作业者的普通账户,在每个月的月末,作业者确认非作业者的应收款,将在当月发生的成本中非作业者应承担的部分贷记其普通账户。当月发生的成本中作业者应承担的部分留在普通账户中。对比前面的示例,当结算联合经营权益暂记明细分类账户时,作业者必须在自己的账户上将其应承担的成本记入适当的普通账户中。

【例 8 – 3】 (在普通账户中联合经营成本的累计)H 公司在 2018 年 10 月间发生了如同上例的 1002 租赁矿区有关的成本,假设所有权比例和作业者与前面的示例相同。

(1)会计分录(作业者当月进行)如下:

租赁矿区作业费,联合租赁矿区	$5 000
应付工资	$5 000
租赁矿区操作费,联合租赁矿区	$2 500
应付账款	$2 500
租赁矿区和井的设备,联合租赁矿区	$900
应付账款	$900
租赁矿区操作费,联合租赁矿区	$500
应付矿产税	$500
租赁矿区和井的设备,联合租赁矿区	$600
材料及供应品	$600

（2）会计分录（月末）如下：
①H 公司会计分录。

应收账款——南方公司（10%×$11 900）	$1 190
应收账款——北方公司（30%×$11 900）	$3 570
租赁矿区作业费——联合	
租赁矿区（40%×$8 000）	$3 200
租赁矿区和井的设备——联合	
租赁矿区（40%×$1 500）	$600
管理费用——控制账户（40%×$2 400）	$960
租赁矿区作业费（60%×$2 400）	$1 440
管理费用——控制账户	$1 440

②南方公司会计分录。

租赁矿区作业费	$1 040
井及相关设备设施	$150
应付账款——H 公司	$1 190

③北方公司会计分录。

租赁矿区作业费	$3 120
井及相关设备设施	$450
应付账款——H 公司	$3 570

二、油气联营经营权益（一体化）的核算

联营经营权益或一体化经营权益比联合经营权益更为复杂，因为在一体化经营权益中一般已经知道探明的储量，但在联合经营权益中一般不知道石油和天然气的储量。另外，在一体化经营权益中租赁矿区通常处于开发的不同阶段，但在联合经营权益中租赁矿区还没有被开发。这些错综复杂的状况要求确定一个单元的参与比率并使投资平均化。

当几个租赁矿区组合成一个单元时，经营权益所有者在每一个租赁矿区中拥有的权益的百分数改变为拥有这个单元所有权的百分数。这个单元所有权的百分数取决于参与比率。参与比率通常由每一个经营权益所有者贡献的地下碳氢化合物的估计量决定。

当参与比率取得一致意见后，再进行投资（即各方贡献给这个单元的无形钻井成本和设备）的平均化。投资的平均化总的来说是必要的，因为经营权益所有者在这个单元的无形钻井成本和设备的所有权百分数（取决于参与比率）通常大于或小于经营权益所有者贡献给这个单元的无形钻井成本和设备的价值。投资的平均化一般是通过支付和收入现金完成的。经营权益所有者接受的这个单元的总的无形钻井成本和设备的价值的比例大于该经营权益所有者所贡献比例的，则支付现金；经营权益所有者接受的价值比例小于其贡献比例的，则收入现金。

下面举例说明联营（一体化）经营权益中的投资平衡及其会计处理。

【例 8-4】 （一体化投资平衡）设 A 和 B 两家公司拥有相邻矿区，分享同一油藏，C 公司为另一家打算投资的公司。上述三家公司投入的油气资产的账面价值见表 8-1。

表 8-1　联营各方投入资产的账面价值　　　　　　　　　　单位：万美元

	井及相关设备设施	矿区取得费用	合计
A 公司	8	1	9
B 公司	15	5	20
C 公司	0	0	0
合计	23	6	29

三家公司在联营前对投入的油气资产按已取得储量情况进行价值评估，并确定各公司参股比例，见表 8-2。

表 8-2　联营各方投入资产的评估价值　　　　　　　　　　单位：万美元

	井及相关设备设施	取得费用	合计	参与比例
A 公司	10	不计	10	40%
B 公司	16	不计	16	25%
C 公司	26	0	26	100%

显然，各公司参与的油气资产评估值与参股比例不相适应，因此需要进行投资均衡。投资均衡过程在各公司之间进行结算，见表 8-3。

表 8-3　联营各方投入资产的均等化　　　　　　　　　　单位：万美元

	股权比例	投入因素评估值	按比例应投入因素	收	付
A 公司	40%	10	10.4	—	0.4
B 公司	25%	16	6.5	9.5	—
C 公司	35%	0	9.1	—	9.1
合计	100%	26	26	9.5	9.5

由表 8-3 可知，A 公司和 C 公司应分别向 B 公司支付 0.4 万美元和 9.1 万美元作为投资均等补偿。

下面给出 A、B、C 三家公司在投资均衡中的会计处理。

A 公司会计分录：

井及相关设备设施　　　　　　　　　　　　　　　　　$4 000
　　现金　　　　　　　　　　　　　　　　　　　　　　　　　　　$4 000

B 公司会计分录：

现金　　　　　　　　　　　　　　　　　　　　　　　$95 000
　　井及相关设备设施　　　　　　　　　　　　　　　　　　　　　$95 000

C 公司会计分录：

井及相关设备设施　　　　　　　　　　　　　　　　　$91 000
　　现金　　　　　　　　　　　　　　　　　　　　　　　　　　　$91 000

在决定了参与比率，并已使投资平均化以后，单元的经营权益所有者签订单元作业协议，单元的会计核算与联合经营权益的会计核算相同。

三、油气联合经营中转移材料的定价

联合经营权益作业者面临的最困难和最有挑战性的问题之一就是从正在进行作业的矿区转出材料,或者向正在进行作业的矿区转入材料的定价问题。对这一重要领域的研究,除了要有对材料成本、运输成本、材料准备费和装卸费、拖运费等的说明以外,还要有对材料转移和转让定价的指导方针所做的建议。

用于联合矿的材料可分两种形式获得:一是从作业者的仓库(或其他矿区)中运过去;二是该矿区直接购买。为矿区购买材料的成本是:卖主的发票价格减去得到的全部折扣,再加上运输费。运输费包括装卸费和从铁路的接收地点到矿区的拖运费。如果矿区还需交纳销售税或使用税,则也应作为材料成本的一部分。

(一)由作业者仓库向联合矿区转移材料

大多数联合作业协议规定,从仓库或从另一矿区向联合矿区转移材料按照转移当日的公开价格定价,再加上运输费。考虑到转移的材料可能是新的也可能是使用过的,因此采用标准化的定价方法对转移的材料进行定价是必要的。向联合矿区转入的材料或从联合矿区转出的材料,根据会计核算程序,可以按下列等级进行划分:

A 等:新材料。
B 等:使用过的,没经过维修、更新,处于完好并坚固耐用的状态。
C 等:使用过的,需要维修和更新,已不是完好并坚固耐用的状态。
D 等:使用过的,就其本来目的已不可以使用,但可以用于其他目的。
E 等:使用过的,废品。

A 等是新材料,联合矿区通常可以使用材料转移当日有效的现行新价格。现行新价格应包括出厂价加运输费(出厂价是公布的价格)。另外,从铁路接收地点到矿区的装卸及托运成本同样也作为材料成本的一部分记入。

例 8-5 中,第一部分介绍了 5 000 英尺套管转移价格的计算,第二部分介绍了记录套管从作业者的仓库到联合经营权益租赁矿区的分录。H 石油公司是该联合经营租赁矿区的作业者,拥有 40% 的权益。这项业务事实上反映了 H 石油公司出售了 60% 的套管,其余的 40% 是从 H 公司的仓库向矿区转移的,并没有涉及销售。因此,在记录这项转移的分录中,H 石油公司必须确认这 60% 资产的销售损益,并将其余的 40% 记录于在建井的置存价值。(注意:出售的资产是库存而不是井和设备)

【例 8-5】 (从仓库转移——A 等材料)作业者的仓库在俄克拉亥马市,联合经营权益矿区在得克萨斯州的番泊北部 6 英里。已知:

①5 英寸(1 英寸 =2.54 厘米)的套管 5 000 英尺,A 等。
②出厂价——东方厂公布的价格,减折扣为每英尺 7.911 4 美元。
③铁路运费,俄亥俄州的扬斯敦至得克萨斯州的番泊,每英尺 0.719 1 美元。
④从番泊到矿区的装卸及托运成本 1 000 美元。
a. 计算记入联合经营权益矿区的总价格。

出厂价	$7.911 4/英尺
加:每英尺运费	$0.719 1
包括运费的价格	$8.630 5
乘:英尺数	×5 000.00 英尺
离岸价(铁路接收地点)总计	$43 152.50
从番泊到租赁矿区的运输成本	$1 000.00
管材成本总计	$44 152.50

b.假定这批材料在作业者的账簿中以$42 000记账,同时作业者在联合矿区中拥有40%的经营权益,作出记录这项转移的分录。

应收账款——非作业者($44 152.50×60%)	$26 492
在建井——矿区和井的设备($42 000×40%)	$16 800
仓库库存	$42 000
销售收益[60%×($44 152.50-$42 000)]	1 292

注意:在上述分录中,套管全部价格的60%借记应收账款,因此套管置存价值的40%借记在建井。B等材料是处于完好并坚固耐用的状态,不经过维修更新可以继续使用的材料。这些材料应按照现行新材料价格的75%,再加上运输费用记入矿区的账户。例8-6中,假设除了材料处于B等,而不是A等,账面价值是30 000美元而不是42 000美元以外,其余事实与例8-5中的相同。

【例8-6】（从仓库转移——B等材料）已知同上例。

a.计算记入联合经营权益矿区的总价格。

出厂价	$7.911 4/英尺
加:每英尺运费	$0.719 1
包括运费的价格	$8.630 5
乘:英尺数	×5 000.00 英尺
现行新材料价格	$43 152.50
对B等材料的调节系数	75%
B等材料离岸价(铁路接收地点)总计	$32 364.38
从番泊到租赁矿区的运输成本	$1 000.00
管材成本总计	$33 364.38

b.假定这批材料在作业者的账簿中以30 000美元记账,同时作业者在联合矿区中拥有40%的经营权益,作出记录这项转移的分录。

应收账款——非作业者($33 364.38×60%)	$20 019
在建井——矿区和井的设备($30 000×40%)	$12 000
仓库库存	$30 000
销售收益[60%×($33 364.38-$30 000)]	$2 019

(二)由联合矿区向作业者仓库转移材料

当材料从矿区转出时,根据材料借记矿区时的原始等级确定贷记矿区的百分数。如果B

等材料在记入矿区时其原始等级为 A 等,则从矿区转出时应按照现行新材料价格的 75% 计算;如果 B 等材料在记入矿区时其原始等级为 B 等,则从矿区转出时应按照现行新材料价格的 65% 计算。价格的减少表示其服务价值的降低。C 等材料已不处于完好并坚固耐用的状态,不经过维修和更新已不能满足原始的使用目的。C 等材料转入联合矿区时,应按照现行新材料价格的 50%,再加上更新维修成本计算,其总成本不能超过 B 等材料的价值。C 等材料从矿区转出时,根据哪一方支付更新维修成本而采用两种不同的方法进行核算:如果由接受材料方支付全部更新维修成本,则 C 等材料可按照现行新材料价格的 50% 转移;如果由转移材料方支付全部更新维修成本,则 C 等材料可按照现行新材料价格的 75% 转移。

例 8－7 说明了从联合拥有的矿区向作业者仓库转移的材料,事实上代表了租赁矿区井的设备的转移和作业者购买的部分材料。

【例 8－7】 (从联合矿区向作业者仓库转移)一台原始价值为 30 000 美元的设备从联合经营矿区向 H 公司的仓库转移。H 公司是该联合经营矿区的作业者,拥有 40% 的经营权益。这台设备将来要用于一个由 H 公司全部所有的租赁矿区。在转移时,该设备现行价格为 40 000 美元,转移时认定为 C 等,H 公司将支付更新维修费,因此该设备按照现行新材料价格的 50% 进行转移。

仓库库存($4 000×50%)	$20 000
累计折旧——井及相关设备设施	$4 000
井及相关设备设施($30 000×40%)	$12 000
应付账款——非作业者($40 000×60%×50%)	$12 000

以上示例说明了作业者实际向非作业者购买了 60% 的 C 等设备(50% 的现行成本可记入账上),该设备也从租赁矿区转出或报废,H 公司必须将该设备在其账簿的原始价值减少 40%。这与 H 公司是实行成果法还是全部成本法无关。在成本中心最后一台设备被废弃以前,通常不确认废弃或报废设备的损益。因此,H 公司租赁矿区报废设备减去残值后的那一部分应按照全部摊销处理,并冲销累计折旧、折耗与摊销。残值等于 50% 的现行成本乘以 H 公司经营权益的百分数(40%)。

(三)由联合矿区向另一隶属于作业者的联合矿区转移材料

从联合矿区向另一由作业者全部拥有或联合拥有的矿区转移的材料会产生复杂的会计核算情况。当作业者在两个联合拥有的矿区之间转移设备时,该设备部分卖给转入该设备的联合矿区的所有者,部分转入新矿区作业者的账户。以下的例 8－8 说明了这一情况。

【例 8－8】 (在两个联合拥有的矿区之间转移)H 公司是租赁矿区 A 和租赁矿区 B 两个矿区的作业者,并且在每个租赁矿区中拥有 40% 的经营权益。有一台原始价值为 30 000 美元的设备从租赁矿区 A 向租赁矿区 B 转移。该设备的现行价格为 36 000 美元。该设备按 C 等转移。租赁矿区 B 的经营权益所有者将支付所有的更新维修成本。因此,该设备按照现行新材料价格的 50% 进行转移。

应收账款——非作业者——租赁矿区 B($36 000×60%×50%)	$10 800
井和相关的设备和设施——租赁矿区 B($18 000×40%)	$7 200
累计折旧、折耗与摊销——租赁矿区 A	$4 800

应付账款——非作业者——租赁矿区 A($18 000×60%)　　　　　$10 800
　　井及相关设备设施——租赁矿区 A($30 000×40%)　　　　　　$12 000

在上面的示例中,转移设备的60%从租赁矿区 A 卖给租赁矿区 B 的非作业者,40%没有确认损益,被转移到 H 公司的租赁矿区 B 账户。

第三节　国际石油合作的产品分成合同及其联合账簿的核算

一、国际石油合作及产品分成合同

(一)产品分成合同的概念与性质

拥有油气资源的国家为了开发和利用资源而引进技术和资本,以及达到降低投资风险的目的,总需要进行国际石油合作。国际石油合作有租让制(concession)、产品分成合同(production sharing contract)、风险服务合同(risk service contract)、纯服务合同(pure service contract)及合资经营(joint venture)等形式,其中租让制已经逐渐被淘汰,应用较为广泛的是产品分成合同。

产品分成概念源于印度尼西亚。印度尼西亚首先将它用于农业,稍后将它改为 HAPCO 合同(1966),现已成为国际上较通行和熟悉的一种国际石油合作的合同形式,如秘鲁、马来西亚、危地马拉、利比亚、埃及、叙利亚、约旦、中国、孟加拉国和菲律宾等国都应用了这一概念。

产品分成合同的三个基本要素是成本回收、政府和国际石油公司之间的产品分成和所得税。包括政府在内的产品分成,通常通过其国家石油公司实现。产品分成合同一般在承担风险的国际石油公司(私人股东)的管理下进行运作。产品分成合同除上述三个基本要素外,参股也是资源国参与产品分成的手段。

1. 成本回收

成本回收的概念也始于印度尼西亚。印度尼西亚把最初产品的40%(其他国家的百分比在20%~40%之间变化)给订约者,以支付成本。美国则坚持美国石油公司参与国际产品分成方式时,不允许对公司成本回收定一个固定百分比的限制,并要求100%的成本回收。但个别国家并不提供成本回收。

2. 产品分成

随着成本回收的扣减,产品在国际石油公司和资源国之间分享,这就是产品分成。不同的国家,产品分成的比例不同。一些国家的产品分成随产量水平而变化,如印度尼西亚、孟加拉国和安哥拉等。世界各地产品分成间的区别并不明显,因为国际石油公司自己的份额是纳税对象,而且不管分成多少,其报酬率可由不同税制控制。

3. 税

在世界各地,石油公司在其产品份额上一般是国家法人所得税的对象。如在巴西,所得税最高达68.5%。85%的欧佩克国家的所得税不适用于产品分成合同,而仅适用于旧租让制下的产品。有些国家对产品分成合同完全不征所得税,但政府分成却非常高。

4. 参股

通过参股(participation)进行联合经营,使资源国参与产品分成合同。这在1980年印度尼西亚的印度尼西亚国家石油公司与 Mobil、Exxon 和其他国际石油公司签订的几个合同中已经实现。其中,印度尼西亚国家石油公司参股50%,这种做法使印度尼西亚国家石油公司在联合经营中成为一个平等的合伙者。在与私人石油公司签订的合同中,许多国家依赖商业发现的通知,保留同样参与的选择权,这就在事实上使资源国完成了勘探。

(二)产品分成合同的构成要素

1. 背景

20世纪五六十年代,产油主权国维护本国石油权益,收回石油主权的斗争风起云涌。在战后民族解放运动高涨的推动下,伊朗、伊拉克、科威特、沙特阿拉伯和委内瑞拉纷纷起来同"石油七姊妹"作斗争。首先是1953年伊朗轰轰烈烈的国有化运动,把英波石油公司收归国有,成立国家石油公司。但遭到英美的压制,最后只得到将经营权、出口权交给英美石油公司集团。1969年利比亚革命成功后,率先向旧的石油制度冲击。1960年成立的石油输出国组织(OPEC),团结起13个产油主权国,向"七姊妹"发起争取提高石油标价,提高石油税率,继而发展到废除殖民主义性质的石油租借地制度的斗争,本国在外资石油企业中参股并逐步提高参股比例,乃至对外资企业实行国有化,建立本国的国家石油公司。这一斗争在70年代获得全面胜利。"七姊妹"在北美以外的上游资产几乎全部丧失,"七姊妹"对资本主义石油市场的价格决定权转到了OPEC手里。

70年代中期,原来处于殖民地、半殖民地状态的石油生产国通过接管与参股,完成了对本国石油工业的国有化,于是,产品分成合同发展起来。第一个产品分成合同产生于1966年,由IIAPCO公司与帕米纳公司(原印度尼西亚国家石油公司)签订的。该合同是20世纪七八十年代形成一种较为通用的合同类型。

2. 定义

产品分成合同也被称为产量分成合同或者产量分成协议(PSA,Production Sharing Agreement),是在资源国拥有石油资源所有权和专营权的前提下,外国石油公司承担勘探、开发和生产成本,并就产量分成与资源国政府(或国家石油公司)签订的石油区块勘探开发合同。

3. 分类

产品分成合同把每年原油产量分成两个部分,即成本油和利润油。早期的产量分成合同,通常在每年产量中规定一个成本油的最高限额,一般为40%~50%。印度尼西亚在1958年以前签订的产量分成合同,大部分规定成本油每年限额为40%,直至成本回收完毕。近年来产量分成合同规定的成本油,采用了很多不同的回收办法。有的以年数为限额,以折旧摊销作为投资回收基础等。关于利润油的分配,有的合同规定一个固定比例,如印尼把完税后利润分成约为85:15(石油公司占15%、资源国占85%);有的按参股比例分配;也有按产量大小的滑动阶梯分配;也有按累计产量滑动阶梯分配。

4. 基本要素

(1)义务工作量:一般以地震数据的公里数和钻井的口数来计算。

(2) 支付定金:有时需要为谈判成功和合同签字支付现金定金,由此构成了签字费条款。

(3) 矿区使用费:一项最根本的合同要素。其处理方式几乎在所有的财税制度中都差不多。

(4) 成本回收:承包商从总收入中收回勘探、开发和经营成本。

(5) 篱笆圈:成本的回收或扣减还要受收入来源的限制。一般说来,与特定区块或许可证有关的所有成本,都必须从该区块的收入中回收。这就是说油气区块有"篱笆"围起来。从政府角度看,成本回收范围的合并或越过篱笆圈实际上都是对不成功经营的补贴。由于勘探具有风险性,政府并不欢迎打破篱笆圈。然而对石油公司而言,允许勘探成本越过篱笆圈是一个很大的财务优惠。

表 8-4 产品分成合同基本要素

	由国家规定	由合同谈判确定
经营要素	政府参股 所有权转让 仲裁 保险	义务工作量 面积撤销 商业性
收入或产品成分要素	矿区使用费 税收 折旧率 投资补贴 国内市场义务 篱笆圈	付定金 成本回收限制 产量分成

5. 相关模型

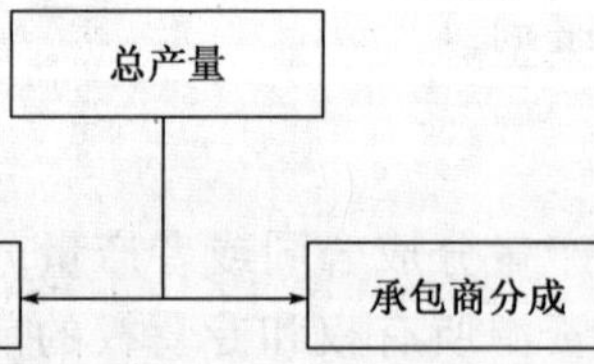

图 8-2 简化分成合同的收入模型

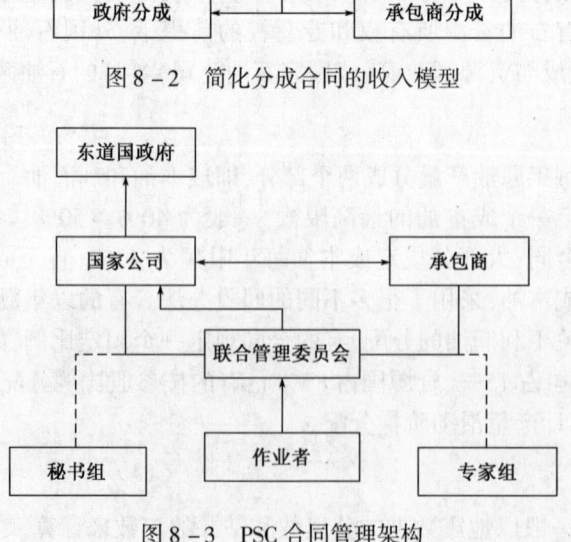

图 8-3 PSC 合同管理架构

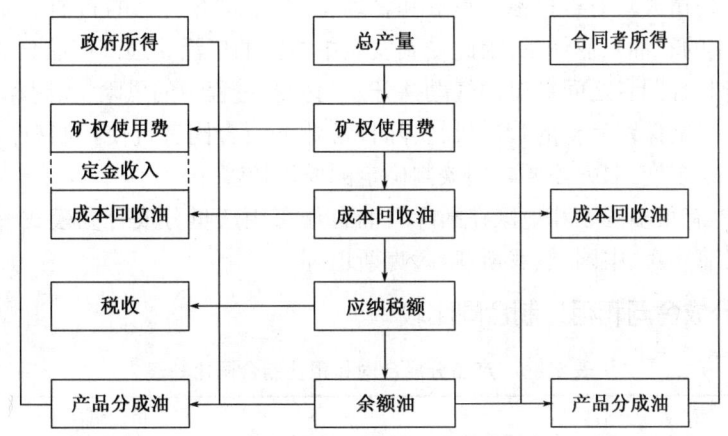

图 8-4　PSC 收入分配模型

6. 实例——利比亚

合同期 20 年,签字定金和生产定金,费用回收限为 35%,石油公司分享的利润为(产量 - 成本油)× PI × R,其中,PI 为产量系数,R 为收益/成本系数,余额政府全部拿走。

表 8-5　相关参数表

产量,千桶/天	PI	总收益/总成本(累计)	R
0~10	0.95	0~1.5	1.0
10~25	0.80	1.5~3.0	0.8
25~50	0.5	3.0~4.0	0.6
50~75	0.2	>4.0	0.4
>75	0.1		

从表中可以看出,政府和承包商的关系在许多方面是可以谈判的,但也有一些方面通常都是由法规确定的。法规未明确要素都需要谈判。一般说来,需要谈判的要素越多,事情越好办。这对石油公司和政府机构都适用。

7. 特点

产品分成合同中,资源国政府是资源的所有者,外国石油公司是合作者。若没有商业发现,合同者承担所有损失;若有商业发现,合同者还要承担相应比例的开发和生产费用(若政府参股或附股)。开发阶段,国家石油公司代表政府参股,参与经营管理并对合同者进行监督。在扣除矿区使用费后,全部产量分为成本油和利润油,成本油用于限额回收生产作业费和投资,利润油在国家和合作者间按合同规定分享,并缴纳所得税。资源国通常掌握着较大的监督权和管理权,日常业务管理通常由外方石油公司负责。外方石油公司如果盈利,就向资源国交纳所得税。用于合同区石油作业的全部设备和设施通常属资源国所有。

8. 评价

产品分成合同最大的特点是资源国拥有资源的所有权与所有权相应的经济利益。此外,资源国通过国家公司或政府直接参与投资和管理,有利于培养自己的石油工业管理人才和技术人才,发展自主的石油工业体系,因此受到发展中国家的广泛欢迎。产品分成合同较好地处理了资源国政府和合同者之间针对油气勘探开发与生产过程中的风险、控制和利润分成关系。资源国政府在法律上保留完整的管理权,实际日常业务由合同者行使控制权。缺点是合同框架和内容比较复杂多变,双方需要各国谈判确定的要素较多。

目前,全世界有很多国家和地区在国际石油合作采用产量分成合同模式。主要有印度尼西亚、马来西亚、菲律宾、中国、俄罗斯、哈萨克斯坦等。

(三)产品分成合同和租让制合同比较

表8-6 产品分成合同和租让制合同比较表

产成品分成合同	租让制合同
资源所有权属于国家	资源所有权属于国家
承包商承担勘探风险	承包商承担投资风险
有合同期限限制	有租让期限限制
国家参与产品实物分成	国家以现金或者实物形式收取矿权使用费
国家收取所得税,也可以不收所得税	国家收取所得税
国家在开发阶段可以投资	国家不投资
产量的一定比例用于回收投资,直到回收完毕	承包商投资分期摊销抵扣,直到抵扣完毕

(四)产品分成合同的主要内容

(1)新土权(subsoil rights)。新土和管理石油作业的专有权授予国家石油公司。国家石油公司有权与以后考虑作为订约人的国际石油公司签订协议。

(2)管理(management)。订约人是作业者,在国家石油公司的监督下工作。

(3)风险(risk)。订约人为作业提供全部资金,并承担涉及的所有风险。

(4)资产权(title to assets)。全部资产增值给国家石油公司或是立即取得,或是随之逐步取得,或是折旧后取得。

(5)成本回收(cost recovery)。当经营达到生产阶段,订约人将回收其能容许的生产成本。有时候,可得到的成本回收额由约定的最大额限定,或由可得产品规定的固定百分数限定。在某种意义上,规定容许的成本和通常申请税收的目的相似,可使用折旧和摊销规定,也可使用定额和折旧规定的结合方式。用于成本回收的产品部分称为成本油或成本回收原油。合同将包括决定基于成本回收目的的原油价值的标准。

(6)产品分成(production split)。可得到的产品余额称为利润油。利润油是扣除成本油后的产品剩余,它通常依据达到的生产水平和商定的比例,在国家石油公司与订约人之间分成。例如,在较高的生产水平上,利润油经常以一个增额(滑动台阶)为基础,以使国家石油公司获得更有利的比例分成。在一些协议中,不存在成本油,并且将所有原油都看成利润油。在这样的协议中,不需要为决定原油的价值建立标准。

(7)税收(taxation)。订约人或者免除全部所得税,或者剩余收益纳税。这样的税,或者由国家石油公司代表订约人交付,或者由订约人自己交付。在订约人免税或国家石油公司以它的名义纳税的方式下,订约人接收无任何财政负担的利润油分成。

在实践中,合作矿区生产的油气每年拿出一定的比例用于成本回收。这个比例可以根据合同规定的勘探开发投资回收期内的预计累积产量与勘探开发投资总额的比例及单位生产作业费用与单位产品价格的比例来确定。例如,某合作矿区累计勘探开发投资总额为 2 500 000 美元,预计 4 年内回收,4 年内的产品销售收入预计为 10 000 000 美元,单位生产作业费用占油气产品单价的 5%,矿区使用费为 12.5%,则成本回收比例测算为:

$$(\$2\,500\,000/\$10\,000\,000 + 5\%)/(1 - 12.5\%) = 34.3\%$$

(五)产品分成合同矿区的联合账簿

对国际石油公司与石油资源国政府采用产品分成合同联合开发油气资源来讲,进行"联合账簿"的会计核算是必不可少的。产品分成合同"联合账簿"用以记录合同各方在联合勘探开发油气资源过程中所发生的符合合同规定的全部成本费用支出、收入及其他交易事项,记录和反映合同各方按合同规定应承担的投资额、成本回收和产品分成情况。同国际上公认的石油行业会计核算方法相比,这种核算方法更倾向于实用性。它受合同规定的影响最大,而受石油资源国石油行业会计核算制度规定的影响很小。它既不完全等同于各石油资源国的石油行业会计核算方法,也不完全符合公认的会计核算准则。它是为了满足合同规定的各种业务核算的需要而设计的,其会计科目的设置以及成本费用的分类大都是根据合同进行确定的。"联合账簿"中的数据是合同各方编制有关会计报表、准确计算应纳税额以及进行经济评价的基础数据资料。因此,研究"联合账簿"的会计核算方法,对正确编制有关产品分成合同的会计报表、正确计算税收及进行相关的技术经济评价具有十分重要的意义。

在石油资源国不参与合同区块的勘探开发和生产作业投资的情况下,"联合账簿"的会计核算方法相对比较简单。因此,这里只讨论在石油资源国参与投资的情况下的产品分成合同"联合账簿"的会计核算方法。

二、产品分成合同矿区联合账簿的会计核算

(一)联合账簿会计核算的基本要求

在产品分成合同中,合同规定的由合同各方承担的各种投资支出,均可按照合同中的有关规定予以回收。因此,"联合账簿"会计核算的总体要求如下:

(1)外国投资者和资源国投入的勘探、开发和生产投资,都要在进入商业油气生产后进行回收。所以外国投资者和资源国共同设置的"联合账簿"应保持详尽的会计记录数据,以准确反映合同各方在合同区块的投资总额、在矿区拥有的权益数额、每年投资回收和产品分成情况,同时"联合账簿"应为外国投资者和资源国单独进行会计核算提供准确翔实的数据资料。

(2)"联合账簿"应主要记录外国投资者和资源国在合同区块中所拥有的权益数额,而不管投入资金的来源如何。即使外国投资者预先垫付资源国应承担的勘探开发投资,随后资源国予以偿还,与这部分垫付投资相对应的权益在"联合账簿"中仍应确认为资源国的权益,但在外国投资者的独立账簿上反映为应从资源国收回的投资款项。

(3)为了会计核算方便,"联合账簿"设置费用账户,当发生成本费用支出时,可按照有关的分类标准在适当的费用科目汇总。每一期末,在每一费用科目累计的全部成本支出数额均

应按照规定的划分标准,分别结转到"勘探投资""开发投资"和"生产作业投资"科目中。"勘探投资""开发投资"和"生产作业投资"会计科目的累计数额为合同各方共同承担的有关成本支出。

(4)每年所生产的原油均要按照合同的有关规定进行分配,"联合账簿"不进行有关利润核算。

(5)会计科目的设置应尽量清晰明了。会计科目的设置主要是为了反映与合同规定有关的各种业务,科目设置不一定与资源国的会计核算制度相符合,也不一定符合公认会计准则。

(6)在对有关业务进行会计核算时,收益的实现和投资费用支出的发生应该采用权责发生制核算,石油作业应划清各种投资费用支出的界限。

根据"联合账簿"会计核算的总体要求,"联合账簿"应设置以下会计科目:

(1)反映预收合同各方所预交的各种类型投资款的会计科目。

(2)反映确认勘探投资、开发投资及生产作业投资的会计科目。在这类科目中累计的投资支出,在按照合同规定予以回收之前,均作为资产资本化投资。

(3)反映合同各方承担的投资支出的会计科目。

(4)反映投资回收的会计科目。

(5)反映产品分成的会计科目。

(二)联合账簿的会计核算方法

(1)确认收到预交的投资款。

当"联合账簿"收到外国投资者和资源国预交的投资款时,应借记"银行存款",贷记"预收勘探投资款——投资者""预收开发投资款——投资者""预收开发投资款——资源国""预收生产作业投资款——投资者""预收生产作业投资款——资源国"。这里假定由投资者单独承担勘探投资和勘探风险。

如果合同规定由外国投资者预先垫付资源国承担的那部分勘探开发投资,则当外国投资者预交投资款时,应借记"银行存款",贷记"预收勘探开发投资——投资者""预收勘探开发投资款——投资者替交"。

(2)在每一年度所发生的经过批准的各种勘探开发和生产作业成本支出,根据规定的成本费用分类标准,分别借记"勘探投资""开发投资""生产投资",贷记"银行存款"。

(3)每年年末,根据本年度累计投入的勘探开发和全部生产作业成本支出,按照合同中规定的外国投资者和资源国应分别承担的数额,借记"预收勘探开发投资——投资者",贷记"已投入勘探开发投资——投资者";借记"预收勘探开发投资款——资源国",贷记"已投入勘探开发投资——资源国";借记"预收生产作业投资款——投资者",贷记"已投入生产作业投资——投资者";借记"预收生产作业投资款——资源国",贷记"已投入生产作业投资——资源国"。

如果合同规定由外国投资者预先垫付应由资源国承担的勘探开发投资,随后由资源国予以偿还,则可把由外国投资者代替资源国预先垫付的那部分款项看作外国投资者给予资源国的投资贷款,与这部分垫付投资相对应的权益应由资源国拥有。这时会计处理方法为:借记"预收勘探开发投资款——投资者",贷记"已投入勘探开发投资款——投资者";借记"预收勘探开发投资款——投资者替交",贷记"已投入勘探开发投资款——资源国"。

(4)每年年末,确认本年合同区域内生产原油的销售收入,借记"银行存款"或"应收账款",贷记"销售收入"。

(5)根据合同中的有关规定,确定本年度原油销售收入的分配方案。

①如果合同中规定应交纳矿区使用费,那么首先应确定本年度应交纳的矿区使用费数额。按照计算出的应交矿区使用费数额,借记"销售收入",贷记"应付矿区使用费"。

②根据合同中有关"成本回收"条款的规定,计算出合同范围内每年可回收勘探开发和生产作业投资数额。根据计算出的数额,借记"销售收入",分别贷记"应付勘探投资回收——投资者""应付勘探投资回收——资源国""应付开发投资回收——投资者""应付开发投资回收——资源国""应付生产作业投资回收——投资者""应付生产作业投资回收——资源国"。同时,按照计算出的外国投资者和资源国本年分别可回收的勘探开发和生产作业投资数额,借记"勘探投资回收——投资者""勘探投资回收——资源国",贷记"备抵勘探投资";借记"开发投资回收——投资者""开发投资回收——资源国",贷记"备抵开发投资";借记"生产作业投资回收——投资者""生产作业投资回收——资源国",贷记"备抵生产作业投资"。

"投资回收"科目作为"已投入投资"科目的抵减项目,"备抵勘探投资""备抵开发投资""备抵生产作业投资"科目分别作为"勘探投资""开发投资"和"生产作业投资"的备抵项目。当投资者和资源国投放资金全部回收后,在资产负债表中,"勘探投资""开发投资""生产作业投资"科目的数额与对应的备抵科目的数额将全部抵消,可体现出在投资全部回收完毕后,所有购建资产的所有权将归资源国所有。

注意,以上均假定在年末确认合同各方应承担的各种投资支出,并作相应的会计分录。实际上,一般是合同各方在月初预交投资款,在月末确认各方应承担的投资,在年末进行成本回收及利润分成,但应做的会计分录相同。

③根据产品分成合同的规定,计算出外国投资者和资源国之间的产品分成,借记"销售收入",贷记"应付利润分成——资源国""应付利润分成——投资者"。

(6)当实际支付上面的各应付项目时,应冲销上面的各应付会计科目,同时贷记"银行存款"。

这样,整个会计分录就如实地反映了整个合同年度的有关确认投资支出、成本回收及产量分成核算的整个过程。

(三)联合账簿会计核算举例

【例8-9】 (产品分成合同)H石油公司与某资源国的国家石油公司签订了产品分成合同。合同规定,矿区使用费12.5%,每年产品销售收入的35%用于成本回收。成本回收后产品分成比例各50%,勘探投资由外国投资者(H石油公司)全部垫付,且承担全部勘探风险。

(1)2018年1月1日,H石油公司预交勘探投资1 000 000美元(其中50%为资源国垫付)。

(2)2018年7月1日,外国投资者和资源国分别预交开发投资1 000 000美元。

(3)2018年勘探支出900 000美元,开发投资支出1 800 000美元。

(4)2019年1月1日,H石油公司和资源国共预交生产作业投资500 000美元,当年原油销售收入 5 000 000 美元,实际作业支出 600 000 美元。

合同矿区的联合账簿(表 8-7)对上述业务应作如下账务处理:

(1)2018 年。

①银行存款:	$ 1 000 000	
预收勘探投资款——投资者		$ 500 000
预收勘探投资款——投资者替交		$ 500 000
②银行存款:	$ 2 000 000	
预收开发投资款——投资者		$ 1 000 000
预收开发投资款——资源国		$ 1 000 000
③勘探投资:	$ 900 000	
开发投资	$ 1 800 000	
银行存款		$ 2 700 000
预收勘探投资款——投资者	$ 450 000	
预收勘探投资款——投资者替交	$ 450 000	
已投入勘探投资——投资者		$ 450 000
已投入勘探投资——资源国		$ 450 000
预收开发投资款——投资者	$ 900 000	
预收开发投资款——资源国	$ 900 000	
已投入开发投资——投资者		$ 900 000
已投放开发投资——资源国		$ 900 000

(2)2019 年。

①银行存款:	$ 500 000	
预收生产投资款——投资者		$ 250 000
预收生产投资款——资源国		$ 250 000
②生产投资:	$ 600 000	
银行存款		$ 600 000
预收生产投资款——投资者	$ 300 000	
预收生产投资款——资源国	$ 300 000	
已投入生产投资——投资者		$ 300 000
已投入生产投资——资源国		$ 300 000
银行存款	$ 5 000 000	
销售收入		$ 5 000 000
销售收入	$ 5 000 000	
应付矿区使用费		$ 625 000
应付生产投资回收——投资者		$ 300 000
应付生产投资回收——资源国		$ 300 000
应付勘探投资回收——投资者		$ 900 000
应付开发投资回收——投资者		$ 15 625

	应付开发投资回收——资源国	$15 625
	应付利润分成——投资者	$1 421 875
	应付利润分成——资源国	$1 421 875

$5\,000\,000 \times 12.5\% = \$625\,000$

$5\,000\,000 \times 87.5\% \times 35\% = \$1\,531\,250$

$5\,000\,000 \times 87.5\% \times 65\% = \$2\,843\,750$

$(\$1\,531\,250 - \$600\,000 - \$900\,000) \times 50\% = \$15\,625$

$\$2\,843\,750 \times 50\% = \$1\,421\,875$

	生产投资回收	$600 000	
	勘探投资回收	$900 000	
	开发投资回收	$31 250	
	备抵生产投资		$600 000
	备抵勘探投资		$900 000
	备抵开发投资		$31 250

表8-7　20×8年末联合账簿的资产负债表　　　　　　单位：美元

资产		负债	
银行存款	5 200 000	预收勘探投资款	100 000
勘探投资	900 000	预收开发投资款	200 000
减：备抵勘探投资	(900 000)	预收生产投资款	(100 000)
开发投资	1 800 000	已投入勘探投资	900 000
减：备抵开发投资	(31 250)	减：勘探投资回收	(900 000)
生产投资	600 000	已投入开发投资	1 800 000
减：备抵生产投资	(600 000)	减：开发投资回收	(31 250)
		已投入生产投资	600 000
		减：生产投资回收	(6 500 000)
		应付矿区使用费	625 000
		应付生产投资回收	600 000
		应付勘探投资回收	900 000
		应付开发投资回收	31 250
		应付利润分成	2 843 750
资产总计	6 968 750	负债总计	6 968 750

三、产品分成合同各方的会计核算

(一)国际石油公司的会计核算

作为外国投资者的国际石油公司可自己单独设立账簿，并通常以一个国家为成本中心，采用全部成本法来核算每一合同年度的收入、成本支出等各项业务。各资源国的会计核算方法差别很大。如果外国投资者在资源国设立子公司，应按照该石油资源国的油气成本会计核算方法对业务活动进行会计核算。以下主要介绍预交投资款、成本回收及产品分成科目的会计分录。

(1) 当投资者预交投资款时,借记"预交投资款",贷记"银行存款"。如果合同中规定,外国投资者应代替资源国预先垫付应由资源国承担的那部分投资,则当外国投资者预交投资款时,应借记"预交投资款""长期应收款——资源国",贷记"银行存款"。在这里,外国投资者把这部分预垫款项当作给予资源国的长期投资贷款,待资源国偿还时,按照资源国每期偿还的数额,借记"银行存款",收到偿还的利息部分贷记"利息收入",偿还的本金部分贷记"长期应收款——资源国"。这里收回的"垫付投资款"不应作为当年收入的一部分,应作为外国投资者年现金流入的一部分。而收到的"贷款利息收入"是外国投资者年现金流入的一部分,在会计核算上应作为当年收入的一部分,但这部分利息实质上是资源国对外国投资者预先代替其垫付投资所做的补偿。一些石油资源国规定,这部分利息收入可不作为外国投资者年应税收入的一部分。

(2) 当确认本期"成本回收"和"产品分成收入"时,应借记"应收账款",贷记"成本回收收入""利润分成收入"。如果有从资源国收回垫付投资的利息,应借记"银行存款",贷记"利息收入"。

(3) 当根据合同规定计算出本期应纳所得税额,以合同规定的税率计算出应交所得税后,借记"所得税费用",贷记"应交所得税"。计算出的利润汇出预提税,借记"预提税费用",贷记"应交预提税"。

(二) 对国际石油公司现金流量的监督

在利用联合账簿中的成本数据资料评价石油合作项目、计算外国投资者年净现金流时,应注意以下几个问题:

(1) 在合同中没有规定外国投资者预先垫付应由资源国承担的勘探开发投资的情况下,外国投资者每年的现金流入包括从合同区域内获得的成本回收收入和利润分成收入两部分。成本回收收入包括勘探投资回收收入、开发投资回收收入和生产作业投资回收收入。如果合同规定应由外国投资者预先垫付资源国承担的勘探开发投资,那么外国投资者年现金流入也应包括回收的垫付投资款及相应的利息收入。

(2) 外国投资者每年的现金流出包括该年所有的现金支出。一般包括按合同规定承担的勘探开发投资(含预先代替资源国承担的那部分勘探开发投资)、生产作业费、交纳的所得税、预提税、特种石油税及该年度发生的各种定金支出等,具体内容应视各石油资源国石油合同来定。一些石油资源国在合同中规定,外国投资者可免交所得税。

(3) 外国投资者每年的净现金流等于外国投资者每年的现金流入减去外国投资者每年的现金流出。计算出外国投资者每年的净现金流后,根据设定的贴现系数,就可以计算出相应的技术经济评价指标。

(4) 对同一特定合同区块,由于石油资源国参与合同区块的勘探开发和生产作业,外国投资者只需按照合同规定承担合同区块的勘探开发投资(包括预先代替资源国垫付的那部分勘探开发投资)和生产作业成本支出。所以在计算外国投资者投资现值时,应把由国外投资者每年承担的勘探开发投资(包括预先代替资源国垫付的那部分勘探开发投资)折为现值。

在会计核算中,外国投资者预先代替资源国承担的那部分勘探开发投资,作为外国投资者借给资源国的投资贷款,随后从资源国那里收回。但这部分垫付投资与合同区块有密切联系,它应作为外国投资者年现金流出的一部分,收回的垫付投资款及利息应作为外国投资者年现金流入的一部分。所以在计算外国投资者投资利用率指标时,应把这部分预先垫付的投资款当作外国投资者的投资。

案例 长北联合经营合同

一、长北项目合同的内容及特点

长北项目合同具有联合经营和产品分成相结合的性质。合同的联合经营体现在长北项目经营管理和参与投资方面,长北项目采用了壳牌石油和中石油双方组成联合管理委员会的形式。合同的产品分成体现在产品分配方面,长北项目对其产品(天然气)是先扣除了费用回收气之后的余额气进行分成,而不是按参股比例进行分配。因此,从投资合同的实质来看,其产品分成性质是其最主要的特征。长北项目合同的基本原则是:壳牌石油公司承担勘探风险,中石油和壳牌共同联合经营开发长北气田,限额回收投资,依法缴纳税费,余额分成。

长北项目合同模式采用的是国际通行的产品分成模式,即资源国政府保留矿产的所有权,但允许石油公司作为合同者去执行或管理特定的勘探生产活动,并可以通过产品分成合同获得油气产量的分成权。长北项目合同模式可以简单描述为由外方即壳牌承担勘探、开发、生产作业的全部投资,但可以在日后的油气生产中先期回收,中方参与剩余油气的分配,国家则以资源国身份获得矿区使用费并以行政管理者的身份获得增值税等税收。在勘探、开发投资回收完毕之前,由外方作为作业者行使管理权;投资回收完毕之后,由中方即中石油接管管理权成为作业者。长北天然气合作合同的条款细节几乎涵盖了中国第二轮陆上石油合作标准合同的全部内容,在标准合同基础上,根据长北项目的具体情况有所发展和扩充。

(一)长北项目合同投资构成

(1)勘探投资。评价期的勘探投资由外方独立承担,合同要求在规定的评价期限(如两年)内外方应完成的最低限额评价工作量和最低限额评价费用,在完成最低限额工作量的情况下,评价费用的超支与节约均归外方独立承担;在没有完成最低限额评价工作量的情况下,未完成的工作量应折合为现金由外方支付给中方,而不考虑外方的最低限额评价费用是否完成。外方的实际评价费用在由双方组成的管理委员会确认后,可以从以后的油气产量中回收。

在合同签订前,中方在合同区已发生的前期勘探工作量应由双方确认估价,一般应由外方在签订合同或投入开发时予以部分偿付,以美元支付给中方,外方已偿付的前期勘探费用和中方尚未被偿付的前期勘探费用可以在以后油气产量中回收。

(2)开发投资。在合同区的每一气田开发方案被国家有关部门批准至该油气田正式投入商业性生产之前所发生全部投资为开发投资,开发投资一般由外方全部提供,并在以后油气产量中回收。

(3) 生产作业费用。合同区内任意一油气田开始生产性作业至生产期满为生产期,生产期的生产作业费用应由双方按比例承担,并从当期油气产量中回收。一般情况下,在外方勘探开发投资回收期间,中外双方对生产作业费用的承担比例(与剩余油气的分配比例相同)一般倾向于外方(如35%:65%);而在勘探开发投资回收后,生产作业费用的承担比例(与剩余油气的分配比例相同)一般倾向于中方(如68%:32%)。但是,中外双方可能在合同中达成协议,即生产作业费用全部由作业者承担,并从当期油气产量收入中回收。在投资回收期间,作业者是外方;而在投资回收后,作业者则由中方担任。这种接替的重要性在于学习和掌握外方的作业技术。

(二)长北项目合同作业者的划分

在试生产期,集团公司为作业者。整个评价期、开发期合同者为作业者。在生产期,合同者全部开发费用回收完毕之前合同者为作业者;回收完毕一年之后应集团公司的要求,作业权将移交集团公司,在生产作业权移交之后,中方将成为作业者。

合同认定集团公司在合同区共发生前期勘探费2亿美元,其中包括在榆林地区所做的地震、地质研究、探井等。勘探费的回收:壳牌现金支付1600万美元,合同执行之日起45天内支付第一笔现金1600万美元(已于2000年初支付油田公司),剩余的1.84亿美元,待气田投入开发后从费用回收限额(占年度天然气总量的65%)中回收。

1. 长北项目合同评价义务工作量及最低费用

合同规定,壳牌公司在评价期的最低义务工作量是:钻2口新井,总进尺6400米;在集团公司已钻的2口开发井上进行完井、压裂和测试作业;准备一个气田的总体开发方案和有关的商务、销售活动;评价工作最低费用为2700万美元。如果合同能继续执行下去,评价费用在生产中回收,若合同终止,则评价费用沉没。

2. 长北项目合同关于试生产的相关规定

在总体开发方案批准后150天,壳牌(合同者)接管试生产。试生产产量分配包括纳税、回收试生产发生的作业费(即操作费)、回收试生产开发费用(即试采的产建投资)三项费用。上述三项费用回收后还有剩余,则为中方的净收入。未回收的作业费和投资,均作为集团公司"待回收试生产费用",继续从合同中回收。在试生产期间,壳牌为进行评价可安排技术服务,但费用由壳牌承担。

3. 长北项目产品分成

所有天然气年度产量包括接管后的试生产产量、评价期进行的没有包括在试生产中产气量及商业生产开始之日以后的所有产量。长北项目产品分成的主要规定如下:

(1)交纳增值税和矿区使用费。
(2)总产量的65%"费用回收气",按以下顺序回收:
①支付气田的生产作业费(操作成本);
②剩余的气为"投资回收气"。
(3)回收集团公司尚未回收的试生产作业费。
(4)首先回收壳牌的全部的开发费用、评价费、支付给集团公司的1600万美元,其次回收集团公司前期勘探费尚未回收余额1.84亿美元。以上直到回收完毕为止,若规定的生产期内双方未回收完视为各自损失。

上述(1)、(2)分配后剩余部分为余额气(分成气),分配办法:$R \leq 1$时,壳牌65%,集团公司35%;$R > 1$时,集团公司68%,壳牌32%。

R因子的计算方法:

R = 目前为止合同者从某一气田获得的份额投资回收气和余额气累计价值除以目前为止合同者所支付的累计费用

4. 合同的终止

长北项目合同约定,出现下列情形之一的,可视为长北天然气合作开发与生产合同的终止:

(1)评价期结束,合同者(壳牌公司)根据自己内部审计标准判断,单方认为没有商业开发前景的。

(2)合同者(壳牌公司)在书面确认可以进行商业生产,但有以下三个条件不能满足的,合同者也可终止合同:

①合同者(壳牌公司)收到集团公司关于国务院授权部门批准的双方联合计划的天然气运输设施的设计和建设;

②双方书面确认天然气销售协议已达成一致;

③合同者(壳牌公司)书面确认国务院授权部门批准开始方案后认为可以进入商业开发。

二、长北项目合同评析

长北项目合同是现代石油合作开发制度发展了几十年以后出现的一种新的产品分成合同类型。虽然这一合同模式在体制上没有任何创新,从合同本质来看仍是一种改良的产品分成合同,但其本着互利和互信的原则,壳牌和中石油双方表达了各自履行合同的承诺。

长北项目合同突出的特点就具有特许和产品分享的性质,但是从本质上来说,其主要的性质是产品分成,合同期内所有的石油开发活动受联合管理委员会管理。这一合同的另一特点是对管理与技术的转让规定了严格的要求,合作双方不得不重视对人员培训和技术转让条款的谈判,这反映出中石油希望培植自己的技术力量,而不想依赖外国石油公司的愿望。

长北项目合同中所强调的平等互利原则也是有重大意义的。作为中国对外贸易基础的这项原则,其基本精神体现在合同的许多条款中。尽管现行合同法及合同本身并没有对这一原则做出明确的解释,但是它暗含了对双方法律权益的担保以及利益的平等分享。中国对平等互利原则的一贯坚持反映资源国政府与外国公司之间关系发展的一个重大趋势——建立互利基础上的协作伙伴关系。

长北项目合同强调了资源国拥有资源的所有权和与所有权相应的经济利益,勘探开发的最初风险由合同者承担,一旦有油气商业发现,就可以收回成本,并与资源国一起分享利润油,这是对壳牌石油公司最有吸引力的地方。长北项目合同较好地处理了资源国政府与合同者之间针对油气勘探、开发与生产过程中的风险、控制和利润分成关系,为项目合同双方提供了必要的适应性和灵活性。同时,长北项目保留完整的中方管理权,在实际日常业务中,中石油公

思考题

1. 简述目前油气联合经营在陆上油气开采中的应用情况。
2. 产品分成合同的主要内容包括哪几个方面？国际石油公司与石油资源国政府采用产品分成合同联合开发油气资源时为何要编制联合账簿？
3. 油气联合经营运作的会计核算有何特点？

1. A 公司和 S 公司同时拥有一个矿区，其经营权益比例分别为 60% 和 40%，矿区使用费权益为 1/8，生产税为 5%。2006 年 10 月，该矿区共生产原油 20 000 桶，共发生矿区作业成本 60 000 美元，设原油销售价格为 40 美元/桶，并由作业者 A 公司分配原油收入。

要求：

(1) 对 A 公司原油销售收入进行会计处理。
(2) 对 S 公司原油销售收入进行会计处理。
(3) 分别按三种方法对 A 公司有关联合矿区作业成本进行会计处理。
(4) 对 S 公司有关联合矿区作业成本进行会计处理。

2. A 公司、S 公司和 D 公司分别拥有相邻矿区，其账面资产见表 8-8。为提高作业效率，三家公司拟进行一体化联合经营，对各家公司投入矿区的价值进行评估后的结果及各方拟参与联合经营的比例见表 8-9。要求进行投资平衡，并作出各公司有关投资平衡的会计处理。

表 8-8

公司名称	矿区取得成本	井及相关设备设施
A	$20 000	$500 000
S	$50 000	$700 000
D	$10 000	$200 000

表 8-9

公司名称	矿区评估价值	拟参与比例	收	付
A	$800 000	40%		
S	$1 200 000	25%		
D	$400 000	35%		

第九章 油气矿业权转让会计

本章首先介绍了矿业权的法律特征及其类型,对美国油气矿业权流转的会计损益问题进行了讨论,进一步阐述了矿业权流转中的货币型转让、非货币型转让和产品支付协议式转让带来的会计问题。

第一节 油气矿业权转让的概念及分类

油气公司由于分散风险、筹集资金、提高作业效率及扩大面积以达到空间间隔要求和取得税收利益等原因可能将拥有的矿产权益、经营权益或非经营权益以租赁、出售、交换或分成协定的形式转让。油气矿业权所代表的未来收益的高度不确定性,使这种转让在很多情况下产生了联合(联营)的结果,从而使转让时的损益确认成为油气会计理论的另一焦点。

一、油气矿业权转让的概念与特点

(一)自然资源的一般产权概念

产权即财产权利的简称,是所有权及其他权能组成的权利束,以及这些权利束在市场不同主体之间的分割和界定,或是财产的所有、占有、支配和使用的权利总和。产权的界定通常是通过各种契约实现的。

产权制度是有关产权的一系列组织制度和管理制度,包括产权界定、产权主体形成、产权经营、产权转让等内容。产权制度有广义和狭义之分。广义产权制度着重研究财产的各项权能及其他派生出来的权利;狭义产权制度则仅包括资产运营中的财产关系。

(二)自然资源产权的含义与内容

自然资源的产权实质上是指自然资源财产的所有、使用、收益及处置等权利的总和,其基本内容包括以下几个方面:

(1)自然资源的所有权。法律上的所有权是独占性的对财产的支配权利。一般而言,所有权具有占有、使用、收益、处置四项权利,同时它也必须承担与其权利相对等的义务。所有权人在生产、生活中对其所有物采取的任何一种行为,都可以归结为上述四项权能中的任何一项。所有权人可以通过他人行使权能而实现其所有权。

(2)自然资源的使用权。使用权即由谁使用、如何使用的权利。使用权是每一财产所具备的和所有权一样的一种权利。在一定的财产制度下,将资源财产赋予使用权是必然的,因为资源财产的所有和使用总是分离的,不赋予资源财产以独立的使用权,就不可能为使用者主体(企业)确立独立经营的地位。使用者(或经营者)在获得某一财产的使用权后,就有了同所有者主体一样的对财产的收益权和处置权。这样收益权和处置权就在所有权获得者与使用权获得者之间进行了分割。使用者在得到部分让渡财产权利的同时,也要承担一定的责任和义务。

(3)自然资源的收益权。收益权是资源财产投入经济活动后,所有者主体和使用者主体对产生的效果(利润)进行分割的权利。对资源财产赋予这样的权利,是因为一般的资源财产经过适当的使用后可以带来收益。正因为资源财产的经营利用能够带来收益,所以它成为人们争夺的对象。无论是所有者还是经营者,都有权要求得到资源财产的收益。为了处理好这种经济关系,赋予资源财产以收益的权能很有必要。收益权是一种连带产权权能,它和所有权、使用权紧密地联系在一起,并从属于使用权和所有权。

(4)自然资源的处置权。处置权也是一种连带产权权能。对资源财产赋予处置权能是出于经济活动的需要。在市场经济条件下,各种资源财产的利益等都要通过市场进行商品交换才能实现,并且随着市场需求和供给结构的变化而变化。资源财产生产加工的机器设备、技术等需要更新、重组等,对财产提出了处置的问题,而财产的处置权利只能由所有者和使用者掌握,因此又会出现所有者与使用者争夺财产处置的问题,这属于财产权利的界定问题。

(三)油气资源的产权概念及结构变化

油气资源的产权是油气资源的所有权、经营权、收益权及处置权等权能体系的总称。当全部权能体系归属于一个主体时,在油气会计中称为矿产权益;而当油气资源的所有权与经营权分离时,就产生了矿区的最初租赁活动,这种租赁活动是经营权从矿产权益中分离出来的基本形式。经营权益所有者支付的定金和矿区使用费等款项是对矿产权益所有者让渡经营权益的报酬,其实质是对收益权的分割,即尽管矿产权益所有者让渡了经营权,但仍拥有对资源收益的分配权。

矿业权是油气资源所有权及其派生的各种权利的总称。单一的经营权益所有者可分割经营权益而保留非经营权益作为补偿,或仍保留部分经营权益与转入方共同经营,以转入方提供的某种服务(如免费井服务)为补偿或代价。单一的经营权益所有者也可以分割非经营权益而保留经营权益以取得转入方的财务资助,如分割附加矿区使用费权益或产品支付权益等。单一经营权益通过分割和保留形成了复杂的矿业权结构,这种矿业权结构表现为经营权益与经营权益的结合(联合经营),或经营权益与非经营权益的再次结合。

二、油气矿业权转让的分类

油气矿业权的转让可以按照多种标准进行分类,如转让业务的内容、形式等。按照油气矿业权转让的成果法会计处理特征对转让业务进行的分类如下:

(1)第一类:不需要认可损益。

①为了交换其他石油和天然气资产的石油和天然气资产(第19号财务会计准则文件,44a)。

②在联合体中资产的联合(第19号财务会计准则文件,44b)。

(2)第二类:不需要认可损失,但应认可收益。

①出售部分权益,并且保留权益的成本回收也存在很大的不确定性(第19号财务会计准则文件,45a),通常是未探明矿区。

②出售部分权益,并且卖方对未来部分没有补偿的作业负有很大的义务和责任(第19号财务会计准则文件,45b)。

(3)第三类:不属于上述两类的业务,应认可损益。主要是出售全部或部分探明矿区权益,出售未探明矿区的全部权益,以及一定的产品支付权益。

第19号财务会计准则文件第42条到第47条讨论了不同种类的矿产权转让问题,并规定了适当的会计核算处理方法。本章对不同种类的转让进行了如下的归类和讨论:

(1)非货币交换和资产的联合(第一类)。

(2)货币交换,不包括涉及产品支付权益的销售(大多数为第三类,部分为第二类)。

(3)产品支付权益,包括借款(大多数为第三类,部分为第二类)。

在以下所有的示例中,除非另有说明,否则均假定每桶原油价格为20美元,每桶原油开采成本为5美元,生产税为5%,同时还假设经营权益为7/8,采购者具有分配纳税和矿区使用费收入的责任。

中国第27号企业会计准则第八条对矿业权转让过程中的会计处理作如下规范:"企业转让矿区权益的,应当按照下列规定进行处理:

(1)转让全部探明矿区权益的,将转让所得与矿区权益账面价值的差额计入当期损益;转让部分探明矿区权益的,按照转让权益和保留权益的公允价值比例,计算确定已转让部分矿区权益账面价值,转让所得与已转让矿区权益账面价值的差额计入当期损益。

(2)转让单独计提减值准备的未探明矿区权益的,如果转让所得大于矿区权益账面价值,将其差额计入当期损益;如果转让所得小于矿区权益账面价值,以转让所得冲减矿区权益账面价值,不确认损益。

(3)转让以矿区组为基础计提减值准备的未探明矿区权益的,如果转让所得大于矿区权益账面原值,将其差额计入当期损益;如果转让所得小于矿区权益账面原值,以转让所得冲减矿区权益账面原值,不确认损益。

三、全部成本法下油气矿业权转让的特点

在全部成本法和成果法下,对大多数转让的会计核算方法是一样的,下面仅对其不同之处进行讨论。

全部成本法规定成本以一个国家为基础进行累计。正如在前面章节中所讨论的,取得、勘探和开发成本按全部成本法的成本中心(一个国家)资本化。因此,个别的成本失去了它们在特定租赁矿区、油田或油藏的特点。出售和放弃个别矿区通常仅导致对成本中心的调整。一般情况下,在全部成本法中,出售和放弃石油和天然气矿区不应认可损益,除非对这些交易产生的资本化成本所进行的调整实质上使摊销比例失实。在SX4-10条例中,证券交易委员会提出除非出售25%或更多的储量,否则一般不会发生实质上的摊销比例失实。

出售的石油和天然气矿区,无论目前是否被摊销,都应作为对资本化成本的调整进行核算,不认可损益,除非这样的调整将使资本化的成本与可归属于成本中心的石油和天然气探明储量之间的关系发生重大改变。例如,当出售数量少于现有成本中心储量的25%时,一般不会发生重大的改变。如果认可这样的销售损益,则成本中心的资本化成本总额应根据计算摊销时所使用的同一基础,在售出的储量和保留的储量之间进行分配,除非在售出的矿区和保留

的部分之间有重大的经济差别。在这种情况下,资本化的成本应以有关的矿区公平价格为基础进行分配。石油和天然气矿区的放弃,应作为对资本化成本的调整进行核算,放弃矿区的成本应记入全部成本中心并进行摊销。

第二节 油气矿业权非货币性转让的核算

非货币交换涉及为了得到其他石油和天然气资产而进行的石油和天然气资产的交换、联营。在交换的情况下,不认可损益,因为为了得到其他石油和天然气资产的石油和天然气资产的交换是相似资产的买卖,根据对相似资产的买卖的财务会计核算办法,新资产是按照旧资产的账面价值进行记录的。在联营的情况下,也不认可损益,因为转让只不过是每一方向联合体作贡献的资产的联合。

一、未探明矿区的非货币性转让和联营

当转移未探明矿区的经营权益,或者保留部分经营权益或非经营权益时,不认可损益。这种未探明矿区转移可能有以下几种原因:(1)经营权益的转移是为了得到钻井、开发和作业的回报;(2)部分经营权益的转移是为了得到免费井的回报;(3)将部分经营权益转化为结转权益。当转移未探明矿区的权益时,转移方不应作分录(除非为理清账户重新分类)。因为没有货币支付发生,即一方接受了一部分经营权益,权益转移方不应作分录,而其他方(即接受部分经营权益方)发生的任何钻井成本应作分录。因为这一方接受了一部分经营权益,未记录租赁权的成本,而是以记录钻井中发生的所有成本和开发成本代替。

(一)为得到钻井、开发和作业的回报而转让的经营权益和保留的非经营权益

第19号财务会计准则文件第47条第2款有下述说明:转让未探明矿区中的经营权益,保留非经营权益,以换取受让者在矿区进行钻井、开发和作业。这是一个联合体的资产联合。在这种情况下,出让者不应该认可损益。出让者的原始权益成本应该成为保留权益的成本。受让者应该按照第15~41条款中的规定记录发生的全部成本,不应向取得的矿区权益分配这些成本。假如发现了石油和天然气,那么每一方都应该按照各自分享的储量和产量进行报告。

【例9-1】 (保留的非经营权益)Z公司以50 000美元取得一个未探明的矿区,并向Q公司转让该矿区的经营权益,得到Q公司对该矿区进行钻井和开发的回报。两公司保留了该矿区原始经营权益20%的非经营权益。在第一年,Q公司开始钻井,发生了100 000美元的无形钻井成本和设备成本。

适用条款:第47条第2款。

除进行重新分类以外,在转让日要求作会计分录。必要的分录如下:

(1)Z公司。

非经营权益	$50 000	
未探明矿区		$50 000

(2)转让后的Q公司。

在建井	$100 000
现金	$100 000

（二）为得到免费井的回报而转移部分经营权益，保留部分经营权益

第19号财务会计准则文件第47条第3款有下述说明：根据联合所有权和作业的规定，转让未探明矿区中的一部分经营权益以交换免费井。这是一种各方联合体的资产联营。转让者不应记录义务井的成本，受让者不应记录取得经营权益的成本。各方发生的全部钻井、开发和作业成本应该按照本文件第15~41条款中的规定进行记录。假如转让协议要求受让者除了钻井作业以外还要进行地质和地球物理勘探，或以地质和地球物理作业取代钻井作业，那么这些成本同样应该由受让者按照本文件第15~41条款中的规定进行记录。假如发现储量，各方应该按照其分享的储量和产量予以报告。

【例9-2】　（免费井）2016年，Z公司和Q公司支付了50 000美元，取得一块未探明租赁矿区。2018年，两公司将其所拥有的7/8经营权益中的25%转让给A公司，A公司以在该租赁矿区免费进行钻井和装备井作为回报。2019年，A公司所钻井中的无形钻井成本和设备成本为600 00美元，该井为成功井，探明储量估计为400 000桶，开发储量估计为300 000桶，2019年的产量为10 000桶。假设A公司是作业者，原油的采购者承担分配纳税和矿区使用费收入的责任。

适用条款：第47条第3款。

(1) Z公司（非作业者）。

2018年对转让不做分录。

2019年分录如下：

①探明矿区	$50 000
未探明矿区	$50 000

（对矿区重新分类）

②应收账款（10 000×$20×7/8×0.75×0.95）	$124 688
生产税费用（10 000×$20×7/8×0.75×0.05）	$6 562
原油销售（10 000×$20×7/8×0.75）	$131 250

（记录收入）

③作业费（10 000×$5×0.75）	$37 500
应付账款——A公司	$37 500

（记录开采成本）

④折旧、折耗与摊销费用	$1 250
累计折旧、折耗与摊销	$1 250

取得成本折耗额：$50 000×10 000×0.75×7/8400 000×0.75×7/8=$1 250

(2) A公司（作业者）。

2018年对转让不做分录。

2019年分录如下：

①井及相关设备设施	$600 000

现金	$600 000
②应收账款(10 000×$20×7/8×0.25×0.95)	$41 562
生产税费用(10 000×$20×7/8×0.25×0.05)	$2 188
原油销售(10 000×$20×7/8×0.25)	$43 750
③作业费(10 000×$5×0.25)	$12 500
应收账款——Z公司	$37 500
现金	$50 000
④折旧、折耗与摊销费用	$20 000
累计折旧、折耗与摊销	$20 000

(记录折旧、折耗与摊销)

钻井成本折耗额:$600 000×10 000×0.25×7/8 300 000×0.25×7/8 = $20 000

(三)为得到权益的结转即结转权益的回报而转让一部分经营权益,保留一部分经营权益

第19号财务会计准则文件第47条第4款有下述说明:可能转让未探明矿区中的一部分经营权益,达成一种协议,称作结转协议。受让方(权益转入方)同意支付该矿区全部钻井、开发和作业费用。除了任何第三方之外,受让者有权取得该矿区全部产量的收入,直到其全部成本回收为止。受让者回收完其全部投入成本之后,出让者将分担生产成本并相应分享产量。这种协定代表了由出让者和受让者组成联合体的一种资产联合。在转入方补偿(回收)其全部结转成本之前,转出方不应核算任何成本和收入。转入方回收成本之后,转出方应该核算其分成的收入、分担的作业费用以及以后的开发成本(假如协议规定以后分担成本,而不是结转权益)。在补偿(回收)期,转入方应记录全部成本,包括在第15~41条款中规定的所有结转成本,同时记录该矿区财产的全部收入,包括相应回收的结转成本。转出方应该报告其在补偿(回收)期之后拥有的剩余估计探明储量,在回收期结束之前不应该按照产量单位法进行转出方矿区成本的摊销。在回收期结束之前,转入方的估计储量和产量资料应该包括属于补偿结转成本的数量(第50~56条款)。

例9-3中列示了结转权益的转让。当成本回收以后,结转权益转变为联合经营权益。对原油数量计算的检查应非常仔细,必须是权益转入方为了回收其成本而生产和销售的原油,即回收的原油。经营权益的所有者(与非经营权益的所有者相对)支付所有的开采成本,但只得到一部分收入,因此在计算回收的原油数量时,应将100%的每桶原油发生的开采成本从经营权益所有者收到的销售价格中减去。结转权益中另一个重要和困难的问题是在回收以前对折旧、折耗与摊销的计算。回收以前,因为所有的经营权益所有者的产量分成属于权益转入方,因此权益转出方不认可折旧、折耗与摊销。权益转入方在对折旧、折耗与摊销的计算中,使用的估计探明开发储量是权益转入方的储量部分。权益转入方的储量部分是回收其成本必要的原油数量,即回收的数量,加回收后权益转入方剩余的储量分成。

【例9-3】 (结转权益)Z公司同意在Q公司未探明租赁矿区内钻一口井,其回报是得到50%的Q公司租赁矿区的经营权益和在成本回收以前得到100%的收益的权利。Q公司发生的取得成本为100 000美元。第一年两公司在钻井中发生了250 000美元的无形钻井成本和设备成本。该井为成功井,得到900 000桶的探明储量和400 000桶的探明开发储量。在开始

的五年里,该租赁矿区每年生产和销售 10 000 桶原油,生产税忽略不计。

适用条款:第 47 条第 4 款。

假设 X 为回收成本应生产的原油数量:

回收期:$(7/8 \times 20X) - 5X = 250\ 000$

解得 X = 20 000(桶)

回收以后剩余的探明开发储量:380 000 桶(400 000 - 20 000)

回收以后 Z 公司探明开发储量的剩余部分:190 000 桶(380 000 × 50%)

直至回收完,Q 公司没有分录(除了对探明储量的重新分类)。

(1) Z 公司,第一年:

井及相关设备设施	$250 000	
现金		$250 000
应收账款——采购者(10 000 × $20 × 7/8)	$175 000	
销售收入(10 000 × $20 × 7/8)		$175 000
作业费(10 000 × $5)	$50 000	
现金		$50 000
折旧、折耗与摊销费用	$11 905	
累计折旧、折耗与摊销		$11 905

钻井成本折耗额:10 000 20 000 + 1/2 × 380 000 × $250 000 = $11 905

不包括矿区使用费权益的储量和产量部分,应在下列算式的分子和分母中同乘 7/8:

钻井成本折耗额:7/8 × 10 000 7/8(20 000 + 1/2 × 380 000) × $250 000 = $11 905

注意:上式中由于 7/8 可以约掉,因此矿区使用费权益的储量和产量部分可以忽略不计。

(2) Z 公司,第二年:

应收账款——采购者(10 000 × $20 × 7/8)	$175 000	
销售收入(10 000 × $20 × 7/8)		$175 000
作业费(10 000 × $5)	$50 000	
现金		$50 000
折旧、折耗与摊销费用	$11 905	
累计折旧、折耗与摊销		$11 905

钻井成本:10 000 10 000 + 1/2 × 380 000 × ($250 000 - $11 905) = $11 905

注意:上式分母中回收时剩余的数量比第一年减少了 10 000 桶。

(3) Z 公司,第三年——回收完成以后:

应收账款——采购者(10 000 × $20 × 7/8 × 0.50)	$87 500	
销售收入		$87 500
作业费(10 000 × $5 × 0.50)	$25 000	
应收账款——Q 公司(10 000 × $5 × 0.50)	$25 000	
现金		$50 000
折旧、折耗与摊销费用	$5 952	
累计折旧、折耗与摊销		$5 952

钻井成本折耗额:10 000×1/2380 000×1/2×($250 000 -$11 905 -$11 905)=$5 952

注意:一旦成本全部回收,Z公司就可以得到50%的经营权益分成收入,同时支付50%发生的成本。

(4)Q公司,第三年:

应收账款——采购者(10 000×$20×7/8×0.50)		$87 500
销售收入		$87 500
作业费(10 000×$5×0.50)		$25 000
应付账款——Z公司		$25 000
折旧、折耗与摊销费用		$1 426
累计折旧、折耗与摊销		$1 426

租赁权成本折耗额:10 000×1/2(900 000 -20 000)×1/2×$100 000 =$1 426

Q公司没有钻井成本,因此只能根据其矿区租赁成本计算折旧、折耗与摊销。

二、未探明矿区或探明矿区的相互交换

在未探明矿区和探明矿区中交换(交易)部分经营权益经常发生,在这些情况下形成联合经营,可降低风险,提高经营效率。联合经营形式不需要认可损益,因此除非为了重新分类,转让一般不作分录。

第19号财务会计准则文件第47条第5款有下述说明:拥有部分经营权益的一方可以交换另一方拥有的部分经营权益。在石油和天然气工业中,这种协定通常称为合作经营协定。这种做法可以避免重复建设设施、分散风险和提高作业效率。这种转让代表了类似生产资产的交换,因此在交易发生时,各方都不应该认可损益。在有些合作经营中,可能涉及也可能不涉及权益的交换,有关各方可能以不同的比例分担不同的成本。在这种协定中,一方可能取得一个矿区或井及相关设备中的一份权益,这种权益与其分担的成本并不成比例。在结转权益或免费井条件下,根据本文件规定,每一方都应核算其发生的成本。对取得联合资产中的权益来讲,不应该认可损益,因为这种联合资产的成本可能全部或部分是由另外一方支付的。

【例9-4】(经营权益的交换)Z公司以80 000美元购买了租赁矿区A。Q公司以200 000美元购买了租赁矿区B。Z公司向Q公司转让了租赁矿区A的50%的经营权益($80 000×50% =$40 000)得到租赁矿区B的30%的经营权益($200 000×30% =$60 000)。两个租赁矿区分别位于不同的县。Z公司应该认可这20 000美元的收益吗?

适用条款:第47条第5款,不应认可损益。

(1)Z公司:

石油和天然气矿区——租赁矿区B	$40 000
石油和天然气矿区——租赁矿区A	$40 000

(2)Q公司:

石油和天然气矿区——租赁矿区A	$60 000
石油和天然气矿区——租赁矿区B	$60 000

经过部分经营权益的交换,A和B矿区都成为联合经营矿区,其权益结构见表9-1。

表 9-1　矿区权益情况表

矿区	矿区使用费	经营权益		作业者
		Z 公司	Q 公司	
A	1/8	7/8×50%	7/8×50%	Z 公司
B	1/8	7/8×30%	7/8×70%	Q 公司

三、探明矿区的非货币性转让

在有关的一个或多个租赁矿区内，一部分经营权益交换另一部分经营权益，一部分非经营权益交换另一部分非经营权益，从而形成一体化。一体化是指联合生产地区的资产组成一个单独的矿区单元。正如在第七章中所描述的，一体化涉及正在开发的油田经营权益和非经营权益组成一个单元的转移。

在一体化中有两个问题：一个问题是要决定每一个租赁矿区由各方贡献的石油和天然气储量，因为各方贡献的储量数量用于决定各方的参与比率，即经营权益的百分比；另一个问题是要决定每一个租赁矿区贡献给单元的井和相关设备及设施的转让的公平市场价格。这些贡献必须是平均的，因为经营权益或参与比率并不说明矿区可能处于不同的开发阶段的事实。例如，如果一个经营权益的所有者有 40% 的参与比率(经营权益的百分比)，那么这一方就应向单元贡献 40%、在价值上取得一致意见的井和设备。如果这一方的贡献小于 40%，那么这一方就必须支付现金；如果这一方的贡献大于 40%，那么这一方应得到现金。使投资平均化，用参与比率乘以取得一致意见的无形钻井成本和由所有各方贡献的设备的公平市场价格总额，得出无形钻井成本和设备中各参与者的权益的转让价值。参与者的权益的转让价值应与由参与者转移的财产的公平市场价格相匹配，以决定每一年参与者将要支付或收到的现金数额。收到的现金按成本的回收处理，支付的现金按追加的投资处理，不认可损益。

第 19 号财务会计准则文件第 47 条第 6 款有下述说明：在一体化中，所有作业和非作业参与者在一个生产区(通常是一个油田)联合他们的资产，形成一个单独的单元，作为回报得到该单元的未划分权益(与原先拥有权益的类型相同)。一体化通常是为了提高作业效率，通过改进开采作业来提高储量采收率。一体化的参与者一般根据各自的贡献按比例分享石油和天然气储量。由于矿区在实行一体化时处于不同的开发阶段，因此有些参与者可能支付现金，而另一些参与者可能接收现金。对一体化井及相关设备设施的追加投资，接收现金的一方应将其记录为成本的回收。贡献资产的成本加上或减去支付或接收的现金就是参与者在一体化单元资产中未划分权益的成本。每个参与者应该在其估计储量和产量资料报告中包括其权益情况(第 50~56 条款)。

第三节　油气矿业权货币性转让的核算

石油和天然气矿区的货币性转让即出售涉及探明矿区和未探明矿区，同时可以是全部权益也可以是部分权益，另外出售的权益可以是经营权益也可以是非经营权益。对权益出售进行核算的依据是探明矿区还是未探明矿区，是全部权益还是部分权益。

一、探明矿区的出售

如果出售一个按照独立摊销基础进行核算的整个探明矿区,应认可损益,这种类型的出售与应计折旧资产的出售采取相同的处理方法。当出售整个矿区,但该矿区不独立摊销,或矿区中的部分权益已售出(这两种情况导致只以部分摊销为基础的出售)时,仍应认可损益。然而矿区未摊销成本应根据售出权益和保留权益的公平市场价格在两个权益之间进行分配。任何销售价格与分配的经营权益成本之间的差异都应作为损益认可。分配成本、认可损益的规定与保留的是经营权益还是非经营权益无关。

(一)出售独立摊销的探明矿区的全部经营权益

第19号财务会计准则文件第47条第9款有如下说明:实行独立摊销的探明矿区全部权益的销售,不同于第44或45条款描述的转让类型。销售收入和未摊销成本之间的差额应该作为损益认可。例9-5列示了一个实行以独立摊销为基础的矿区出售其全部权益的会计核算。

【例9-5】 (探明矿区全部权益的销售)Z公司拥有一个探明矿区,成本如下:

租赁成本	$60 000
无形钻井成本	$200 000
设备	$75 000
累计折、旧折耗与摊销	$50 000

Z公司以300 000美元售出这个矿区,该矿区实行单独摊销。

适用条款:第47条第9款。会计分录如下:

现金	$300 000
累计折旧、折耗与摊销	$50 000
探明矿区	$60 000
井及相关设备设施——无形钻井成本	$200 000
井及相关设备设施——矿区和井的设备	$75 000
收益	$15 000

(二)出售一个探明矿区的部分权益或不实行独立摊销的探明矿区的全部权益

第19号财务会计准则文件第47条第10款有如下说明:出售探明矿区的一部分,或实行部分摊销的整个探明矿区,应按照资产销售处理,并且应该认可损益,因为它并不属于第44或45条款中描述的那些转让方式中的任何一种。在一个矿区或一组矿区中一部分被销售,其未摊销成本应按照这些权益的公平市价分摊给售出权益和保留权益。然而在第41条款中规定,这种销售可以作为正常退役处理,如果对单位产量摊销比率不会产生重大影响,则可以不认可损益。

【例9-6】 (探明矿区附加矿区使用费的出售)Z公司拥有一个探明矿区的附加矿区使用费权益,尚有40 000美元的未回收成本。该权益以单独摊销为基础,以下是三种不同的情况。

(1)Z公司以30 000美元出售全部附加矿区使用费权益。

(2) Z 公司以 15 000 美元出售 60% 的附加矿区使用费权益,保留权益的公平市场价格是 10 000 美元。

(3) Z 公司以 25 000 美元出售 60% 的附加矿区使用费权益,保留权益的公平市场价格是 20 000 美元。

适用条款:第一种情况为第 47 条第 9 款,第二种和第三种情况为第 47 条第 10 款。会计处理如下:

(1) 现金	$30 000
损失	$10 000
附加矿区使用费权益净投资	$40 000

(2) $15 000/($15 000 + $10 000) × $40 000 = $24 000,售出权益的分配成本

    $10 000/($15 000 + $10 000) × $40 000 = $16 000,保留权益的分配成本

现金	$15 000
损失	$9 000
附加矿区使用费权益净投资	$24 000

(3) $25 000/($25 000 + $20 000) × $40 000 = $22 222,售出权益的分配成本

    $20 000/($25 000 + $20 000) × $40 000 = $17 778,保留权益的分配成本

现金	$25 000
附加矿区使用费权益净投资	$22 222
收益	$2 778

(三)以现金出售探明矿区的经营权益,并保留非经营权益,或以现金出售非经营权益

非经营权益的投资应按照分配保留权益的结转价值的数额记入借方。损益的数额是售出价格与分配给售出权益结转价值的数额之差。第 19 号财务会计准则文件第 47 条第 11 款有如下说明:以现金出售探明矿区的经营权益,同时保留非经营权益,不是第 44 或 45 条款中描述的转让方式。因此,它应该作为资产销售处理,也应该认可发生的任何损益。销售者应将探明矿区的成本按照权益的公平市场价格分配给售出的经营权益和保留的非经营权益。

以下的示例列示了保留非经营权益的探明矿区部分权益的出售。在这种情况下,所有与原始经营权益有关的账户必须结清,同时将保留权益的数额记录于非经营权益账户。

【例 9-7】 (探明矿区的部分权益出售,保留非经营权益) Z 公司以 600 000 美元出售了一个探明矿区的经营权益,同时保留了附加矿区使用权益。Z 公司在这一矿区的净成本基数为 400 000 美元。全部原始经营权益的公平市场价格为 900 000 美元。

适用条款:第 47 条第 11 款。会计处理如下:

    $600 000/$900 000 × $400 000 = $266 667,售出权益的分配成本

    ($900 000 − $600 000)/$900 000 × $400 000 = $133 333,保留权益的分配成本

现金	$600 000
附加矿区使用费权益资产	$133 333
净资本化投资(探明矿区,无形钻井和 设备成本减累计折旧、折耗与摊销)	$400 000

收益($600 000 − $266 667) $333 333

例 9 − 8 也列示了探明矿区部分权益的出售,但是在这个示例中售出的是非经营权益,保留的是部分经营权益。在这种情况下,与前面的示例不同,与原始经营权益有关的账户应在账簿中保留,但应减去售出的非经营权益的数额。

【例 9 − 8】 (探明矿区的附加矿区使用费权益的出售)Z 公司拥有一个探明矿区的 7/8 的经营权益,其资本化成本如下:

租赁成本	$100 000
无形钻井成本	$50 000
设备	$125 000
累计折旧、折耗与摊销	$225 000
账面价值总计	$500 000

Z 公司以 300 000 美元出让附加矿区使用费权益,出让时经营权益的公平市场价格为 1 500 000 美元。

适用条款:第 47 条第 7 款。

会计处理如下:

售出成本 = $300 000/$1 500 000 × $500 000 = 0.2 × $500 000 = $100 000
保留成本 = ($1 500 000 − $300 000)/$1 500 000 × $500 000 = 0.8 × $500 000 = $400 000

现金	$300 000
累计折旧、折耗与摊销(0.2 × $225 000)	$45 000
探明矿区(0.2 × $100 000)	$20 000
井及相关设备设施——无形钻井成本	
(0.2 × $500 000)	$100 000
井及相关设备设施——矿区和井设备	
(0.2 × $125 000)	$25 000
收益($300 000 − $100 000)	$200 000

二、未探明矿区的出售

未探明矿区出售的会计处理不仅依据出售的是全部权益还是部分权益,而且依据该矿区是经过单独评估还是以组为基础进行评估。如果出售的是一个经过单独评估的未探明矿区的全部权益,应认可损益;如果出售的是经过以组为基础进行评估的未探明矿区的全部权益,只有在售出价格超过原始成本时认可收益。在以组为基础进行评估的矿区,不允许认可损失,因为不知道单独的结转价值。为了避免认可损失,借记备抵减损账户。

未探明矿区中的部分权益的出售应进行特殊的会计处理,因为未来保留权益成本的回收存在着很大的不稳定性。在这类转让中,售出价格应作为回收成本处理,不认可收益(不限制认可损失)。如果矿区经过单独评估,而且售出价格超过矿区的结转价值,则必须认可收益;如果矿区经过以组为基础的评估,则只有在售出价格超过原始成本的情况下才应认可收益。

(一)以现金或现金等价物出售未探明矿区的全部权益

以现金或现金等价物形式出售未探明矿区全部权益,其损益的确认分为两种情况:(1)如果矿区经过单独评估,则认可损益;(2)如果矿区未经过单独评估,则仅在售出价格大于原始成本的情况下认可收益(不允许认可损失)。

第 19 号财务会计准则文件第 47 条第 7 款有如下说明:假如以现金或现金等价物出售一个未探明矿区的全部权益,根据本文件第 28 条款的规定,损益的认可取决于该矿区是单独评估减损,还是作为一组矿区的一部分对其进行摊销。假如是单独评估减损,那么应该认可损益;假如是按照规定的估价备抵,并以一组财产为摊销基础,那么在出售一项未探明矿区权益时,不应该认可损益,除非售出价格超过该矿区的原始成本。在这种情况下,超过部分应该作为收益认可。

例 9-9 列示了未探明矿区出售全部权益的会计核算。第一部分列示了经过单独评估矿区的核算;第二部分列示了经过以组为基础评估的矿区的核算。注意:在本例中第三部分借记"减损备抵"科目以避免认可损失。

【例 9-9】 (未探明矿区全部权益的销售)Z 公司支付了 80 000 美元,拥有得克萨斯州一个未开发的租赁矿区。假设该矿区已减损 30 000 美元,并以下列价格出售:

(1)60 000 美元。
(2)40 000 美元。

假设另一种情况,该矿区没有经过单独评估,以下列价格出售:

(3)60 000 美元。
(4)90 000 美元。

适用条款:第 47 条第 7 款。

会计处理如下:

(1) 现金 $60 000
  减损备抵 $30 000
    未探明矿区 $80 000
    收益 $10 000
(2) 现金 $40 000
  减损备抵 $30 000
  损失 $10 000
    未探明矿区 $80 000
(3) 现金 $60 000
  减损备抵 $20 000
    未探明矿区 $80 000
(4) 现金 $90 000
    未探明矿区 $80 000
    收益 $10 000

(二)以现金或现金等价物出售未探明矿区的部分权益

由于是未探明的矿区,因此对于回收保留权益的成本通常存在很大的不确定性,收到的资金数额应作为成本的回收处理。如果售出价格大于结转价值(经过单独评估),或售出价格大于原始成本(未经过单独评估),则认可收益,不允许认可损失。

第 19 号财务会计准则文件第 47 条第 8 款有如下说明:假如以现金或现金等价物出售一项未探明矿区的一部分权益,那么对回收与保留权益相应的成本来说存在很大的不确定性,因而所收入的资金应该作为回收成本处理。但是,假如销售价格超过了一项矿区的结转数额,并且根据本文件第 28 条款单独评估了减损,或者销售价格超过按规定估价备抵方法,以一组矿区为基础抵消的一个矿区的原始成本,那么超过部分应该作为收益认可。

例 9-10 列示了经过单独评估或未经过单独评估的未探明矿区的部分经营权益的出售。注意,除非销售价格超过经过单独评估矿区的结转价值,否则不认可收益;除非售出价格超过未经过单独评估矿区的总成本,否则不认可收益。

【例 9-10】 (未探明矿区部分权益的出售)Z 公司支付了 100 000 美元,拥有一个未探明租赁矿区。Z 公司转让了 25% 的经营权益,得到 40 000 美元的现金。下面是四种不同的情况:

(1)矿区经过单独评估,减损 20 000 美元。
(2)该矿区不具有独立意义,即未经过单独评估。
(3)售出价格 110 000 美元,矿区减损 20 000 美元。
(4)售出价格 110 000 美元,矿区未经过单独评估。

适用条款:第 47 条第 8 款。

会计处理如下:

(1)现金 $40 000
     未探明矿区 $40 000   } 没有收益,因为对于保留权益成本的回收存在很大
(2)现金 $40 000   的不确定性。
     未探明矿区 $40 000   }
(3)现金 $110 000
     减损备抵 $20 000
       未探明矿区 $100 000
       收益 $30 000   } 认可收益,因为售出价格在 c 中超过了结转价值,在
(4)现金 $110 000   d 中超过了矿区的原始成本。
       未探明矿区 $100 000
       收益 $10 000

三、油气矿业权货币性转让的会计核算方法小结

探明矿区与未探明矿区的全部或部分经营权益、非经营权益的会计核算的中心问题是损益的认可方法。表 9-2 对本节介绍的矿区出售业务进行了综合性描述。

表 9-2 油气矿业权货币性转让

	未探明矿区		探明矿区
	单独评价减损	以组为基础评价减损	
转让全部经营权	可以确认收益和损失,注销该矿区减损备抵	当售价高于矿区原始成本时确认收益,当售价低于矿区原始成本时作为成本回收,不认可损失	视同固定资产出售,注销原始成本及累计折旧、折耗与摊销,确认损益

续表

	未探明矿区		探明矿区
	单独评价减损	以组为基础评价减损	
转让部分经营权	视同成本回收处理,除非售价高于全部权益的原始成本,注销累计减损可确认收益,不认可损失	视同成本回收处理,除非售价高于全部权益的原始成本,可确认收益,不认可损失	按转让权益和保留权益的市价比例分配矿区原始成本,从而确认转让部分权益的损益

第四节　油气矿业权的产品支付协议式转让的核算

产品支付权益可以通过保留或让出形成,它的偿还可以支付一定数量的货币或交付规定数量的石油和天然气。产品支付权益转让的会计核算取决于产品支付权益是保留的还是让出的,是如何支付的,以及该产品支付权益是不是经济权益等。通常认为,只有交付规定数量的石油和天然气的这种产品支付权益才是经济权益,并进行折旧、折耗与摊销。支付现金的产品支付权益不是典型的经济权益,而且不进行折旧、折耗与摊销。

一、保留产品支付权益

保留产品支付权益是从规定的矿区产品分成中应收缴的石油或天然气或货币。这种规定了石油产品数量的保留产品支付权益应作为销售进行核算,在售出权益和保留权益之间分配矿区的未摊销成本,对售出权益认可损益。这种类型的产品支付权益是经济权益,因此要进行折旧、折耗与摊销。

在保留产品支付权益是收缴一笔固定货币的情况下,根据这项支付是否得到合理保证而采取不同的处理方法。如果这项支付得到合理保证,出售者按产品支付权益数额的现值记应收产品支付权益,并对经营权益的销售认可损益;购买者按照产品支付权益的现值记应付产品支付权益,将应付产品支付权益的现值,再加上所支付的现金作为资产的成本进行资本化。这种类型的产品支付权益不是经济权益,因此不进行折旧、折耗与摊销。

如果保留产品支付权益没有得到合理保证,那么转让实质上是包括保留的附加矿区使用费权益在内的探明矿区的出售。在这种情况下,产品支付权益的有效期可能与租赁矿区的有效期一起延长,因此与附加矿区使用费权益有着相同的特点。因此,这种类型的产品支付权益应作为附加矿区使用费权益处理,而不同于应收账款或应付账款。尽管产品支付权益是应付现金,但仍认为这种产品支付权益是经济权益,要进行折旧、折耗与摊销。产品支付权益公平市场价格可以确定,经营权益的未摊销成本应在售出权益和保留权益之间进行分配,在售出权益中认可损益。

要确定产品支付权益是否有合理的保证,如果有,应按照产品支付权益的现值由出售者记录为应收账款,由购买者记录为应付账款,因此必须估计产品支付权益所有者未来现金流量的现值。为此,必须首先进行未来生产预测,然后将产品支付权益的所有者的产品收入分成折现为产品支付权益的现值。

(一)以固定数额的货币表示保留产品支付权益的探明矿区的出售

第19号财务会计准则文件第47条12款对这一业务作了如下说明:探明矿区的保留产

品支付权益表示为只从该矿区规定的产量分成中应收一笔固定的金额,矿区的购买者有责任承担该矿区未来作业发生的成本。这种保留产品支付权益的探明矿区的销售,应作如下会计处理:

(1) 如果保留产品支付权益的偿付是经过合理保证的,则:保留产品支付权益的矿区的出售者,应将该业务作为销售记录,认可任何最终损益;保留产品支付权益应记录为应收款,根据会计原则委员会第21号意见书"应收款和应付款的利息"核算利息。购买者应将支付的现金报酬加上应付产品支付权益的现值(根据会计原则委员会第21号意见书的决定)作为取得资产的成本记录。石油和天然气的估计储量和产量资料,包括适用于保留产品支付权益的清算的资料,应由矿区的购买者进行报告(第50～56条款)。

(2) 如果保留产品支付权益的偿付是未经合理保证的,则这种业务实际上是保留的附加矿区使用费的矿区销售,应根据第47条第11款的规定进行核算。

例9-11列示了以货币表示、支付经过合理保证的保留产品支付权益。保留产品支付权益的所有者以产品支付权益的现值记录应收产品支付权益。新的经营权益的所有者以产品支付权益的现值记录应付款。双方使用各自的资金成本作为利率计算现值。支付产品支付权益时,保留产品支付权益的所有者将收到的付款记录为利息收入,同时减少应收款。经营权益的所有者将该项支付记录为利息费用,减少负债。

【例9-11】 (保留产品支付权益,经过合理的保证)Z公司在一个全面开发的租赁矿区拥有7/8的经营权益,20×9年1月1日其资本化的成本和估计的储量如下:

未回收的成本	$500 000
探明的开发储量	200 000 桶

20×9年1月1日,Z公司以1 000 000美元向B公司售出其经营权益,并保留360 000美元的产品支付权益。该产品支付权益是B公司对Z公司的应付款,从经营权益产量分成收入中的70%支付,预计产品支付分三年完成。假设360 000美元产品支付权益的现值使用Z公司的资金成本(10%),为300 000美元;使用B公司的资金成本(5%),为325 000美元。第一年的产量为9 796桶,生产税忽略不计。

适用条款:第47条第12(a)款。

会计处理如下:

(1) Z公司。

现金	$1 000 000	
应收产品支付权益(使用10%计算的现值)	$300 000	
矿区的净资本化成本		$500 000
销售收益($1 300 000 - $500 000)		$800 000

(记录转让)

(2) B公司。

生产矿区($1 000 000 + $325 000)	$1 325 000	
应付产品支付权益(使用5%计算的现值)		$325 000
现金		$1 000 000

(记录转让)

应收款——采购者(9 796×$20×7/8)	$171 430
原油收入	$171 430

(记录原油销售收入)

作业费(9 796×$5)	$48 980
现金	$48 980

(记录生产成本)

折旧、折耗与摊销费用	$64 898
累计折旧、折耗与摊销	
(9 796/200 000×1 325 000)	$64 898
应付产品支付权益($120 001－$16 250)	$103 751
利息费用($325 000×5%)	$16 250
现金(70%×9 796×$20×7/8)	$120 001

(记录产品支付权益的部分支付)

(3) Z公司。

现金(70%×9 796×$20×7/8)	$120 001
利息收入($300 000×10%)	$30 000
应收产品支付权益($120 001－$30 000)	$900 001

(记录应收产品支付权益的部分收款)

例9－12列示了未经合理保证的保留产品支付权益。在这种情况下,按第19号财务会计准则文件第47条第11款的规定进行核算。未摊销成本根据有关的公平市场价格在售出权益和保留权益之间进行分配。

【例9－12】 (保留产品支付权益,未经合理保证)Z公司拥有一个净资本化成本(结转价值)为100 000美元的探明矿区的经营权益,公司以425 000美元的现金出售该经营权益,同时保留200 000美元的产品支付权益。产品支付权益应从经营权益的产量分成收入最先的70%中支付。保留的产品支付权益的偿还未经合理保证,但其公平市场价格估计为75 000美元。

适用条款:第47条第12(b)款。

会计处理如下:

$75 000/$500 000×$100 000＝$15 000,保留权益的分配成本
$425 000/$500 000×$100 000＝$85 000,售出权益的分配成本

现金	$425 00
产品支付权益	$15 000
探明矿区的净资本化成本	$100 000
收益($425 000－$85 000)	$340 000

(二)保留产品支付权益表示为对规定数量的油气权利的探明矿区的出售

(1)对这种形式的探明矿区的销售,应根据第19号财务会计准则文件第47条第11款的售出探明矿区经营权益,保留非经营权益的情况进行核算。

第19号财务会计准则文件第47条第13款对这种业务作了如下说明:探明矿区保留的产

品支付权益表示对规定的未来产量分成中确定的石油天然气数量的一种权利。对这种保留产品支付权益的探明矿区的销售,应根据第 47 条第 11 款的规定进行核算。

(2)未探明矿区的保留产品支付权益表示为一笔固定的金额。第 19 号财务会计准则文件没有对这种保留产品支付权益的未探明矿区销售的处理进行具体规定。如果矿区是未探明的,产品支付权益未经合理保证,显然恰当的会计处理方法是将产品支付权益作为附加矿区使用费权益处理,在出售时不认可损失,除非矿区进行了单独评估,其售出价格超过原始权益的结转权益,或以组为基础进行了评估,其售出价格超过原始成本。

【例 9 – 13】 (保留产品支付权益,非货币形式)Z 石油公司拥有一个探明矿区的经营权益,包括下列资本化的成本:

租赁权	$ 160 000
无形钻井成本	$ 400 000
设备	$ 140 000
累计折旧、折耗与摊销	($ 100 000)
账面价值总计	$ 600 000

Z 石油公司以 800 000 美元向斯蒂芬斯公司出售其经营权益,保留了 20 000 桶原油的产品支付权益,从经营权益产量分成的 40% 中支付。全部原始经营权益的公平市场价格为 1 000 000 美元。

适用条款:第 47 条第 13 款。

会计处理如下:

$800 000/$1 000 000 × $600 000 = $480 000,售出权益的分配成本。

$200 000/$1 000 000 × $600 000 = $120 000,保留权益的分配成本。

现金	$ 800 000
产品支付权益	$ 120 000
累计折旧、折耗与摊销	$ 100 000
探明矿区的净资本化成本	$ 160 000
井及相关设备设施——无形钻井成本	$ 400 000
井及相关设备设施——租赁矿区和井的设备	$ 140 000
收益($ 800 000 – $ 480 000)	$ 320 000

二、让出产品支付权益

让出产品支付权益的处理与保留产品支付权益的处理有所不同。规定的未来产品中一定数量的石油和天然气应付的产品支付权益,实际上是对地下储量的销售。然而,出售者对未来的执行情况,即当生产产品时向购买者转移石油和天然气,负有实质上的责任,结果是在转让时不应认可损失。在这种情况下,出售者将收到的资金不作为收入记录,而是作为预收收入。当开始生产并支付了产品支付权益后,销售者认可部分预收收入作为营业收入。购买者将按照支付的数额作为资本化产品支付权益的成本,并在储量被开采并交付给产品支付权益的购买者时,对资本化的成本进行摊销(折旧、折耗与摊销)。让出产品支付权益可以货币形式表示。这种类型的产品支付权益可以取得勘探预付款或生产贷款,实际上是一种不同于转让的借款。结果,购买者作为应收款进行核算,出售者作为应付款进行核算。

(一)以未来产量中规定的一定数量的石油和天然气为回报,向经营权益所有者支付预付款(不是以货币的形式表示)

第 19 号财务会计准则文件第 47 条第 1 款对这种出让产品支付权益的业务作了如下说明:一些产品支付权益与第 43 条第 2 款中所描述的方式不同,在该条款中,销售者的责任不是以货币的形式表示,而是表示为一种交付油气的责任,不承担与矿区作业有关的任何费用,从规定分离的未来产量份额中向购买者交付一定数量的石油和天然气。这种交易是一种矿产权益的销售,由于销售者对将来的经营业绩负有很大的责任,因此不应该认可收益。油气交付后,销售者收入的资金在账务上应作为预收收入认可。这种产品支付权益的购买者应该以成本记录取得的矿区权益,并且在交付发生时以产量单位法进行摊销。相关储量估计数和产量数据应该按照产品支付权益购买者的资料进行报告,而不应按照销售者的资料进行报告(第 50～56 条款)。

例 9-14 使用了与前面示例中相同的基本数据,表示出了以原油形式而不是以现金形式表示的产品支付权益。因此,产品支付权益是进行折旧、折耗与摊销的经济权益。当原油开采并交付后,让出产品支付权益的所有者认可折旧、折耗与摊销。产品支付权益的所有者计算折旧、折耗与摊销时所使用的储量是必须偿付的产品支付权益的储量,所使用的产量是这一阶段向产品支付权益的所有者交付的原油桶数或天然气的千立方英尺数。经营权益所有者计算折旧、折耗与摊销时,仅使用自己的那部分产量和储量。经营权益所有者的产量分成是用原油或天然气产量总额扣除矿区使用费权益和产品支付权益所有者的部分。经营权益所有者的储量分成是用储量总额扣除矿区使用费权益部分,再减去必须偿还的产品支付权益的储量总额。

【例 9-14】 (让出产品支付权益,非货币形式)Z 公司分割产品支付权益给 B 公司,取得 900 000 美元现金,规定从未来产量的 70% 优先偿付 B 公司 30 000 桶原油。Z 公司转让产品支付权益时的账面净资本化成本为 400 000 美元,探明开发储量为 800 000 桶,第一年产量为 16 000 桶,忽略生产税。

适用条款:第 47 条第 1 款。

会计处理如下:

(1)Z 公司。

现金	$900 000	
预收收入		$900 000
(记录产品支付权益)		
现金	$84 000	
原油收入(16 000 × $20 × 7/8 × 0.3)		$84 000
(记录属于 Z 公司的那部分产量的销售)		
预收收入(16 000 × $30 × 7/8 × 0.7)	$294 000	
原油收入		$294 000
(按照 $30/桶,即 $900 000/30 000 桶记录,交付产品支付权益的产量分成)		
作业费用(16 000 × $5)	$80 000	

现金		$80 000

(记录产品成本)

折旧、折耗与摊销费用	$2 507	
累计折旧、折耗与摊销		$2 507

　　(7/8×16 000×30%)/(7/8×800 000−30 000)×$400 000=$2 507

(在这种情况下,不能取消7/8)

(2) B公司。

产品支付权益	$900 000	
现金		$900 000

(记录产品支付权益)

现金	$196 000	
原油收入(16 000×7/8×70%×$20)		$196 000

(记录9 800桶原油以20美元的价格售出的收入)

折旧、折耗与摊销费用	$294 000	
累计折旧、折耗与摊销		$294 000

　　　　(7/8×16 000×70%)/30 000×$900 000=$294 000

(二)为了得到购买石油和天然气的权利向作业者支付预付款(借款)

第19号财务会计准则文件第43条第1款对这一业务作了如下说明:一些企业有时为了寻求石油和天然气的供应,向作业者提供预付款,以资助勘探,作为回报取得购买所发现油气的权利。这些应偿付的勘探预付资金通过购买所发现的油气进行抵消。假如在规定的日期内生产的油气不足以抵消预付款,则以现金结算。在账务上借款者应该作为应收款,作业者应该作为应付款处理。

例9-15列示了向作业者预付资金以得到购买石油和天然气权利的回报。这种情况尽管有时称为产品支付权益,但只是借款。

【**例9-15**】 (购买石油和天然气的权利) H石油公司转让迈尔斯公司在未来购买石油和天然气的权利,并因此得到100 000美元的回报。

适用条款:第43条第1款。

会计处理如下:

(1) H石油公司。

现金	$100 000	
应付款		$100 000

(2) 迈尔斯公司。

应收款	$100 000	
现金		$100 000

(三)对作业者的预付款从未来产量收入中以现金偿还(借款)

第19号财务会计准则文件第43条第2款对这一业务作了如下说明:向作业者预付的资金,从规定的生产矿区未来产量分成收入中以现金偿还。在预付资金加上按规定利率计算的利息全部支付完之前,应作为借款核算。对于预付款,作为资金的接受方作付款处理,作为提供资金的一方作应收款处理。这些交易以及下面第 47 条第 1 款中列述的方式,统称为产品支付方式。但这两种方式实际上是不同的,在第 47 条第 1 款中解释了这两种方式的区别。

在例 9-16 中,让出产品支付权益以现金支付,而不是一定数量的石油,因此作为借款处理。

【例 9-16】 (让出产品支付权益,货币形式)Z 公司在一个全面开发的租赁矿区拥有 7/8 的经营权益,20×8 年 1 月 1 日其资本化的成本和储量的资料如下:未回收的成本 $400 000;探明的开发储量 800 000 桶。

20×8 年 1 月 1 日,Z 公司向 B 公司让出 900 000 美元的产品支付权益。产品支付权益是对 B 公司的应付款,从经营权益产量分成收入中的 70% 支付,利息为未付余额的 10%。20×8 年 Z 公司生产了 16 000 桶原油,生产税忽略不计。

适用条款:第 43 条第 2 款。

会计处理如下:

(1) Z 公司。

现金	$900 000	
应付产品支付权益		$900 000

(记录产品支付权益)

现金	$280 000	
原油收入(16 000×$20×7/8)		$280 000

(记录收入)

作业费(16 000×$5)	$80 000	
现金		$80 000

(记录生产成本)

应付产品支付权益($196 000-$90 000)	$106 000	
利息费用(10%×$900 000)	$90 000	
现金($280 000×0.7)		$196 000

(记录产品支付权益的支付部分)

折旧、折耗与摊销费用	$8 000	
累计折旧、折耗与摊销		$8 000

$$16\ 000/800\ 000 \times \$400\ 000 = \$8\ 000$$

(记录折旧、折耗与摊销)

(2) B 公司。

应收产品支付权益	$900 000	
现金		$900 000

(记录产品支付权益)

现金	$196 000	
应收产品支付权益		$106 000
利息收入		$90 000

(记录产品支付权益的收款部分)

三、油气矿业权的产品支付协议式转让的会计核算小结

在探明矿区的出售中,产品支付权益可以被让出或保留,且表现为货币形式或非货币形式的偿付,其会计核算的中心问题是让出或保留的产品支付权益应分配的成本及其转让业务的损益确认。表9-3对本节介绍的油气矿区产品支付协议式转让进行了综合性描述。

表9-3 油气矿业权的产品支付协议式转让

	保留产品支付权益,转让经营权益	转让产品支付权益,保留经营权益
以合理保证的货币量表示产品支付权益	按未来货币量的现值记录产品支付权益,确认转让损益,收到偿付的货币时,作为权益收回,同时确认利息收入	按未来应付货币量的现值表示产品支付义务,不确认转让损益,偿付时计算利息费用
以未合理保证的货币量表示产品支付权益	按转让权益和保留权益的市价分配原始成本,从而确认转让损益,收到偿付时作为收入处理,同时对保留权益进行摊销	作为应付款处理
以实物量表示产品支付权益	按保留权益和转让权益市价分配原始成本,确认转让损益,收到偿付的油气时,作为油气销售收入处理,同时对保留权益按相应的产储量关系计算折耗	作为预收收入(账款)处理,未来偿付油气时结转为油气销售收入

案例 中国矿业权流转制度

一、中国油气资源矿权制度的基本内容

油气资源矿权制度就是有关油气资源的产权制度,是制度化的油气资源产权关系或对油气资源产权关系的制度化,具体指划分、确定、界定、保护和行使油气资源产权的一系列规则。

经过计划经济时期、经济转型期阶段的演进,中国现行的油气资源矿权制度的基本框架包括以下几个方面的内容。

1. 油气资源的所有权一级管理制度

《中华人民共和国矿产资源法》明确规定"矿产资源属于国家所有,由国务院行使国家对矿产资源的所有权"。石油、天然气资源的勘探开采实行国家一级审批登记制度,任何企业从事石油天然气勘查开采,都必须经国务院批准,由国土资源部审批并颁发油气勘探许可证和采矿许可证。各级地方政府及有关部门均无权受理国内外任何单位勘探开采石油、天然气资源的申请,也无权办理石油资源的审批登记手续,更无权颁发或变相发放勘探许可证、采矿许可证。

2. 油气资源的有偿使用制度

《矿产资源补偿费征收管理规定》《探矿权、采矿权转让管理办法》《探矿权、采矿权招标拍卖挂牌管理办法》等的出台,明确规定了油气资源探矿权、采矿权有偿取得制度。当前,中国

矿产资源有偿使用制度的经济实现形式包括矿产资源补偿费、资源税、采矿权使用费、探矿权使用费、探矿权价款采矿权价款等,其中资源税和资源补偿费是最主要的两种。

油气资源税是国家作为资源的所有者向资源的开发利用者征收的一种特别税。在征收方式上,油气资源税把原来的计量征收修改为从价计征,在具体征收过程中,可根据实际情况,可以适度减免。2011年的《中华人民共和国资源税暂行条例实施细则》规定原油、天然气的资源税率标准为5%。

油气资源补偿费是采矿权人开采不可再生的油气资源而对作为油气资源所有者的国家的补偿。2014年9月26日国务院第64次常务会议决定和财政部、国家税务总局发布的《关于调整原油、天然气资源税有关政策的通知》(财税〔2014〕73号),明确从2014年12月1日起将原油、天然气矿产资源补偿费费率与资源税适用税率合并为6%。

3. 油气资源矿权收益分配制度

分税制的财政体制理顺了中央和地方的分配关系,使得石油税费成为地方政府和居民参与油气资源矿权收益分配的主要环节。地方政府和居民参与分配的税费种类主要有资源税、资源补偿费和征地补偿费。

照顾到资源地的经济发展,国家把资源税规定为地方税,把资源补偿费规定为中央与地方共享。陆上石油企业所征收的资源税全部由地方征收,资源补偿费中央与省、直辖市的分成比例是5∶5;中央与自治区矿产资源补偿费的分成比例为4∶6。

征地补偿费是资源地居民在油气资源开发中获取收益的重要环节。由于中国实行国家所有和农民集体所有的二元土地制度,当矿业权发生在国有土地上时,将矿业用地归于建设用地一类,无偿划拨给矿业权人;当矿业权产生在集体土地上时,国家动用征收制度,先把集体土地征为国有后再归于建设用地划拨给矿业权人。实践中通常是矿业权人在取得矿业权后,与油气资源所在地的村、乡(镇)等集体经济组织协商,并向其缴纳一定的使用费、补偿费后取得矿业用地的占有使用权利。根据现行《土地管理法》,对征用土地的补偿和对农民的安置总计为该耕地征用前三年平均产值的10~16倍,最多不超过30倍。按照这个标准,对农民的补偿虽然具有地区差异,但以现金形式补偿的通常都在每亩1.5万~3.5万元之间。2007年初,《物权法》对征地补偿标准做出了新的补充规定:"征、收集体所有的土地,应当依法足额支付土地补偿费、安置补助费、地上附着物和青苗的补偿费等费用,安排被征地农民的社会保障费用,保障被征地农民的生活,维护被征地农民的合法权益。"

二、中国油气资源矿权制度中存在的主要问题

国际上有很多合理的油气资源矿权制度的经验,无论是以美国为代表的承认油气资源私人所有权的国家、以英国为代表的油气资源国有化的发达市场经济国家、还是以委内瑞拉为代表的发展中产油国,都有着一些共同点:油气资源产权明确,即便是在资源所有权复杂的美国,虽然油气资源的归属主体不同,有联邦政府、州政府还有私人,但其归属是明确的,有利于规范利益各方的相互关系;实行油气资源的有偿使用制度,维护资源所有者的经济利益和国家利益,避免油气资源的浪费;建立矿业权的市场配置机制,通过矿业权的自由转让、出租和抵押,保护投资者的经济利益和国家利益,实现油气资源的优化配置;中央政府承认且尊重省(州)

政府对其辖区内油气资源的管理,并主要通过经济手段——如所得税等管理油气矿业,以维护国家的有关权益,协调国家与资源地各方的利益关系。

这些合理的油气资源矿权制度具备了产权归属清晰、矿业权市场配置、矿权所有者的权益得到有效保护、资源地居民和政府从资源开发中受益四个方面的特点。这样可以形成合理的市场价格机制并实现油气资源的最佳配置,还可以形成有效的激励和约束机制以刺激生产力的发展。通过与国际上油气资源矿权制度的比较分析,中国的油气资源矿权制度存在以下几个方面的问题。

1. 单一产权引发投资经营权高度集中

鉴于油气资源重要的战略地位和油气资源产业的高技术要求、高风险、高回报的特点,中国对油气资源矿业权主体有十分严格的审核要求,目前中国油气资源开采的主体为中央所属大型企业,油气资源的投资经营权都由国家集中控制。2003年,中石油、中石化、中海油三大集团公司的油气生产和油气加工量分别占到全国的99.77%和83.14%,中国的油气资源产业仍属于垄断产业。

这种投资经营权的高度集中,至少会带来两个方面的弊端:第一,油气资源一级所有一级开采的矿权体制安排,排除了资源地的投资收益权,使得资源地的矿权收益减少,因此在油气资源开发中,中央与地方之间的利益矛盾将进一步突出。第二,强垄断引发竞争和创新意识的减弱,最终导致技术的落后和效率的低下。虽然三大集团均提出了技术创新战略,以往技术创新虽然也取得了不少成果,但总的来看,技术创新仍不足。在炼油技术方面,中国与世界先进水平存在较大差距,技术水平落后10~15年,研发能力薄弱,关键技术主要依靠引进,引进后消化吸收能力不足,很难掌握其关键核心技术;研发投入不足,仅占销售额的1%,明显低于国外石油企业;生产效率较低,石油资源采收率低于30%,远低于33%的世界平均水平。

2. 一元矿权与二元地权之间存在冲突

中国的矿产资源实行高度统一的一元所有权制度,所有矿产资源归国家所有。而与此同时,土地资源实行二元所有权制度。"城市的土地属于国家所有,农村和城市郊区的土地,除由法律规定属于国家所有以外,属于集体所有;宅基地和自留地、自留山也属于集体所有。"因此,土地的所有权主体有两个,即国家和集体。由此可见,中国的油气资源所有权和土地所有权是彼此独立的。当油气资源的载体为集体所有土地时,这两种彼此独立的财产权利会发生冲突。

3. 矿业权市场不健全

中国油气资源矿业权的出让形成了中国油气资源矿业权的一级市场,但这种市场具有太强的限制性,不是真正意义上的市场。中国的《探矿权、采矿权转让管理办法》对两种矿业权的转让(二级市场)做出了具体规定:"探矿权人有权在划定的勘查作业区内进行规定的勘查作业,有权优先取得勘查作业区内矿产资源的采矿权。探矿权人在完成规定的最低勘查投入后,经依法批准,可以将探矿权转让他人。""已取得采矿权的矿山企业,因企业合并、分立,与他人合资、合作经营,或者因企业资产出售以及其他变更企业资产产权的情形而需要变更采矿权主体的,经依法批准可以将采矿权转让他人采矿。"这种规定使矿业权流转的方向和使用受到了区域行政和部门行政等多种元素的制约,不能够到达出价最高者和经营最好者手里,影响了油气资源矿权的优化配置。

4. 有偿使用制度不健全

中国油气资源有偿使用制度的不健全之处体现在实现形式不合理和力度不够。当前,包括矿产资源补偿费、资源税、采矿权使用费、探矿权使用费、探矿权价款、采矿权价款等,其中资源税和资源补偿费是最主要的两种。

中国现行资源税征收办法没有充分体现出不同地区油气资源开采条件的差异性,统一以5%征收,不利于油气开采企业公平竞争。

中国的油气资源补偿费率仅为1%,而国外权利金(相当于国内的资源补偿费)费率一般为10%~20%。中国的油气资源税2005年调整后,调整后的资源从价税率也仅为1.5%,远远低于10%的全球平均水平。

5. 忽视了油气资源地的利益

中国的油气资源产权安排,排除了资源地投资参与油气资源开发收益的权利,石油税费是资源地政府参与资源分配的主要环节,对于资源地的居民来说,征地补偿费使他们从油气资源开发中直接获得经济收益的主要环节。

从资源地政府的角度分析,石油税费的设置标准低,中央与地方分配比例不合理。因为一方面,中国的油气资源地经济落后,财政收入对石油税费的依赖程度高;另一方面,这些地区的资源丰度很高,对地方环境的破坏和对资源地群众生活的影响程度也高。随着市场经济的发展和国际原油价格一路攀升,石油税费单位标准和分配比例仍然原地踏步。

从资源地居民的角度分析,首先在中国的矿权制度改革,特别是有偿使用制度的建立及公司化、国际化改革的前提下,为了油气资源矿业用地继续征收农民的土地,其实质是国家通过一国主权的行使对农民土地所有权的严厉限制,是对资源地农民基本生产资料的抢夺。其次,国家规定的补偿原则是原生活标准不降低,没有考虑土地被征前的潜在收益、资源开发破坏环境的外部性影响以及被征地农民生产、生活等都受市场经济影响等因素,导致失地农民陷入生活贫苦的困境。

[本文出处]李寿武. 我国油气资源矿权制度中存在的问题及完善对策[J]. 技术经济与管理研究,2009(02):88-91.

1. 导致油气矿业权转让的原因是什么?油气矿业权转让导致的结果会引起会计理论哪方面的变化?
2. 油气矿业权转让如何分类?全部成本法下油气矿业权转让有何特点?
3. 油气矿业权核算包括哪些内容?每部分内容包含哪些具体的核算?

 练习题

E 公司 2014 年 1 月以 80 000 美元取得一未探明矿区,矿区使用费为 1/8,当年组织地球物理勘探,花费 20 000 美元,并钻勘探井,花费 200 000 美元,结果为干井。第二年,E 公司与 R 公司签订合作经营协议,由 R 公司单方投入全部后续勘探开发资金,风险独立承担,其投资可在产量中优先回收,R 公司可获得 40% 的经营权益。2015 年,R 公司在该合作矿区钻勘探井 2 口,均为成功井,钻开发井 5 口,共投入 3 000 000 美元,其中 1/3 为无形钻井与开发成本,其余为矿区及井的设备。获得探明储量 1 000 000 桶,探明开发储量 500 000 桶,当年产量 50 000 桶,售价 45 美元/桶,生产税 4%,单位作业成本 7.8 美元/桶。两公司核算均使用成果法。

要求:
(1) 2014 年 E 公司的会计处理。
(2) 2015 年 R 公司钻井业务会计处理。
(3) 计算 R 公司回收资金共需几年及当年折旧、折耗与摊销。
(4) 成本回收完后第一年,两公司合作经营的会计处理(R 为作业者,负责分配收入和税金)。

第十章 油气生产公司财务报告

本章首先讨论了油气财务报告的特殊性,进而以案例的方式阐述了油气财务报告的主要内容,对中外油气生产公司财务报告的差异性进行了分析,最后讨论了油气生产公司财务分析方法。

第一节 油气财务报告概述

一、油气财务报告披露的特殊问题

财务报告是企业向政府有关机构、投资者、债权人,以及企业客户和证券分析机构等信息需求者提供的用于分析企业财务状况、经营成果、现金流量等信息,从而有助于他们进行财务分析并作出相应决策的一系列文件。财务报告包括财务报表和其他应当在财务报告中披露的相关信息和资料。其中,财务报表由报表本身及其附注两部分构成。附注是财务报表的有机组成部分,而报表至少应当包括资产负债表、利润表和现金流量表等。财务报告是企业财务会计确认与计量的最终结果体现。投资者等使用者主要通过财务报告来了解企业当前的财务状况、经营成果和现金流量等情况,从而预测未来的发展趋势。因此,财务报告是向投资者、债权人等财务报告使用者提供决策有用信息的媒介和渠道,是沟通投资者、债权人等使用者与企业管理层之间信息的桥梁和纽带。

为了使财务报告提供的信息对内外部的决策者和信息需求者有意义,财务报告必须具备可靠性和相关性。不同时具备这两个特征的财务报告是不具备决策有用性的。石油和天然气生产上游活动的显著特点,即石油天然气生产活动的目标是发现、取得、开发、生产和销售不可再生的自然资源,使大多数人认为,石油天然气企业所拥有的最重要资产是商业可采油气储量,企业最重要的支出是寻找、取得和开发油气储量所发生的支出。因此,一个油气生产企业的业绩在很大程度上取决于其拥有储量的权益和储量所能带来的未来现金流的多少,以及储量价值与为了取得储量所发生的成本之间的关系。然而,寻找、取得和开发油气储量所发生的支出以及已经资本化的成本与所获得的储量数量和储量价值之间可能并没有直接关系,甚至存在巨大的差异,并且从勘探投资支出到确定该投资是否有结果有较长的时间间隔,而要确定该投资是否盈利则需要更长的时间,因而导致石油天然气公司资产负债表上列示的油气勘探开发投资与地下油气储量的实际价值并不完全成比例,石油天然气公司当期发现的储量的价值可能远远大于该公司同期产出的油气的价值,也就是说油气勘探开发公司新发现的储量比当期实现净利润的多少意义更大。因此,为了兼顾会计信息的可靠性与相关性,提高会计信息的质量,除了用历史成本揭示企业的财务信息外,还需要考虑与企业价值相关性更强的储量信息的披露。

二、美国油气财务报告披露要求的历史沿革

在美国 1977 年 12 月颁布的第 19 号财务会计准则文件(SFAS No.19)中,财务会计准则委员会仅采用了成果法的表格,而且还详细说明了包括在石油和天然气生产公司财务报告中的某些补充数据。第 19 号财务会计准则文件要求对以下内容进行披露:(1)矿区储量;(2)资本化成本;(3)已发生的成本。

1978 年 8 月,在第 19 号财务会计准则文件正式实施之前,美国证券交易委员会颁布了第 253 号会计系列文件(ASR No.253)。该文件:(1)采用了第 19 号财务会计准则文件规定的成果法表格;(2)表明了采用第 19 号财务会计准则文件(后面所提到的)所规定的披露的目的;(3)表明了采用全部成本法表格的目的(后面所提到的);(4)对美国证券交易委员会的报告,允许使用成果法或全部成本法;(5)除了第 19 号财务会计准则文件所要求的规则之外,还采用了要求披露某些财务和经营状况的条例。美国证券交易委员会采取这些行动的原因是它相信无论是全部成本法还是成果法,都不能提供充分的有关石油和天然气生产企业在财务状况和经营成果方面的资料。据此,美国证券交易委员会为制定这些主要财务报表,决定开发出一个以探明石油和天然气储量价值为基础的新的会计核算方法,这种新的会计核算方法将取代成果法和全部成本法。美国证券交易委员会在上述基础上根据补充披露的要求,开始进行新会计核算方法(称为储量认可法)的开发研究。同时,美国证券交易委员会也指出了(以后执行)它的目的是要求对补充的汇总收益进行披露,以反映在现行价格、成本和每年 10% 的折现率基础上预计的探明储量的数量增加和价值变动情况。所有与发现和开发这些增加储量有关的成本,以及所有被确定为当期的非开采性成本,在确定补充收益时将予以扣除。

第 253 号会计系列文件的颁布,意味着第 19 号财务会计准则文件只适用于不属于美国证券交易委员会报告要求的企业,因此不具有可比性。因此,美国财务会计准则委员会于 1979 年 2 月颁布了第 25 号财务会计准则文件,暂缓了第 19 号财务会计准则文件中关于财务报表中的会计核算方法的实施日期,但是没有中止有关披露的要求。

1981 年 2 月,美国证券交易委员会颁布了第 289 号会计系列文件(ASR No.289),题为《石油和天然气生产者的财务报告》。该文件声明了美国证券交易委员会不再认为储量认可法在石油和天然气生产者的主要财务报表中是一种可能采用的会计核算方法,还宣布了美国证券交易委员会"支持由美国财务会计准则委员会来承担为那些从事石油和天然气生产活动的企业开发出一个综合性的一揽子披露要求"。美国证券交易委员会在该文件中还表明它将要修改自己的条例,以便与美国财务会计准则委员会为石油和天然气生产者制定的披露准则保持一致。

1982 年 11 月,美国财务会计准则委员会颁布了第 69 号财务会计准则文件(SFAS No.69),主要适用于上市公司。1982 年 12 月,美国证券交易委员会颁布了 SK 条例,其中第 229.302 号条款要求采用第 69 号财务会计准则文件,从而取代了美国证券交易委员会对石油和天然气生产活动的披露要求。

三、美国油气财务报告的提供单位

财务会计准则委员会文件《石油和天然气生产活动的揭示》要求采用成果法与采用全部

成本法的公司都准备全套以历史成本为基础的和以未来成本为基础的综合资料。要求提交这些资料的公司是符合下列在第69号财务会计准则文件中规定的一个或多个标准的、从事重要石油天然气生产活动的公开上市公司。

(1)来源于石油和天然气生产活动的收入(包括向非联营客户的销售和向企业其他作业项目的销售或转移),占企业所有工业部门综合收入(向非联营客户的销售和向企业其他作业项目的销售或转移)的10%或以上。

(2)石油和天然气生产活动的经营成果,不包括所得税的影响,大于下列各项的10%或10%以上。

①认可利润的所有工业部门的综合经营利润。
②认可损失的所有工业部门的综合经营损失。

(3)与石油和天然气生产有关的可辨认资产,占所有工业部门综合可辨认资产的10%或以上。

第二节 油气财务报告的披露内容

一、美国油气财务报告披露的内容

油气财务报告披露的内容涉及非价值披露和价值披露两个部分。

(一)对于非价值披露的要求

SFAS No.69要求,每个从事重要石油和天然气生产活动的上市企业,必须用一整套年度财务报表来披露下述补充资料(不需审计):

1. 会计核算方法和资本化成本的披露

在历史成本法下,石油和天然气资产是指因从事石油和天然气生产活动而发生的且予以资本化了的有关支出。石油和天然气生产活动的支出分别是取得成本、勘探成本和开发成本。这几个成本是否资本化、其资本化的方式,以及已资本化成本的折旧、折耗与摊销方式等因会计方法的不同而有巨大的差异。所以,SFAS No.69规定,所有从事重要石油和天然气生产活动的企业都必须披露其已发生成本的会计核算方法和与这些活动有关的资本化成本的处理方式。这是SFAS No.69文件中唯一没有被当作补充资料的披露内容。会计核算方法可以在财务报表中、报表注释中或者同时在二者中进行披露,资本化的处理方式在报表注释中进行披露。

2. 油气储量数量的披露

公开上市企业每年对与企业的石油和天然气探明储量有关的某些数据进行披露并作为补充报告。储量是石油天然气生产活动勘探的重要成果以及未来收益的直接来源,因此,SFAS No.69对储量的揭示给予了详细的规定:

(1)企业应在年初和年末对石油和天然气的(已)探明储量和(探明)已开发储量中的权益净额进行报告。这里的"净额"包括与企业在矿区中的作业权益和非作业权益相关的全部储量。

(2)企业应对年度期间的石油和天然气已探明储量净额的变化进行披露,并对下列每一种情况的变化分别列出并适当说明:

①探明储量原估计数的修正。由于开发井或开采活动,或经济因素的变化而导致探明储量的增加或减少,对此要对原估计数进行修正。

②改进开采技术而增加的探明储量。因改进技术而导致的探明储量原估计数的变化,如果是重要的,应分别加以说明;否则,应把它包括在①中对原估计数的修正中。

③因购买矿区而增加的探明储量。

④因扩展和新发现而增加的探明储量。扩展是指通过增加钻井对之前已发现的(老)储层已探明面积的扩展。新发现是指在老油田发现了新的储层或发现了新油田。

⑤因开采而减少的探明储量。

⑥因出售矿区而减少的探明储量。

(3)按地理区域报告探明储量净额及其变化,即按照企业所属国和每一个外国地理区域分别加以披露。

(4)要求披露的探明储量净额中,不应该包括属于长期供应、购买协议或类似的协议和合同下所购买的石油和天然气,除非企业作为储量的生产者或独立购买者等。

(5)涉及子公司和被投资企业的披露要求:①假如企业公布合并财务报表,其报告的石油和天然气储量应该包括属于母公司的全部探明储量,以及属于其合并子公司(无论是否被母公司全部拥有)的全部探明储量。如果母公司最终报告的全部储量的大部分数量属于一个母公司拥有重要少数权益的合并子公司,那么这种情况和这部分储量数量应予以披露。②假如企业的财务报表包括了按比例合并的投资,那么企业的储量应该包括按被投资方比例分成的石油和天然气储量净值。③假如企业的财务报表包括了按权益法计算的投资,那么在披露储量时不应该包括被投资方的石油和天然气储量净额。但按投资比例计算的,本企业(投资方)所拥有的被投资方的石油和天然气储量净额的比例,应在年末报表中单独报告。

(6)在揭示探明储量及其变化时,合并报表中的披露包括属于母公司的全部探明储量的净数量和属于合并子公司的全部探明储量的净数量;如果企业对被投资采用权益法核算,企业披露的储量数量不包括被投资方石油和天然气储量净值,企业对被投资方的净石油和天然气储量的分成数应该在年末的报表中单独披露。

(7)液体的储量应以桶(barrel)为单位,天然气的储量应以立方英尺(cubic feet)为单位。

(8)与储量有关的其他因素的揭示。对一个企业的探明储量有特殊影响的某些重要的经济因素或重大不确定因素,应提供详细说明。例如,企业在开采已探明储量之前,必须建造一条预期成本非常高的主要管线或其他设施。

3. 资本化成本的披露

资本化成本包括石油和天然气生产活动所涉及的资本化成本总额,以及累计折旧、折耗与摊销及估价备抵的总额,在资产负债表上表现为相应资产的报告金额。

4. 已发生成本的披露

(1)SFAS No.69 要求对油气企业发生的成本进行披露,无论是进行资本化处理,还是作为费用处理。这些成本包括矿区取得成本、勘探成本、开发成本。

（2）如果这些成本全部或一部分发生在国外，则按照与储量揭示相同的地理区域分别加以揭示。如果为了取得已探明矿区的重要成本已经发生，那么应该对取得未探明矿区所发生的成本进行单独披露。

（3）假如企业的财务报表包括了按权益法计算的投资，那么企业对被投资企业在石油和天然气生产活动中发生的矿区取得、勘探和开发成本的分担额，应该在年度中单独披露和汇总披露，并且按照地理区域分别披露。

5. 经营成果的披露

SFAS No.69 在原来 SFAS No.19 的基础上增加了一项新要求，即对主要地理区域的石油和天然气生产活动中的经营成果进行披露。这个经营成果规定为：收入减去生产（操作）成本，勘探费用、折旧、折耗与摊销和估价备抵以及所得税支出，但不扣减公司一般管理费用和利息成本。

除了上述披露要求以外，SFAS No.69 还要求对探明的石油和天然气储量的已贴现未来净现金流的标准化计量进行披露。

（二）对价值披露的要求

如本章第一节所提到的，SEC 在 1978 年颁布了 ASR No.253。SEC 宣称，不论是成果法还是全部成本法，二者都没有提供石油天然气生产企业的财务状况和经营成果的足够信息。使用成果法和全部成本法计算得到的资产负债表，虽然反映了矿区在取得、勘探和开发上的花费，但除非由于偶然，否则这些花费与石油天然气公司最重要的资产（地下油气储量）几乎没有什么关联。因此，SEC 提出了以价值为基础的储量认可会计（RRA），并在 ASR No.253 中要求补充揭示未来现金流的折现值。之后，SFAS No.69 的标准化计量使油气储量价值披露进一步完善。

SFAS No.69 要求对"有关已探明石油和天然气储量数量的未来净现金流贴现的标准化计量"（standardized measure of discounted future net cash flows relating to proved oil and gas reserves）进行披露，具体涉及：

（1）年底对现值进行披露。未来净现金流贴现的标准化计量值＝未来净现金流－折旧额，未来净现金流＝未来现金流入－未来开发和生产成本－未来所得税费用。

（2）年度石油和天然气标准化计量。本书第二章油气会计基本理论中有介绍油气探明储量远期现金流量现值的标准化计算。

（3）石油和天然气标准化计量值从年初到年末发生变动的重大原因。如果变动值很大，则要求对这些原因进行单独披露，因为未来净现金流贴现的标准化计量值的计算是基于一系列数据假设的。这些假设主要有现行的油气价格、现行的生产成本、现行的法定税率、管理当局对未来开发与开采时间分布的估计、10%的折现率。如果没有这些假设，标准化计量就不可能进行，因此这些假设发生变化必须揭示。所以，引起变动的重大因素主要包括：

①与未来生产相关的销售和转让价格以及开采成本的净变动。

②估计未来开发成本的变动。

③本期开采的石油天然气的销售与转让。
④由于购买和销售地下矿产所导致的净变动。
⑤由于修正估计储量所引起的净变动。
⑥本期发生的前期估计的开发成本。
⑦折扣增量。
⑧所得税净变动。
⑨未指明的其他变动。

(三)美国SEC《油气报告现代化》条例对油气会计信息披露的补充规定

2008年12月,美国SEC发布《油气报告现代化》条例,对SX4-10、SK条例和行业指南2进行了修订和补充,其中油气生产经营信息披露的补充要求有三个方面:

(1)统一油气储量信息的披露方式,要求在美国上市的外国私有公司(50%的股权为非美国人所持有的公司)与美国国内公司一致,按照地理区域来披露探明油气储量、产量、勘探井数、开发井数以及披露区域的信息。

(2)新的"油气生产活动"定义中纳入了从油砂中加工的沥青以及从煤或油页岩中生产的天然气等"非传统"资源,增加了概算储量(probable reserves)、可能储量(possible reserves)及油气储量敏感性分析表的披露。

(3)将之前常用的财务年度最后一日的价值评估的油气价格改为全年的月平均价格,以及揭示探明未开发储量在5年或更长时间内没有得到开发的原因等。这样的调节一方面有助于增强石油公司信息披露的一致性和可比性,但另一方面也要求更多的石油公司提供更多的油气生产活动信息。

二、美国油气财务报告例释

(一)有关资料

【例10-1】 以幸运石油公司为案例进行研究。幸运石油公司是实行成果法的公司,20×A年取得三个未探明租赁矿区:A租赁矿区、B租赁矿区和C租赁矿区。20×A年幸运石油公司发生地质与地球物理成本,并开始在每一租赁区块钻一口井。在A租赁区块的井成功完井,但在20×A年没有生产和销售原油;在B租赁区块钻的井年底时尚未完井;在C租赁区块钻的井是一口干井。设备无残值。

在20×B年,幸运石油公司成功地完成了在B租赁区块所钻的井,并生产和销售A和B两个租赁区块的原油。20×B年末A租赁区块和B租赁区块的全部储量被全部开发。幸运石油公司计划进一步勘探C租赁区块,并支付了C租赁区块的延期租金。幸运石油公司前两年的作业都发生在美国。表10-1和表10-2给出的所有储量和产量的资料仅适用于幸运石油公司的权益。假设税率为40%,为了对30%的无形钻井成本进行资本化和摊销,假设20×A年进行9个月的摊销,因为矿区的寿命相对比较短,同时为了纳税,使用单位产量法进行折旧计算。幸运石油公司使用探明储量计算计税折耗;使用探明开发储量计算计税折耗;使用探明开发储量计算计税折旧。

表 10-1　幸运石油公司 20×A 年 12 月 31 日有关资料

项目	A 租赁矿区	B 租赁矿区	C 租赁矿区
a. 取得成本	$30 000	$20 000	$40 000
b. 地质与地球物理成本	$50 000	$40 000	$20 000
c. 钻井成本			
无形钻井成本	$200 000	$100 000	$120 000
有形成本	$90 000	$10 000	
设备寿命	10 年		
d. 钻井结果	探明储量	未完井	干井
e. 估计探明储量的预期产量，桶	20×B 年——30 000 20×C 年——40 000 20×D 年——50 000		
f. 估计储量，桶(20×A 年 12 月 31 日)			
探明储量	20×A 年——55 000 20×B 年——60 000 20×C 年——50 000		
探明的已开发储量	20×A 年——120 000 20×B 年——90 000 20×C 年——50 000		
g. 估计的有形开发成本	20×B 年——$45 000 20×C 年——$25 000		
h. 估计的回收成本	20×D 年——$15 000		
i. 当前市场原油价格	$22/桶		
j. 估计现行生产成本	$5/桶		

表 10-2　幸运公司 20×B 年 12 月 31 日有关资料

项目	A 租赁矿区	B 租赁矿区	C 租赁矿区
a. 钻井成本			
有形成本	$5 000		
设备寿命	10 年		
b. 钻井结果	探明储量		
c. 实际和估计的产量，桶	20×B 年——32 000 20×C 年——43 000 20×D 年——48 000	20×B 年——35 000 20×C 年——50 000	
d. 估计和实际的有形开发成本	20×B 年——$46 000 20×C 年——$0	20×B 年——$50 000	
e. 估计的回收成本	20×D 年——$15 000		
f. 市场原油销售价格	$25/桶	$25/桶	
g. 年末现行市场原油价格	$26/桶	$26/桶	

续表

项目	A 租赁矿区	B 租赁矿区	C 租赁矿区
h. 售出原油的生产成本	$6/桶	$6/桶	
i. 年末现行生产成本	$6/桶	$6/桶	
j. 延期租金			$5 000

(二)进一步分析及报告

将 20×A 年和 20×B 年揭示的每一项收集在一起,进一步介绍幸运石油公司的揭示,并假设:(1)采用成果法进行核算;(2)采用全部成本法进行核算,其中所有可能的成本包括在折旧、折耗与摊销内。

1. 以历史成本为基础的揭示

(1)揭示1,探明储量资料。

表 10-3 反映了 20×B 年和 20×A 年 12 月 31 日的储量资料。

表 10-3　20×B 年和 20×A 年 12 月 31 日储量资料

	20×B 年	20×A 年
探明储量,桶		
年初	120 000	0
对以前估计的修正	30 000*	0
提高采收率	0	0
延伸和新的发现	85 000	120 000
产量	670 000	0
地下矿产的购买	0	0
地下矿产的出售	0	0
年末	141 000	120 000
探明开发储量,桶		
年初	55 000	0
年末	141 000	55 000
适用数量		
作为生产者或作业者在长期供给协议中:		
探明储量,桶		
年末	×	×
当年收到的	×	×
接受投资者权益中的探明储量的权益	×	×

注:*—20×B 年 12 月 31 日估计的,20×B 年 12 月 31 日 A 租赁矿区以前发现的地下储量　91 000 桶
　　加:以前发现的地下储量中 20×B 年的产量　　　　　　　　　　　　　　　　　　　　32 000 桶
　　20×B 年 12 月 31 日估计的,20×A 年 12 月 31 日该租赁矿区以前发现的地下储量　　123 000 桶
　　减:估计的储量,20×A 年 12 月 31 日估计的 20×A 年 12 月 31 日的地下储量　　　　120 000 桶
　　　修改以前的估计　　　　　　　　　　　　　　　　　　　　　　　　　　　　　　　3 000 桶

以上列示的揭示储量数量的组成部分在第 69 号财务会计准则中给出了如下的定义:

① 修改以前的估计。新的资料(增加的已探明的面积除外)一般是在开发钻井和生产历

史中得到的,或由于经济因素的变化而产生的对以前探明储量估计的上升或下降。

② 提高采收率。由于应用了提高采收率技术而对储量的估计发生了变化。如果是重大的变化,应分别在会计报告中说明,否则应包括在对以前估计的修改中。

③ 延伸和新的发现。增加的探明储量是指在新的发现之后的一个阶段,通过增加钻井,扩展了以前发现的探明的面积,发现了拥有探明储量的新油田或在老油田探明储量中的新油藏。

除了与拥有的经营权益有关的储量,如果可以得到资料,前面的报告应包括在拥有的非经营权益有关的储量中。拥有的经营权益和非经营权益的储量应包括在揭示的"净额"内。不是公司拥有的储量绝不能包括在内,即与其他经济权益的所有者的权益有关的储量不应包括在内,例如某公司有下列权益:

①拥有矿区70%的经营权益,该矿区的矿区使用费权益为1/8,储量为10 000桶原油。
②拥有该矿区1/5的矿区使用费权益,该矿区有15 000桶的原油储量。

净储量的计算如下:

矿区1:70% × 7/8 × 10 000 = 6 125(桶)

矿区2:1/5 × 15 000 = 3 000(桶)

净储量 = 6 125 + 3 000 = 9 125(桶)

储量的揭示只报告储量数量,而不报告成本,既不报告资本化的成本,也不报告费用,其结果与幸运石油公司是使用成果法还是全部成本法进行核算无关,揭示是一致的。

(2)揭示2,与石油天然气生产活动有关的资本化成本。

表10-4反映了与石油天然气生产活动有关的资本化成本,假设幸运石油公司是采用成果法进行核算的公司。

表10-4　与石油天然气生产活动有关的资本化成本(20×A年、20×B年12月31日)

	20×B年	20×A年	
资本化成本			
未探明石油和天然气矿区	$40 000	$160 000	
探明石油和天然气矿区	$586 000	$320 000	
资本化成本总额	$626 000	$480 000	
减:累计折旧、折耗与摊销	($189 710)	($0)	
净资本化成本	$436 290	$480 000	
按权益法核算企业的份额			
投资接受方的净资本化成本	$×	$×	
注:			
20×A年	B租赁矿区	C租赁矿区	总　计
a.取得成本	$20 000	$40 000	$60 000
在建井	$100 000		$100 000
总　计	$120 000	$40 000	$160 000

续表

	20×B年	20×A年	
	A租赁矿区		
b. 取得成本	$30 000		
租赁矿区和井的设备	$290 000		
总　计	$320 000		
c. 20×A年没有产量			
20×B年			
	A租赁矿区	B租赁矿区	总　计
d. 取得成本	$30 000	$20 000	$50 000
租赁矿区和井的设备	$290 000	$150 000	$440 000
开发成本	$46 000	$50 000	$96 000
总　计	$366 000	$220 000	$586 000
e. A和B租赁矿区(20×B年12月31日储量被全部开发，所有的产量都来源于A和B租赁矿区) A租赁矿区：(30 000+290 000+46 000+15 000)/(91 000+32 000)×32 000=$99 122			
B租赁矿区：(20 000+150 000+50 000)/(50 000+35 000)×35 000=$90 588			
总计			$189 710

表10-5反映了与石油天然气生产活动有关的资本化成本，假设幸运石油公司是采用全部成本法的公司，摊销所有可能的成本。

表10-5　与石油天然气生产活动有关的资本化成本(20×A年、20×B年12月31日)

	20×A年	20×B年
资本化成本		
未探明石油和天然气矿区	$195 000	$350 000
探明石油和天然气矿区	$676 000	$370 000
资本化成本总额	$871 000	$720 000
减：累计折旧、折耗与摊销	($285 394)	($0)
净资本化成本	$585 606	$720 000
按权益法计算的企业的份额股份投资接受方的净资本化成本	$×	$×
注：		

续表

	20×A年	20×B年	
20×A年	B租赁矿区	C租赁矿区	总计
a.取得成本	$20 000	$40 000	$60 000
地质与地球物理成本	$40 000	$20 000	$60 000
钻井成本	$100 000	$130 000	$230 000
总　计	$160 000	$190 000	$350 000
	A租赁矿区		
b.取得成本	$30 000		
地质与地球物理成本	$50 000		
租赁矿区和井的设备	$290 000		
总　计	$370 000		
c.20×A年没有产量			
	C租赁矿区		
d.取得成本	$40 000		
地质与地球物理成本	$20 000		
钻井成本	$130 000		
延期租金	$5 000		
总　计	$195 000		
20×B年			
	A租赁矿区	B租赁矿区	总计
e.取得成本	$30 000	$20 000	$50 000
地质与地球物理成本	$50 000	$40 000	$90 000
租赁矿区和井的设备	$290 000	$150 000	$440 000
开发成本	$46 000	$50 000	$96 000
总　计	$416 000	$260 000	$676 000
f.20×B年12月31日储量被全部开发(摊销与三个租赁矿区有关的成本)			
(871 000+15 000)/(141 000+67 000)×67 000		$285 394	

正如前面报告中所列示的,如果未探明矿区的成本数额较大,则必须分别报告。辅助设备和设施的成本可以分别报告,也可以包括在探明矿区或未探明矿区的资本化成本中一起揭示。

(3)揭示3,矿区取得、勘探和开发活动中发生的成本。

表10－6反映了本年度发生的成本。

表 10 – 6 矿区取得、勘探和开发活动中发生的成本(20×A 年、20×B 年 12 月 31 日)

	20×B 年	20×A 年
发生的成本		
探明矿区权益的取得	$0	$0
未探明矿区的取得	$0	$90 000
勘　探	$55 000	$630 000
开　发	$96 000	$0
发生的总成本	$151 000	$720 000
权益法核算的被投资企业的取得、勘探和开发成本	$×	$×

注：

20×A 年	A 租赁矿区	B 租赁矿区	C 租赁矿区	总　计
a. 取得成本	$30 000	$20 000	$40 000	$90 000
b. 地质与地球物理成本	$50 000	$40 000	$20 000	$110 000
租赁矿区和井的设备	$290 000	$100 000	$130 000	$520 000
总　计	$340 000	$140 000	$150 000	$630 000

20×B 年	A 租赁矿区	B 租赁矿区	总　计
c. 勘探钻井	$50 000		$50 000
延期租金		$5 000	$5 000
	$50 000	$5 000	$55 000

	A 租赁矿区	B 租赁矿区	总　计
d. 开发成本	$46 000	$50 000	$96 000

在前面的揭示中，所报告的是当年发生的成本，与是资本化成本还是费用无关。因此，无论幸运石油公司采用成果法还是全部成本法，所作的揭示都是相同的。对生产成本进行的揭示没有在本揭示中进行报告，将在对经营成果的揭示中进行报告。

本报告中揭示的所发生的成本只是本年发生的成本，而分类则是根据成本发生时的情况进行的。例如 20×A 年，A 租赁矿区在年末是探明矿区，但在取得该租赁矿区时是未探明矿区，因此在年末报告中应作为未探明矿区的取得成本进行报告。20×B 年，幸运石油公司尽管在其账簿中既拥有未探明矿区也拥有探明矿区，但该年度没有报告取得成本，因为这些矿区都是在以前年度取得的，而不是在 20×B 年当年取得的。

(4)揭示 4，石油天然气生产活动的经营成果。

表 10 – 7 反映了幸运石油公司的经营成果，假设其采用成果法进行会计核算。

表 10 – 7 石油天然气生产活动的经营成果(20×A 年、20×B 年 12 月 31 日)

	20×B 年	20×A 年
石油和天然气生产活动的收入		
向非联营方的销售	$1 675 000	$0
向联营公司的转移	$0	$0

续表

	20×B年	20×A年
收入总计	$1 675 000	$0
减:生产(开采)成本	$402 000	$0
勘探费用	$5 000	$240 000
折旧、折耗与摊销和估价备抵	$189 710	$0
生产活动所得税前收入	$1 078 290	($240 000)
减:所得税费用/估计亏损结转收益	$431 316	($96 000)
石油和天然气生产活动的成果(不包括公司的间接成本和利息成本)	$646 974	$144 000
按权益法计算的企业的股份中投资者的经营成果	$×	$×

注：

20×A年	A租赁矿区	B租赁矿区	C租赁矿区	总计
a.地质与地球物理成本				
勘探干井	$50 000	$40 000	$20 000	$110 000
总计			$130 000	$130 000
b.税前损失	$50 000	$40 000	$150 000	$240 000
税率		($240 000)*		
估计亏损结转收益	$96 000	40%		

20×B年
c. 向非联营方的销售 $1 675 000 = 32 000×25 + 35 000×25
d. 生产(开采)成本 $402 000 = 67 000×6(生产成本包括生产税)
e. 勘探费用 $5 000 为延期租金
f. 所得税费用 $431 316 = 1 078 290×40%

*估计亏损结转收益在当期认可,因为实现的可能性比较大。假设幸运石油公司有足够的储量,将要实现利润。如果计算递延税款,将由上述96 000美元的估计亏损结转收益和时间差异组成。

表10-8反映了幸运石油公司的经营成果,假设该公司采用的是全部成本法进行核算。

表10-8 石油天然气生产活动的经营成果(20×A年、20×B年12月31日)

	20×B年	20×A年
石油和天然气生产活动的收入		
向非联营方的销售	$1 675 000	$0
向联营公司的转移	$0	$0
收入总计	$1 675 000	$0
减:生产(开采)成本	$402 000	$0
勘探费用	$0	$0
折旧、折耗与摊销和估价备抵	$285 394	$0
生产活动所得税前收入	$987 606	$0

续表

	20×B 年	20×A 年
所得税费用/估计亏损结转收	$395 042	$0
石油和天然气生产活动的成果(不包括公司的间接成本和利息成本)	$592 564	$0
按权益法计算的企业的股份中投资者的经营成果	$×	$×

注：a. 向非联营方的销售　$1 675 000 = 32 000×25 + 35 000×25
　　b. 生产(开采)成本　$402 000 = 67 000×6(生产成本包括生产税)
　　c. 所得税费用　$395 042 = 987 606×40%

石油和天然气生产活动的经营成果在第 69 号财务会计准则中定义为：收入减生产成本、勘探费用、折旧、折耗与摊销，估价备抵(例如采用成果法的公司的减损费用，或采用成果法和采用全部成本法的公司书面规定的最高限额)和所得税支出。计算经营成果时不应扣除公司的管理费用和利息费用。然而，在公司的中心管理办公室发生的一些费用可能不是公司的管理费用，确切地说，可能是石油和天然气生产活动产生的作业费用，要对其进行报告。费用的性质不是根据其所发生的地点决定的，而是根据其是否是作业费用而决定的。在计算石油和天然气经营成果时，只有那些根据其性质被认定是作业费用的，才作为作业费用进行分配。

2. 以未来价值为基础的揭示

以下部分将列示与探明石油和天然气储量有关的贴现的未来净现金流量的标准化计算和探明储量的贴现的未来净现金流量的标准化计算值的变化。

(1)揭示 5，与探明石油和天然气储量有关的贴现的未来净现金流量的标准化计算值。

表 10-9 反映了 20×A 年和 20×B 年的标准化的计算值。该揭示要求大量的计算和解释。20×A 年有关的计算反映于表 10-10 和表 10-11 中。20×B 年有关资料量的计算反映于表 10-12 和表 10-13 中。如果未来所得税的计算被忽略，那么在计算中未来所得税前净现金流入量的现值应替代标准化计算值。

表 10-9　与探明石油和天然气储量有关的贴现的未来净现金流量的标准化计算值
(20×A 年、20×B 年 12 月 31 日)

	20×B 年	20×A 年
未来现金流入量	$3 666 000	$2 640 000
减：未来成本		
生　产	$846 000	$600 000
开　发	$0	$70 000
拆除和放弃	$15 000	$15 000
未来所得税前净现金流入量	$2 805 000*	$1 955 000
减：未来所得税	333 126	363 640
未来净现金流量	$1 006 031	$551 000
贴现系数 10%	$1 798 969	$1 404 000
贴现的净现金流量的标准化计算值	$213 801	$248 797

续表

	20×B年	20×A年
按权益法计算企业的份额	$1 585 168	$1 155 203
与探明石油和天然气储量有关的投资接受者的贴现的未来净现金流量标准化计算值	$×	$×
注：*—用现值表示。 现值（未来所得税前现金流入量）	$2 471 874	$1 591 360

第69号财务会计准则对揭示5中的组成部分作了如下定义：

① 未来现金流入量。应使用与企业探明储量年末数量有关的年末价格计算，未来价格的变化只在年末有效的合同所规定的范围内考虑。

② 未来的开发和生产成本。这些成本应按照估计的年末开发和生产探明储量将发生的费用计算。根据年末成本并假设现行经济条件持续存在，如果估计的开发费用数额很大，应与估计的生产成本分别反映。

③ 未来所得税支出。这些支出应使用适当的年末法定税率，并考虑已规定的未来税率，用与企业的探明石油和天然气储量有关的未来税前净现金流量减去有关的矿区课税标准。未来所得税支出应对与企业探明的石油和天然气储量有关的税收抵免的减免产生影响。

④ 未来净现金流量。从未来现金流入量中减去未来开发和生产成本，再减去未来所得税支出的结果。

⑤ 贴现值。用10%的年贴现系数计算出的反映与石油和天然气储量有关的未来净现金流量时间价值的数额。

⑥ 贴现的未来净现金流量的标准化计算值。用未来净现金流量减去计算出的贴现值后的数额。

表10-10所示为表10-9中20×A年12月31日估计未来现金流量的计算表。

表10-10 估计未来现金流量明细表（20×A年12月31日）

	20×B年	20×C年	20×D年	总计
a. 未贴现未来产量/桶	30 000	40 000	50 000	120 000
未来收入（产量×$22）	$660 000	$880 000	$1 100 000	$2 640 000
未来生产成本（产量×$5）	$150 000	$200 000	$250 000	$600 000
未来开发成本	$45 000	$25 000	$0	$75 000
未来拆除、恢复和放弃成本	$0	$0	$15 000	$15 000
所得税前未来现金流入量	$465 000	$655 000	$835 000	$1 955 000
未来所得税	$29 400	$233 689	$287 911	$551 000
未来净现金流入量	$435 600	$421 311	$547 089	$1 404 000
b. 现值（现值系数×以上价值）			0.751 3	
现值系数	$0.909 1	0.826 4	$826 430	

续表

	20×B年	20×C年	20×D年	总计
未来收入现值	$600 006	$727 232	$187 825	$2 153 668
未来生产成本现值	$136 365	$165 280	$0	$489 470
未来开发成本现值	$40 909	$20 660	$11 269	$61 569
未来拆除、恢复和放弃成本现值	$0	$0	$627 336	$11 269
所得税前未来现金流入量现值	$422 732	$541 292	$216 308	$1 591 360
未来所得税现值	$26 728	$193 121	$411 028	$436 157
未来净现金流入量现值	$369 004	$348 171		$1 155 203
贴现值(未来净现金流入量－未来净现金流入量现值)(合计)				$248 797

在揭示5以及整个的列示中,假设现金流量发生在每一年的年末,由现值系数来贴现。例如,20×A年年末,计算期望的20×B年的收入的现值时,使用10%的利率为现值系数,时间为一年。表10－11所示为表10－9中20×A年12月31日未来所得税的计算表。

表10－11 未来所得税的计算(20×A年12月31日)

	20×B年	20×C年	20×D年	总计
未来收入,扣除生产成本	$510 000	$680 000	$850 000	$2 040 000
减:无形钻井成本支出	$0	$0	$0	$0
无形钻井成本的摊销	$18 000	$18 000	$18 000	$54 000
折　旧	$45 000	$51 000	$78 889	$175 000
折　耗	$20 000	$26 667	$33 333	$80 000
结转亏损	$353 500	$0	$0	$353 500
应税收入	$73 500	$584 222	$719 778	$1 377 500
纳税总额(40%)	$29 400	$233 689	$287 911	$551 000
减:纳税抵免	$0	$0	$0	$0
净纳税额	$29 400	$233 689	$287 911	$551 000
a. 实际所得税(20×A年12月31日)				
收　入	$0			
产　量	$0			
减:无形钻井成本和干井	$340 000			
无形钻井成本的摊销	$13 500			
折旧支出	$0			
折耗支出	$0			
应税收入(亏损)	$353 500			
税率	40%			
净纳税额/结转	($141 400)			

	20×B年	20×C年	20×D年	总计

b. 未来折旧的计算(20×A年12月31日)

年份	比例	估计产量/桶	折耗
20×B	1.500 00	30 000	$45 000
20×C	1.277 78	40 000	$51 111
20×D	1.577 78	50 000	$78 889

20×B：(90 000 + 45 000)/(60 000 + 30 000) = 1.500 00

20×C：(135 000 + 25 000 − 45 000)/(50 000 + 40 000) = 1.277 78

20×D：(115 000 + 15 000 − 51 111)/50 000 = 1.577 78

c. 未来折耗的计算(20×A年12月31日)

年份	比例	估计产量/桶	折耗
20×B	0.666 67	30 000	$20 000
20×C	0.666 67	40 000	$26 667
20×D	0.666 67	50 000	$33 333

表10−12反映了20×B年12月31日全部估计现金流量的明细。现金流量分为：与以前年度发现的储量(租赁矿区A)有关的现金流量、与当年发现的储量(租赁矿区B)有关的现金流量及与储量总量有关的现金流量。

表10−12　估计未来现金流入量明细表(20×B年12月31日)

	20×C年	20×D年	总计
a. 未贴现值			
未来产量,桶(规定的)	93 000	48 000	141 000
未来收入(产量×$26)	$2 418 000	$1 248 000	$3 666 000
减：未来生产成本(产量×$6)	$558 000	$288 000	$846 000
未来开发成本(指定的)	$0	$0	$0
未来拆除、恢复和放弃成本(规定的)	$0	$15 000	$15 000
所得税前未来现金流入量	$1 860 000	$945 000	$2 805 000
减：未来所得税(表10−13)	$668 948	$337 083	$1 006 031
未来净现金流入量*	$1 191 052	$607 917	$1 798 969
b. 现值(现值系数×以上价值)			
现值系数	0.909 1	0.826	4
未来收入现值	$2 198 204	$1 031 347	$3 229 551
减：未来生产成本现值	$507 278	$238 003	$745 281
未来开发成本现值	$0	$0	$0
未来拆除、恢复和放弃成本现值	$0	$12 396	$12 396
所得税前未来现金流入量现值	$1 690 926	$780 948	$2 471 874
减：未来所得税现值*	$608 141	$278 565	$886 706
未来净现金流入量现值*	$1 082 785	$502 383	$1 585 168
贴现值(未来净现金流入量−未来净现金流入量现值)(合计)*			$213 801

注：*—如果忽略未来所得税的计算，则不计算。

表10-13反映了20×B年12月31日未来所得税的计算。

表10-13 未来所得税的计算表(20×B年12月31日)

	20×C年	20×D年	总计
未来收入,扣除生产成本	$1 860 000	$960 000	$2 820 000
减:无形钻井成本的摊销	$180 000	$18 000	$36 000
折旧	$106 369	$68 073	$174 442
折耗	$63 261	$31 220	$94 481
减:应税收入	$1 672 370	$842 707	$2 515 077
纳税总额(40%)	$668 948	$337 083	$1 006 031
减:税收减免	$0	$0	$0
净纳税额	$668 948	$337 083	$1 006 031
a. 实际所得税(20×B年12月31日)			
收入		$1 675 000	
产量		$402 000	
减:无形钻井成本		$0	
无形钻井成本的摊销		$18 000	
折旧支出		$76 559*	
折耗支出		$45 519**	
延期租金		$5 000	
结转亏损		$353 500	
应税收入		$774 422	
税率		$0	
净纳税额		$309 769	

注:*—折旧支出。
　A租赁矿区:(90 000+46 000)/(91 000+32 000)×32 000=$35 382
　B租赁矿区:(50 000+50 000)/(50 000+35 000)×35 000=$41 176

共计:$76 558

　**—折耗支出。
　A租赁矿区:80 000/(91 000+32 000)=$20 814
　B租赁矿区:60 000/(50 000+35 000)=$24 706

共计:$45 519

b. 未来折旧的计算(20×B年12月31日)

	年 份	比 例*	估计产量	折 旧
A租赁矿区	20×C	1.105 69	43 000	$47 545
	20×D	1.418 19	48 000	$68 073
B租赁矿区	20×C	1.176 48	50 000	$58 824
		A租赁矿区	B租赁矿区	总计
		$90 000	$50 000	
有形的成功钻井开发成本		$46 000	$50 000	
总 计		$136 000	$100 000	

续表

	20×C年	20×D年	总计
20×B年实际折旧	$35 382	$41 176	
净课税基础	$100 618	$58 824	$159 442

注：*—20×C年12月31日租赁矿区A未折旧设备的课税基础。
租赁矿区A 20×C：100 618/(48 000+43 000)=1.105 69
20×D年：(100 618+15 000-47 545)/48 000=1.418 19
租赁矿区B 20×C：58 824/50 000=1.176 48

c.未来折耗的计算(20×B年12月31日)	年 份	比 例*	估计产量	折 耗
A 租赁矿区	20×C	0.650 41	43 000	$27 967
	20×D	0.650 41	48 000	$31 220
B 租赁矿区	20×C	0.705 88	50 000	$35 294
		租赁矿区A	租赁矿区B	总计
取得成本		$30 000	$20 000	
地质与地球物理成本		$50 000	$40 000	
20×B年实际折耗		$20 813	$24 706	
净课税基础		$59 187	$35 294	$94 481

注：*—20×C年12月31日租赁矿区A和B未折耗的课税基础。
**—如果忽略未来所得税的计算，则不计算。
租赁矿区A 59 187/(43 000+48 000)=0.650 41
租赁矿区B 35 294/50 000=0.705 88

(2)揭示6，探明储量的贴现的未来净现金流量的标准化计算值的变化。

贴现的未来净现金流量标准化计算值的变化见表10-14。表中提供了有关的计算和解释。在两个案例中除了确切的方法外，还提供了另一种简单化的方法。因为简单化的方法在实践中被广泛采用，节省了大量的计算时间。根据确切的结论，还提供了对标准化计算值个别变化和小组变化的分析和证明，同时列示了已经核算的项目的所有变化。

表10-14 探明储量的贴现的未来净现金流量的标准化计算值的变化
(20×A年、20×B年12月31日)

	20×B年	20×A年
年初标准化计算值*	$1 155 203	$0
减：销售与转让收入，减产品成本(表10-15)	$608 000	$0
加：销售和转移价格的净变化，减产品成本(表10-17)	$293 052	$0
扩边、新发现和提高采收率，减未来生产和开发成本(表10-18)	$909 100	$1 591 360
估计未来开发成本的变化(表10-19)	$21 728	$0
未来开发成本减少期间发生的开发成本(表10-20)	$46 000	$0
数量估计的变化(表10-22)	$59 490	$0
贴现的增加(表10-23)	$159 136	$0

续表

	20×B 年	20×A 年
减:所得税的净变化*(表10-24)	$450 549	$436 157
加:购买的地下储藏	$0	$0
减:出售的地下储藏	$0	$0
加:生产速度(时间安排)及其他的变化	$8	$0
年末标准化计算值*	$1 585 168	$1 115 203

注:*—如果忽略未来所得税的计算,则使用现值(所得税前未来净现金流入量)代替标准化计算值。

第69号财务会计准则文件不要求将期初和期末余额包括在本表中。第69号财务会计准则文件规定的某些变化的来源,如果个别的变化是重要的,则应分别进行反映。表10-14中的数据在表10-15～表10-24作了说明,并在以下部分进行了讨论。

3. 20×B 年12月31日标准化计算值的价值变化的原因分析

(1)销售和转移,减生产成本后的净值。

开采和销售储量减少了地下储量的数量和价值。如果储量在前一年度已被发现,开采和销售储量同样减少标准化计算值。20×A 年12月31日估计在20×B 年将出售30 000 桶原油,净价格为17(=22-5)美元,现值系数使用0.909 1 进行贴现,导致20×A 年12月31日标准化的计算值中每桶的结转价值为15.45 美元。贴现值的增加使用20×A 年12月31日的每桶结转价值为15.45 美元。贴现值的增加使用20×A 年12月31日的每桶结转价值15.45 美元增加到17 美元。如果20×A 年12月31日所作的估计是准确的,即以17 美元的净价格售出3 000 桶原油,则储量的出售确实抵消了20×A 年12月31日由增加的贴现值进行调整的标准化计算中那些储量的结转价值。但以前发现的32 000 桶储量以每桶19(=25-6)美元的价格售出。原油产量的差别是数量或生产时间安排的修正,出售价格的差别是价格和成本的改变,这将在以后进行讨论。

表10-15　20×B 年销售和转移,减生产成本后的净值表

销售收入(32 000×25)	$800 000
减:生产成本(32 000×6)	$192 000
销售和转移,减生产成本后的净值	$608 000

(2)价格和成本的变化。

表10-16反映了以下叙述的观点,是一个在计算价格和成本变化的影响以及数量方面的简单的示例(与当前的问题无关)。

表10-16　价格和成本的变化计算示例表

	桶数	净价格	净收入
未来产量(20×A 年12月31日)	30 000 桶	$5/桶	$150 000
未来产量(20×B 年12月31日,假设20×B 年无产量)	20 000 桶	$4/桶	$80 000
分析			
期初未来净收入(30 000×5)			$150 000

续表

	桶数	净价格	净收入
减:价格的变化(30 000×1)			$30 000
			$120 000($4/桶)
减:数量的修正(10 000×4)			$40 000
期末未来净收入(20 000×4)			$80 000

为了确定一个变量变化的影响,其他变量必须保持不变。因此,将由于价格和成本及生产变量变化引起的未来净收入的全部变化的部分隔离开,保持不变。每桶油价格和成本的净变化,应该用于年初对未来产量的估计。如果使用了年末产量的估计,单独认定的由于数量修正而引起的变化将用于价格和成本变化的计算,这样会产生错误报告价格和成本的变化以及部分重复计算的数量修正的影响。

计算标准化计算值的顺序对于某些计算具有重要意义。从表10–16中可以看出,首先计算价格和成本的变化,这些变化是重申从期初每桶价格5美元到年末每桶净价格4美元的所有期初的未来产量的桶数。数量修正的计算是下一步,这些数据按年末每桶价格4美元计算。第69号财务会计准则要求在计算修正的影响前计算价格和成本变化的影响,因此,数量的修正将以年末价格和成本进行估价。

在研究幸运石油公司的案例中,价格和成本变化的影响的计算比前面表中的复杂。在这一年里,幸运石油公司取得并出售产品,出售产品在20×A年的年末净价格为每桶20美元。为了得到精确的价格和成本变化的影响,必须按照每桶19美元而不是20美元对估计的20×B年的产量进行估价。为了得到确切的答案,对变化的影响逐年进行贴现。表10–17列出了两种形式的销售和转移价格的净变化,减产品成本后的净值的计算过程。

表10–17 20×B年销售和转移价格的净变化,减产品成本后的净值表

A. 形式1(逐年贴现,使用实际净价格)				
	20×B年	20×C年	20×D年	总计
未来产量/桶(20×A年12月31日估计)	$30 000	$40 000	$50 000	$120 000
每桶净变化	$2	$3	$3	
净变化	$60 000	$120 000	$150 000	$330 000
现值系数	1	0.909 1	0.826 4	
20×B年12月31日贴现(净变化)	$60 000	$109 092	$123 960	$293 052
B. 形式2(除贴现的计算简化外,其他与形式1相同)				
a. 适用于储量变化的计算				
20×A年12月31日估计的20×A年12月31日地下储量(估计20×B年产量为30 000桶)120 000桶				
b. 价格和成本因素净变化的计算				
20×B年产量				
价格的变化(实际25 – 期初22)			$3/桶	
成本的变化(期末6 – 期初5)			$1/桶	
增加			$2/桶	

续表

除 20×B 年产量外的其他储量	
价格的变化(期末 26 – 期初 22)	$4/桶
成本的变化(期末 6 – 期初 5)	$1/桶
增　加	$3/桶
c. 由于价格和成本变化而产生的未贴现的净变化	
(12 000 – 30 000)×3	$270 000
30 000×2	$ 60 000
小　计	$330 000
d. 由于价格和成本变化而产生的贴现的净变化现值	
(未来收入 – 未来产品成本)/(未来收入 – 未来生产成本)×净变化	
(3 229 551 – 745 281)/(3 666 000 – 846 000)×330 000 = $290 712	

(3) 由于扩边、新发现和提高采收率而产生的变化。

探明储量的扩边、新发现和提高采收率增加了地下储量的数量和价值,因此增加了标准化计算值。增加量的计算相对简单,但当在一年内开发或生产了本年内发现的部分储量时,计算可能有些复杂。

在年末计算标准化计算值时,任何当年发生的开发成本和生产成本以及当年取得的销售收入均不包括在该计算中,而应包括在历史成本资料中。如果当年发生的开发成本和生产成本以及取得的销售收入与该年度发现的储量有关,那么在以前对这些成本和收入没有进行过估计。因此,这些成本和收入既不影响期初的标准化计算值,也不影响年末的标准化计算值。所以,这些项目没有引起标准化计算值的变化,作者认为在计算标准化计算值的变化时忽略这些成本和收入更能真实地反映实际的变化,并且因为这些成本和收入将反映于前面讨论的以历史成本为基础的报告中,因此没有信息丢失。另外,第 69 号财务会计准则规定净变化应由扩边、新发现和提高采收率引起。

如果当年开发成本、生产成本和收入全部与当年的新发现有关,则应包括在变化的计算中。

① 对扩边、新发现和提高采收率(表 10 – 18)的变化进行估计时必须包括成本和收入。

② 在减少未来成本期间(表 10 – 20)所发生的开发成本的变化必须包括开发成本,作为增加量。

③ 销售和转移收入的变化必须包括销售收入和净开采成本。

在案例研究中,20×B 年发生了与 20×B 年新发现的储量有关的生产和开发成本,并取得销售收入。这些数额在计算标准化计算值的变化时被忽略,即成本和收入不包括在扩边、新发现和提高采收率的价值中;销售收入减开采成本不包括在销售和转移收入中(表 10 – 15);开发成本不包括在降低未来开发成本期间发生的开发成本中(表 10 – 20)。

表 10-18　20×B 年、20×A 年扩边、新发现和提高采收率,减未来开采和开发成本表

	20×B 年	20×A 年
未来收入现值	$1 181 830	$2 153 668
减:未来开采成本现值	$272 730	$489 470
未来开发成本现值	$0	$61 569
未来折扣和放弃成本现值	$0	$11 269
总计	$909 100	$1 591 360

(4)估计未来开发成本的变化。

由于下列三种原因,导致未来开发成本的变化(包括拆除、恢复和放弃):

① 对以前估计开发成本的修正,包括对当年估计的修正。

② 与当年新发现的储量有关的未来开发成本。

③ 以前估计的、降低未来开发成本的当年发生的开发成本。

对以前估计的开发成本的修正(上述原因①)是由于估计的开发活动数额的变化或者估计的开发活动成本的变化而产生的。原因②不包括在估计的未来开发成本变化的计算中,因为它已包括在扩边、新发现和提高采收率(表 10-18)的变化中。原因③不包括在该计算中,因为在标准化计算值的变化分析中,该项作为一个独立的内容。

表 10-19 分析了未来开发成本的变化。

表 10-19　20×B 年估计未来开发成本的变化(包括拆除、恢复和放弃成本)

年份	20×A 年 12 月 31 日的估计	20×B 年 12 月 31 日的估计	估计的变化	现值系数	估计变化的现值
20×B 年	$45 000	$46 000	$1 000	1.000 0	$1 000
20×C 年	$25 000	$0	($25 000)	(0.909 1)	($22 728)
20×D 年	$15 000	$15 000	$0	0.826 4	$0
总计	$85 000	$61 000	($24 000)		($21 728)*

注:*是减少的估计未来开发成本和增加的标准化计算值。

(5)在减少未来开发成本期间发生的开发成本。

以前估计的当期发生的开发成本不再是未来成本,因此它减少了未来开发成本,增加了标准化计算值。估计未来开发成本是标准化计算值计算中的减项。

在 20×A 年 12 月 31 日的案例中,20×A 年 12 月 31 日估计的未贴现的未来开发成本为 45 000 美元,于 20×B 年发生现值为 40 909 美元的开发成本。20×A 年 12 月 31 日由于贴现的增加使得标准化计算值增加到 45 000 美元。如果 20×A 年 12 月 31 日所作的估计是正确的,那么估计的 20×A 年未来开发成本被发生的实际开发成本冲销,标准化计算值到 20×B 年增加到 45 000 美元。在案例研究中,尽管幸运石油公司在 20×B 年发生的实际开发成本是 46 000 美元,但标准化计算值的净影响仍是增加 45 000 美元。这是因为以前只估计了 45 000 美元,要从标准化计算值中减去相等的数额。因此,无论已经发生的实际成本是多少(假设已经进行了开发活动),标准化计算值增加的只是估计的开发成本,而不是实际发生的成本。估

计开发成本和实际开发成本之间的差别,在本案例中为1 000美元,均被包括在估计开发成本的变化中。在本案例中,这一区别为未来开发成本的增加和标准化计算值的减少。因此,在包括了估计的未来开发成本的变化后,标准化计算值已被减少到46 000美元(估计开发成本45 000美元,加1 000美元),这已完全被发生的实际开发冲销(表10-20)。

表10-20 在减少未来开发成本期间发生的开发成本表

	估计的未来开发成本的增加(减少)	标准化计算值的增加(减少)
20×B年实际成本超过20×B年估计成本部分(表10-19)	$1 000	$1 000
20×B年发生的开发成本	$46 000	$46 000
	$45 000	$45 000
与以前年度新发现的储量有关的期间发生的开发成本(实际美元数) $46 000		

当难以理解和解释由某个原因而引起标准化计算值的变化时,说明某个具体原因或某一组原因从年初到年末的变化可能会有帮助。当使用简明的方法,对由此原因产生的所有变化进行正确的说明时,这种说明可以作为证明,甚至当没有使用简明的方法时,这种说明也可以作为是否所有的变化都已经进行了解释的标志。增加对标准化计算值和标准化计算值变化的理解同样重要。

表10-21中的说明分析了开发成本的变化。

表10-21 开发成本变化的分析表(包括拆除、恢复和放弃成本)

期初估计未来开发成本现值,包括拆除、恢复和放弃成本($61 596+$11 269)(表10-10)	$72 838
增加的贴现(10%×$72 838)	$7 284
估计的未来开发成本变化的现值和拆除、恢复和放弃成本(表10-19)	$21 728
在减少未来开发成本期间发生的开发成本(表10-20)	$46 000
其他(四舍五入)	$2
期末估计未来开发成本的现值,包括拆除、恢复和放弃成本($0+$12 396)(表10-12)	$12 396

(6)数量的修正。

标准化计算值和标准化计算值的变化均以现值报告,因此为了得到确切的答案,必须考虑数量和时间安排两方面的问题。换句话说,为了得到确切的答案,在计算由于数量的修正而产生的变化的同时必须计算由于生产时间安排的变化而产生的变化。表10-22中的不同的方法并不计算时间安排变化的影响,时间安排变化的影响包括在其他项目中。

表10-22 20×B年数量估计的修正和生产时间安排的变化表

	20×B年	20×C年	20×D年	合计
未来产量,桶(20×B年12月31日估计)	32 000*	43 000	48 000	123 000
未来产量,桶(20×A年12月31日估计)	30 000	40 000	50 000	120 000
修正,增加(减少)价格,扣除生产成本	2 000	3 000	2 000	3 000
20×B年12月31日	$19*	$20	$20	
未贴现的数量修正产生的变化	$38 000	$60 000	$40 000	$58 000

续表

	20×B 年	20×C 年	20×D 年	合计
现值系数	1.000 0	0.909 1	0.826 4	
现值(数量修正和生产时间安排的变化产生的变化)	$38 000	$54 546	$33 056	$59 490

注：*—20×B 年实际生产的原油桶数；

**—20×B 年产品的实际净价格。

在以前的表中,生产时间安排和数量修正的部分变化涉及 20×B 年的估计产量和实际产量之间的差别。在这个案例中,实际售出的比估计的多 2 000 桶。因为这些原油实际销售价格与年末的价格不同,为了得到确切的答案,这 2 000 桶是根据实际价格估价的。

数量修正影响的完成,调节与以前年度发现的储量有关的期初和期末估计的未来收入可以按以下方式进行,以保证每一种变化的原因都是经过解释的。

(7) 增加的贴现。

正如前面所讨论的,贴现的增加是现值概念的一种内在的变化。将期初的标准化计算值从 20×A 年 12 月 31 日的现值变化为 20×B 年 12 月 31 日的现值,对所要调整的价值使用 10% 的贴现系数计算增加的贴现值(表 10 - 23)。第 69 号财务会计准则文件要求除所得税以外的所有变化都应按税前基础进行报告,因此贴现的增加应按税前基础进行计算,那么还应存在另一部分与税收有关的贴现的增加包含所得税的变化。

表 10 - 23 20×B 年贴现的增加表(不包括所得税的增加)

所得税前期初未来净现金流量现值(表 10 - 10b)	$1 591 360
贴现系数	10%
贴现的增加(增长)	$159 136

(8) 所得税的净变化。

未来所得税的变化产生于下列原因：① 当期实际发生的所得税；② 20×A 年 12 月 31 日估计的未来所得税与 20×B 年 12 月 31 日估计的未来所得税之间的差别,加上 20×B 年实际的所得税。20×B 年 12 月 31 日估计的未来所得税加上 20×B 年实际的所得税等于根据 20×B 年 12 月 31 日的现实,20×A 年 12 月 31 日估计的未来所得税。

表 10 - 24 20×B 年所得税的净变化表*(包括贴现的增加)

估计的未来所得税的现值(20×A 年 12 月 31 日)(表 10 - 10b)	$436 157
减:估计的未来所得税的现值(20×B 年 12 月 31 日)(表 10 - 12b)	$886 706
未来所得税的净变化,增加(减少标准化计算值)	$450 549

注：* 如果忽略未来所得税的计算则不计算。

对所得税变化的调整不作规定,因为介绍了所得税变化计算的方法,调整是不必要的。幸运石油公司作业的第一年,即 20×A 年所得税净变化的计算见表 10 - 25。

表 10 - 25 20×A 年所得税的净变化表*

未来所得税现值(20×A 年 1 月 1 日)	$0
估计的未来所得税现值 20×A 年 12 月 31 日(表 10 - 10b)	$436 157
未来所得税年变化,增加	$436 157

注：* 如果忽略未来所得税的计算则不计算。

三、中国油气财务报告披露的内容

(一)中国油气财务报告披露的内容

2006年2月财政部新颁布的油气会计准则《企业会计准则第27号——石油天然气开采》是中国第一个关于油气开采的会计准则,其中第二十五条对油气会计信息披露作出了相应的规定。在此之前,中国并没有关于油气会计信息披露的规定。

中国《企业会计准则第27号——石油天然气开采》中要求,企业应当在附注中披露与石油天然气开采活动有关的下列信息:

(1)拥有国内和国外的油气储量年初、年末数据。

(2)当期在国内和国外发生的矿区权益的取得、油气勘探和油气开发各项成本支出的总额。

(3)探明矿区权益、井及相关设施的账面金额,累计折耗和减值准备金额及其计提方法,与油气开采活动相关的辅助设备及设施的账面原价,累计折旧和减值准备金额及其计提方法。

(二)中国油气财务报告披露的内容例释

(1)拥有国内和国外的油气储量年初、年末数据例释。

表10-26例释了某企业探明储量和探明已开发储量年初、年末的数据。

表10-26 某企业探明储量和探明已开发储量年初、年末数据表

	原油,百万吨	天然气,十亿立方英尺	油当量合计,百万桶
探明开发和未开发储量			
基准日2005年12月31日的储量	11 494.9	41 786.5	18 459.3
对以前估计值的校正	141.6	82.8	155.4
扩边和新发现	573.1	4 405.3	1 307.3
提高采收率	109.0	43.0	116.2
探明开发和未开发储量	(817.4)	(1 068.7)	(995.5)
基准日2006年12月31日的储量	11 501.2	45 248.9	19 042.7
对以前估计值的校正	156.8	212.9	192.3
扩边和新发现	605.5	4 004.8	1 273.0
提高采收率	101.4		101.4
当年产量	(828.7)	(1 343.5)	(1 052.7)
基准日2007年12月31日的储量	11 536.2	48 123.1	19 556.7
探明已开发储量			
基准日为2005年12月31日	9 188.1	13 878.7	11 501.2
基准日为2006年12月31日	9 067.9	17 254.5	11 943.6
基准日为2007年12月31日	9 194.8	19 857.8	12 504.4

(2)当期在国内和国外发生的矿区权益的取得、油气勘探和油气开发各项成本支出的总额例释。

表10-27例释了某企业矿区权益的取得、油气勘探和油气开发各项成本支出的总额信息。

表10-27 矿区权益的取得、勘探和开发活动的成本支出

	2007年12月31日,百万元人民币	2008年预测,百万元人民币
矿区权益的取得	2 469	—
油气勘探	23 914	25 335
油气开发	91 463	72 551

(3)探明矿区权益、井及相关设施的账面原值,累计折耗和减值准备累计金额及其计提方法例释。

表10-28例释了中国某企业探明矿区权益、井及相关设施的账面原值,累计折耗和减值准备金额。

表10-28 探明矿区权益、井及相关设施的账面原值,累计折耗和减值准备

单位:百万元人民币

	2006年12月31日	2007年12月31日
原　值		
未探明矿区权益		2 469
探明矿区权益		2 801
井及相关设施	573 593	667 403
小　计	576 394	669 872
累计折耗		
探明矿区权益	-2 030	
井及相关设施	-300 633	-340 333
小　计	-302 663	-340 333
减值准备		
未探明矿区权益		
探明矿区权益		
井及相关设施	-3 235	-3 211
小　计	-3 235	-3 211
净额		
未探明矿区权益		2 469
探明矿区权益	771	
井及相关设施	26 725	323 859
合　计	270 496	326 328

(4)折旧、折耗与摊销方法例释。

未探明矿区权益不计提折耗,除此之外的油气资产折耗采用年限平均法并按其入账价值减去预计净残值后在预计使用寿命计提。对计提了减值准备的油气资产,在未来期间按扣除减值准备后的账面价值及依据尚可使用年限确定折耗额。油气资产的预计使用年限为6~14

年,年折耗率为7.1%~16.7%。

除未探明矿区权益外的油气资产的可回收金额低于其账面价值时,账面价值减至可回收金额;未探明矿区权益的公允价值低于账面价值时,账面价值减至公允价值。

第三节 油气公司财务分析

财务分析采用一系列专门的财务分析技术和方法,评价企业财务状况的好坏和经营成果的大小,考核企业经营管理业绩,帮助企业进行经营管理,为企业的投资者、债权人、经营者等提供正确决策的信息或依据。油气生产公司因其油气勘探开发生产的特殊性,其财务分析也有着特殊性,这里将对油气生产公司财务分析加以介绍。

一、油气生产公司共用的石油专业财务评价指标

(一)与储量有关的指标

1. 储量替换率(或储量接替率)

储量替换率(或储量接替率)主要用于衡量企业替换其当期生产储量的能力。企业储量变化主要包括新发现储量、已探明油气田可采储量的修订、买卖储量、当期产量。计算公式如下:

储量替换率 =(新发现储量 + 修订储量 + 购买储量)/(当期产量 + 出售储量)

表10-29列示了美国雪佛龙公司1990—1996年的储量接替状况。从表中可见,该公司的储量接替率并不好,尤其是在美国本土,很多年份的储量替换率小于100%。

表10-29 美国雪佛龙公司1990—1996年的储量替换　　　　单位:%

年份	美国本土				世界其他地区			
	石油		天然气		石油		天然气	
	①	②	①	②	①	②	①	②
1990	62.3	76.7	17.5	50.4	88.9	103.3	21.3	50.1
1991	33.7	54.8	23.0	68.8	38.8	78.3	30.1	122.7
1992	28.5	52.5	41.0	71.1	35.6	62.5	36.5	60.7
1993	68.1	43.1	47.4	98.4	83.4	84.8	44.4	71.1
1994	41.5	43.3	70.7	107.9	81.2	95.0	130.2	159.2
1995	72.9	92.3	90.3	90.8	115.7	169.3	97.4	11.33
1996	80.8	73.6	73.6	68.7	73.3	102.0	83.9	139.1

注:①代表当年新增加储量加上提高采收率增加的储量与当年产出量之比。
②代表当年新增加储量加上提高采收率增加的储量以及复算增加的储量与当年产出量之比。

2. 储量寿命系数(储采比)

储量寿命系数(储采比)的计算公式为:

储量寿命系数 = 期末储量/当期产量

理论数值表示,假设该公司无新的油气发现,现有储量以当期生产量计算可开采的年限。一般世界上大的油气生产公司较为合理的储量寿命为:石油 8~9 年,天然气略高于石油。储量替换率是从产储量的流量来考察企业发展能力的,而储量寿命系数或储采比是从储量存量水平来看企业长远发展能力的,现举例说明二者的关系。

【例 10-2】 甲公司××01—××06 年储量替换率和储量寿命情况见表 10-30。

表 10-30　甲公司储量替换率和储量寿命情况表

	××01 年	××02 年	××03 年	××04 年	××05 年	××06 年
年初储量数,桶		372.4	361.2	383.5	439.7	745
本年储量增加数,桶		3.3	40.8	93.2	348.3	407.2
本年产量,桶	9.4	14.5	18.5	37	43	44.5
年底储量数,桶	372.4	361.2	383.5	439.7	745	1 107.6
储量替换率,%		22.76	20.54	251.89	810.00	915.06
探明储量寿命,年	39.62	24.91	20.73	11.88	17.33	24.89

从上表可以看出,甲公司自××01 年以来,储量替换率快速增加,说明甲公司近几年新储量的发现形势很好,探明储量寿命呈现先高后低再高的态势,主要原因是甲公司近几年产量增加较快,而××05 年、××06 年产量增加相对稳定,储量又有较大发现。总体来说,甲公司的储量替换率除××02 年外都很高,而探明储量寿命一直高于国际大公司的合理储量寿命。

不过,由于储量的发现周期长,以年为单位计算储量替换率可能产生较大的波动,因此,一般计算以三年或五年平均为单位进行。甲公司的计算结果见表 10-31。

表 10-31　甲公司平均储量替换率情况表

	××02—××04 年	××03—××05 年	××04—××06 年
三年储量增加数,桶	137.3	482.3	848.7
三年产量,桶	70	98.5	124.5
储量替换率	196	490	682

3. 自然递减率

自然递减率的计算公式为:

自然递减率 = 1 - (实际总产油量 - 投产新井产油量 - 老井措施产油量)/
(上年末标定老井日产水平 × 报告其日历天数) × 100%

自然递减率这一指标指没有新井投产及各种增产措施情况下的产量递减率,反映油气田老井在未采取增产措施的情况下产量的自然递减状况。其中上年末标定日产水平是指上年 12 个月平均日产水平扣除临时性提产或压产等的影响,反映正常生产的日产水平。

4. 其他与储量、产量、井有关的指标

其他与储量、产量、井有关的指标还有每口生产井的平均储量、每口生产井每天的平均产量、合作矿区本公司拥有份额的井数与总井数的比以及本公司的钻井成功率等。

表 10-32 列示了美国雪佛龙公司在美国本土和全世界的钻井成功率指标。

表10-32　1990—1996年雪佛龙公司的钻井数和钻井成功率

年份	美国本土						世界其他地区					
	钻井数,口			成功率,%			钻井数,口			成功率,%		
	探井	开发井	合计	探井	开发井	合计	探井	开发井	合计	探井	开发井	合计
1990	92	426	518	51.1	97.9	89.6	130	492	622	50.8	97.0	87.3
1991	64	451	515	60.9	98.7	94.0	122	554	676	54.1	97.7	89.8
1992	58	222	280	72.4	97.7	92.5	83	292	375	72.3	96.6	91.2
1993	46	304	350	69.6	96.4	92.9	117	476	593	53.8	95.2	87.0
1994	70	199	269	75.7	97.5	91.8	175	358	533	64.6	97.5	86.7
1995	125	287	412	80.8	97.9	92.7	181	338	519	69.6	97.3	87.7
1996	145	493	638	82.8	98.4	94.8	204	568	772	76.0	97.7	92.0

(二)勘探开发成本指标

油气可采储量的增加,除因油气价格变化而改变的修订储量外,无论是新发现的储量还是购买的储量都需要资金投入,而当期资金投入与发现储量的比,即公司发现成本最终将通过折旧、折耗与摊销等计入成本,从而影响以后年度的利润,因此该指标对衡量企业以后盈利能力极为重要。

1. 成本指标

计算成本时,既单独计算桶油勘探成本,也计算桶油勘探开发成本和桶油生产成本。

2. 成本计算期间

计算成本时,一般采用三年或五年的平均计算,目的是避免勘探投资大、周期长造成按年计算时产生的波动,使勘探投资与储量的发现更好地匹配。

3. 油气储量单位

油气储量单位统一用桶油当量(BOE)表示,其中,天然气与桶油的换算比例为1桶油=6 000立方英尺天然气。

表10-33、表10-34、表10-35分别列示了美国雪佛龙公司的生产成本、勘探开发成本、钻井成本水平。

表10-33　1990—1996年雪佛龙公司油气价格和生产成本

年份	平均原油价格 美元/桶	平均天然气价格 美元/千立方英尺	生产成本 美元/桶	生产成本/原油价格,%
1990	20.21	1.68	6.15	30.4
1991	16.73	1.53	6.29	37.6
1992	16.02	1.69	5.11	31.9
1993	14.84	1.98	4.91	33.9
1994	14.65	1.76	4.81	35.2
1995	14.98	1.52	5.11	34.1
1996	18.80	2.28	5.40	28.7

表 10-34 1990—1996 年雪佛龙公司油气发现成本（勘探开发成本）

单位：美元/桶油当量

年份	美国本土			世界其他地区		
	当年	三年平均	五年平均	当年	三年平均	五年平均
1990	5.12	4.50	4.63	4.76	4.72	4.76
1991	5.19	4.87	4.74	4.82	4.92	4.78
1992	3.67	4.68	4.48	6.53	5.23	5.03
1993	3.55	4.15	4.40	5.05	5.35	5.20
1994	3.21	3.47	4.17	3.22	4.59	4.67
1995	3.44	3.40	3.80	3.46	3.74	4.30
1996	6.03	4.12	3.92	4.81	3.79	4.32

表 10-35 1990—1996 年雪佛龙公司钻井成本   单位：千美元/口

年份	美国本土		世界其他地区	
	探井	开发井	探井	开发井
1990	4 152.17	1 615.02	6 238.46	2 298.78
1991	5 015.63	1 474.50	6 188.25	2 501.81
1992	3 258.62	2 175.68	6 481.39	4 636.99
1993	2 978.26	1 562.50	4 470.69	3 689.08
1994	2 985.71	2 090.45	2 954.29	3 337.99
1995	2 496.00	1 578.40	3 629.83	4 914.20
1996	2 931.03	1 223.12	3 906.86	2 926.06

二、油气生产公司主要财务评价指标体系

财务分析一般是指针对企业的获利能力、偿债能力、资本营运能力等方面的分析，但不同企业的分析侧重点有所不同。以下以中国石油天然气股份有限公司（简称中国石油公司）制定的内部业绩考核指标体系为例，对油气生产公司总部和各专业板块有针对性的关键业绩指标加以简单介绍。

（一）油气生产公司经营业绩评价指标

中国石油公司的关键业绩指标有 13 个，见表 10-36。

表 10-36 中国石油公司关键业绩指标（KPIs）

	关键业绩指标	指标作用
1	投资资本回报率	有效利用资本创造回报的能力
2	资本负债率（杠杆比率）	偿债能力和资本结构优化能力
3	已获利息倍数（利息覆盖倍数）	支付利息的能力
4	自由现金流	创造现金收入的能力
5	股东回报率	创造股东回报的能力

续表

	关键业绩指标	指标作用
6	税息前利润	与经营管理直接相关的经营业绩
7	净利润	产生纯利润的能力
8	净资产收益率	自有资本获取净收益的能力
9	总资产报酬率	全部资产获取收益的能力
10	劳动力成本占总成本的比率	劳动力成本的控制能力及利用
11	管理费用率	对管理成本的控制能力及效率
12	事故率	安全运营能力
13	客户满意度	衡量客户满意程度

其中的有关指标解释如下:

1. 投资资本回报率

投资资本回报率(ROIC)是综合反映一个投资中心或一个企业,甚至一个行业的经营活动的综合性指标。其计算公式为:

投资资本回报率 = 税息前利润 × (1 - 所得税率) / (平均固定资产余额 + 平均营运资本) × 100%

该指标主要反映公司经营活动中有效利用营运性资本创造回报的能力,因此投融资活动所利用的资本、创造的收入与支出的相关费用不含在本指标中。通过这项指标,可以在同一个企业不同投资中心之间,或者在同一行业不同企业之间进行比较,从而作出最优投资决策。因此,投资资本回报率是投资导向的最佳指标。投资者可以根据不同企业的投资资本回报率的高低,作出由某一企业转向另一企业、由某一行业转向另一行业的资本转移决策。

固定资产余额指固定资产合计数,包括固定资产、油气资产、在建工程、地质勘探支出、油气开发支出等各项包含在合并资产负债表固定资产合计数中的净值。

平均固定资产余额 = (期初固定资产余额 + 期末固定资产余额) / 2

营运资本 = (流动资产 - 短期投资 - 一年内到期的长期投资 - 超过前推12个月的累计主营业务收入净额2%的货币资金) - (流动负债 - 短期借款 - 一年内到期的长期负债)

期初货币资金如果小于前推12个月的累计主营业务收入净额的2%,则计入期初营运资本的扣减为零;如果大于2%,则以超出此项主营业务收入净额的2%的部分计算。期末货币资金的计算依据与此类似,是从期末时点前推12个月的累计主营业务收入净额。

平均营运资本 = (期初营运资本 + 期末营运资本) / 2

2. 股东回报率

股东回报率(ROE)是净利润(扣除少数股东权益)与平均股东权益之比,是反映股东权益收益水平的重要指标。该指标值越高,说明收益越好。其计算公式为:

股东回报率 = 净利润(已扣除少数股东权益) / 平均股东权益 × 100%

净利润是指合并利润表中利润(已扣除少数股东收益);股东权益是指已扣除少数股东权益后的净权益。

平均股东权益 =（期初股东权益 + 期末股东权益）/2

3. 自由现金流

自由现金流（free flow cash）是反映企业在经营活动中创造现金收入能力的重要指标。其计算公式为：

自由现金流 = 税息前利润 ×（1 − 所得税率）+ 折旧、折耗与摊销 − 资本支出 − 营运资本变化量

折旧、折耗与摊销 = 当期计提折旧、折耗与摊销 − 用于勘探开发的折旧、折耗与摊销

资本支出 = 勘探开发及固定资产总投资 − 当期核销的勘探投资 + 本期增加无形资产 + 本期增加长期待摊费用

当期核销的勘探投资是指除探井投资之外的所有勘探投资。

4. 资本负债率

资本负债率（杠杆比率）（leverage ratio）是有息债务与有息债务和股东权益之和的比。该指标反映了偿债能力和资本结构优化能力。其计算公式为：

资本负债率 = 有息债务/（有息债务 + 股东权益）× 100%

有息债务 = 短期借款 + 一年内到期的长期负债 + 长期借款 + 应付债券 + 长期应付款中融资租赁

股东权益是指已扣除少数股东权益后的净权益。

5. 净资产收益率

净资产收益率（return stockholder equity）也称净值报酬率或权益报酬率，是指企业一定时期内的净利润同平均净资产的比率。该指标充分体现了投资者投入企业的自有资本获取净收益的能力，突出反映了投资与报酬的关系，是评价企业资本经营效益的核心指标。其计算公式为：

净资产收益率 = 净利润/平均净资产 × 100%

或

净资产收益率 = 净利润/年度末股东权益 × 100%

平均净资产 =（期初净资产 + 期末净资产）/2

一般认为，企业净资产收益率越高，企业自有资本获取收益的能力越强，运营效益越高，对企业投资人、债权人的保证程度越高。

6. 总资产报酬率

总资产报酬率（return on total assets）是指企业一定时期内获得的报酬总额与平均资产总额的比率。该指标反映了企业全部资产的总体获利能力，是评价企业资产运营效益的重要指标。其计算公式为：

总资产报酬率 =（利润总额 + 利息支出）/平均总资产 × 100%

利息支出是指企业在生产经营过程中实际支出的借款利息、债券利息等。

平均总资产 =（期初总资产 + 期末总资产）/2

总资产报酬率表示企业全部资产获取收益的水平，全面反映了企业的获利能力和投入产出状况。该指标越高，表明企业投入产出的水平越高，企业的资产运营越有效。

7. 管理费用率

管理费用率（G&A）是管理费用占总成本的比率。该指标反映了管理成本的控制能力及效率。其计算公式为：

管理费用率 = 管理费用/总成本 × 100%

管理费用为母公司利润表中的管理费用。

总成本 = 主营业务成本 + 营业费用 + 管理费用 + 地质勘探费用

8. 已获利息倍数

已获利息倍数（利息覆盖倍数）（interest coverage）是企业一定时期税息前利润与利息支出的比值。该指标反映了当期企业经营收益是所需支付的债务利息的倍数。从偿付资金来源角度考察企业债务利息的偿还能力。如果已获利息倍数适当，表明企业偿付债务利息的风险小。该指标越高，表明企业的债务偿还越有保障；相反，则表明企业没有足够的资金来源偿还债务利息，企业偿债能力低下。因此，该指标反映了企业偿付债务利息的能力。其计算公式为：

已获利息倍数 = 税息前利润/利息支出（应计利息）

应计利息指财务费用中利息支出数（转入损益部分），不含利息收入，不包括资本化部分。

其他指标包括净利润、税息前利润、劳动力成本占总成本比例、事故率及客户满意率等，在此不再解释。

（二）各专业板块经营业绩指标

为了有针对性地对各专业板块经营业绩进行评价，中国石油公司分别对勘探开发、天然气与管道、炼油、化工、销售等板块制定了专业考核指标。以下列出了勘探开发、天然气与管道的业绩评价指标。

1. 勘探开发关键业绩指标（KPIs）

中国石油公司勘探开发关键业绩指标共有 23 个，见表 10-37。

表 10-37 勘探开发关键业绩指标（KPIs）

	关键业绩指标	指标作用
1	投资资本回报率	有效利用资本创造回报的能力
2	可支配营运现金流	油气生产活动创造现金流的能力
3	自由现金流	经营活动创造现金收入的能力
4	税息前利润	与经营管理直接相关的经营业绩
5	销售、管理费用率	对销售、管理成本的控制能力及管理效率
6	勘探开发总投资	控制投资支出，保证投资效率
7	单位油（气）勘探综合成本	勘探的经济性和效率
8	单位油（气）开发综合成本	开发的经济性和效率
9	单位油（气）营运成本	勘探和开发总体营运的经济性和效率
10	单位油（气）操作成本	直接生产成本的控制能力
11	油（气）储量接替率	储量接替状况

续表

	关键业绩指标	指标作用
12	油气产量	生产规模
13	新增的探明可采储量	勘探的效果
14	勘探成功率	勘探效率
15	探井成功率	勘探效率
16	储采比(储量寿命)	确保储量与采出量的平衡
17	劳动力成本占总成本的比率	劳动力生产效率
18	服务成本支出率	对关联交易成本的控制
19	单位桶油自由现金流	创造现金的能力
20	石油溢出事件	安全和效率
21	天然气燃烧量	安全和效率
22	事故率	安全运营能力
23	客户满意度	衡量客户满意程度

2. 天然气与管道关键业绩指标(KPIs)

中国石油公司天然气与管道关键业绩指标(KPIs)共有15个,见表10-38。

表10-38 天然气与管道关键业绩指标(KPIs)

	关键业绩指标	指标作用
1	投资资本回报率	有效利用资本创造回报的能力
2	自由现金流	创造现金收入的能力
3	税息前利润	与经营管理直接相关的经营业绩
4	销售、管理费用率	对销售、管理成本的控制能力及管理效率
5	资本支出	控制资本支出,保证投资效率
6	营运资本比率	营运资本的使用效率
7	应收账款周转天数	控制应收账款期限及数量,以保证营运效率
8	销售收入	鼓励企业采取各种措施提高销售收入
9	销售气量	考核天然气气量的增长及业务的发展
10	单位管输成本	考核单位管输成本的控制能力
11	关键客户百分比	考核发展高价值客户的力度
12	负荷率	考核在销售量增长的情况下对成本的控制
13	劳动力成本占总成本的比率	劳动力成本的控制能力及利用人力资源的效率
14	事故率	安全运营能力
15	客户满意度	衡量客户满意程度

案例　中油股份 XBRL 财务报告

XBRL(可扩展商业报告语言)是基于 XML 发展起来的专门用于财务报告编制的一种商业语言,XBRL 将会计准则与计算机语言组合,是目前用于商业信息交换公认的最新标准和技术。自 1998 年查尔斯·霍夫曼(Charles Hoffman)提出 XML(可扩展标记语言)在财报中的应用价值以来,以 XML 为基础的 XBRL(Extensible Business Reporting Language)财务报告迅速发展起来。

一、基于 XBRL 财务报告会计信息质量理论研究

XBRL 财务报告相对于传统财务报告具有非常明显的优势。在成本效率上,XBRL 财务报告大大降低了重复性成本,节约了编制时间,为实现实时性财务报告提供了可能,提高编制效率;在准确性和数据一致性方面,由于 XBRL 编制依据的是 SBRL 技术规范和分类标准,所有数据都要经过合规性和准确性检验,保证了数据自始至终的一致性。会计信息质量规定见表1。

表1　IASB/FASB 财务报告概念框架会计信息质量规定

	项目	会计信息质量特征
IASB/FASB 联合框架 ED	约束条件	成本
	基本质量特征	相关性(预测价值、反馈价值、重要性) 如实反映(完整性、中立性、无重要差错)
	增进质量特征	可比性、可验证性、及时性、可理解性

(一)对基本质量特征的改善

(1)相关性。XBRL 具有数据挖掘功能,XBRL 财务报告可以针对同一项目从不同层面进行分析。同时,XBRL 自身的标签可以提高数据之间的关联,增加财务信息的相关性。

(2)如实反映。如实反映涵盖了可靠性的全部内涵,在联合概念框架 ED 中无可靠性,而选择了如实反映对其替代,其框架认为财务报告的经验实质已经被全面真实反映,对于 XBRL 的可验证性和一致性可以确保数据从始至终真实性、可靠性。最近,应用 XBRL 对企业内控设计有更高的要求,企业也必须加大对会计信息化的建设,这些使会计信息质量的如实反映能力得到提高。

(二)对增进质量特征的改善

(1)可比性。XBRL 财务报告能够对企业数据进行跨年度纵向比较和行业之间的横向比较,在会计政策适用方面 XBRL 财务报告披露得更为详细,满足不同财务信息使用者对信息的不同需求。

(2)可验证性。XBRL 财务报告内部校验机制可以对向上综合信息和向下挖掘详细信息分别校验,并且 XBRL 财务报告不存在格式转换,会计信息的可验证性会得到一定的提高。

(3)及时性。XBRL财务报告中的会计信息自动生成,提高了财务报告编制效率,实时生成实例文档,随着XBRL在中国的不断发展,真正意义上的XBRL财务报告定会使会计信息及时性有明显的提升。

(4)可理解性。XBRL财务报告体现出的是会计信息更加详细,虽然在后台数据以代码的形式录入,但展示在使用者面前的XBRL财务报告是以通俗的会计语言为基础。

二、基于XBRL财务报告会计信息质量实证研究

(一)研究设计

1. 样本选择和数据来源

本文选取中国石油2015年至2016年财务报告为样本数据,对XBRL财务报告有效信息含量进行研究。选择中国石油主要是基于以下考虑:一是中国石油XBRL编制基础较好;二是中国石油内控健全,实施XBRL相对比较规范,XBRL年报报送及时。

2. 事件研究法和模型构建

采用事件研究法,以市场调整模型为基础计算CAR,分为以下四个步骤:

(1)定义事件发生日、窗口期及估计期。由于中国XBRL财务报告并不是利用XBRL技术编报,而是直接由PDF格式得到,所以不考虑信息泄露问题,故将XBRL财务报告披露日定义为事件日窗口期为[-1,1],估计期为[-30,-1]。

(2)计算中国石油个股日收益率和当日市场指数的日收益率,其计算公式为

$$R_{i,t} = (P_{i,t} - P_{i,t-1})/P_{i,t-1} \quad R_{m,t} = (P_{m,t} - P_{m,t-1})/P_{m,t-1}$$

其中,$R_{i,t}$为股票i在t日的收盘价;$R_{m,t}$为市场在t日的综合指数。

(3)计算非正常报酬率AR,其计算公式为

$$AR = R_{i,t} - R_{m,t}$$

(4)计算窗口期[-1,1]累计超额收益率CAR,其计算公式为

$$CAR = \sum AR$$

(二)实证结果分析

选取中国石油2013年至2015年财务数据,采用上述公式计算CAR,数据运算及分析软件使用SPSS 19.0和EXCEL 2010。中国石油2013年至2015年3年间XBRL财务报告披露日前后CAR的变化见表2。

表2 中国石油2013—2015年CAR描述性设计

	极小值	极大值	均值	标准值
XBRL财务报告披露前	-0.0376	-0.0206	-0.029070	-0.0121159
XBRL财务报告披露后	-0.0436	-0.0076	-0.025598	-0.0254444
有效的N(列表状态)				

从上表可以看出,XBRL财报披露目前3期均为-0.029070,XBRL财报披露日后5期披露均值为-0.025598超额收益CAR有所提高,但并非明显提高。

三、结论

实证结果原因可能是:(1)目前中国 XBRL 财务报告生成是根据 PDF 各市转换形成,并非真正意义上的利用 XBRL 技术编制的 XBRL 财务报告,所以无法明显体现出 XBRL 财务报告对会计信息质量的提升;(2)该案例选取的样本单一,只选取了中国石油 3 年财务报告为样本数据,并且本文并未剔除年报披露前后影响 CAR 的诸多因素的影响,导致实证结果存在一定的局限性。

基于上述分析,在以后的研究中可以从以下两点进行完善:一是对 XBRL 财务报告的审计要更加规范,以确保会计信息质量;二是选取更多的实证样本,更加可靠地研究不同行业 XBRL 财务报告所提供的会计信息质量。

[本文出处]刘美莹.中石油 XBRL 会计信息质量研究[J].商,2016(32):166.

1.请说明与探明石油和天然气储量有关的贴现的未来净现金流量对石油企业的意义。
2.请对中美油气财务报告要求披露的非价值信息的内容加以比较。

参 考 文 献

[1] 历成芳,杨湘龙,姜淑霞,等.实物期权法在石油储量价值评估中的应用[J].断块油气田,2007(2).

[2] 胡健,李志学,刘永爱,等.石油储量价值评估的收益现值途径[J].石油工业技术监督,2006(4).

[3] 李志学.以产量递减和成本递增为基础的石油储量价值评估模型[J].油气地质与采收率,2005(1).

[4] 张静.投资评价动态决策的NPV法与IRR法比较分析[J].中国矿业大学学报(自然科学版),2001(5).

[5] 彭运芳.3种动态分析法用于多方案比较的研究[J].化工技术经济,2003(6).

[6] 蒋国安,卢宗华.生产矿井投资的动态决策方法[J].山东科技大学学报(自然科学版),1990(4).

[7] 金业青,张晶华,田荣芳.石油储量商品化及价值评价方法[J].科技促进发展,2007(8).

[8] 杨怀义,赵庆飞,冯方,等.石油储量价值评估:超额收益综合法评价石油储量价值[J].石油天然气学报,2006(3).

[9] 胡健,刘永爱,杜小武.石油储量价值评价中运销成本级差模型的设计与检验[J].石油工业技术监督,2005(12).

[10] 钱阔,陈绍志.自然资源资产化管理[M].北京:经济管理出版社,1996.

[11] 胡健,等.油气资源价值分级与有偿使用的方法研究[M].西安:陕西人民出版社,1996.

[12] 于立.能源价格理论研究.大连:东北财经大学出版社,1994.

[13] 蒲春玲,孙金仓.资源经济学[M].乌鲁木齐:新疆科技卫生出版社,1995.

[14] 阿兰·兰德尔.资源经济学[M].北京:商务印书馆,1980.

[15] 乔治·斯蒂格勒.价格理论[M].施仁,译.北京:北京经济学院出版社,1990.

[16] 拉里·克拉姆利D.石油工业财务会计[M].王国梁,等译.石油工业出版社,1988.

[17] 布罗克H R,克林斯特德J P,琼斯D M.石油勘探开发会计[M].王国梁,等译.北京:石油工业出版社,1986.

[18] 詹宁斯,等.石油会计核算:原则、程序和问题[M].王国梁,等译.北京:石油工业出版社,2002.

[19] 杨广亭,崔应江.对我国石油成本核算办法改革的建议[J].石油企业管理,1996(1).

[20] 金莲淑,陈月明.英美石油公司会计成本核算与我国的比较[J].财务与会计,1994(12).

[21] 盖仑R A,等.石油和天然气会计学基础[M].王国梁,等译.北京:石油工业出版社,1997.

[22] 李志学.油气储量资产化的会计问题研究[J].国际石油经济,1998(3).

[23] 联合国国际会计和报告标准政府间专家工作组. 环境成本和负债的会计与财务报告[M]. 刘刚,译. 北京:中国财政经济出版社,2003.

[24] 李寿武. 我国油气资源矿权制度中存在的问题及完善对策[J]. 技术经济与管理研究, 2009(2):88-91.